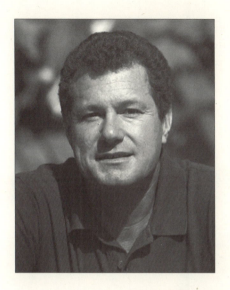

Gunter Haug, geboren 1955 in Stuttgart, wohnt in Schwaigern bei Heilbronn. Der langjährige beliebte Fernsehmoderator hat zahlreiche historische Bücher, Romane und Kriminalromane veröffentlicht. Seine Werke *Niemands Tochter* und *Niemands Mutter* wurden zu Bestsellern. Weitere Informationen zum Autor unter: www.gunter-haug.de

Von Gunter Haug sind bei Bastei Lübbe Taschenbücher
lieferbar:

61542   Niemands Tochter
61600   Niemands Mutter
61637   Dieses eine Leben

Gunter Haug

# Die Rose von Franken

Ein Frauenschicksal
in den Wirren des
Dreißigjährigen Krieges

BASTEI LÜBBE TASCHENBUCH
Band 61655

1. Auflage: August 2009

Bastei Lübbe Taschenbücher in der Verlagsgruppe Lübbe

© 2007 by Rotabene! Medienhaus, www.rotabene.de
Für diese Lizenzausgabe:
© 2009 by Verlagsgruppe Lübbe GmbH & Co. KG,
Bergisch Gladbach
Umschlaggestaltung: Gisela Kullowatz
Titelbild: © Hugh Shurley/Corbis
Autrenfoto: © privat
Satz: Schneider Druck GmbH, Rothenburg ob der Tauber
Gesetzt aus der Stempel Garamond
Druck und Verarbeitung: CPI – Ebner & Spiegel, Ulm
Printed in Germany
ISBN 978-3-404-61655-8

Sie finden uns im Internet unter
www.luebbe.de
Bitte beachten Sie auch: www.lesejury.de

Der Preis dieses Bandes versteht sich einschließlich
der gesetzlichen Mehrwertsteuer.

Zwischen Meistertrunk und Kinderzeche.

Ein historischer Tatsachenroman um die abenteuerliche Lebensgeschichte der Roswitha Barbara Himmelein während der „fränkischen Schicksalsjahre" von 1631 bis 1635 in der Landschaft zwischen Ansbach, Rothenburg ob der Tauber, Feuchtwangen, Dinkelsbühl und den Dörfern am Hesselberg.

Kein Krieg ist heilig!

Immer wieder gerate ich ins Staunen über diese unzähligen zu Herzen gehenden Lebensgeschichten, die seit Jahrhunderten vergessen in den Archiven verborgen liegen. Es sind allesamt Schicksale, die es wert wären, auch nach so vielen vergangenen Jahren im Licht der Gegenwart noch einmal neu wahrgenommen zu werden.

Was uns eine Beschäftigung mit der Historie bringen kann?

Ganz einfach: zunächst einmal die Dankbarkeit dafür, in die zweite Hälfte des 20. Jahrhunderts hineingeboren worden zu sein und damit die längste Friedensperiode in der mitteleuropäischen Geschichte erlebt haben zu dürfen.

Denn auch wenn wir das mittlerweile als Normalität betrachten, ist dieser Friede dennoch alles andere als eine schiere Selbstverständlichkeit.

Und darum gesellt sich in meinen Wünschen als weitere Erkenntnis die zaghafte Hoffnung hinzu, dass die Menschheit in nicht allzu ferner Zukunft vielleicht doch noch einmal etwas aus der leidvollen Geschichte unserer Vorfahren lernen möge. Das wäre schön.

*Gunter Haug*

Es war vor einigen Jahren während eines Urlaubs in Südtirol. Ein purer Zufall. Ganz unvermittelt hatte mich jemand angesprochen. Seltsamerweise mit dem vertraulichen „Du" und einem völlig anderen Vornamen. Ein Einheimischer. Er hat mich Werner genannt. Und seltsam geschaut, als ich keine Reaktion zeigte (oder höchstens eine verdutzte Miene an den Tag gelegt habe). Noch mal hat er es versucht. Dieses Mal schon zögerlicher. „Werner?"

„Ich bin nicht der Werner. Ich heiße anders."

„Ja sag einmal. Du siehst doch aus wie der Staudacher Werner. Genauso!"

Kopfschüttelnd habe ich ein weiteres Mal verneint, der „Staudacher Werner" aus dem Nachbardorf zu sein und nachdrücklich betont, es handle sich bei meiner Person vielmehr um einen Touristen aus Deutschland. Und im Übrigen sei ich sowieso das allererste Mal in meinem Leben zu Gast im schönen Südtirol.

Was bei meinem Gegenüber ein mindestens genauso irritiertes Kopfschütteln zur Folge hatte. Achselzuckend hat er sich daraufhin entschuldigt, etwas von „unglaublicher Ähnlichkeit" gemurmelt, dann ist er schließlich weitergegangen.

Seltsam.

So etwas kann einem schon einmal passieren. Man vergisst das üblicherweise aber recht schnell wieder. Mich jedoch hat diese eigenartige Begegnung während des gesamten weiteren Urlaubs irgendwie beschäftigt. Zumal ich noch des Öfteren meinte, eindeutig auf mich gerichtete, verwunderte Blicke zu spüren.

Was das nur sollte.

Was war so auffällig an mir, so interessant, dass die Einheimischen, von denen ich doch keinen einzigen kannte, mich so merkwürdig gemustert haben?

Irgendwann ist mir dann mitten in der Nacht, als ich wieder einmal über dieses seltsame Phänomen sinnierte, der Bericht eines Onkels mütterlicherseits eingefallen. Ich hatte ihn damals nur mit halber Aufmerksamkeit zur Kenntnis genommen, aber nun kam er mir plötzlich wieder ins Gedächtnis. Wie der Onkel, gerade erst heimgekehrt von einem Urlaub in Südtirol, darüber sprach, dass man ihn mehrfach mit jemandem verwechselt habe. Und das Eigenartigste dabei sei gewesen, dass man ihn sogar mit seinem Nachnamen angesprochen habe. Mit dem Familiennamen „Staudacher". So heißt er tatsächlich. Nur der Vorname war der falsche. Aber der Nachname hat gestimmt. Staudacher, ja richtig.

Das war der Auslöser für eine Recherche, die nur wenig Zeit in Anspruch genommen hat. Denn der Familienname Staudacher kommt in Südtirol relativ häufig vor. Man braucht nur einmal das Telefonbuch zur Hand zu nehmen und unter dem Buchstaben „S" beziehungsweise „St" nachzuschlagen. Da finden sich auf einer Seite oft mehrere Dutzend von Staudachers. In beinahe jedem Ort in Südtirol gibt es irgendwelche Staudachers. Allein die Tatsache, dass es sich dabei auch um den Geburtsnamen meiner Mutter handelt, ließ mich stutzen. So ein Zufall. Eben: Ein Zufall halt.

Aber da kam ja noch etwas anderes dazu. Diese eigenartigen Blicke. Dieses scheinbare Vertrautsein miteinander. Diese Ähnlichkeit, von der die Leute sagten, man gleiche einem anderen Südtiroler wie aus dem Gesicht geschnitten.

Auch dieses Phänomen hatte ich wenig später geklärt. Das war kein Zufall. Das war Geschichte.

Die Familie Staudacher. In der es schon immer hieß, sie seien von irgendwoher aus dem Süden nach Franken gekommen. Aus dem südlichen Bayern, wenn nicht gar Österreich. So besagte es die Familienlegende. Und tatsächlich lassen sich „Staudachers" von Süden nach Norden, von den Alpen bis zum Steigerwald, überall finden. Das schien die Route zu sein. Und manche von ihnen hatten sich dann eben schon auf der Etappe für immer niedergelassen. In Wirklichkeit geht die Reise noch ein Stückchen weiter. Und zwar ins heutige Südtirol. Gut und gerne 350 Jahre zurück in die Geschichte. Bis ans Ende des Dreißigjährigen Krieges. Also bis zu den Jahren ab 1648.

Damals mussten sich viele alteingesessene südtiroler Familien eine neue Heimat suchen. Denn nach dem Ende dieses furchtbaren Gemetzels, das nur in Teilen ein Glaubenskrieg gewesen ist, wurden die Protestanten auf ausdrückliches Geheiß des Kaisers Ferdinand III. aus Südtirol vertrieben. Es sei denn, sie wechselten zum katholischen Glauben. Dann durften sie bleiben. Aber für die „Lutherischen" war kein Platz mehr in Südtirol. Die rigorosen Landesherren, die Habsburger, die während des gesamtes Krieges (und auch schon davor) immer die Fahne des Katholizismus hochgehalten haben, wollten nun ein für alle Mal klare Verhältnisse in ihren Herrschaftsgebieten. Und das hieß, dass jeder zu gehen hatte, der nicht das katholische Bekenntnis annahm. Jetzt waren die Evangelischen schlichtweg unerwünscht. Noch nicht einmal mehr geduldet. Endgültig. Sie hatten ihre spärliche Habe zu packen und zu verschwinden. Wohin auch immer.

Nach Süden aber konnten sie nicht gehen. Nicht ins katholische Italien. Wohin dann? Es blieb ihnen nur der Weg nach Norden.

Dort, im Land nördlich der Alpen, da gab es Platz genug für sie. Einerseits Platz und andererseits Landesherren, in deren Kirchen nach dem lutherischen Gesangbuch gesungen wurde. Und so fanden viele einstmals in Südtirol beheimatete Familien in Franken eine neue Heimat. Vor allem in Mittelfranken. Denn dieser Landstrich hatte unter dem mehr als dreißigjährigen Wüten besonders schwer zu leiden. Ganze Dörfer hatten hier aufgehört zu existieren. Viele Flüchtlingsfamilien sind sogar planmäßig in Mittelfranken angesiedelt worden, damit das Leben, wenn auch nur schleppend und unter den allergrößten Beschwernissen, allmählich wieder in Gang kam.

Bis heute trifft man deshalb in Mittelfranken zahlreiche Familien, deren Wurzeln sich eindeutig nach Oberösterreich (dem Land ob der Enns) und Tirol zurückverfolgen lassen. Und wenngleich die Erinnerung an diesen Teil der Familiengeschichte bei den meisten längst verblasst ist, so sprechen doch ihre Familiennamen und erst recht die fränkischen Kirchenbücher (genauso wie die in Südtirol noch vorhandenen Aufzeichnungen) eine ganz eindeutige Sprache.

Im Zuge dieser Vertreibung ist vor über 350 Jahren also auch die Familie meiner Mutter nach Franken gekommen. Die Staudachers haben sich im Land rund um die Freie Reichsstadt Rothenburg ob der Tauber angesiedelt, manche sind schließlich Bürger von Rothenburg geworden. Nach einem, für damalige Verhältnisse unendlich langen und beschwerlichen Weg, konnten sie sich in Franken niederlassen und unbehelligt nach dem lutherischen Bekenntnis leben.

Zusammen mit Menschen wie der in diesem Buch beschriebenen Roswitha Barbara Himmelein. Der „Rose von Franken". Gemeinsam haben die Glaubensflüchtlinge aus Südtirol und die wenigen überlebenden Einheimischen das schwer zerstörte Land wieder aufgebaut, und haben sich dabei im Laufe der Jahrhunderte mit der alteingesessenen Bevölkerung vermischt. Sie haben die fränkische Identität angenommen, genauso wie den für diese Landschaft typischen Dialekt. Haben geheiratet und Kinder bekommen. Sind also allmählich zu „richtigen" Franken geworden.

Das also sind die historischen Fakten. Und seitdem wundere ich mich bei einem Aufenthalt in Südtirol nicht mehr, wenn ich den einen oder anderen erstaunten Blick auf mich gerichtet sehe. Ich lächle dann höchstens ein bisschen in mich hinein und denke daran, wie vor mehr als 350 Jahren alles begonnen hat.

\*

In der Form eines auf Tatsachen beruhenden Romans werden in diesem Buch die prägenden Lebensjahre von Roswitha Barbara Himmelein beschrieben. Einer jungen Frau, die in einem Dorf am Hesselberg geboren wurde. Sie gerät während der fränkischen Schicksalsjahre zwischen 1631 und 1635 in den Strudel dieser dramatischen Ereignisse, die damals tatsächlich zwischen Ansbach, Dinkelsbühl, Feuchtwangen und Rothenburg über die wehrlosen Menschen hereingebrochen sind.

Unzählige Erzählungen, Geschichten, Berichte, Aufzeichnungen, Schauspiele sowie Gedenkkreuze und Erinnerungstafeln halten die Erinnerung an diese schlimmen Jahre bis zum heutigen Tag wach, eine erstaunliche Beobachtung, wenn man bedenkt, dass alles schon viele Generationen zurückliegt.

Dennoch wird in Rothenburg ob der Tauber, auch noch nahezu vier Jahrhunderte später, das Schauspiel „Der Meistertrunk" aufgeführt, wie auch in Dinkelsbühl die „Kinderzeche". Beide Stücke beschreiben Episoden aus dem Dreißigjährigen Krieg, die für diese einst blühenden Freien Reichsstädte und ihre Einwohner zum Trauma geworden sind. Der alljährlich an Pfingsten gezeigte „Meistertrunk" von Rothenburg handelt von Ereignissen, die sich im Herbst des Jahres 1631 zugetragen haben. Und in Dinkelsbühl, das seine „Kinderzeche" im Juli eines jeden Jahres ausgiebig feiert, soll mit dem Schauspiel ebenfalls an die Einnahme der Stadt am 1. Mai 1632 erinnert werden. Es waren Heimsuchungen, die man in beiden Städten niemals mehr vergessen konnte. Das alptraumhafte Kriegsgeschehen, das unvorstellbares Leid,

Not und Schicksalsschläge über die Bevölkerung brachte, hat sich unauslöschlich in das Gedächtnis der Menschen dieser Landschaft eingebrannt.

Man könnte also meinen, hier ließen sich zumindest mitentscheidende Wendepunkte des Dreißigjährigen Krieges finden. Schließlich werfen nur bedeutende historische Wegmarken ihre Schatten bis in die heutige Zeit. Doch weit gefehlt: In der Rückschau der Historiker handelt es sich noch nicht einmal um eine Fußnote der Deutschen Geschichte. So unvorstellbar das aus mittelfränkischer Sicht auch klingen mag, für den Verlauf des großen Krieges spielten weder die Scharmützel von Rothenburg noch die in der Gegend um Dinkelsbühl irgendeine bedeutendere Rolle. Genauso wenig wie die Tatsache, dass es während des dreißig Jahre dauernden Krieges noch häufiger zur Belagerung und Einnahme der beiden Städte kommen sollte. Immer wieder begann das Leiden also von Neuem – kaum dass man sich notdürftig von den Schrecken der vorangegangenen Besetzung erholt hatte, ging es von vorne los.

Wie gesagt: Schlimm für Rothenburg, schlimm für Dinkelsbühl. Und dennoch in der historischen Gesamtschau nicht einmal einer kleineren Erwähnung für wert befunden.

Damit stellt sich mir die Frage, wie unvorstellbar groß das Leiden in dieser Zeit gewesen sein muss. Wie haben die Menschen, die mehr als eine Generation lang, inmitten von Krieg, Raub, Mord und Brandschatzungen ihr Leben fristen mussten, überhaupt existieren können? Wenig genug sind am Leben geblieben. Ganze Dörfer waren menschenleer, viele Siedlungen durch Brände, Seuchen und Plünderungen verwüstet. Zahlreiche Orte verschwanden von der Landkarte.

Nichts war am Ende des großen Krieges mehr so, wie es vorher gewesen war. Aber trotzdem gab es am Ende keine Sieger. Nur Besiegte. Die bitterste Niederlage erlitt die Menschlichkeit.

Vom authentischen Schicksal all der armen Menschen, die diese Zeit erleben und durchleiden mussten, davon handelt dieses Buch.

Aber weshalb ist es überhaupt so weit gekommen?

*

Im Grunde genommen führt uns die Frage nach den Ursachen, die dann mehr als 120 Jahre später zu der Katastrophe des Dreißigjährigen Krieges geführt haben, ein ordentliches Stück weiter zurück in die Geschichte des Heiligen Römischen Reiches Deutscher Nation: Bis zum Ende des Mittelalters, zum Beginn der Renaissance. Der Schlusspunkt des Mittelalters war ziemlich erbärmlich. Ein unwürdiges Ende für eine einstmals so stolze Epoche, die nach der später glanzvoll verklärten Ritterzeit des Hohen Mittelalters ihren Zenit schon längst überschritten hatte. Mit dem Tod des Kaisers Maximilian, des sogenannten „letzten Ritters", war dieses Mittelalter im Jahr 1519 endgültig zu Grabe getragen worden. Von da an dämmerte eine neue Zeit am Horizont herauf – mit Unheil verkündenden Begleiterscheinungen in ihrem Gefolge: Finanz- und Wirtschaftskrisen, die sogar vor der Kirche und dem Königshaus nicht haltmachten, Missernten, Hungersnöte, die dramatische Verelendung der bäuerlichen Landbevölkerung, das erneute Zurücksinken des niederen Adels in den Stand der Unfreiheit, Hexenprozesse, Ablasshandel, apokalyptische Weltuntergangsszenarien, das Erstarken der Kurfürsten zu Lasten des immer machtloser agierenden Deutschen Königs, dazu die Sinnkrise, in die sich ganz Europa plötzlich gestürzt sah. Denn Europa, das sich doch immer als zentralen Mittelpunkt auf dieser flachen Erdenscheibe begriffen hatte, musste seit der Entdeckung „Westindiens" über den Seeweg, das sich später als völlig neuer Kontinent herausstellte, begreifen, dass man ganz unversehens aus dieser Mitte herausgerückt war. Nicht nur geografisch geriet der „alte Kontinent" dadurch schlagartig in eine Schieflage. Auch in kirchlicher und moralischer Hinsicht schien mit einem Mal nichts mehr zusammenzupassen. Die alten Chroniken aus jenen Jahren, zumeist geschrieben im Bewusstsein des unmittelbar bevorstehenden Endes der Welt, sind voll von diesen Schilderungen eines dramatischen Sittenverfalls.

Spätestens im Jahr 1517, mit dem endgültigen Abfall des Mönchs Martin Luther von der katholischen Lehre, konnte dann auch der Papst im fernen Rom nicht mehr abstreiten, dass die Gräben innerhalb der in zwei Lager gespaltenen Kirche unüberbrückbar tief geworden waren. Es war das Jahr, in dem Luther seine revolutionär klingenden Thesen über das wahre Evangelium in aller Öffentlichkeit vor dem Portal der Wittenberger Kirche verkündet hat. Thesen, die sofort auf fruchtbaren Boden fielen, denn es gärte längst im „gemeinen Volk", dessen althergebrachten Rechte von den Herrschenden rücksichtslos beschnitten worden waren. Immer wieder waren bereits Aufstände aufgeflackert. Zum Beispiel 1476 im Taubertal die gewaltige Bewegung des „Pfeifers von Niklashausen", der schließlich auf dem Scheiterhaufen des Bischofs Rudolf von Scherenberg in Würzburg verbrannt wurde, dann ab 1493 der „Bundschuh" oder 1514 der „Arme Konrad" im Remstal. So erfolglos diese ersten revolutionären Erhebungen an ihrem brutalen Ende auch verlaufen waren, die Unruhe unter dem einfachen Volk wollte dennoch nicht mehr verstummen, denn die Lebensumstände der Bauern und Leibeigenen hatten sich weiter verschlechtert.

Kein Wunder also, dass Luther mit seiner heftigen Kritik an den Zuständen in der Kirche und auch in der Gesellschaft bei den einfachen Leuten auf einen Schlag gewaltig viele Hoffnungen weckte. Logisch, dass diese armen Menschen Luthers Thesen voll und ganz auf ihre eigene Lebenssituation übertrugen. Endlich einmal hatte einer aus der Schicht der Gebildeten ausgesprochen, wie sich die Situation wirklich und wahrhaftig darstellte. Luther hatte den Entrechteten eine Stimme gegeben – zumindest das dachten die Leute.

Die Hoffnungen der Bauern auf ein besseres Leben mündeten schließlich im großen Bauernkrieg von 1524 und 1525. Doch als der Aufstand gerade richtig begonnen hatte und sich zum Flächenbrand ausweitete, wandte sich ausgerechnet Luther plötzlich von den Bauern ab. Eine Katastrophe. Denn seine berühmt gewordene Schrift, die im originalen Wortlaut den Titel trug „Wider die sturmenden Bauern – auch wider die räuberischen und mörderischen Rotten der anderen Bauern", markierte einen entscheidenden Wendepunkt in diesem erbitterten Ringen, das vor allem seitens der Bauern zahllose Opfer forderte. Die Erhebung des „kleinen Mannes" endete in einer Katastrophe.

Das Land kam nicht mehr zur Ruhe. Schon im sogenannten Schmalkaldischen Krieg zwischen 1546 und 1547 versuchte (der katholische) Kaiser Karl V., die permanenten religiösen Streitigkeiten mit den Protestanten durch militärische Gewalt zu beenden. Obwohl der Kaiser am Ende den Sieg davontrug, brodelte es im Reich weiter. Was also tun? Die Unruhe musste doch irgendwie beendet werden können! Und so kam es dann am 25. September 1555 zum sogenannten Augsburger Religionsfrieden. Hier wurde der genauso berühmt wie auch berüchtigt gewordene Begriff „Cuius regio – eius religio" formuliert. Damit sollte „für alle Zeiten" festgeschrieben werden, welche Fürsten samt ihren Staaten dem neuen protestantischen Bekenntnis zuzurechnen waren, und welche Herrschaftsgebiete weiterhin der katholischen Kirche die Treue hielten. Samt den Untertanen natürlich, die freilich keinesfalls nach ihren eigenen Befindlichkeiten befragt worden waren. Sie hatten schlichtweg dasjenige Bekenntnis anzunehmen, dem die jeweiligen Fürstenhäuser angehörten. Getreu dem Motto: „Wes Brot ich eß, des Lied ich sing" – auch wenn sich die Sache mit dem Brot in Wirklichkeit genau umgekehrt verhielt. Denn in Wirklichkeit waren es ja die Untertanen, die mit ihren Abgaben und Frondiensten das Brot der hohen Herrschaften besorgten. Doch wie auch immer: Seit diesem Augsburger Religionsfrieden bestand berechtigter Anlass zur Hoffnung, dass mit der endgültigen Festschreibung der jeweiligen konfessionellen Zugehörigkeit, die seit Jahrzehnten andauernden Streitigkeiten ein für alle Mal beendet sein würden.

Aber die Hoffnung trog. Die religiösen Auseinandersetzungen im Reich dauerten nicht nur an, sie verschärften sich sogar noch. Eines der markantesten Beispiele findet sich im Jahr 1608. Hier deutete sich schon an, dass alles auf die große militärische Katastrophe hinauslaufen würde.

Was war geschehen? In diesem Jahr hatte der protestantisch beherrschte Rat der Freien Reichsstadt Donauwörth den Katholiken die Ausübung ihres Glaubens verboten. Ein klarer Rechtsbruch. Kein Wunder also, dass über Donauwörth die Reichsacht verhängt wurde. Eine Tatsache, die wiederum für Maximilian I., den katholischen Herzog von Bayern, die willkommene Rechtfertigung darstellte, an der Spitze einer 15.000 Mann starken Truppe im Namen des Reiches nunmehr mit Waffengewalt dafür zu sorgen, dass die Reichsstadt Donauwörth nicht nur zur Räson gebracht, sondern sogar völlig zum katholischen Bekenntnis zurückgeführt wurde. Damit war wiederum ein Rechtsbruch begangen worden. Dieses Mal von katholischer Seite. Wie ein Lauffeuer verbreitete sich die Nachricht im ganzen Reich und sorgte bei den protestantischen Fürsten und Reichsstädten für gewaltige Empörung. Als Reaktion darauf schlossen sie sich zu einem Schutz- und Verteidigungsbündnis zusammen. Zur „Protestantischen Union". Besiegelt wurde dieser Pakt ausgerechnet in einem ehemaligen Kloster. Es handelt sich um das Kloster Auhausen an der Wörnitz, das ganz bewusst ausgewählt wurde, weil es sich nicht weit von Donauwörth entfernt befindet. Dieses Kloster gehörte zur traditionell protestantischen Markgrafschaft Brandenburg-Ansbach und war damit also ganz sicher nicht zufällig in den Blickpunkt der Aufmerksamkeit geraten. Eine Tatsache, die später noch viel Leid über diesen Landstrich bringen sollte.

Die Mitglieder der „Protestantischen Union" hatten sich verpflichtet, künftig allen Versuchen der Rekatholisierung evangelischer Gebiete energisch und notfalls auch mit Waffengewalt gegenüberzutreten.

Im Jahr 1609 trat auch die Freie Reichsstadt Rothenburg ob der Tauber diesem Bündnis bei, und brachte im Lauf der folgenden Jahre die riesige Summe von 54.000 Gulden ein, um das Bündnis dementsprechend wehrhaft auszustatten. Es war eine mächtige Drohkulisse, die von den Protestanten aufgebaut worden war.

Die Antwort ließ logischerweise nicht lange auf sich warten: Noch im selben Jahr (1609) schlossen sich die Katholiken unter der Führung des Herzogs Maximilian von Bayern, der mit seiner brutalen Rekatholisierung von Donauwörth der Mitauslöser des Konfliktes gewesen war, zur „Katholischen Liga" zusammen. Damit war die Lunte gelegt. Auf kleinere Scharmützel folgten größere Kampfhandlungen. Und so nahm in diesen Jahren eine nicht mehr enden wollende Spirale der Gewalt ihren Anfang. Mehr und mehr schaukelte sich die Aggression im gesamten Reichsgebiet auf, bis es zur unabwendbaren und wohl auch mit Absicht herbeigeführten Katastrophe kam. Im Jahr 1618 brach der Krieg dann offiziell aus. Diesen Krieg hat man später als den Dreißigjährigen Krieg bezeichnet, obwohl die Kämpfe schon Jahre vorher begonnen hatten und viele weitere Überfälle, Plünderungen und Brandschatzungen trotz aller geschlossenen Friedensverträge und Waffenstillstandsabkommen weit über das Jahr 1648 hinaus andauerten.

Als offizieller Anlass für den Ausbruch des Dreißigjährigen Krieges musste die Auseinandersetzung der protestantischen böhmischen Stände mit dem strengkatholischen österreichischen Erzherzog Ferdinand II. herhalten, der sich als König von Böhmen zum erbitterten Gegenreformator aufschwang. Er hatte einen klaren Rechtsbruch begangen, als er in einem Akt der Willkür das Recht der Böhmen auf Religionsfreiheit widerrief. So kam es zum berühmten Prager Fenstersturz, bei dem im Mai 1618 zwei kaiserliche Räte und ein Sekretär von den Vertretern der böhmischen Stände einfach aus einem Fenster der Prager Burg geworfen wurden. Zu ihrem Glück landeten sie auf einem Misthaufen und überlebten dadurch den Sturz. Der verhasste Ferdinand wurde als König von Böhmen für abgesetzt erklärt. An seiner Stelle proklamierten die böhmischen Stände nun den Kurfürsten Friedrich V. von der Pfalz als ihren neuen König. Dies nicht von ungefähr, denn Friedrich fungierte als Oberhaupt der Protestantischen Union. Er ist als der sogenannte Winterkönig, dessen Regentschaft gerade einmal einen einzigen Winter erlebte, in die Geschichte eingegangen. Der von den Böhmen abgesetzte Ferdinand wurde übrigens im Jahr 1619 zum Kaiser gewählt: Ein unversöhnlicher Gegner der Protestanten, der sich nun an der Spitze des Reiches befand.

Mit dem Prager Fenstersturz und seinen Folgen begann ein Krieg, der zwar ursprünglich als Glaubenskrieg in die europäische Geschichte eingegangen ist, der aber in Wahrheit, je länger er andauerte, immer mehr zum bloßen Machtkampf zwischen den rivalisierenden Blöcken wurde. Mehr als dreißig Jahre sollte dieses furchtbare Brennen und Morden von nun an in ganz Mitteleuropa wüten. Mit am schlimmsten getroffen hat es dabei die Franken und die Schwaben.

In Bayern verbündete sich Herzog Maximilian I. mit dem Kaiser und stellte dem kaiserlich-katholischen Heer neben zahlreichen Soldaten auch gleich den Anführer der Armee, den im Jahr 1559 geborenen Feldherren und bayerischen General Johann Tserclaes Tilly. Dieser Tilly stieg zum Feldmarschall der Katholischen Liga auf und führte seine Truppen in den ersten Kriegsjahren von Sieg zu Sieg. Nichts und niemand schien ihn aufhalten zu können. Die Lage der Protestanten wurde immer verzweifelter. Tilly! Ein Name, bei dessen bloßer Erwähnung selbst heute noch, beinahe 400 Jahre danach, viele Menschen in Mittelfranken eine Gänsehaut bekommen.

Natürlich waren die Motive des Bayernherzogs alles andere als rein edelmütig, und nicht nur auf die Verteidigung des katholischen Glaubens ausgerichtet. Denn der Kaiser hatte ihm im Gegenzug für seinen militärischen Beistand, die Kurfürstenwürde seines protestantischen Vetters Friedrich (des Winterkönigs) versprochen sowie die Regentschaft über dessen Besitzungen in der Oberpfalz. Neben Franken bildete sich im Laufe des Krieges als weiterer Brennpunkt das Gebiet des benachbarten Herzogtums Württemberg heraus, das von protestantischen Herzögen regiert wurde und das mit den Reichsstädten in Franken und Schwaben paktierte. Gnadenlos richtete sich die geballte Wut des Kaisers gegen die protestantische Partei, deren führende Köpfe in seinen Augen nichts anderes als Aufrührer und Rebellen waren.

Somit hatten in diesem jahrzehntelangen Hauen, Schießen und Stechen selbst die hochadeligen Familien in den Kriegsgebieten schwer zu leiden und oft herbe Verluste an Menschenleben und Vermögen hinzunehmen.

Doch noch wesentlich schlimmer wurde das gemeine Volk getroffen: Für die einfachen Bauern, Bürger, Handwerker, Tagelöhner, Knechte und Mägde geriet dieser Krieg zur Katastrophe. Eine einzige Leidensgeschichte, die sich scheinbar endlos fortsetzen sollte.

In den hier beschriebenen fränkischen Schicksalsjahren, zwischen 1631 und 1635, ist dieses Land von der Wucht des Krieges besonders hart getroffen worden. Es handelt sich dabei ziemlich genau um jene Zeitspanne, die sich mit dem Kriegseintritt der Schweden deckt. Viele Scharmützel wurden in Franken ausgefochten. Zahlreiche sogenannte Schwedenkreuze legen noch heutzutage Zeugnis ab über diese Zeit. Kein Dorf in Mittelfranken, auf dessen Gemarkung nicht ein Schwedenkreuz, ein Schwedengrab oder eine Schwedenschanze zu finden ist.

Nachdem die ersten großen Schlachten zunächst vorwiegend in Böhmen, im Mittel- und im Nordteil des Reiches geschlagen worden waren und sich die Waage eindeutig zugunsten der siegreichen Katholiken gesenkt hatte, änderte sich das Bild in Franken ab dem Jahr 1631 schlagartig. Schon die Truppendurchzüge waren schlimm genug gewesen, wenn da plötzlich Tausende von Soldaten mit Essen versorgt werden mussten. Landsknechte, die oft genug auch vor Plünderungen nicht haltmachten, und die mit brutaler Gewalt das Vieh aus den Ställen zerrten, die Vorratsspeicher leer räumten, das Geschirr zerschlugen, Frauen vergewaltigten und in ihrem Schlepptau ansteckende Krankheiten mit sich brachten. Hunderte von Todesopfern hatten allein diese Heimsuchungen gekostet. Schlimm genug, doch was war das im Vergleich zu dem, was nun auf die Menschen und das Land zukommen sollte? Denn jetzt war man plötzlich ganz direkt vom Krieg betroffen.

Mit dem Kriegseintritt Gustav Adolfs, des protestantischen Königs von Schweden, der am 4. Juli 1630 auf Usedom gelandet war, konnte die evangelische Seite plötzlich neue Hoffnung schöpfen. Hoffnung, in einem eigentlich schon verloren geglaubten Krieg. Die teilweise weit versprengten protestantischen Truppen vereinigten sich unter der Führung des Schwedenkönigs, dem es freilich nicht nur um den Protestantismus, sondern mindestens genauso um den Ausbau seiner Macht in Nordeuropa zu tun war, die er durch Tillys unaufhaltsames Vorrücken in ernster Gefahr sah.

Und König Gustav Adolf gelang es tatsächlich, das Blatt zu wenden. Schon ein Jahr nach dem Kriegseintritt der Schweden, am 17. September 1631, wurden die kaiserlich-katholischen Truppen, die unter dem persönlichen Oberbefehl des Feldmarschalls Tilly standen, bei Breitenfeld in der Nähe von Leipzig vom Heer der vereinigten Protestanten geschlagen. Zunächst schien es sich sogar um eine vernichtende Niederlage zu handeln.

Dementsprechend grenzenlos war der Jubel auf der protestantischen Seite.

Tilly geschlagen! Ausgerechnet Tilly, der wenige Monate zuvor, Mitte Mai 1631, mit seinen Soldaten im protestantischen Magdeburg bestialisch gehaust und die Stadt nahezu dem Erdboden gleich gemacht hatte. Jetzt plötzlich blieb dem bis dahin als unbesiegbar geltenden kaiserlichen Feldmarschall nur noch die überstürzte Flucht nach Süddeutschland. Es konnte sich nur noch um einige wenige Wochen handeln, bis Tilly endgültig der Garaus gemacht wäre, das stand für die Protestanten eindeutig fest. Man würde ihn nicht entkommen lassen! Doch kurz darauf zerstob die Hoffnung: Tilly war nur scheinbar am Boden. Nun gut, er hatte eine Niederlage erlitten, doch besiegt oder gar vernichtend geschlagen, das war der kaiserliche Feldmarschall noch lange nicht.

Nur wenige Wochen nach seiner Niederlage bei Breitenfeld klang mit einem Mal der Schreckensruf durch Franken: „Gnade uns Gott! Tilly ist im Anmarsch!"

*

Geschichte setzt sich aus wesentlich vielfältigeren Bestandteilen zusammen als lediglich nüchternen Zahlen, die in einen Grabstein eingemeißelt sind. Aus mehr als den bloßen Geburts- und Sterbedaten. Geschichte ist in Wirklichkeit genau das, was sich in den vielen Jahren zwischen diesen beiden Eckdaten zugetragen hat. Nämlich die Geschichte einzelner Leben. Erst Biografien machen unsere Welt fassbar und begreifbar. Selbst die sogenannte „große" Geschichte besteht immer aus der Summe von kleinen Geschichten: Aus unzähligen Lebensläufen derer Menschen, die während einer bestimmten Epoche gelebt haben. Kleine, scheinbar unbedeutende Persönlichkeiten gehören genauso dazu wie die großen Namen. Männer und Frauen, von denen man sagt, sie hätten Geschichte „geschrieben". Doch ohne die längst vergessenen einfachen Menschen wäre es schlichtweg nichts geworden mit den mehr oder weniger großen Helden ihrer Zeit. Denn die kleinen Leute, die Heerscharen der Armen, der Leibeigenen und der Besitzlosen haben es nur in den seltensten Fällen zu einer Erwähnung in einer Chronik gebracht – oder gar zu einem Denkmal. Und dennoch gibt es sie, die Lebensgeschichten der einfachen Menschen. Sie haben sich erhalten durch mündliche Überlieferungen, Erzählungen in den Familien, Einträge in Taufregistern oder durch vergessene Relikte auf dem Dachboden. Wie ein Puzzle kann so manche Lebensgeschichte zusammengesetzt und in faszinierender Weise wieder fassbar werden. Und genau solche Biografien aus den breiten Schichten der Bevölkerung verhelfen uns zu völlig anderen, meist viel tiefer gehenden Einblicken in eine lang vergangene Zeit, als es uns eine bloße Anreihung von Zahlen, Fakten und „Heldentaten" bieten kann.

\*

Blenden wir nun zurück in die Zeit des Dreißigjährigen Krieges in Mittelfranken. Lassen Sie uns zunächst einen Blick auf die ersten Lebensjahre der „Rose von Franken" werfen. Ihr Name ist Roswitha Barbara Himmelein. Im Jahr 1617 wurde sie im Dorf Gerolfingen geboren. Gerolfingen liegt am südwestlichen Rand des Hesselbergs, der höchsten Erhebung von Mittelfranken. Und kaum hatte Roswitha im Alter von knapp einem Jahr das Laufen gelernt, war der Krieg ausgebrochen. Er wurde zum ständigen Begleiter ihres Lebens. Nie hatte sie etwas anderes kennengelernt als Krieg, Truppendurchzüge, plündernde Soldaten, Angst und Unsicherheit. Kein Wunder, dass die Kriegssituation der kleinen Roswitha als Normalität erschien. Ein Entkommen aus dieser ausweglosen Situation war den Menschen völlig unmöglich. Wohin hätten sie denn fliehen sollen? Erstens hatte der Krieg längst das gesamte Land überzogen, und zweitens hätten sie nirgendwo Aufnahme gefunden. Es ist eine beklemmende Vorstellung, wenn man sich vor Augen hält, dass einem kleinen Kind seit der Geburt nur Elend, Not und Zerstörung begegnet sind. Mitten hinein in diese fürchterlich zerrissene Zeit wurde Roswitha Barbara Himmelein geboren.

Zwei Jahre nach Roswithas Geburt kam im Herbst des Jahres 1619 ihr Bruder Matthias Friedrich auf die Welt. Die beiden Geschwister sollten die einzigen Kinder des Ehepaars Johann Friedrich und Eva Margareta Himmelein bleiben. Um genau zu sein, die einzigen Überlebenden. Alle anderen Kinder, insgesamt fünf an der Zahl, waren schon bei ihrer Geburt oder wenige Tage danach gestorben. Eine traurige Tatsache, die in diesen Jahren die Regel war. Es gab nahezu keine Familie, die nicht ein oder mehrere Kinder zu beklagen hatte, die den ersten Geburtstag nicht erlebten. Oft genug waren im Kindbett dann auch noch die Mütter gestorben. Für Trauer blieb den Angehörigen wenig Zeit: Das Leben musste weitergehen. Der Tod war ein selbstverständlicher Begleiter, der die Menschen auf Schritt und Tritt bedrohte. Oft heirateten die Männer schon kurz nach dem Tod ihrer Frau wieder, denn die Familie musste ja versorgt werden. Darum ging es.

Bei den Himmeleins hatte die Mutter Gott sei Dank alle Geburten überlebt. Von Glück konnte man auch sagen, dass Roswitha und Matthias alle Krankheiten überstanden hatten, vor allem den schweren Husten und das Fieber, das die Familie regelmäßig in den eisigen Wintermonaten heimsuchte. Trotz der ungesunden, rauch- und rußgeschwängerten Luft in dem feuchtkalten Bauernhaus waren die beiden bei guter Gesundheit. Die Versorgung der Eltern durch die Kinder, wenn sie tatsächlich einmal das Alter erreichen sollten, in dem ihnen die Arbeit schwerfiel, schien also gesichert. Eine glückliche Fügung des Schicksals, eine beruhigende Gewissheit, die bei Weitem nicht alle Familien in Gerolfingen für sich in Anspruch nehmen konnten. Für diese Menschen würde es hart werden. Wer sollte für sie sorgen, wenn es keine Angehörigen mehr gab? Die anderen kleinbäuerlichen Familien im Dorf hatten genug mit sich selbst zu schaffen. Bei den drückenden Abgaben für die Grundherrschaft, bei den beständig zunehmenden Plünderungen und Heimsuchungen vereinzelter Landsknechtehaufen: Da konnte man sich nicht auch noch um die Nachbarn kümmern. Man musste froh und dankbar sein, wenn es einem knapp zum Überleben reichte.

Immerhin, der Familie Himmelein war es gelungen, ihre beiden Kinder über die ersten zehn Lebensjahre zu bringen. Und Roswitha würde nun in diesem Jahr, 1630, bereits das Alter von 13 Jahren erreichen. Was bedeutete, dass der Vater demnächst versuchen würde, für seine Tochter eine Anstellung als Magd zu finden. Alt genug war sie dafür ja inzwischen. Ein Kind weniger, das man durchzufüttern hatte. Ganz sicher würde es in der Stadt Dinkelsbühl Arbeit für Roswitha geben. An Lichtmess, also am 2. Februar, wollten sie gemeinsam aufbrechen und die geeignete Anstellung finden. Lichtmess, der Tag im bäuerlichen Jahreslauf, an dem solche Absprachen getroffen wurden. Per Handschlag natürlich. Wie sonst? Denn wer von den Bauern konnte schon lesen oder schreiben? Ein ehrlicher Handschlag genügte vollkommen – und damit wäre dann dafür gesorgt, dass sich Roswitha Himmelein ihr tägliches Brot selbst verdiente. Der Vater würde schon dafür Sorge tragen, dass sie zu guten Leuten käme. Er würde seine Tochter niemals in schlechte Hände geben.

Der Vater: Ein einfacher, aber gescheiter Mann. Gescheit nicht im Hinblick auf Bildung, denn natürlich konnte er genauso wenig wie all die anderen Bauern im Dorf lesen oder schreiben. Das konnte ja noch nicht einmal der Pfarrer von Gerolfingen richtig.

Nein, lesen und schreiben konnte er nicht. Wozu auch? Übrigens im Gegensatz zu seiner Frau Eva Margareta, die als kleines Kind das Glück hatte, einen ehemaligen Mönch zu kennen, der ihr bei manchen Zusammentreffen wenigstens die Grundbegriffe des Lesens vermitteln konnte. Kenntnisse, die sie, soweit die Erinnerung nicht längst verblasst war, wiederum an ihre Kinder weitergeben konnte. Ein seltenes Geschenk des Schicksals. Eine ganz besondere Fähigkeit, die zwar nur die einfachsten Wörter und Sätze erfasste, aber immerhin. Das war schon etwas ganz Besonderes. Wo noch nicht einmal der Vater es in dieser Hinsicht mit seiner Frau aufnehmen konnte. Obwohl Johann Friedrich Himmelein durchaus etwas galt in seinem Dorf. Man hörte auf seine Meinung und zog ihn bei schwierigen Verhandlungen regelmäßig zu Rate. Bei Viehverkäufen, bei Markungsstreitigkeiten, bei Fragen der Fruchtfolge auf den Äckern, bei der Erörterung des richtigen Aussaattermins und so weiter. Eigentlich eine erstaunliche Wertschätzung für einen Mann, der es in seinen frühen Lebensjahren alles andere als leicht hatte. Denn er stammte ja nicht aus Gerolfingen. Erst als Erwachsener war er durch Heirat in das Dorf am Hesselberg gekommen.

Auch, wenn er nicht weit entfernt geboren worden war, nämlich im Nachbarort Aufkirchen, auf der anderen Seite des Flusses Wörnitz gelegen, hätte er im Dorf üblicherweise sein Leben lang als wenig angesehener Fremdling gegolten. Als Zugezogener. Wenn da nicht seine besonderen Fähigkeiten gewesen wären, die ihn unter den anderen Kleinbauern hervorstechen ließen: Sein ausgleichendes Wesen, sein Verhandlungsgeschick und seine rasche Auffassungsgabe.

Seltsam, dass es einen Mann von Aufkirchen in das weitaus weniger bedeutende Dorf Gerolfingen verschlug. Denn immerhin handelte es sich bei Aufkirchen um eine Ansiedlung, die mit Stadtrechten versehen war, wenn nicht sogar mit den Rechten einer Freien Reichsstadt. Ja, wirklich: Aufkirchen war eine solche Freie Reichsstadt – oder zumindest war sie einst eine Stadt des Reiches gewesen, keinem Landesherrn, keinem Ortsadeligen, sondern nur dem Kaiser untertan. So ganz genau vermochte das in jenen Jahren keiner mehr so richtig zu sagen, denn der alte reichsstädtische Glanz, der einstmals über dem Ort gelegen hatte, war im Lauf der Jahrhunderte längst verblasst. Auch die Stadtrechte waren im Grunde genommen längst nicht mehr existent, bis auf das Recht, Markttage abzuhalten. Jene erfreuten sich nach wie vor einer großen Beliebtheit. Aus einem weiten Umkreis strömte das Volk an solchen Märkten nach Aufkirchen, um Handel zu treiben – zu kaufen und zu verkaufen. Viele wunderten sich darüber, dass dieser, bis auf das einigermaßen respektable Rathaus und die gemessen an der Zahl von Einwohnern erstaunlich große Kirche, ziemlich durchschnittliche Ort, tatsächlich das Privileg des Marktrechts besaß. Kaum zu glauben, dass hier einmal der mythenumwobene Kaiser Friedrich Barbarossa sogar einen Reichstag abgehalten haben sollte. Einen Reichstag des Deutschen Reiches! Mit allem Glanz und mit aller Prachtentfaltung, die zur Zeit der stolzen Ritter an der Tagesordnung gewesen war. Ausgerechnet in Aufkirchen! So sagten es wenigstens die Alten.

Roswithas Vater stammte also aus Aufkirchen. Als jüngstem von vier Brüdern, wobei einer der beiden mittleren Brüder schon als Jugendlicher an einem Eiterzahn gestorben war, hatte es für Johann Friedrich keinerlei Möglichkeit gegeben, sich in seinem Heimatort eine Existenz aufzubauen. Genauso wenig wie für seinen zweitältesten Bruder Michael. Dieser hatte dann in das ebenfalls nicht weit entfernte Ruffenhofen geheiratet, wo er als Schafhüter im Auftrag der Dorfgemeinschaft eine eher kärgliche Existenz am Rande der ländlichen Gesellschaft fristete. Vom frühen Morgen an bis zum Einbruch der vollständigen Dunkelheit hatte er sich bei seiner Herde aufzuhalten. Die wenigsten Tiere gehörten zu seinem eigenen Besitz. Und wehe, er hatte es an der nötigen Wachsamkeit fehlen lassen oder seine Hütehunde nicht entsprechend aufmerksam ausgebildet. Wenn dann einer der durch die Wälder am Hesselberg streunenden Wölfe in die verschreckte Schafherde eingebrochen war, dann hatte es im Dorf gewaltigen Ärger gegeben. Denn wer sollte die gerissenen Schafe bezahlen? Beim Schäfer war in finanzieller Hinsicht nie etwas zu holen: Allerhöchstens eines der Schafe, die ihm als Lohn für seine Tätigkeit überlassen worden waren, konnte man als Ausgleich für seine

Unaufmerksamkeit einziehen. Und ihm dazu noch eine ordentliche Tracht Prügel verabreichen. Auch das konnte nach Ansicht der Bauern niemals schaden, damit dem verantwortungslosen Kerl künftig umso nachdrücklicher bewusst war, dass man noch ein letztes Mal Gnade vor Recht hatte walten lassen. Sollte sich die Verfehlung jedoch wiederholen, dann würde man ihn aus Ruffenhofen jagen. Samt seiner Familie natürlich, denn eine zurückgelassene Schäfersfrau mit ihren vier noch unmündigen kleinen Kindern auf Kosten des Dorfes durchzufüttern, dazu verspürte man nicht die geringste Neigung. Inso-fern war es eine kümmerliche Existenz, die der Schäfer, der Onkel von Roswitha, in Ruffenhofen fristete. Aber irgendwie musste er eben durch das Leben kommen.

Den äußerst bescheidenen kleinen Bauernhof ihrer Eltern in Aufkirchen sollte der älteste der Brüder übernehmen: Andreas hieß er. So klein und wenig ertragreich, wie dieses Anwesen war, würde jede weitere Aufteilung keiner Seite nützen. Es wäre nämlich völlig unmöglich, vom kümmerlichen Rest des Hofes eine Familie zu ernähren. Schon Roswithas Großeltern, Jacob Balthasar und Barbara Dorothea Himmelein, hatten sich mit den vier Kindern mehr schlecht als recht durch das Leben geschlagen. Dass ausgerechnet Andreas, der unverheiratet geblieben war, nun vor wenigen Monaten bei einem tragischen Unglücksfall mit einem umgestürzten Fuhrwerk den Tod gefunden hatte, änderte nichts mehr an den Tatsachen. Sowohl Michael als auch Johann Friedrich hatten Aufkirchen schon vor vielen Jahren verlassen. Die Großeltern, der Großvater mittlerweile schon 55 Jahre alt, waren somit von einem auf den anderen Tag wieder auf sich allein gestellt. Gut möglich, dass deshalb Michael wieder kommen würde, um die Lücke zu schließen, die sein verunglückter Bruder hinterlassen hatte.

Johann Friedrich Himmelein dagegen würde auf keinen Fall nach Aufkirchen zurückkehren. Denn er hatte es mit seiner Heirat wirklich gut getroffen. Er könne von Glück sagen, dass sich ausgerechnet die Bauerntochter Eva Margareta in den mittellosen Burschen verliebt habe, betonten die Leute in Gerolfingen – manches Mal mit einem nicht zu überhörenden neidvollen Unterton. Denn bei Eva Margareta Röcker, deren Eltern und sämtliche Geschwister nacheinander an einer fiebrigen Durchfallerkrankung gestorben waren, handelte es sich um die einzige Erbin eines bäuerlichen Anwesens, mit dem zwar keinerlei Vermögen in klingender Münze verbunden war, das aber einem tüchtigen Bauern bei entsprechend fleißiger Arbeit eine einigermaßen sichere Existenz ermöglichte. Trotz aller drückenden Abgaben für die Grundherrschaft und für die Kirche. Sogar die alles andere als beliebten Sondersteuern, die aufgrund der unsicher gewordenen Zeiten für die Verstärkung des markgräflich-ansbachischen Heeres in den vergangenen Jahren gleich mehrfach erhoben worden waren und die eine erhebliche Belastung für die Bauern darstellten, hatte man zwar murrend aber dennoch im geforderten Umfang aufbringen können. Im Gegensatz zu manch anderen, deren Hof daraufhin vom Vogt des Markgrafen konfisziert worden war. So gesehen hatte es Roswithas Vater tatsächlich wesentlich besser getroffen als seine beiden Brüder. Immer vorausgesetzt natürlich, dass keine Missernten eine Hungersnot nach sich ziehen würden, das Haus nicht abbrennen würde, und vor allem der drohende große Glaubenskrieg sich nicht auf fränkisches Territorium verlagern würde. Man war sich dieser beständig drohenden Gefahr durchaus bewusst. Verbunden mit der inbrünstigen Hoffnung, dass der Herrgott diese Heimsuchung auch weiterhin von Franken fernhalten möge!

Allein die Schilderungen, die sie aus dem Mund von Roswithas Patenonkel Georg Ehnes aus Oestheim bei

Rothenburg und dessen Frau Ursula hatten hören müssen, hielten die Menschen selbst noch im fernen Gerolfingen in Atem. Zwar konnte von einem Krieg im eigentlichen Sinn des Wortes nicht die Rede sein, aber das, was sich im westlichsten Teil von Franken, in unmittelbarer Nähe der Freien Reichsstadt Rothenburg, zusammenbraute, war alles andere als friedlich zu bezeichnen. Von beständigen Truppendurchzügen, rücksichtslosen Requirierungen, Gewaltakten und Plünderungen berichtete der alte Georg Ehnes während eines Besuches bei den Himmeleins. Dabei hatte er Roswithas Vater einen Lederbeutel mit fünf echten Silbermünzen zu treuen Händen übergeben. In seinem Dorf Oestheim und auch sonst in den Orten des Rothenburger Landes wisse er diesen Schatz, den schon sein Großvater als stille Reserve für Notzeiten versteckt habe, nicht mehr in sicheren Händen. Deshalb wolle er ihn jetzt in das seiner Meinung nach wesentlich sicherer scheinende Gerolfingen bringen – solange ihm das überhaupt noch möglich war. Mit sorgenvollen Mienen hatten die erschrockenen Bauern aus den Dörfern am Hesselberg diese Berichte zur Kenntnis genommen. Keiner von ihnen konnte sich einen Reim darauf machen, weshalb es jetzt plötzlich zu einer dermaßen gefahrvollen Zuspitzung der Lage gekommen war.

Diese Entwicklung sei kein Wunder, hatte ihnen Georg Ehnes daraufhin mit klaren Worten auseinandergesetzt. Denn natürlich musste die verschärfte Bedrohung seiner Heimat im Zusammenhang mit der Tatsache gesehen werden, dass Rothenburg ob der Tauber, diese strategisch überaus wichtige und zudem recht vermögende Stadt mit gut gefüllten Vorratsspeichern, von beiden Kriegsparteien als höchst bedeutsames Objekt betrachtet wurde, das man unbedingt in die Hände bekommen sollte. Zwar gehörte Rothenburg seit vielen Jahren zum Verteidigungsbündnis der Protestantischen Union, doch dieses Bündnis hatte in den vergangenen Schlachten schmerzhafte Niederlagen durch die Truppen des kaiserlich-katholischen Feldmarschalls Tilly einstecken müssen, sodass sich das gesamte Bündnis in Auflösung befand. Kein Wunder, dass der aufs Äußerste besorgte Rat der Stadt zu einer Art Schaukelpolitik übergegangen war, die es sich weder mit den protestantischen Glaubensbrüdern verscherzen wollte noch den Kaiser als obersten Herrn der Freien Reichsstadt in irgendeiner Form zu erzürnen trachtete. Eine höchst verzwickte Aufgabe, die den Rothenburger Diplomaten größtes Geschick abverlangte. Und dies von Tag zu Tag mehr, denn je mehr sich die Niederlagen der Protestanten häuften, desto kompromissloser benahmen sich naturgemäß die siegreichen Katholiken. Von dieser Warte aus betrachtet erschien es den Protestanten als eine vom Herrgott selbst verfügte, segensreiche Wendung des Schicksals, dass nun der schwedische König Gustav Adolf in den Krieg eingetreten war, und die im Grunde schon verloren geglaubte Sache der Protestanten in seine sieggewohnten Hände nahm.

So betroffen die Bauern diese Schilderungen zur Kenntnis genommen hatten, so erleichtert verwiesen sie anschließend auf die Tatsache, dass Rothenburg doch eine gute Tagesreise vom Hesselberg und Gerolfingen entfernt liege. Als müssten sie sich damit gegenseitig Mut zusprechen, führten sie dieses Argument immer wieder ins Feld. Eine tatsächliche Bedrohung für das Land am Hesselberg könne man nicht erkennen und natürlich sei in einer Stadt wie Rothenburg viel mehr zu holen als in irgendwelchen bescheidenen Bauerndörfern. Und dennoch blieb einfach ein sonderbares Gefühl zurück. Kaum zu beschreiben, aber vorhanden.

Bald schon waren die Sorgen beinahe wieder vollständig vergessen, die sie sich nach dem Besuch aus Oestheim gemacht hatten. Denn bis auf einige wenige Vorfälle mit einzelnen kleinen Banden von ehemaligen Landsknechten, die auf der Suche nach Beute durch das Land gestreift waren, blieb es ruhig. Man brauchte sich tatsächlich keine Gedanken zu machen, denn Überfälle auf schlecht gesicherte Fuhrwerke hatte es schließlich schon immer gegeben. Früher waren diese Überfälle von dem anscheinend niemals völlig auszurottenden Diebesgesindel ausgegangen, heutzutage hatte sich die räuberische Landplage nun eben mit dem Abschaum der Heere zusammengetan. Was zwar an sich eine ärgerliche Tatsache darstellte, aber keinesfalls als erstes Anzeichen für eine drohende Kriegsgefahr betrachtet werden musste.

Damit stand dem Vorhaben von Johann Friedrich Himmelein nichts mehr im Wege, demnächst für seine immerhin schon zwölfeinhalb Jahre alte Tochter Roswitha eine Anstellung als Magd zu suchen sowie sich auch für den zehnjährigen Matthias nach einer Unterbringung als Hilfsknecht umzusehen. Johann Himmelein hatte sich diesen Schritt alles andere als einfach gemacht: Sollte er den jungen Matthias tatsächlich schon in eine Stellung geben? Angesichts seines zarten Körperbaus? Gerade deswegen hatten ihm die anderen Bauern im Dorf nachdrücklich zugeraten, denn gerade in der Fremde habe schon manches schmächtige Kind eine erstaunliche körperliche Entwicklung vollzogen. Er solle es eben einmal versuchen. Ein Jahr halt. Das sei schnell vorbei. Insofern könne es dem kleinen Matthias auch gar nicht schaden.

Innerlich widerstrebend hatte sich Johann Himmelein schließlich in diese Einsicht gefügt, die auch von der Mutter nur höchst ungern mitgetragen wurde. In einem waren sich die Eltern aber einig: Falls es nicht gelänge, für beide Kinder in ein und demselben Haus eine Arbeit zu finden, dann solle der Vater den kleinen Matthias wieder mit nach Hause bringen. Denn völlig auf sich alleine gestellt in der Fremde, dieses Los wollten sie ihrem zehnjährigen Kind dann doch lieber ersparen. Insofern hegten die Eltern im Grunde genommen die heimliche Hoffnung, es würde ihnen nicht gelingen, für Roswitha und Matthias gemeinsam eine Arbeit zu finden.

Am besten sei es, das war die Überzeugung des Ehepaars Himmelein, eine Anstellung in Dinkelsbühl zu suchen und zu finden. Denn in der alten Freien Reichsstadt, hinter ihren gewaltigen und wehrhaften Mauern, schienen Roswitha und Matthias den Eltern auf alle Fälle in Sicherheit, falls sich der Krieg wider Erwarten dennoch bis an die Wörnitz ausbreiten sollte.

Am Lichtmesstag des Jahres 1630, also am Mittag des 2. Februar, war die Stelle gefunden. Beziehungsweise gleich beide Stellen, was dem Vater einen eiskalten Stich ins Herz versetzte. Und dennoch: Er durfte von Glück sagen, eine Anstellung gefunden zu haben. Noch dazu in einer Mühle. Per Handschlag waren sich Friedrich Himmelein und der Stadtmüller von Dinkelsbühl einig geworden, dass Roswitha und Matthias Himmelein für mindestens ein Jahr, also bis zum nächsten Handschlag zwischen den beiden Männern, ihre Arbeit in der dortigen Mühle zu verrichten hätten. Der Vater fügte sicherheitshalber gleich hinzu, dass er im Fall des doch noch recht jungen Matthias in einem Jahr noch einmal neu entscheiden wolle, ob er seinen Sohn nicht lieber wieder nach Hause holen würde. Für Roswitha war die Arbeit als Untermagd ebenfalls zunächst für dieses eine Jahr fest vereinbart. Zusammen mit fünf weiteren in etwa gleichaltrigen Mägden würde sie eine Kammer im Dachbereich beziehen können. Mit jeweils einer eigenen Bettstatt. Ein seltenes Privileg für eine einfache Magd, über ein eigenes Bett verfügen zu dürfen. Das wog die Tatsache wieder auf, dass man sich die Kammer unter sechs jungen Frauen teilen musste. Nun denn: Hoffentlich befand sich keine allzu starke Schnarcherin unter ihnen. Wenigstens ein eigenes Bett. Und der kleine Bursche? Der konnte sich am besten zu den beiden älteren Jungen mit in ein Bett legen, so schmal und zierlich wie er geraten war. Zu den Mahlknechten, die nach getaner Arbeit grundsätzlich in einen dermaßen tiefen Schlaf fielen, dass noch nicht einmal die Trompeten von Jericho sie am Morgen zu wecken vermochten, wie der Müller kopfschüttelnd erwähnte. Mehr als einmal habe er „in seiner Not" deshalb zu einem Krug mit kaltem Wasser gegriffen, um sie aus dem Bett zu holen.

Einen Lohn zusätzlich zum Essen und der Unterbringung mochte der Müller darüber hinaus auf gar keinen Fall vereinbaren. Er müsse schließlich erst einmal sehen, wie geschickt und hoffentlich auch fleißig sich das Mädchen anstelle. Und erst recht, ob der Kleine überhaupt in der Lage sei, seine Arbeit einigermaßen ordentlich zu verrichten. Denn man habe da schon die ärgerlichsten Erlebnisse mit faulen Dienstboten erleiden müssen, die doch tatsächlich gemeint hatten, sich auf Kosten der Müllersleute einen faulen Lenz machen zu können. Also: Man würde im nächsten Jahr dann erörtern, ob künftig an eine kleine Entlohung zu denken war. Vorerst jedoch, so lautete die Ansicht des groben Müllers, die er im Beisein von Roswitha und Matthias auch ungeniert verkündete, konnte der Vater froh sein, für seine Tochter und den schmächtigen Sohn überhaupt eine ordentliche Unterkunft gefunden zu haben. Zwei lästige Esser weniger, die der Kleinbauer vom Hesselberg zu versorgen habe und die nun er durchfüttern müsse, hatte der unmögliche Kerl mit einem dröhnenden Lachen zum Besten gegeben.

Dementsprechend geknickt und von Zweifeln geplagt, war der Vater nach dem Abschied von Roswitha und Matthias davongeschlichen. Das verräterische Funkeln in seinen Augen war ein deutliches Anzeichen für die Sorgen, die er sich um seine einzigen Kinder machte. Ob es wirklich richtig gewesen war, die beiden hierher zu bringen. Einerseits in die Sicherheit der Freien Reichsstadt und in die Mühle, wo sich doch immer etwas Essbares finden ließ – andererseits in die Gewalt eines dermaßen rohen Menschen. Nun denn, der Handschlag war ausgeführt worden, der Vertrag damit zustande gekommen. Es gab kein Zurück mehr. Eines jedoch stand für Johann Himmelein fest: Sollten Roswitha und Matthias bei ihrem Wiedersehen an Lichtmess des nächsten Jahres auch nur die geringste Beschwerde über ihre Behandlung vorbringen, dann würde er einen neuerlichen Handschlag auf alle Fälle verweigern und seine beiden Kinder bei anderen Leuten unterbringen. So ein Jahr war zum Glück schnell vorbei. In einem Jahr würden sie sich wiedersehen. So es der Herrgott wollte.

Doch alles kam anders.

\*

Das Jahr 1631

Der „Meistertrunk" ist das mit Abstand bekannteste Ereignis in der 900-jährigen Stadtgeschichte von Rothenburg ob der Tauber. Alljährlich um die Pfingstfeiertage wird dieses Schauspiel aufgeführt. Es handelt von einer wahren Begebenheit: Die Einnahme der Freien Reichsstadt Rothenburg im Spätherbst des Jahres 1631 durch das kaiserlich-katholische Heer unter der Führung des Feldmarschalls Graf Johann Tserclaes Tilly. Diese Eroberung hat tatsächlich stattgefunden. Und wie durch ein Wunder blieb die Stadt dabei nahezu unversehrt. In dem vom Rothenburger Glasermeister Adam Hörber verfassten Schauspiel „Der Meistertrunk" wird diese wundersame Errettung vor dem sicher scheinenden Untergang dem Altbürgermeister Georg Nusch zugeschrieben, der auf Verlangen Tillys einen mit dreieinviertel Litern Wein gefüllten Humpen ausgetrunken haben soll, ohne diesen auch nur ein einziges Mal abzusetzen. Eine unmöglich scheinende Anforderung, doch Nusch habe diese unglaubliche Leistung vollbracht und mit seinem gewaltigen Schluck die Freie Reichsstadt vor dem Verderben gerettet – so wird es im Schauspiel behauptet. Einen historischen Beleg für diesen gigantischen Trunk gibt es zwar nicht, dennoch ist der Altbürgermeister Georg Nusch als Retter von Rothenburg unsterblich in die Geschichte seiner Vaterstadt eingegangen.

Übrigens – dieser Altbürgermeister war in Wirklichkeit noch längst kein alter Mann. Es ist lediglich der Titel eines „Alt"-Bürgermeisters, der uns zwangsläufig in eine solche Richtung denken lässt. Aber damals galt jeder Mann, der das Amt des Bürgermeisters schon einmal inne hatte, als Altbürgermeister. (Nicht anders übrigens, als heutzutage jeder ehemalige Bundeskanzler automatisch als Altbundeskanzler bzw. Altkanzlerin tituliert wird).

Die Amtszeit des Rothenburger Bürgermeisters währte grundsätzlich nur ein halbes Jahr, danach folgte dem Amtsinhaber ein anderer Mann nach, der zuvor vom Rat gewählt worden war.

Durch dieses rigorose Rotationsprinzip sollte der Missbrauch von Macht im wichtigsten Amt der Freien Reichsstadt von vornherein ausgeschlossen werden. Ein späteres, erneutes Bekleiden des Bürgermeisterpostens durch ein und dieselbe Person war zwar möglich, und das hat es in zahlreichen Fällen auch gegeben, jedoch konnte sich eine zweite Amtszeit auf keinen Fall unmittelbar direkt an die vorangegangene Periode anschließen. Georg Nusch wurde also im Jahr 1631 schon als Altbürgermeister bezeichnet, obwohl er gerade einmal 43 Jahre alt war. Übrigens hat Nusch das für damalige Zeiten biblische Alter von 80 Jahren erreicht und während seines langen Lebens insgesamt vierzehnmal das Amt des Bürgermeisters bekleidet. Voraussetzung dafür war eine Mitgliedschaft im Rat der Stadt Rothenburg, in den man nicht hineingewählt werden konnte, sondern von diesem Gremium selbst berufen wurde. Es gab den inneren und den äußeren Rat. Der innere Rat war der eigentliche Machtzirkel von Rothenburg. In ihm saßen Georg Nusch und Johann Bezold als feste Mitglieder. Während der Einnahme von Rothenburg durch Tilly im Herbst 1631 amtierte der 49-jährige Bezold als Bürgermeister. Es war nach 1617 seine zweite Regierungsperiode.

Den riesigen Humpen, aus dem die Stadt ihren Gästen einen Willkommenstrunk darbot und den Nusch bei seinem sagenhaften Meistertrunk in einem Zug geleert haben soll, gibt es wirklich. Noch heute wird er zu besonderen Anlässen mit Tauberwein gefüllt und ausgewählten Besuchern kredenzt. Und alle, die den Meistertrunk-Humpen jemals in ihren Händen hielten, staunen dabei über die Großtat des offenkundig mehr als trinkfesten Bürgermeisters aus dem Jahr 1631. Betrachten wir diese staunenswerte Erzählung am besten als das, was den geschichtlichen Tatsachen wohl am nächsten kommt: Als eine schaurig-schöne Geschichte aus einer ganz und gar nicht romantisch-beschaulichen Zeit.

Was in diesen Jahren wohl in Wirklichkeit hinter den Mauern von Rothenburg und Dinkelsbühl geschehen ist, davon soll anhand der Lebensgeschichte von Roswitha Barbara Himmelein die Rede sein.

Um den 2. Februar 1631
Lichtmess

*Eisen!*
*Wie schmeckt Eisen?*
*Was für eine sonderbare Frage, die sich da unaufhaltsam und drängend in ihr Bewusstsein schob. Eine bohrende Ungewissheit, die alle anderen Gedanken einfach verdrängt hatte. Seltsam.*
*Eisen...*
*Wie schmeckt Eisen?*
*Warum gerade Eisen?*
*Weshalb um alles in der Welt sollte ihr der Geschmack von Eisen bekannt sein? Konnte ein Metall denn überhaupt nach etwas schmecken?*
*Und außerdem: was hatte Roswitha damit zu schaffen?*
*Eisen.*
*Ausgerechnet Eisen...*
*Aber... da war etwas.*
*Ganz sicher war da etwas. Denn schließlich musste es doch einen Grund für diese eigenartigen Gedanken geben.*
*Da war was... Die Spur einer Erinnerung... Irgendwo...*
*Eisen...*
*Blut...*
*Blut?*
*Ja, genau!*
*Blut!*
*Das war es.*
*Nicht Eisen, sondern Blut. Dieser metallische Geschmack.* Also Blut! Allein der Gedanke daran ließ Übelkeit in ihr aufsteigen. Ein seltsames Schwindelgefühl schien sie zu ergreifen und mit sich fortzutragen. Doch sie durfte es nicht zulassen. Durfte jetzt auf keinen Fall ohnmächtig werden. Nicht schon wieder. Mit all ihrem Willen versuchte sie, sich auf diesen Gedanken zu konzentrieren, der ihr vorhin in den Sinn gekommen war.

Blut. Was hatte das zu bedeuten? Was für eine eigenartige Frage, ob Eisen wohl genauso schmeckte wie Blut. Es war sonderbar!

Mit einem kaum hörbaren Stöhnen öffnete sie ihre Lippen und fuhr sich mit der Zunge vorsichtig über die verkrusteten Blutreste an den Mundwinkeln. Über die Oberlippe, wo sich das getrocknete Blut mit frischem vermischte. Ein ekelhafter Geschmack!

Was um alles in der Welt war nur geschehen?

Unendlich langsam und zögernd begann das Bewusstsein in Roswithas Dasein zurückzuströmen. Wie aus einem fernen, schier undurchdringlichen weißen Nebel dämmerte die Erinnerung an das Geschehen herauf, das sie in diesen eigenartig hilflosen Zustand versetzt hatte.

In der Tat handelte es sich um eine Ohnmacht, aus der sie in diesem Augenblick erwachte.

Allein bei dem bloßen Versuch, nur die Augen zu öffnen, bohrte sich ein stechender Schmerz schlagartig mitten durch ihren Kopf. Von der Stirne bis zum Halswirbel. Wie furchtbar. Erschöpft ließ sich Roswitha in ihren vorherigen Zustand zurücksinken. Dem schwerelosen Gefühl zwischen schemenhafter Wahrnehmung und Bewusstlosigkeit. Es ging nicht anders. Erst einmal ausruhen und neue Kräfte sammeln. Aber dabei nicht in die Ohnmacht zurückfallen.

Also, noch einmal von vorne. Diese Mühe. Dieser immerzu lastende Druck auf ihrem Kopf. Die unendliche Kraftanstrengung, die es kostete, allein nur das linke Augenlid etwas anzuheben. Und weiter. Noch weiter. Erst das linke Lid und jetzt auch noch das rechte. Geschafft! Sie hatte es tatsächlich geschafft, die Augen zu öffnen. Welch eine Leistung.

Doch in die Zufriedenheit, es endlich vollbracht zu haben, mischte sich urplötzlich panisches Erschrecken. Denn es war nichts zu sehen. Absolut nichts. Obwohl sie die Augen eindeutig geöffnet hatte. Unsicher blinzelte sie in die schwarze Dunkelheit hinein. Was der Beweis war, dass die Wahrnehmung ihr keinen Streich spielte. Doch weshalb konnte sie mit offenen Augen dann nicht sehen?

Nur Dunkelheit. Anstelle des weißen Nebels, der sie aus ihrer Ohnmacht heraus begleitet hatte, war es nun schwarzer Nebel, der ihr jegliche Sicht verstellte. Genauso undurchdringlich wie zuvor.

Die Kopfschmerzen wurden stärker. Steigerten sich durch die aufkommende Panik nahezu ins Unermessliche.

Was um alles in der Welt war nur mit ihr geschehen? Was hatte es zu bedeuten, dass die Augen kein Bild in ihren Kopf zeichneten? Dass alles dunkel blieb und blind? Blind?! Um Gottes willen, nein! Nein!

Aufstöhnend ließ sie sich zurücksinken. Nur ja nicht der Verzweiflung anheim fallen. Nicht die Kontrolle über das mühsam wiedererlangte Bewusstsein verlieren. Es musste eine Erklärung dafür geben. So, wie es für alles eine Erklärung gab. Noch einmal schloss Roswitha ihre Augen. Sich konzentrieren. Ganz langsam durchatmen und versuchen, die unheilvolle Befürchtung zurückzudrängen, die sie bereits mit Eiseskälte ergriffen hatte.

Und noch ein Atemzug.

Nicht abschweifen jetzt. Sondern sich einzig und allein auf das Geschehen konzentrieren, das sie in diesen Zustand versetzt haben musste. Ganz hinten.

Ja, doch. Aus endlos weiter Entfernung tauchte ein Gedanke auf.

Tatsächlich. Da war etwas gewesen...

Aber was?

Dieser Gedanke. Ganz tief hinten in der Erinnerung...

Was war geschehen?

Was hatte der Blutgeschmack auf ihren Lippen zu bedeuten?

Ein schmerzhaftes Stechen durchzuckte ihren Schädel, als sie versuchte, den Kopf auf die linke Seite zu drehen.

Es war so unsagbar mühsam. Mühsam und schmerzhaft.

Doch im Gefolge dieser Qualen strömte plötzlich die Erinnerung in das Bewusstsein zurück.

Richtig, die Platzwunde auf ihrer Stirn.

Gut möglich, dass die Wunde wieder aufgebrochen war, nachdem sie sich auf ihrem Lager bewegt hatte.

Auf ihrem Lager.

Aha.

Aber wo befand sie sich?

War es womöglich die Wirkung des brutalen Schlages, den sie an diesem Mittag versetzt bekommen hatte, wenn es sich überhaupt um den heutigen Mittag handelte? War dieser Hieb vielleicht dermaßen verheerend ausgefallen, dass sich nicht nur die schmerzende Beule an ihrer Stirn gebildet hatte? Sondern dass sie deshalb erblindet war? Von nun an für immer gefangen in der ewigen Finsternis?

„Nein! Bitte nicht!" Nicht in ihren jungen Jahren. „Lieber Herrgott, lass es nicht sein!"

„Was soll der Herrgott nicht sein lassen?"

Erschrocken war Roswitha im ersten Moment zusammengezuckt, als die Stimme ganz unvermittelt an ihr Ohr drang. Diese ihr irgendwie bekannte Stimme. Die Stimme einer Frau. Die sich jetzt anscheinend zu ihr herunterbeugte. So weit, dass sie sogar den warmen Atemhauch der Frau auf ihrer Gesichtshaut spüren konnte. Ein angenehmes Gefühl der Nähe. Und der Gemeinsamkeit. Sie war nicht mehr allein. Schön. Darüber hinaus verhieß ihr der Klang dieser Stimme Gutes. Er versprach Zuneigung und Fürsorge.

„Was hast du da gerade eben geflüstert?" Ganz vorsichtig und zärtlich streichelte ein angenehm warmer Handrücken über ihre rechte Wange. Wie gut das tat. Es dürfte wohl dieselbe Hand sein, die zu dieser mitfühlenden Frauenstimme gehörte. Sie hatte eine Frage gehört. Eine Frage, die nun auf eine Antwort wartete. Wenn das nur so einfach wäre!

Angestrengt versuchte sie, ihre Antwort zu formulieren: wie schön es war, diesen Zuspruch zu vernehmen, wie gut es tat, einen Menschen bei sich zu wissen, doch Erschöpfung und Aufregung ließen ihre Stimme versagen. Mehr als ein unterdrücktes Gurgeln drang nicht aus ihrer Kehle.

„Nur ruhig, Mädchen." Wieder streichelte die Hand ganz leicht über Roswithas Gesicht. „Lass dir getrost Zeit für deine Fragen. Ich werde es schon noch rechtzeitig erfahren, was du gemeint hast. Immerhin scheinst du also endlich wieder aufzuwachen. Das ist gut so. Na, dann wollen wir auch einmal dafür sorgen, dass dich das Tageslicht begrüßen kann. Willkommen zurück im Leben!"

Was auch immer damit gemeint sein sollte. Jedenfalls schien sich die Frau nach dieser rätselhaften Ankündigung nun von Roswithas Lager zu entfernen. Aber noch bevor sie sich in weitere Gedanken über diese Tatsache versenken konnte, da war es bereits geschehen. Schlagartig war ihr, als müsse sich ihr Herz vor Freude überschlagen: Licht. Gleißend helles Licht, das plötzlich in den Raum hereinströmte. Weißes Sonnenlicht, das ihre Augen blendete. Ja! Blendete!

Eine Woge der Erleichterung durchströmte das Mädchen. „Dem Himmel sei Dank!" Sie war also doch nicht erblindet. „Gott sei Dank!"

Die Frau, die gerade eben die schweren Stoffvorhänge von der Fensteröffnung zurückgeschlagen hatte, näherte sich ihr behutsam. „Du scheinst ja wirklich eine fromme Seele zu sein!"

Jetzt konnte Roswitha sogar schon schemenhaft die Gesichtszüge ihres Gegenübers erkennen. Mit einem besorgten, forschenden Blick schien sie Roswitha zu mustern. „Geht es dir so weit gut? Kannst du deinen Kopf bewegen?", erkundigte sich die allem Anschein nach recht junge Frau in einem fürsorglichen Tonfall.

Und jetzt gelang es ihr tatsächlich, wenigstens eine knappe Antwort zu formulieren „Ja, doch. Schon", versuchte Roswitha darüber hinaus sogar den Ansatz eines Nickens, wurde dabei jedoch von einem stechenden

Schmerz unter der Schädeldecke jäh gebremst, wodurch die mutige Kopfbewegung in einem neuerlichen gequälten Stöhnen endete.

„Aha, das dachte ich mir schon, dass es so rasch mit der Genesung nun auch wieder nicht gehen wird". Behutsam legte die Frau ihre rechte Handfläche auf Roswithas Stirn und ließ sie so eine Zeitlang ruhen. Wohl um herauszufinden, wie stark das Fieber sein mochte, dessen Hitzewallungen ihren schwachen Körper in unregelmäßigen Abständen durchliefen.

Diese Hand auf ihrer Stirn. Sie tat so gut. Wieder schloss Roswitha erschöpft die Augen und atmete ganz langsam durch. Einfach nur diese angenehme Berührung genießen. Einen Moment lang ausspannen. Sich erholen.

Und nachdenken.

Sich daran erinnern, was denn eigentlich geschehen war. Weshalb sie hier war.

Zögernd floss die Erinnerung in ihre Wahrnehmung zurück.

Ja. Heute am Morgen war es passiert. Oder war es doch schon gestern gewesen? Wie viel Zeit konnte seitdem vergangen sein. Seit wann überhaupt?

Auf alle Fälle war an jenem Tag – welcher Tag auch immer es nun tatsächlich sein mochte – noch recht früher Morgen gewesen, als Roswitha urplötzlich in eine völlig unerwartete Auseinandersetzung zwischen feindlichen Soldaten geraten war.

Zusammen mit ihrem jüngeren Bruder Matthias hatte sie sich einem Handelszug aus Dinkelsbühl anschließen können, der von einer ordentlich gerüsteten Truppe von Bewaffneten begleitet wurde, deren einzige Aufgabe darin bestand, den Zug mit den weitberühmten und begehrten Waren der Dinkelsbühler Tuchmacher sicher an ihren Bestimmungsort zu geleiten. Aus guten Gründen hatten die Kaufleute tief in ihre Geldkatzen gegriffen und sich diese kostspielige Bewachung geleistet. Denn die Zeiten waren höchst unsicher geworden und ein Verlust der teuren Fracht hätte für manchen von ihnen eine finanzielle Katastrophe bedeutet, zumindest aber ein erhebliches Ärgernis. Insofern hatten sie keine andere Wahl gesehen, als sich für diesen alles andere als billigen Schutz durch schwer bewaffnete und kriegsgeübte Reisige zu entscheiden.

Denn besonders in den letzten Monaten machten zusätzlich zu den seit Jahren durch die Wälder streifenden marodierenden Räuberbanden, die sich in der Hauptsache aus ehemaligen Landsknechten und Marketendern zusammensetzten und die sich zu einer regelrechten Landplage entwickelt hatten, jetzt in erster Linie die Hilfstruppen des Bayernherzogs Maximilian die Gegend unsicher. Und diese Soldaten, in der Hauptsache handelte es sich dabei um Landsknechte, stellten ein bei Weitem gefährlicheres Kaliber dar, als die doch meist schlecht ausgestatteten und oft auch seltsam ungeordnet agierenden Räuberbanden. Denen war meist schon mit einer leichten Bewaffnung beizukommen gewesen. Vor allem dann, wenn man sich ebenfalls aus Gründen der Sicherheit zu einem größeren Geleitzug formiert hatte. Doch bei dieser völlig neuen Gefahr, die seit Kurzem die Handelsstraßen bedrohte, hatte man mit herkömmlichen Schutzmaßnahmen nicht die geringste Möglichkeit zu einer erfolgreichen Abwehr. Denn die Angriffe, von denen einige bereits erfolgt waren, liefen nach einem völlig anderen Muster ab. Jetzt hatte man es mit gut organisierten, bestens bewaffneten und kriegsgeübten Gegnern zu tun, die zudem oft mit mehr als zwei Dutzend Mann aus den Büschen hervorbrachen und ohne Zaudern sofort das Feuer auf die Handelsleute eröffneten. Die Bilanz der vergangenen Wochen war mehr als ernüchternd ausgefallen: zahlreiche Tote, Verletzte, geraubte Pferde, zerstörte Fuhrwerke, geplünderte Waren, bankrotte Kaufleute. Als sei das finstere Mittelalter mit seinem sogenannten Fehderecht plötzlich wieder über sie hereingebrochen, wo jeder noch so armselige Landadelige gemeint hatte, sich nur auf dieses althergebrachte „Recht" berufen zu müssen, um Handelszüge beinahe nach Lust und Laune überfallen und plündern zu dürfen.

Doch auch der katholische Herzog Maximilian von Bayern hatte seinen Truppen sozusagen einen Freibrief für solche Überfälle ausgestellt. Was zwar gegen jedes Recht verstieß, aber das spielte für den fanatischen Herzog nach eigener Aussage immer dann keinerlei Rolle, wenn es die Protestanten waren, die hinterher den Schaden davontrugen. Dann nämlich herrsche eben das Kriegsrecht, das all diese Mittel buchstäblich heilige – denn mit den vom Kaiser abgefallenen Protestanten befinde man sich bekanntlich schon seit Jahren im Kriegszustand. So einfach war das.

In den zurückliegenden Wochen hatte Herzog Maximilian nun eine stattliche Anzahl von Landsknechten angeworben, die Graf Tilly zu Hilfe kommen sollten, dem in Bedrängnis geratenen Feldmarschall der Katholischen Liga. Nachdem es zunächst so ausgesehen hatte, als wären die Katholiken als triumphale Sieger aus dem seit Jahren währenden Glaubenskrieg gegen die Protestanten hervorgegangen, hatte sich das Blatt plötzlich schlagartig gewendet. Das war dem überraschenden Kriegseintritt des schwedischen Königs Gustav Adolf zuzuschreiben, der im Norden des Deutschen Reiches dank einer glänzenden Taktik zahlreiche Verbündete um sich scharte und auch auf dem Schlachtfeld einen Sieg um den anderen erfochten hatte. Tatsächlich drohte damit ausgerechnet dem siegegewohnten Tilly mit einem Mal eine katastrophale Niederlage. Nur mit Hilfe zusätzlicher Verstärkungen, und zwar wesentlicher Verstärkungen, sei es ihm möglich, die Stellung zu halten und hoffentlich bald zum Gegenangriff überzugehen. Diese dringende Mitteilung hatten Tillys Boten an alle Verbündeten überbracht. So auch zu dem tief besorgten Bayernherzog. Das also war der Grund dafür gewesen, weshalb Maximilian in aller Eile neue Truppen zusammengestellt hatte, die er nun zum Kampf gegen die Schweden auf den Weg nach Norden schickte. Nicht ohne ihnen dabei eingeschärft zu haben, auch schon im Süden ein wachsames Auge auf die Protestanten zu halten. Und zwar auf deren Soldaten genauso wie auf die Handelszüge. Man müsse den Gegner schädigen, wo es nur möglich sei. Das war der Freibrief für dieses hemmungslose Plündern und Brandschatzen gewesen, das die Menschen seit Monaten in Angst und Schrecken versetzte.

Insofern hatten die bald 14-jährige Roswitha und ihr kleiner, gerade einmal elf Jahre alter Bruder Matthias, klug und vorausschauend gehandelt, dass sie sich von Beginn an diesem Zug aus Dinkelsbühl angeschlossen hatten, mit dem sie hoffentlich sicher und unversehrt zurück in ihr Heimatdorf Gerolfingen am Hesselberg gelangen würden. Gerolfingen! Endlich wieder zu den Eltern. Nachdem sie ein ganzes Jahr in der Fremde hinter sich gebracht hatten. Beim Stadtmüller in Dinkelsbühl waren sie ein Jahr lang in Stellung gewesen. Doch nun ging es nach Hause. Gott sei Dank!

Wie schwer es ihnen gegen Ende doch gefallen war, ihre wachsende Ungeduld zu zügeln. Bis endlich der lange herbeigesehnte Tag gekommen war. Lichtmess. Dieser einzige Tag im ganzen Jahr, an dem es ihnen möglich war, die Arbeit in der Mühle aufzukündigen. Nur an Lichtmess war das machbar. Auf gar keinen Fall wollten sie mehr in der Mühle bleiben. Schon im Frühsommer hatten die beiden Geschwister diesen Entschluss gefasst und sich gegenseitig geschworen, ihn niemals rückgängig zu machen. Komme was da wolle.

Denn die Arbeit in der Mühle war in der Tat zu einer noch wesentlich gewaltigeren Schikane geraten, als man dies nach dem rauen Empfang durch den Stadtmüller im vergangenen Jahr schon hatte befürchten müssen. Selbst für die Himmelein-Kinder, die von klein auf durchaus an harte Arbeit gewöhnt waren. Aber was ihnen dann hier in der Dinkelsbühler Stadtmühle widerfahren war, das war zu viel gewesen. Niemals zuvor hätten sie es gewagt, gegen einen Erwachsenen aufzumucken. Doch sie hatten es getan. Mehrfach sogar. Nicht aus irgendwelchem Kalkül oder gar Faulheit heraus. Sondern aus schierer Not, ja gar Verzweiflung. Denn die Behandlung, die der Stadtmüller seinem gesamten Gesinde angedeihen ließ, war mit dem Begriff Schikane nur höchst unzureichend zu beschreiben.

Allein das jämmerlich schlechte Essen. Spärlich genug war es ohnehin ausgefallen. Selten konnte man dabei satt werden. Und das bei dieser dermaßen harten Arbeit, die in einer so großen und beständig betriebenen Mühle zu verrichten war. Dieser elende schwarze Brei! Immer und ewig schwarzer Brei! Ab und zu hatte es zur Abwechslung eine gräuliche Masse namens Haferbrei gegeben! Pfui Teufel! Allerhöchstens in der Farbe waren diese „Köstlichkeiten" zu unterscheiden gewesen. In der Farbe? Mit welcher Farbe sollte man die wässrige Brühe beschreiben, die von der verzweifelten Küchenmagd aus Mangel an Nachschub wieder und wieder mit Wasser versetzt und damit bis ins Unendliche gestreckt worden war. Als Morgenessen genauso wie als Abendmahlzeit. Immer nur eine Suppe anstelle eines dicken, nahrhaften Breies. Fürchterlich! Und das, während der Müller selbst samt seiner Familie und den beiden Oberknechten zur gleichen Zeit in einer anderen, ziemlich vornehmen Stube speiste. Ja, speiste! Da waren dann all die Speisen aufgefahren worden, die das einfache Gesinde nicht ein einziges Mal zu Gesicht bekam. Geschweige denn auf den Esstisch. Und an Sonntagen kam bei dem Stadtmüller sogar am Mittag ab und an eine weitere Köstlichkeit auf den Tisch. Mittagessen! Nicht einmal im Traum an so etwas denken durften dagegen die einfachen Knechte und Mägde der Mühle. Im Gegensatz zu dem bestens genährten Müller knurrte ihnen selbst nach diesen beiden Mahlzeiten, die ihren Namen weiß Gott nicht verdienten, immer noch der Magen. Ausgerechnet also diejenigen plagte der Hunger, die doch anschließend wieder all jene anstrengenden Arbeiten zu verrichten hatten, die sich der vornehme Herr naturgemäß niemals selbst auf die Schultern geladen hätte. Dem Stadtmüller freilich waren die Beschwernisse seines Gesindes völlig einerlei. Und wehe dem, der dennoch meinte, dazu unbedingt etwas vorbringen zu müssen!

Dann diese jämmerliche Unterbringung. Sechs Mägde waren es tatsächlich geworden, die sich eine einzige Kammer im Dachgeschoss der Mühle hatten teilen müssen. Eine winzige Kammer. Und nicht nur das! Denn aufgrund der beengten Verhältnisse in dieser Kammer hatte Roswitha noch nicht einmal das Bett für den Winter bekommen, das der Müller ihr doch im Besein des Vaters noch fest versprochen hatte. Es sei nun halt anders gekommen, hatte es einfach geheißen. Mehr als zwei Bettladen passten eben nicht in den kleinen Raum. Das könne doch jeder mit den eigenen Augen unschwer erkennen. Also solle sie sich gefälligst nicht so anstellen, sondern sich mit den anderen Mägden eben ein Bett teilen. Zwei Betten für sechs Mägde! Wenn es wenigstens drei Betten gewesen wären. So etwas war durchaus üblich und auch im Winter nicht unpraktisch, wenn man zu zweit in einem Bett lag. Die eine am oberen, die andere am unteren Ende. Damit konnte man sich in eisigen Winternächten in den kalten Kammern gegenseitig wärmen. Diese Lösung hätte auch Roswitha durchaus verstehen können, egal, ob ihr nun ein eigenes Lager versprochen worden war, oder nicht. Und so war für die sechs Mägde nichts anderes übrig geblieben, als das Problem dadurch zu lösen, dass immer im Wechsel von vier Frauen zwei Betten belegt wurden, während die beiden anderen auf dem Heuboden schlafen mussten. Das war im Winter eine bittere Angelegenheit, genauso wie im Sommer der Aufenthalt in der stickigen engen Kammer zur Qual geraten konnte. Doch jegliche Beschwerde über diese Zustände war sinnlos. Als eine von ihnen es dennoch gewagt hatte, ganz schüchtern nur eine Frage im Hinblick auf ihre Unterbringung zu stellen, war der Müller sofort in Wut geraten und hatte nach einer Reitpeitsche gegriffen, die er drohend vor dem Gesicht der zu Tode erschrockenen Magd präsentierte!

Auch Roswithas Bruder Matthias hatte es schlimm erwischt. Vielleicht war es ihm sogar noch schlimmer ergangen. Der kleine Kerl hatte die schwersten Arbeiten zu verrichten: die bis an den Rand gefüllten Kornsäcke von den Fuhrwerken in das Gebäude schleppen, all die zahlreichen Treppen hoch, dann die zentnerschweren Säcke in die Mahltrichter füllen, anschließend im unteren Geschoss die Mehlsäcke in die Vorratsspeicher schleppen, eine elendige Schufterei – und das als 10-jähriger schmächtiger Bub!

Wie oft hatte der arme Matthias noch spät am Abend bittere Tränen vergossen, wenn sich die Geschwister kurz vor dem Schlafengehen eine gute Nacht gewünscht hatten.

„Eine gute Nacht!" Voller Verzweiflung hatte Matthias dann mit den Schultern gezuckt und dabei den Kopf geschüttelt: „Ich weiß nicht, wie eine solche gute Nacht verlaufen soll. Ich bin zwar so müde, dass ich hier gleich im Stehen einschlafen könnte, aber gleichzeitig tun mir alle Knochen weh! Und wenn ich mich nachher in das Bett lege, dann muss ich mich wieder ganz klein machen, sonst setzt es von den beiden Kerlen, die meinen, die Bettstatt gehöre ihnen allein, wieder ein paar Ohrfeigen. Da kannst du noch so müde sein: du findest kaum einen Schlaf, so sehr tun die Glieder weh. Und das in dieser Enge!"

Allein der kummervolle Blick aus seinen verweinten, rotgeränderten Augen ließ Roswitha jedes Mal beinahe das Herz brechen. Und das Allerschlimmste daran war, dass sie ihm nicht hatte helfen können. Eine fürchterliche

Situation. Vor allem in den ersten Monaten, als der Lichtmesstag noch in unendlich weiter Ferne schien. Nach manchen ganz besonders schlimmen Arbeitstagen hatte sie sogar die Hoffnung völlig verloren und nicht mehr daran geglaubt, dass sie es eines Tages überhaupt schaffen würden, der Mühle endgültig den Rücken zu kehren. Doch jetzt war es so weit: sie würden gehen. Würden sich eine andere Arbeit suchen und finden. Egal was es auch immer sein mochte. Nur nicht mehr in dieser Mühle bleiben müssen. Zunächst einmal freilich würden sie nach Hause gehen. Zusammen mit dem Vater. Das war das Allerschönste. Es war dieses Bild gewesen, das die beiden immer im Herzen bewahrt hatten, das Bild von ihrem Heimatdorf, von den Eltern, von ihrem kleinen Bauernhaus. Zurückkommen. Nach Hause. Dieses Ziel hatte sie davor bewahrt, in einer Woge der Verzweiflung zu versinken.

Noch heute verspürte die schaudernde Roswitha eine Gänsehaut, wenn sie an dieses üble Geschehen zurückdachte, das sich im vergangenen Spätherbst direkt vor ihren entsetzten Augen zugetragen hatte. Wie der Müller mit zorngerötetem Gesicht ihren wild um sich schlagenden Bruder grob an den Haaren gepackt hatte und den weinenden, vor Schmerzen laut schreienden Jungen einfach hinter sich her aus der Mühle hinausgeschleift hatte. Wenig später waren sie an dem breiten Wassergraben gestanden, der die Dinkelsbühler Stadtmühle als Schutz vor räuberischen Überfällen beinahe vollständig umschloss. Mit seinen gewaltigen Pranken ergriff der Müller jetzt blitzschnell die Oberarme seines Opfers und hob den heftig mit den Beinen zappelnden Buben in die Höhe. Panisch versuchte Matthias, sich aus dem eisenharten Griff zu winden. Doch es war unmöglich. Und dann war es plötzlich geschehen: Ein Schreckensschrei aus der Kehle des entsetzten Buben zerriss die Luft, als er von dem Müller mit einem gewaltigen Schwung einfach über die steinerne Umfassungsmauer geworfen wurde. Mitten hinein in das um diese Jahreszeit eiskalte Wasser des Grabens. Das sei die rechte Strafe für seine Faulheit, hatte ihm der Müller noch höhnisch hinterhergerufen, dann war er mit einem zufriedenen Grinsen im Gesicht einfach zurück in die Mühle gegangen. In keiner Weise hatte er sich darum geschert, ob und wie Matthias wieder aus dem tiefen Graben kam. Mit ziemlicher Sicherheit wäre der verzweifelt im Wasser um sich schlagende Bub ertrunken, wenn da nicht sofort die anderen Mahlknechte herbeigeeilt wären, die es mithilfe von zwei langen Stangen nach langer Mühe endlich schafften, ihn aus dem Wassergraben zu ziehen. Zu allem Übel hatte sich der klatschnasse, am ganzen Körper zitternde Matthias dabei eine schlimme Erkältung zugezogen, die seinen sowieso schon schmächtigen Körper bis weit über die Weihnachtstage hinweg mit heftigen Hustenanfällen zusätzlich schwächte. Der Grund für diese unfassbare Bestrafungsaktion war ein im Grunde genommen völlig belangloses Missgeschick gewesen, wie es jedem der Knechte einmal passieren konnte. Matthias, der sich an diesem Nachmittag durch das immerwährende Säckeschleppen vor Erschöpfung kaum noch auf den Beinen halten konnte, war ein Mehlsack umgefallen, wodurch einige wenige Pfund Mehl auf dem Boden unter dem Mahlwerk verstreut worden waren. Ein Umstand, den man schlimmstenfalls als ärgerlich bezeichnen konnte. Ärgerlich für niemand anderen als Matthias selbst, denn er war es ja, der nun das Mehl mit Schaufel und Besen wieder zusammenfegen und in den Sack füllen musste. Doch der Müller hatte es zum Anlass genommen, wieder einmal seine überlegene Macht über die Dienstboten zu demonstrieren und dem kleinen unachtsamen Kerl eine gewaltige Lektion über die Folgen eines unachtsamen Umgangs mit fremder Leute Eigentum zu erteilen. Eine Lektion, die sich getrost auch all die anderen Faulpelze in der Stadtmühle hinter die Ohren schreiben sollten, die meinten, sich auf Kosten des Müllers einen schlauen Lenz machen zu können. Wehe dem oder derjenigen, die er beim Faulenzen erwischte. Es würde ihnen kein Haar anders ergehen. Man konnte also mit Fug und Recht sagen, dass es fürchterliche Wochen und Monate gewesen waren, die Roswitha und Matthias hier hatten zubringen müssen.

Nun aber war endgültig Schluss. Heute an Lichtmess war Feiertag für die beiden Geschwister. Am heutigen Tag würden sie die Mühle verlassen. Ein für alle Mal. Und es war ihnen auch vollkommen gleichgültig, was der Müller dazu sagen würde. Denn mit dem heutigen Datum war der vor einem Jahr geschlossene Vertrag von ihrer Seite aus erfüllt. Roswitha und Matthias waren ihrer Pflicht und Schuldigkeit nachgekommen. Ein neuerlicher Handschlag, der sie für ein weiteres Jahr an die Arbeit in der Mühle gebunden hätte, war schließlich nicht erfolgt. Wenigstens bis jetzt noch nicht. Außerdem hätte nur der Vater einen solchen Handschlag ausführen können – stellvertretend für seine noch minderjährigen Kinder. Bald schon würde der Vater kommen und dann würden sie ihm alles erzählen, wie es ihnen in der Mühle ergangen war. Auf alle Fälle rechtzeitig, noch bevor der Vater mit dem Stadtmüller handelseinig werden konnte und womöglich wieder um ein weiteres Jahr verlängern würde.

So hatten die beiden schon den ganzen Morgen über voller Ungeduld auf den Vater gewartet und sehnsüchtig aus dem obersten Fenster am südöstlichen Giebel der Mühle gespäht, damit sie ihn schon von weiter Ferne aus entdecken könnten. Um dann mit einem Jubelschrei aus dem Gebäude zu stürmen und dem Vater entgegenzulaufen. Und sich dann voller Freude in seine Arme werfen zu können. Um endlich wieder ganz nahe bei ihm zu sein.

Die Zeit war verstrichen, längst war der Morgen vorübergegangen und nach dem Stand der fahlen Februarsonne zu urteilen, dürfte bald schon die Mittagszeit anbrechen, doch der Vater war noch immer nicht gekommen. Wo er nur steckte? Konnte er diesen wichtigen Termin etwa vergessen haben? Nein, unmöglich! Immerhin handelte es sich bei Lichtmess um den wichtigsten Tag im bäuerlichen Jahreslauf. Solch ein Datum konnte nicht vergessen werden. Was aber war dann geschehen? Was hatte den Vater aufgehalten? Mehr und mehr wurden sie von der Sorge geplagt, es könnte dem Vater etwas zugestoßen sein. Wie lange sollten sie noch warten? Im Winter verstrich so ein Tag bekanntlich rascher, als es einem manchmal lieb sein konnte, selbst am Lichtmesstag, von dem es ja hieß, dass man von nun an wieder „bei Tag zu Nacht esse". Dennoch: kurz nach fünf Uhr würde die Dunkelheit über die Stadt und das Land hereinbrechen. Dann aber wäre es zu spät, die Mühle zu verlassen. Und dann... dann mussten die beiden davon ausgehen, dass sich ihre Beschäftigung in der Mühle sozusagen stillschweigend um ein weiteres Jahr verlängert hätte.

Nein! Nie und nimmer würden sie es so weit kommen lassen. Also war es nun an Roswitha, rechtzeitig die Initiative zu ergreifen, stellvertretend für den Vater. Noch einmal hatte sie tief durchgeatmet und all ihren Mut zusammengenommen, um dem ungläubig dreinschauenden Müller mit wenigen klaren Worten auseinanderzusetzen, dass sie die Stadtmühle am heutigen Tag verlassen würden. Nachdem er seiner Überraschung Herr geworden war, hatte der Stadtmüller ihr Ansinnen brüsk zurückgewiesen. Es käme auf gar keinen Fall infrage, dass er sie und ihren kleinen Bruder einfach ziehen lasse. Nachdem er ihnen ein Jahr lang mühsam die nötigen Handgriffe beigebracht habe, die sie allmählich einigermaßen beherrschten. Und nun, wenn es daran gehe, die Ernte dieser Mühe einzufahren, wollten sie ihm den Rücken kehren. Das werde er keinesfalls dulden. Drohend baute sich der massige Mann direkt vor dem mehr als zwei Köpfe kleineren Mädchen auf, doch Roswitha hielt seinem stechenden Blick tapfer stand. So heftig sie ihr Herz in der Brust auch pochen spürte, gelang es ihr dennoch, mit fester und deutlicher Stimme dem Müller zu widersprechen. Es entspann sich ein heftiger Wortwechsel, an dessen lautstarkem Ende der Stadtmüller schließlich das kategorische Verbot aussprach, auch nur den Versuch zu wagen, einen Fuß über die Türschwelle nach draußen zu setzen. Er werde dies zu verhindern wissen – notfalls mit Gewalt.

Aber wieder hatte es Roswitha unter Aufbietung all ihrer Willenskraft geschafft, eine ungeahnte Selbstsicherheit an den Tag zu legen. Ein letztes Mal hatte sie dem verblüfften Wüterich, der einen solchen energischen Widerstand von seinem Gesinde nicht gewohnt war, mit klaren Worten bedeutet, dass der Handschlag des Vaters sie nur für ein einziges Jahr an die Mühle gebunden habe. Und dieses Jahr sei mit dem heutigen Datum bekanntlich abgelaufen. Er habe folglich nicht das mindeste Recht, sie noch länger hier festzuhalten. Und da der Vater nicht gekommen war, aus welchen Gründen dies auch immer sein mochte, habe sie nun eben an Vaters Stelle diese Entscheidung getroffen, die Mühle zu verlassen. Eine Entscheidung, die der Vater ganz genauso vertreten hätte. Zu einem neuerlichen Handschlag wäre auch er nicht mehr bereit gewesen.

Nach diesem Fazit hatte Roswitha einfach ihren Bruder bei der Hand genommen und war zusammen mit Matthias energisch durch den linken Flügel des großen Eingangsportals der Stadtmühle marschiert, ohne dem Müller oder den Mahlknechten, die mit entgeisterten Mienen hinter den hochgestapelten Kornsäcken hervorlugten, noch einen Abschiedsgruß zu entbieten. Mit festen Schritten strebten sie auf der Nördlinger Straße dem Dinkelsbühler Weinmarkt zu, dem großen Platz inmitten der Stadt. So rasch wie möglich zwar, doch andererseits sorgsam darauf bedacht, nur ja nicht den Anschein zu erwecken, es handele sich dabei um eine Flucht.

Es dauerte geraume Zeit, bis der zornige Müller seine Fassung wieder gefunden hatte. Solche entschiedenen Widerworte waren ihm schon seit vielen Jahren nicht mehr entgegengeschleudert worden. Erst recht nicht von zwei aufbegehrenden Halbwüchsigen. Und das zu allem Überfluss auch noch vor den Augen und Ohren des Gesindes. Wie ein Lauffeuer würde sich diese unverschämte Auseinandersetzung in der Mühle herumsprechen. Und alle würden sie sich hinter vorgehaltener Hand köstlich über diese Niederlage amüsieren, die ihm durch die beiden dreisten Halbwüchsigen zugefügt worden war.

Umso wichtiger nun, Entschiedenheit und Stolz zu demonstrieren. „Ihr könnt von Glück sagen, dass ich keine Lust verspüre, euch eigenhändig auszupeitschen! So sehr ihr das von Rechts wegen auch verdient hättet", schleuderte der Müller Roswitha und Matthias noch lautstark hinterher. Freilich waren sie tatsächlich schon weit genug von der Stadtmühle entfernt, um diese und all die folgenden Drohungen nur noch in Bruchstücken wahrzunehmen. „Und dass ihr euch über eines völlig im Klaren seid: nirgendwo sonst in dieser Stadt werdet ihr mehr eine Anstellung finden. Dafür werde ich persönlich Sorge tragen. Meinen ganzen Einfluss werde ich dafür in die Waagschale werfen!"

Eine solche Handlung war ihm durchaus zuzutrauen. Der Stadtmüller würde sich persönlich auf das Rathaus begeben, um den Bürgermeister eindringlich aufzufordern, weder Roswitha noch Matthias Himmelein einen weiteren Aufenthalt in Dinkelsbühl zu gestatten. Weder einen Aufenthalt noch eine Anstellung. Sollte der Vater also mit dem Gedanken gespielt haben, seine Kinder demnächst vielleicht bei den Webern oder den Tuchmachern unterzubringen, so war ihnen eine solche Tätigkeit mit dem heutigen Tag verwehrt. So gerne Roswitha selbst auch gerade bei den Tuchmachern in Stellung gegangen wäre. Nun denn! Am heutigen Tag bestimmte ein anderes Ziel ihr Denken und Handeln: nach Hause kommen. Zurück nach Gerolfingen. In ihr Heimatdorf am westlichen Hang des Hesselbergs. Aber wie dorthin gelangen?

Es war ein ordentlicher Fußmarsch, der ihnen bevorstand. Vor allem zu dieser Jahreszeit war das eine alles andere als leicht zu bewältigende Wegstrecke, für die sie gut und gerne einen halben Tag einzurechnen hatten. Und das zu dieser fortgeschrittenen Tageszeit, denn dem Stand der Sonne nach zu urteilen, dürfte es gerade Mittag geworden sein. Sie würden sich also gewaltig sputen müssen, um das Dorf vor Einbruch der Dunkelheit zu erreichen. Ihre schlechte Kleidung, löchrige Umhänge, die sie notdürftig um die Schultern geworfen hatten, würde kaum vor Nässe und Kälte schützen. Dazu die leinenen Fußlappen, die sie sich anstelle von Schuhen um die Füße gewickelt hatten. Diese Fußlappen würden im Matsch der Straßen bald aufweichen, das war klar. Doch richtige Schuhe hatten sich die beiden während ihrer Zeit in der Mühle nicht leisten können. Und dennoch: irgendwie würden sie es schaffen, ihr Ziel zu erreichen. Es würde schon gehen. Es musste einfach gehen. Zumindest die Richtung war klar, die sie einzuschlagen hatten. Man brauchte sich nur nach Osten wenden – sobald sie die Hochfläche über der Wörnitz erreicht hätten, würden sie den Hesselberg sehen können, an dessen markant aufragendem Kamm sie sich dann bestens orientieren konnten. Und dort, am Fuß des mächtigen Berges, lag ihr Heimatdorf Gerolfingen. Dort würden sie die Eltern endlich wieder in die Arme schließen.

Hoffentlich. Wenn in der Zwischenzeit nur nichts Schlimmes passiert war. Denn nach wie vor wurden Roswitha und Matthias von der bohrenden Frage gepeinigt, weshalb denn der Vater nicht, wie sie es vor einem Jahr an Lichtmess vereinbart hatten, nach Dinkelsbühl gekommen war. Es musste etwas geschehen sein. Einen anderen Reim konnten sie sich darauf beim besten Willen nicht machen. Immer drängender schob sich die Sorge in ihr Bewusstsein. Deshalb galt es jetzt, um so rascher nach Hause zu kommen. Am bestens wäre es natürlich, wenn es ihnen gelänge, noch ein Fuhrwerk zu erwischen, das sie ein Stück in Richtung Hesselberg mitnehmen würde.

Sicherheitshalber hatten Roswitha und Matthias nicht am Nördlinger Tor nach dieser Gelegenheit Ausschau gehalten. Obwohl gerade von hier aus bekanntlich viele Fuhrwerke zu ihrer oftmals langen Reise nach Nördlingen, Ulm oder Augsburg aufbrachen. Doch direkt an diesem Nördlinger Tor befand sich ja bekanntlich die Stadtmühle. Das musste nun wirklich nicht sein, dass sie dem Müller dort womöglich doch noch einmal in die Hände liefen. Als viel zu groß war Roswitha diese Gefahr erschienen. Zumindest hätte sie es ihm zugetraut, aus purer Rache zu verhindern, dass einer der Fuhrleute sie auf seiner Kutsche mitfahren ließe. Sich einer solchen Autorität zu widersetzen, wie sie der Müller in einer Stadt wie Dinkelsbühl nun einmal darstellte, würde keiner der Kutscher wagen.

Insofern also war es ihnen klüger erschienen, sich lieber am unteren Stadttor, dem Wörnitztor, nach einer solchen Mitfahrgelegenheit umzusehen. So gering ihre Hoffnung auch war, denn der Tag war eigentlich schon viel zu weit fortgeschritten, war ihnen das Glück dennoch hold gewesen. Ein doppeltes Glück, sich in diesen unsicheren Zeiten sogar einem großen Handelszug anschließen zu dürfen. Und zwar mit der ausdrücklichen Erlaubnis des Kaufmanns Johann Schmieder, in dessen Auftrag dieser Transport zusammengestellt worden war. Ein respektabler Zug, der eine wesentlich bessere Bewachung mit sich führte, als ein einzelnes, ziemlich wehrloses Fuhrwerk. Erstaunlicherweise waren sie zum ganz genau richtigen Zeitpunkt am Wörnitztor eingetroffen, wo sich die Fuhrwerke gesammelt hatten und deren Kutscher schon seit Stunden voller Ungeduld auf den mehrfach verzögerten Aufbruch warteten. Diese Verspätung war der Tatsache zuzuschreiben, dass an einem der Wagen eine Achse gebrochen war und man die gesamte Ladung auf einen eilig herbeigeholten anderen Wagen hatte laden müssen. Kaum war man dann wieder zum Beginn der Reise gerüstet gewesen, da hatte der erfahrene Zugleiter mit seinem in vielen Jahren geübten Blick noch sicherheitshalber die Ladung eines weiteren Fuhrwerks mit zwei zusätzlichen Stricken befestigen lassen, wodurch er sich zahlreiche bitterböse Blicke der leise fluchenden Kutscher eingebracht hatte. Doch darum scherte er sich nicht: aufgrund der schlechten Straßenverhältnisse erschien es ihm dringend geboten, diese Maßnahme anzuordnen – auch um den Preis einer weiteren Verzögerung. Nichts Schlimmeres, als auf offener Strecke seine Ladung zu verlieren, wobei dann schon oft genug das Fuhrwerk irreparabel beschädigt worden sei, hatte er dem Kaufmann gegenüber zur Begründung angeführt. Diesem hatte das Argument natürlich eingeleuchtet: allein wenn er den Wert der Ware berechnete, die sonst womöglich völlig verloren wäre. Demgegenüber spielte eine kleine Verzögerung nun wirklich keine Rolle. Und so war der aus einem halben Dutzend Fuhrwerke bestehende Handelszug erst um die Mittagszeit herum kurz vor dem endgültigen Aufbruch gestanden. Ein wahrer Glücksfall für die Geschwister Himmelein. Auch, dass ihnen der freundliche Kaufmann die Mitfahrt gestattete, ohne eine Bezahlung dafür zu verlangen. Das war bei den oftmals genauso geldgierigen wie hochnäsigen Pfeffersäcken, wie man die Kaufleute hinter vorgehaltener Hand oft spöttisch nannte, durchaus keine Selbstverständlichkeit.

Und um ihr Glück für den Augenblick vollkommen zu machen, kannten sie sogar den Fuhrmann, auf dessen Kutschbock sie geklettert waren, von ihrer Arbeit in der Mühle. Ab und zu war er mit einem voll beladenen Wagen vorbeigekommen und hatte dem kleinen Matthias sogar eine Zeitlang geholfen, die Säcke vom Wagen zu hieven. Bis meistens der schimpfende Müller dazugekommen war.

Voller Freude hatten Roswitha und Matthias von dem Kutscher erfahren, dass sie ihn nicht nur einige Meilen würden begleiten dürfen, sondern dass der Zug genau die

Richtung auf Wassertrüdingen einschlug. Der Weg würde sie also unmittelbar am Fuß des Hesselbergs vorbeiführen – sogar mitten durch Gerolfingen. Besser hätten sie es weiß Gott nicht treffen können. Eine solch glückliche Fügung des Schicksals ließ sich nicht alle Tage finden. So konnte die mehr oder minder bequeme Fahrt nun beginnen. Egal wie stark es sie auf dem beständig schaukelnden Bock auch durchschüttelte, es war auf alle Fälle einem langen Fußmarsch vorzuziehen. Und überdies wussten sie sich geschützt in der Sicherheit einer großen Gruppe. Dankbar hatten sie also neben dem Kutscher gesessen und ihren Blick zufrieden über die winterliche Landschaft schweifen lassen, die sie vor einem Jahr bei ihrer Reise nach Dinkelsbühl zum bisher letzten Mal gesehen hatten.

Doch die vermeintliche Sicherheit des Handelszuges hatte sich als trügerisch erwiesen. Denn nur wenige Meilen hinter der Stadt war es dann geschehen. Wie aus dem Nichts heraus waren plötzlich stark bewaffnete Männer aus dem Wald gebrochen. Männer in Uniformen. Soldaten womöglich. Wie auch immer: auf alle Fälle hegten sie feindliche Absichten. Ein Überfall, das stand nach den ersten Pistolenschüssen fest. Schüsse, die nicht in die Luft abgefeuert worden waren, sondern ganz gezielt auf die völlig überrumpelten Bewacher des Zuges, von denen die meisten keine Gelegenheit mehr gefunden hatten, selbst zu den Waffen zu greifen. Einer nach dem anderen war mit einem Schmerzensschrei vom Pferd gesunken, als ihn die Kugel getroffen hatte. Und die wenigen anderen, die sich erbittert zur Wehr gesetzt hatten, mussten vor der Übermacht der Angreifer rasch kapitulieren. Jegliche Gegenwehr war sinnlos. Es waren zu viele. Kein Wunder, dass die weniger schwer verwundeten Beschützer jetzt ihr Heil in einer geradezu panischen Flucht suchten. Um eventuell Hilfe zu holen? Vielleicht. Doch bis eine solche Hilfe endlich am Ort des Geschehens eintreffen würde, wäre es zu spät. Längst wäre die Beute des Überfalls verteilt, die räuberische Bande weitergezogen. Nichts mehr als eine weitere Episode, die sich in die Reihe der schlimmen Nachrichten einfügte, wonach die Zeiten von Tag zu Tag unsicherer wurden. Eine der vielen Plünderungen, wie sie mittlerweile im ganzen Land an der Tagesordnung schienen. Ob Soldaten, Landsknechte oder Räuberbanden: jeder schien sich nach Herzenslust am Eigentum der anderen zu bedienen. Tatsächlich: das Unheil rückte näher an die Menschen im Fränkischen heran – hatte nicht erst kürzlich ein alter, gebeugter Mann in der Mühle mit düsterer Stimme das Herannahen der Apokalypse prophezeit? Der jüngste Tag stünde unmittelbar bevor: man werde bald schon sehen. Mit zornesroter Miene hatte der Stadtmüller den Alten aus der Mühle geworfen – und dennoch war keinem von den Knechten und Mägden diese Prophezeiung mehr aus dem Kopf gegangen. Bislang war man zwar von den ganz großen Heimsuchungen noch verschont geblieben, die man sowieso eher den militärischen Konflikten zugeschrieben hatte; dass der Mann nun aber vom Weltuntergang geredet hatte, der sich in jenen Überfällen ankündigte, das war eine ganz neue Sicht der Dinge gewesen. Eine Sichtweise, die alles andere als beruhigend war. Auch wenn man sie im Verlauf der weiteren Tage und Wochen allmählich beinahe wieder vergessen hatte. Beiseite geschoben. Verdrängt.

Und jetzt war sie urplötzlich zur bitteren Wahrheit geworden. Das Unheil hatte sich direkt über ihren Köpfen entladen!

Es war entsetzlich. Noch nie in ihrem Leben hatte sich die zu Tode erschrockene Roswitha in einer ähnlich aussichtslosen Lage befunden. Von einem Wimpernschlag auf den nächsten war die Katastrophe über sie hereingebrochen. Und es gab nicht die geringste Möglichkeit zu einer aussichtsreichen Gegenwehr. Was um alles in der Welt konnte sie nur tun? Die Gedanken rasten wild in ihrem Kopf: erst einmal das alles erstickende Gefühl dieser lähmenden Angst überwinden. Auf alle Fälle musste sie versuchen, nur ja nicht die Kontrolle über ihr Denken und Handeln zu verlieren. Und die Aufmerksamkeit der Angreifer nicht mit unbedachten Bewegungen direkt auf sich lenken. Langsame Bewegungen. Den unheimlichen Gesellen keinen Anlass geben, sich von ihr bedroht zu fühlen. Und endlich den in eine geradezu hysterische Panik geratenen, laut schreienden Matthias beschwichtigen. Sich irgendwie zu einer ruhigen Stimme zwingen. So eiskalt das Entsetzen sie auch in ihrem Nacken zu packen drohte und ihr die Luft abschnürte, so erstaunlich gefasst klang ihre Stimme, als sie Matthias, der sich nun wie ein kleines Kätzchen an seine ältere Schwester klammerte, mit der rechten Hand beruhigend über das Haar strich. „Nicht schreien Matthias, stachelst sie sonst nur zusätzlich an. Ich bin ja bei dir." Mehrmals flüsterte sie ihm diese Worte ganz langsam und hoffentlich beruhigend ins Ohr. Und tatsächlich: Matthias verstummte, der krampfhafte Druck seiner Hände ließ allmählich nach. Der Junge schien sich zumindest einigermaßen gefangen zu haben, wenngleich Roswitha am Zittern, das seinen Körper nun ergriffen hatte, spüren konnte, welche Angstzustände ihr Bruder ausstand. „Komm jetzt, Matthias", flüsterte sie leise und tastete nach seiner Hand. „Lass uns verschwinden. Aber vorsichtig. Ganz vorsichtig. Nur ja keine schnellen Bewegungen. So – und nun komm."

Gerade hatten sie die ersten beiden Schritte zu dem Gebüsch, das ihnen eine gute Deckung verschaffen würde, hinter sich gebracht, da war es geschehen. „Ha! Das würde euch so passen! Hier geblieben!" Mit einem triumphierenden Jubelgeheul hatte sich einer der Angreifer auf die beiden vor Schreck erstarrten Kinder geworfen und Matthias mit einem groben Griff am Oberarm gepackt. Der Junge schrie vor Schmerzen laut auf. Verzweifelt wand er sich in der eisenharten Umklammerung wie eine Schlange. Doch was er auch versuchte, beißen, schlagen, kratzen, spucken, alles war vergeblich. Selbst jetzt, als sich Roswitha auf den rohen Gesellen stürzte und mit den Fäusten wild auf ihn einhieb, schaffte sie es nicht, ihren Bruder zu befreien. Sie packte die linke Hand von Matthias und zog aus Leibeskräften, während es ihr gelang, dem Soldaten mit dem Fuß mehrmals gegen das Schienbein zu treten. Ein zorniger Schmerzensschrei ertönte. Und noch ein zweiter. „Du elendes Miststück!" Es war das letzte Wort, das sie hören konnte. Im Zurücktaumeln war es ihr, als habe sie gerade einen gewaltigen Hieb gegen die Stirn versetzt bekommen. Da war ein laut schreiendes Kind gewesen, dessen Stimme jetzt freilich ihre Ohren nicht mehr erreichte. Es schien ihr, als würde sie direkt durch die Dornenhecken brechen. Merkwürdig, dass die spitzigen Stacheln der Zweige dabei ihre Haut zwar blutig aufrissen und sich tief ins Fleisch bohrten, doch sie spürte keinerlei Schmerz. Es war eine unwirkliche Szenerie, die sich in ihrer Wahrnehmung breitgemacht hatte und sie wie benommen weiter durch das Unterholz taumeln ließ. Dann plötzlich war es völlig dunkel in ihr geworden. Als letztes eine Ahnung von nassem, tiefgründigen Waldboden. Der Geruch von feuchter Erde und vermoderten Blättern. Der Geschmack nach Fäulnis und Verderben. Schlagartig war alle Kraft in ihr erloschen.

Es mussten viele Stunden vergangen sein, bis das Bewusstsein nun zögernd und qualvoll wieder zu Roswitha zurückkehrte. Aber noch immer war da dieser seltsam modrige Gestank. Dazu die dröhnenden Schmerzen im Kopf. Mühsam brachte sie ein Blinzeln zustande. Welch eine Anstrengung! Aber es musste sein. Schaffte sie es, die Augenlider ganz offen zu halten? Zumindest versuchen. Tatsächlich, es klappte. Schemenhaft konnte sie Bäume erkennen. Die Stämme vieler Bäume, dicht nebeneinander. Der Wald als grauschwarze Kulisse. Also musste in der Zeit ihrer Bewusstlosigkeit bereits die Dämmerung eingesetzt haben. In der Zwischenzeit... seit... seit wann eigentlich? Wo befand sie sich? Und was um alles in der Welt war denn nur geschehen? Diese Stille ringsum. Eigenartig. Aufstöhnend gelang es ihr, sich nun sogar mit dem Oberkörper aufzurichten. Stille... dort wo noch vor einiger Zeit der laute Kampf getobt hatte. Der Kampf! Mit der schlagartig angekommenen Erinnerung kam auch das Entsetzen! Der plötzliche Überfall! Die Angreifer! Ein eiskalter Schreck durchzuckte Roswithas Körper. Matthias! Wo war Matthias? Ihr kleiner Bruder! Von Panik ergriffen wand sie den Kopf, so weit die höllisch pochenden Schmerzen hinter der Stirn ihr dies gestatteten. Doch wohin sie ihren Blick auch richtete: von Matthias keine Spur!

Ein plötzliches Rascheln im Unterholz. Knackende Äste. Aufsteigende Angst. Unter Aufbietung all ihrer Beherrschung zwang sich das Mädchen, ihr Augenmerk in genau die Richtung zu lenken, aus der die Geräusche kamen. Ja, richtig. Dort drüben im Gebüsch bewegten sich die Zweige. Und dahinter zeichneten sich schemenhafte Umrisse ab. Ein Tier? Ein Hase? Ein Reh? Oder gar... beim bloßen Gedanken daran erstarrte Roswitha: doch wohl nicht gar ein Wolf?! Wenige Augenblicke später dann die Gewissheit: kein Tier, sondern ein Mensch. Ein Mensch, von dem wohl keine Gefahr auszugehen schien. Denn der Mann, ja, es war ein Mann, krabbelte auf allen vieren aus dem Gebüsch.

Erschöpft blieb er einen Moment lang regungslos auf dem Rücken liegen, als er es mit viel Mühe geschafft hatte, die Hecke hinter sich zu lassen. Er atmete schwer. Nach einer geraumen Zeit hob er die Arme und begann, begleitet von leisen Flüchen, sich die spitzen Stacheln der Dornen aus der Haut zu ziehen. Endlich ließ er einen schweren Seufzer hören und wandte seinen Kopf langsam zu Roswitha hinüber.

Jetzt war es an ihr, einen überraschten Laut auszustoßen. Sie kannte ihn! Das war doch... Das war... Genau! Es war einer der Kaufleute aus dem überfallenen Handelszug. Nein, nicht irgendeiner, es war Johann Schmieder selbst. Derjenige Mann also, der es den beiden Geschwistern großzügig gestattet hatte, sich dem vermeintlich sicheren Zug anzuschließen. Seine stark verschmutzte Kleidung hing ihm zwar in Fetzen vom Körper, das Gesicht war blutverkrustet, die von keinem Hut bedeckten Haare wirr zerstrubbelt. Und dennoch: es war Schmieder. Dessen war sich Roswitha nun ganz sicher. Immerhin war der Kaufmann folglich ebenfalls mit dem Leben davongekommen. So übel man ihn bei dem Überfall auch zugerichtet haben mochte.

Es kostete den Mann ganz offensichtlich äußerste Mühe, mit einer rau krächzenden Flüsterstimme die kaum verständliche Warnung zu formulieren: „Leise. Du bringst uns sonst allesamt noch ins Verderben mit deinem Geschrei. Sei um Gottes willen leise. Nicht, dass sie womöglich wieder kommen und uns alle töten."

Töten!

Der Überfall! Matthias! Um Gottes Willen! Wieder spürte das Mädchen, wie die Panik sie mit brutaler Gewalt ergriff. „Aber Matthias! Wo ist mein Bruder..."

„Psst!" Warnend führte Johann Schmieder den Zeigefinger seiner rechten Hand an die Lippen. „Leise. Bitte. Sei leise! Wir müssen vorsichtig sein, falls sie noch in der Gegend sind!"

Doch Roswitha wollte nicht vorsichtig sein. Sie wollte eine Antwort! Jetzt. Auf der Stelle. Weshalb konnte ihr der Mann denn keine Antwort geben? „Wo mein Bruder ist, will ich wissen!", beharrte sie trotzig auf ihrer bisherigen Lautstärke.

„Leiser! Ich bitte dich!" Der flehentliche Ausdruck in seinen Augen ließ Roswitha einlenken. „Nun gut. Aber jetzt sagt schon: habt ihr meinen Bruder gesehen. Wo ist er denn?"

„Der Kleine? Matthias heißt er also?" Der Kaufmann räusperte sich unbehaglich. „Hmmh..."

„Ja, mein Bruder heißt Matthias." Allmählich verspürte Roswitha, trotz all ihrer Schmerzen und des sonderbaren Dämmerzustands, in dem sie sich nach wie vor befand, wie sich der Ärger in ihr breit machte. Die Erregung ließ sie sogar in eine andere Anrede des vornehmen Kaufmanns wechseln. „Sag mir jetzt sofort, was mit meinem Bruder ist!" War Matthias bei dem Überfall womöglich etwas zugestoßen? War er etwa...? Eine eiskalte Hand schien nach ihrem Herz zu greifen und es zu zerquetschen. Matthias! Hatten sie ihn umgebracht? War das der Grund, weshalb sich Johann Schmieder dermaßen sonderbar um eine Antwort drückte?

Wieder räusperte sich Schmieder unbehaglich, bevor er jetzt endlich mit einem kaum hörbaren Flüstern zu einer Erklärung ansetzte. „Dein Bruder... Er war einer von denen, die sie mitgenommen haben. Es ist immer dasselbe bei solchen Überfällen: sie rauben das Geld und manche von den Waren, soviel sie eben schaffen, mit sich zu führen. Alles andere wird zerstört. Ob Waren, Tiere oder Menschen. Das ist ihnen völlig einerlei. Zerstört um des Zerstörens willen. Doch die Kinder, die nehmen sie einfach mit. Denn solche Burschen wie deinen Bruder können sie gut gebrauchen. Er ist ihnen genauso viel wert, wie bare Münze. Denn eines Tages werden sie ihn an irgendein Presskommando verkaufen..."

„Verkaufen?!" Roswitha meinte, sich verhört zu haben. Schmieder nickte teilnahmsvoll. „Ja, verkaufen."

„Aber das kann doch nicht wahr sein. Das..." Unter Aufbietung all ihres Willens stemmte sie den Oberkörper hoch und versuchte dann, sich zitternd auf die Beine zu stellen, doch nur einen Wimpernschlag später brach sie mit einem spitzen Aufschrei zusammen. Ein messerscharfer Schmerz hatte sich durch ihren linken Unterschenkel gestochen. Der Fuß war anscheinend gebrochen. Keuchend blieb sie liegen, um es dann ein zweites Mal zu versuchen. Und wieder endete der Versuch in einem langgezogenen

Klagelaut. Wütend ballte sie die Hände zu Fäusten, während Tränen der Verzweiflung über ihre Wangen liefen. „Ich muss. Ich muss. Ich muss!"

Mühevoll schob sich der ächzende Schmieder näher an Roswitha heran, die schon wieder hilflose Anstalten machte, sich irgendwie auf die Beine zu stellen. Beschwichtigend legte er eine Hand auf ihre Schulter und drückte sie, so stark, wie es dem geschwächten Mann eben möglich war, nach unten. „Was soll das, Mädchen? Es hat doch keinen Sinn. Du merkst es doch selbst."

Trotzig schüttelte sie den Kopf, eine unvorsichtige Bewegung, die auf der Stelle Schwindel und Übelkeit in ihr aufsteigen ließ. Ermattet ließ sie sich zurückfallen. „Aber ich muss ihnen nach! Unbedingt."

Sie wand sich unter dem Griff des Kaufmanns, doch der ließ sich trotz seiner eigenen Verletzungen nicht so einfach abschütteln.

„Lass das. Komm jetzt bitte endlich zur Vernunft!" Sein Tonfall war merklich schärfer geworden. Aus seinen Augen sprach die Furcht. „Ich sage es dir noch einmal: Du bringst uns höchstens in Lebensgefahr mit deiner unbedachten Handlungsweise. Aber so kannst du deinen Bruder auf keinen Fall retten."

„Ich muss aber. Ich muss ihm doch helfen. Irgendjemand muss ihm doch helfen. Ich kann ihn doch nicht einfach verschleppen lassen!" Es war eine fürchterliche Situation. Wie konnte der Mann denn von ihr verlangen, Matthias im Stich zu lassen. Und weshalb wollte er sie sogar daran hindern, die Entführer ihres Bruders noch nicht einmal zu verfolgen. Trotz ihrer Tränen gefüllten Augen musterte Roswitha den Kaufmann mit einem zornigen Blick. Doch Schmieder schien dennoch nicht die geringste Neigung zu verspüren, seinen Griff zu lockern. Immer noch drückte er sie mit der rechten Hand auf ihrer Schulter zu Boden. So kräftig, wie ihm das in seinem Zustand möglich war.

„Wie soll das mit der Verfolgung denn geschehen, Mädchen? Selbst wenn du richtig laufen könntest. Du würdest also einfach daherkommen und deinen Bruder den Soldaten entreißen? Einfach so? Das würde dir nicht einmal ohne Verletzung gelingen, das weißt du ganz genau. Und in deinem jetzigen Zustand schaffst du es mit dem Laufen keine Meile weit."

Roswitha tat so, als habe sie diesen in der Tat schwerwiegenden Einwand gar nicht gehört. „Weißt du überhaupt, wohin sie gegangen sind?"

Schmieder ließ sich darauf ein. Gut möglich, dass er einfach Zeit gewinnen wollte. Zeit, damit sich das Mädchen, das sich am Rande der Hysterie befand, allmählich beruhigte. Und zumindest einigermaßen zur Vernunft kam. „Na ja", wiegte er nachdenklich den Kopf. „Ich denke, sie werden nach Südosten gezogen sein. Oder vielleicht auch ganz in südliche Richtung..."

Doch die Worte des Kaufmanns bewirkten alles andere als eine Beruhigung seines Gegenübers.

„Du denkst!" Roswitha spuckte die Worte geradezu aus ihrem Mund. So heftig auch die Schmerzen in ihrem Schädel rasten, Wut und Sorge ließen sie allmählich an den Rand der Raserei geraten. „Du behauptest, dass du nicht einmal weißt, wohin sie gegangen sind. Begreifst du denn nicht, dass ich ihnen zuvorkommen muss? Was ist, wenn sie bald einem Presskommando begegnen und Matthias denen verkaufen?"

„Dagegen kannst du erst recht nichts ausrichten."

„Doch. Ich muss sie nur warnen. Wenn ich ihnen sage, dass Matthias überfallen worden ist, dann dürfen sie ihn nicht nehmen. Das ist verboten. Das weiß doch alle Welt!"

„Verboten! Ach Mädchen..." Der Kaufmann verzog den Mund zu einem mitleidigen Lächeln.

„Wer hält sich denn in diesen rechtlosen Zeiten noch an Verbote? So schwer das für dich auch zu begreifen ist, glaube mir: sie werden ihn kaufen und nicht nach den

Umständen fragen, wie er unter diese Männer geraten ist. Denn die Kriegsleute brauchen dringend Soldaten. Das ist ihr Auftrag: Soldaten zu besorgen. Soldaten und Kriegsknechte. Wenn er viel Glück hat, dann kommt er zu irgendwelchen Marketendern. Denn er ist ja noch zu jung, um Landsknecht zu sein. Sie werden ihn als Knecht einsetzen. Auch von denen brauchen sie ja eine gewaltige Menge. Denn demnächst wird es zum ganz großen Zusammenstoß kommen. Zur alles entscheidenden Schlacht. Sie wollen die Entscheidung jetzt erzwingen. Beide Seiten gleichermaßen. Darauf läuft es hinaus. Und das ist auch der Grund dafür, dass die Presskommandos gerade so zahlreich unterwegs sind. Mit aller Unnachgiebigkeit werden sie darangehen, ihren Auftrag zu erfüllen. Deshalb werden sie deinen Matthias zu irgendeiner Truppe stecken. Ob vorher alles mit rechten Dingen zugegangen ist? Einerlei! Wen interessiert das schon in solchen Zeiten wie den unseren? Es spielt dabei noch nicht einmal eine Rolle, ob es sich um das katholische oder um das protestantische Heer handelt, in das sie ihn zwingen werden. Egal auch, ob er evangelisch ist oder nicht. Er hat nur noch zu gehorchen, sonst gar nichts. Krieg ist Krieg, Heer ist Heer, Soldat ist Soldat!" Schmieder unterbrach sich zu einer kurzen, bedeutungsvollen Pause, wie um dadurch sein anschließendes Fazit zusätzlich zu unterstreichen. „Wie also willst du da noch deinen Bruder finden, Mädchen?"

Roswitha fühlte, wie tief in ihrem Innersten plötzlich eiskalte Wut aufstieg. Um nur einen Wimpernschlag später zu explodieren. Wild um sich schlagend gelang es ihr jetzt, die Hand des völlig überraschten Kaufmanns von ihrer Schulter zu wischen, während sie ihm gleichzeitig den ganzen Zorn direkt in das Gesicht schleuderte. „Ich muss ihn finden. Und ich werde ihn finden!" Abrupt richtete sie sich auf und machte zwei Schritte nach vorne, um Augenblicke später mit einem lauten Aufschrei zusammenzubrechen. Stöhnend lag sie auf dem Waldboden. Ein rasender

Schmerz fuhr durch ihr linkes Bein. Schmieder, der sich von seinem Schrecken wieder erholt hatte, musterte die qualvoll stöhnende Roswitha sorgenvoll. Langsam robbte er auf die Verletzte zu: „So, jetzt lass mich aber endlich mal sehen." Vorsichtig tastete er den verletzten Schenkel ab.

„Au! Das tut so weh! Bitte... hör auf." Roswitha keuchte. „Diese Schmerzen! Was ist denn mit meinem Bein?"

Der Kaufmann zuckte kurz mit den Achseln. „Wie ich es vermutet habe. Das Bein ist gebrochen."

Ein neuerliches Aufstöhnen. „Mein Gott! Gebrochen. Das kann doch nicht sein!"

„Es ist aber so. Eindeutig gebrochen."

„Aber... Das geht doch nicht. Ich muss doch..."

„Nichts musst du. Unmöglich. Du kannst mit diesem Bein nicht laufen. Von deinen anderen Verletzungen einmal ganz abgesehen."

„Aber Matthias! Was werden sie mit meinem armen Bruder machen?" Wieder schlug eine Welle der Verzweiflung über Roswitha zusammen. „Irgendwer muss ihm doch zu Hilfe kommen!"

„Jetzt muss erst einmal dir geholfen werden. Jetzt müssen wir erst einmal schauen, dass wir selbst am Leben bleiben. Und vor allem du, mit diesen ganzen Wunden am Kopf. Damit ist auf keinen Fall zu spaßen. Immerhin kannst du von Glück sagen, dass der Bruch am Bein nicht offen ist."

Ein Bruch. Wunden am Kopf. Am Leben bleiben. Es schien dem Mädchen, als seien diese Worte wie aus weiter Ferne an sie herangeschwebt. Getragen von einer dichten dunklen Wolke. „Aber Matthias...", hörte sie sich kraftlos entgegnen.

„Wir werden sehen. Jetzt aber, glaube mir, jetzt geht es erst einmal um dein eigenes Leben."

„Aber... Matthias... Mein Matthias..." Es waren ihre letzten Worte. Dann hatte eine gnädige Ohnmacht Roswitha umfangen.

\*

Eine ganze Woche war sie im Haus des Kaufmanns Schmieder in Dinkelsbühl von dessen Mägden gepflegt worden. Dank der mitfühlenden Betreuung hauptsächlich durch die Magd Katharina, die auch an ihrem Lager gesessen hatte, als Roswitha nach mehr als einem Tag endlich aus ihrer Ohnmacht erwacht war, hatte sie sich trotz ihrer nicht unerheblichen Kopfverletzung rasch erholt. Zwar litt sie noch tagelang unter starken Kopfschmerzen, vor allem bei raschen Bewegungen, doch zumindest das Bewusstsein hatte sie wieder erlangt und trotz der blaugrün verfärbten Prellung, die sie an der einen Schulter aufwies, war der Knochen hier zum Glück nicht gebrochen. Im Gegensatz zu ihrem linken Bein, für dessen Zusammenwachsen mindestens sechs Wochen zu veranschlagen waren, konnte sie die Arme bewegen – wenngleich die Schmerzen in der Schulter bei einer unvorsichtigen Bewegung heftig pochten. Und immerhin war sie mit dem Leben davongekommen. Was sie durchaus nicht als Selbstverständlichkeit ansehen dürfe. Das hatte ihr Katharina mit ernster Miene auseinandergesetzt. Dies sei in erster Linie dem glücklichen Umstand zu verdanken, dass ein Suchtrupp den Kaufmann samt Roswitha rasch gefunden habe und dass man sie im Anschluss daran mit äußerster Vorsicht auf ein Fuhrwerk gebettet und rasch in eine extra beheizte Stube des Schmiederschen Hauses in Dinkelsbühl gebracht habe. Die Gehirnerschütterung durch den starken Hieb des Soldaten gegen ihre Stirn, die übrigen Verletzungen, die Kälte, in der sie über einen halben Tag im Wald gelegen hatte, der Schock und die Verzweiflung: es hätte sie durchaus das Leben kosten können. Dessen solle sie sich bewusst sein und ihre schon wieder aufkeimende Ungeduld beherrschen. Noch sei an ein Verlassen des Krankenlagers nicht im Entferntesten zu denken.

Im Laufe der Zeit und mit fortschreitender Erholung war es Roswitha dann möglich gewesen, sich trotz der ständigen Kopfschmerzen allmählich wieder mit dem

Geschehen beim Überfall zu beschäftigen. Allem Anschein dürfte es sich tatsächlich um kaiserliche Landsknechte gehandelt haben, die den Handelszug ganz gezielt abgepasst und ausgeplündert hatten. Das waren die Erkenntnisse, die der wesentlich weniger stark verletzte Kaufmann Johann Schmieder in den letzten Tagen gesammelt hatte und die er über die Magd Katharina auch an Roswitha ausrichten ließ.

Trotz ihrer ziemlich starken Begleitmannschaft hatten sie nicht das Geringste gegen die Angreifer ausrichten können. Denn der Ort für den Überfall war sorgsam ausgewählt worden. Zudem war die Übermacht der katholischen Landsknechte erdrückend gewesen. In der traurigen Bilanz waren am Ende fünf tote Bewacher zu beklagen, dazu hatte es zehn erheblich verwundete Männer gegeben, drei tote Pferde, fünf Zugtiere waren geraubt worden, ebenfalls fünf zerstörte und weitgehend ausgeraubte Fuhrwerke: eine Katastrophe. Für einige der am Zug beteiligten Kaufleute bedeutete es überdies auch eine finanzielle Katastrophe, denn sie hatten nahezu ihre gesamte Ware verloren. Und in diesen bedrohlichen Kriegszeiten, in denen von den Bürgern zahlreiche üppige Sondersteuern zur Verteidigung der Stadt erhoben worden waren, hatte manch einer längst seine Rücklagen angreifen müssen, um die geforderten Steuern überhaupt bezahlen zu können. Diese Leute standen nun vor dem Ruin.

Tagelang bildete dieser brutale Überfall natürlich das Hauptgesprächsthema in der schreckensstarren Stadt. Was waren das doch für fürchterlich rechtlose Zeiten, in denen selbst eine Reichsstadt wie Dinkelsbühl nun schon in derartige Gefahr geriet. Denn eigentlich lebten hier doch die beiden Glaubensrichtungen protestantisch und katholisch mit offizieller Anerkennung gleichberechtigt nebeneinander und miteinander. Eine von beiden Seiten vielmals bestätigte Ausnahme im Reich, wie es sie nur selten gab und wie sie zwar von keiner Richtung gerne gesehen, aber dennoch akzeptiert worden war. Deshalb war in den vergangenen Jahren der zunehmenden Auseinandersetzungen zwischen den Konfessionen im ganzen Land gerade in Dinkelsbühl besonders streng darauf geachtet worden, dass im Rat der Stadt und in jedem offiziellen Amt, und sei dies bis hinunter zum Waagmeister auf dem Brotmarkt, grundsätzlich zweimal besetzt war. Mit jeweils einem Katholiken und einem Protestanten. So lästig dies im einzelnen Fall auch sein mochte, es hatte der Stadt bislang den Frieden erhalten.

Und nun dieser dreiste und deshalb besonders erschreckende Überfall! Bei dem es sich ja ganz offenkundig um kein zufälliges Aneinandergeraten gehandelt haben konnte, sondern um einen mit Bedacht und Heimtücke geplanten Rechtsbruch.

Auf Recht und Gesetz hatten die kaiserlich-katholischen Landsknechte jedoch nicht die mindeste Rücksicht genommen. Auf ein Recht, das doch von ihrem obersten Herren selbst, dem Kaiser des Heiligen Römischen Reiches, mit ihrer Hilfe hätte geschützt und verteidigt werden müssen. Das schiere Gegenteil war der Fall. Unfassbar! Doch der Krieg hat eben seine eigenen Gesetze beziehungsweise seine völlige Gesetzlosigkeit, zu diesem Schluss war man nach mehreren krisenhaft verlaufenen Sitzungen auch im Rat der Stadt Dinkelsbühl gekommen. Das Gesetz des Krieges schien nun auch die Gewalt über das Land zwischen Wörnitz und Hesselberg an sich gerissen zu haben. Es waren plötzlich nicht mehr nur die zahlreichen versprengten Truppen, auf die man ein wachsames Augenmerk zu richten hatte und die in unsicheren Kriegszeiten immer eine lästige Begleiterscheinung darstellten. Jetzt herrschte eine andere Gefahr, die sich auch nicht mehr nur für Handelszüge und für die Dörfer ringsum ergab. Denn so sicher man sich im Gegensatz zu den Dörfern auf dem Land in einer starken und wehrhaften Reichsstadt wie Dinkelsbühl auch vor räuberischen

Überfällen fühlen konnte, so gefährlich würde sich die Lage schlagartig zuspitzen, wenn plötzlich ein ganzes Regiment in der Hoffnung auf fette Beute gegen Dinkelsbühl vorrücken würde. Nicht einmal eine solche Gefahr durfte mehr ausgeschlossen werden. Es schien den Räten und den Kaufleuten von Dinkelsbühl gerade so, als sei das finstere Mittelalter plötzlich wieder zurückgekehrt: mitsamt diesem üblen, bereits seit viel mehr als einhundert Jahren schon abgeschafften Fehderecht. Der ewigen Geisel aller Handelszüge. Schlagartig feierte das Mittelalter eine fröhliche Wiederauferstehung. Mit all den schrecklichen Konsequenzen: Mord, Raub und Unrecht. Umso wichtiger also, die Patrouillen kräftig auszudehnen, die von den reichsstädtischen Soldaten im Umkreis unternommen wurden. Um mit aller Aufmerksamkeit und Strenge sicherzustellen, dass Recht und Ordnung auch in diesen Zeiten aufrechterhalten werden könnten. Zumindest für das Gebiet der Reichsstadt Dinkelsbühl.

Eine völlig übertriebene Maßnahme, schimpfte nur wenige Tage später schon eine stattliche Anzahl der Bürger. Denn für die Ausweitung der Patrouillen benötigte die Stadt Geld. Und dieses Geld wurde – wieder einmal – durch die Festsetzung einer Sondersteuer für die Bürger aufgebracht. Dinkelsbühl selbst drohe doch keinerlei Gefahr. Die großen Kriegsparteien würden vielleicht den einen oder anderen Handelszug überfallen, aber doch niemals die Stadt angreifen. Schon deshalb nicht, weil hier diese strenge Parität der Konfessionen vorherrsche. Doch im Dinkelsbühler Rat blieb man hart. Die Steuer wurde erhoben, die Patrouillen ausgeweitet, die Waffen der wehrfähigen Männer überprüft, die Verteidigungsanlagen genauestens kontrolliert, die Wehrübungen verstärkt, die Vorräte in den Speichern aufgestockt. Dank dieser umsichtigen Vorsorge dürfte der Stadt in der Tat dann keine Gefahr mehr drohen, diese Gewissheit hegte man schließlich im Rathaus genauso wie unter den Einwohnern von

Dinkelsbühl. Hier in der Reichsstadt war man also für die Zukunft gut gerüstet. Hier würden keine blitzartigen Überfälle oder gar Plünderungen stattfinden können. Ganz im Gegensatz zur Situation draußen auf den Dörfern. Dort hatte sich die Lage sogar dramatisch zugespitzt, denn die wilden Horden würden sich umso gnadenloser an den nahezu schutzlosen Siedlungen auf dem Land schadlos halten, wenn es ihnen schon nicht möglich war, die dicken Mauern von Dinkelsbühl zu stürmen.

Mehr als einmal hatte die Magd Katharina deshalb versucht, ihrer Patientin ernstlich ins Gewissen zu reden. Sie solle lieber hier in der sicheren Stadt bleiben, anstatt sich schon wieder in Gefahr zu begeben. „Erst einmal musst du doch richtig gesund werden. Danach werden wir weitersehen."

So gerne Roswitha im Grunde genommen auf dieses Angebot eingegangen wäre, so drängend war andererseits ihr Bestreben geworden, so rasch wie möglich nach Hause zu gelangen. Sie musste jetzt unbedingt in Erfahrung bringen, ob ihr Heimatdorf Gerolfingen ebenfalls von diesen Wüterichen heimgesucht worden war, oder ob die Menschen dort – was sie inständig hoffte – verschont geblieben waren. Denn beunruhigende Gerüchte waren mittlerweile sogar bis an ihr Krankenlager durchgedrungen. Immer wieder hatte sie aus den Unterhaltungen der Mägde einzelne Gesprächsfetzen erhascht. Und was sie sich daraus zusammenreimen musste, verhieß nichts Gutes. Wenn sie richtig verstanden hatte, waren zahlreiche Dörfer am Hesselberg geplündert worden. Manche sogar in Flammen aufgegangen. Und allem Anschein nach steckten dieselben Soldaten dahinter, die auch den Überfall auf den Handelszug begangen hatten.

Nun konnte sie sich auch den eigentümlich mitleidigen Ausdruck in Katharinas Augen erklären, den sie vorgestern nicht richtig hatte deuten können. Dringender denn je schien es ihr also geboten, sich mit eigenen Augen ein Bild von der Lage in Gerolfingen zu machen. In der vorletzten Nacht vor ihrem geplanten Aufbruch war Roswitha zu allem Überfluss auch noch von einem schweren Traum heimgesucht worden. Plötzlich war ihr im Schlaf ein rotblonder Junge erschienen. Elf oder zwölf Jahre mochte der Junge wohl alt sein. Ein freundlicher Bursche mit einem hellen Lachen und mit fröhlichen, beinahe himmelblauen Augen. Dazu seine Stimme, eine angenehme Stimme. Ein Tonfall, der ihr so eigentümlich vertraut erschienen war. Sie hatte die Stimme schon einmal gehört. Ganz sicher. Aber wo?

„Grüß Gott Roswitha", hatte der Bursche sie freundlich begrüßt und ihr die rechte Hand entgegen gestreckt.

Roswitha stutzte. Woher kannte er ihren Namen? Anstelle einer Antwort hatte sie ihr Gegenüber lediglich mit einem erstaunten Blick gemustert.

Der Junge zeigte sich davon keineswegs irritiert, sondern versuchte es ein weiteres Mal. „Du bist doch die Roswitha Barbara Himmelein aus Gerolfingen".

Seltsam. Er kannte sie.

Und jetzt war sich auch Roswitha ganz sicher, dass sie ihn schon einmal gesehen hatte. Dass sie ihn kannte. Mehr noch: dass sie ihn kennen musste. Die rotblonden Haare, diese hellblauen Augen...

„Ja sag bloß, du kennst mich nicht mehr! Ich bin es doch. Der Matthias! Dein Bruder", hatte ihr der Junge lachend zugerufen, während er im selben Moment mit ausgebreiteten Armen direkt auf sie zustürmte.

Roswitha vermeinte, ihr Herzschlag müsse vor Freude aussetzen. Matthias! Ihr Bruder! Sie hatte ihn tatsächlich wieder gefunden! Ein Jubelschrei entrang sich ihrer Kehle. Wie schön. Die Zeitspanne eines Wimpernschlags noch, dann würde sie Matthias wieder in die Arme schließen dürfen. Endlich.

Doch wie aus dem Nichts heraus, hatte urplötzlich ein dunkler Schatten die Sonne am Himmel verdeckt. Ein riesiger Vogel war aus den schwarzen Wolken unmittelbar auf die Geschwister heruntergestürzt und hatte den laut aufschreienden Matthias mit seinem gewaltigen spitzen Schnabel am Hemdkragen gepackt. Ein mächtiger Schlag mit den riesigen Schwingen und noch ein zweiter, dann hatte sich der Vogel mitsamt der sich verzweifelt windenden und zappelnden Beute wieder in die Höhe geschwungen. Hoch, immer höher. Und weg war er. Auf und davon. Nur den Bruchteil eines Augenblicks später war von dem Raubtier und seinem Opfer nichts mehr zu sehen gewesen. Nicht das Geringste.

Nur Roswitha war unversehrt geblieben. Da stand sie nun: mit nach wie vor zur Umarmung ausgebreiteten Armen. Vor Schreck und Panik unfähig sich zu rühren, wie zur Salzsäule erstarrt. „Er war mir doch schon so nahe. Gleich hätte ich ihn berühren können", murmelte sie fassungslos.

Was war das für ein grausames Spiel, in das sie da geraten waren? Schon wieder hatten sie sich verloren. Kaum dass sie sich gefunden hatten. Und wohin war ihr Bruder von dem unheimlichen großen schwarzen Vogel gebracht worden? Was hatten sie mit dem armen Matthias im Sinn?

Schweißgebadet war Roswitha in genau diesem Moment aufgewacht. Unsicher öffnete sie die Augen. Doch es war nicht das Geringste zu sehen. In dem Raum war es stockdunkel. Es musste also mitten in der Nacht sein. Roswitha spürte, wie sie am ganzen Leib zitterte. Auch wenn es sich nur um einen schrecklichen Alptraum gehandelt hatte, die Angst um Matthias ließ sie die ganze Nacht über nicht mehr in den Schlaf finden. Und als der Morgen endlich graute, da stand ihr Entschluss längst unumstößlich fest: Es gab kein Halten mehr. Sie würde die Suche nach Matthias aufnehmen. Komme was da wolle. Es musste sein. Gerade jetzt, solange die Spur noch nicht ganz erkaltet war. So rasch wie möglich würde sie Dinkelsbühl verlassen. Falls sie am Tag zuvor durch Katharinas eindringlichen Widerspruch vielleicht noch an ihrer Entscheidung gezweifelt hatte, dann waren sie spätestens nach diesem Alptraum endgültig verschwunden.

Auf alle Fälle würde sie am folgenden Morgen aufbrechen. Dieser Entschluss sei unumstößlich. Egal, was die tief besorgte Katharina auch an Gegenargumenten ins Feld geführt hatte, um sie doch noch davon abzubringen: ihre Gehirnerschütterung, mit der nach wie vor nicht zu spaßen sei, die Wunden am Kopf, der allgemeine Schwächezustand, der noch längst nicht verheilte Knochenbruch am Bein, es hatte nichts gefruchtet. Roswitha würde Dinkelsbühl verlassen. Die eigene Gesundheit musste jetzt zurückstehen. Denn ihr in Not geratener Bruder benötigte ihre Hilfe. Dringende Hilfe. Und womöglich ebenso die Eltern. Was der Himmel verhüten möge!

Selbst der Kaufmann Johann Schmieder, den sie getrost als ihren Lebensretter betrachten konnte, hatte sich persönlich an ihr Krankenlager begeben und ebenfalls mit eindringlichen Worten versucht, ihr dieses in seinen Augen wahnwitzige Vorhaben auszureden. Zumal in ihrem Zustand! Doch auch er war mit seinen Argumenten gegen eine Mauer geprallt. Mit einem hoffnungslosen Seufzer hatte Schmieder schließlich aufgegeben. „Deinen Dickschädel möchte ich haben, Mädchen", breitete er mit einer resignierten Geste die Arme weit aus. „Denn dieser Dickschädel hat dir ja immerhin das Leben gerettet nach diesem gewaltigen Schlag, den der Soldat dir verpasst hat. Anscheinend geht es unter deiner Schädeldecke genauso bockelhart zu, wie an der Stirn. Nun denn, dann tue also, was du allen Anschein nach sowieso nicht lassen kannst. Aber bitte: sei vorsichtig und nimm wenigstens mein Angebot an und reise mit dem Fuhrwerk, das morgen ohnehin in meinem Auftrag nach Wassertrüdingen zu fahren hat."

Auf dieses großzügige Angebot Schmieders hatte sich Roswitha natürlich nur allzu gerne eingelassen. Vermutlich war das Fuhrwerk von dem großherzigen Kaufmann sogar eigens für Roswitha bereitgestellt worden. Das mochte er natürlich direkt nicht zugeben und deshalb hatte er die angebliche Lieferung von Waren nach Wassertrüdingen vorgeschoben. In Wirklichkeit war ihm das tapfere Mädchen jedoch so sehr ans Herz gewachsen, dass er ihr wenigstens das erste Stück ihres vermutlich langen und gefahrvollen Weges einigermaßen erleichtern wollte.

So war Roswitha also noch eine letzte Nacht, die ihrer Erholung dienen sollte, im Haus des Kaufmanns geblieben. Doch wieder hatte sie kaum Schlaf gefunden. Tausend Gedanken waren ihr durch den Kopf gejagt: wie mochte es wohl in Gerolfingen aussehen? Weshalb war der Vater nicht gekommen, um sie abzuholen? Und was war mit dem benachbarten Aufkirchen, wo ihre Großeltern wohnten? Die kleine Stadt bildete naturgemäß ein lockendes Angriffsziel für räuberische Horden, denn im Gegensatz zu Dinkelsbühl war Aufkirchen im Grunde genommen ein Dorf. Von nennenswerten Verteidigungsanlagen, die einen Überfall verhindern oder zumindest erschweren würden, konnte sowieso keine Rede sein. Hoffentlich waren die Plünderungen der Dörfer am Hesselberg, von denen kürzlich die Mägde gesprochen hatten, anderswo erfolgt. Hoffentlich war Aufkirchen verschont worden. Es war sicher nicht richtig, so zu denken, dessen war sich Roswitha bewusst. Aber dennoch: nach all dem, was ihr in den vergangenen Tagen widerfahren war, überlagerte momentan die Sorge um ihre Angehörigen das angebrachte Mitleid mit den anderen armen Menschen. Matthias! Allein der Gedanke an ihn versetzte ihr schon wieder einen schmerzhaften Stich mitten in das Herz. Ob sie es tatsächlich schaffte, seine Spur zu finden? Wohin würde der Weg wohl führen? Und wie konnte sie ihn dann frei bekommen? Denn nur mit dem Aufspüren des Jungen wäre es nicht getan. Die Unruhe dieser Nacht steigerte sich ins Unerträgliche, bis dann endlich der Morgen graute. Kaum war der erste Lichtstrahl in ihre

Kammer gedrungen, gab es für das Mädchen kein Halten mehr. Gestützt von Katharina und einer weiteren Magd humpelte Roswitha aus dem Haus, vor dem gerade eben die nur spärlich beladene Kutsche vorfuhr. Sogar der Kaufmann Johann Schmieder war erschienen, um Roswitha persönlich Lebewohl zu sagen. Eine erstaunliche Geste! Dass ein vermögender, gut angesehener Bürger einer stolzen Reichsstadt einem armen Tagelöhnermädchen aus einem unbedeutenden Dorf diese Ehre erwies! Etwas Ähnliches hatte niemand aus dem Gesinde des Kaufmanns jemals erlebt. Und Roswitha, die schaudernd an die Behandlung zurückdachte, die ihr in der Stadtmühle zuteil geworden war, natürlich erst recht nicht. Aber der gemeinsam überstandene Schrecken des Überfalls hatte die beiden ungleichen Menschen auf eine ganz besondere Art und Weise verbunden.

Mit Mühe und nicht ohne Schmerzen schaffte sie es, sich stöhnend auf dem Kutschbock niederzulassen.

Mit Tränen in den Augen verabschiedete sie sich von dem fürsorglichen Kaufmann. Auch in seinen Augen funkelte es verdächtig. Als er ihr nun sogar noch die Hand reichte, spürte sie etwas Metallisches in ihrer Handfläche. Ein verblüffter Laut drang aus ihrem Mund, als sie es erkannte. Ein Gulden! Der warmherzige Mann hatte ihr zum Abschied tatsächlich einen Silbergulden geschenkt! Warnend hob er den Zeigefinger an die Lippen, als sie ihm dafür Dank sagen wollte. „Das muss keiner wissen", flüsterte er ganz leise. „Nimm es einfach. Du wirst es vielleicht noch brauchen auf deiner langen Reise."

Dann wandte er sich um und ging rasch in das große Haus zurück. Womit dem Aufbruch aus Dinkelsbühl nichts mehr entgegenstand.

Der Kutscher griff zu seiner Peitsche und ließ sie mit einem lauten Knall durch die Luft sausen. „Auf geht's!" Er schnalzte mit der Zunge und schon setzte sich das Fuhrwerk gemächlich in Bewegung.

Auch wenn Roswitha sorgsam darauf bedacht war, an diesem Morgen eine zuversichtliche Miene zur Schau zu stellen, während sie ihrer fürsorglichen Pflegerin Katharina und der anderen Magd ein letztes Mal zurückwinkte, kostete sie dies eine gewaltige Selbstbeherrschung. Trotz ihres unumstößlichen Entschlusses zum Aufbruch ließ eine unvermittelt aufgekommene Angst ihr Herz wild pochen. Angst, ja, das war es. Wovor? Etwa vor einem weiteren Überfall? Oder vor dem, was sie am Hesselberg erwartete? Sie konnte es sich nicht erklären. Nur eines ließ sich nicht verdrängen: diese entsetzliche Angst.

Naturgemäß nahm der Kutscher mit seinem Gefährt dieselbe Strecke, die sie auch vor einigen Tagen mit dem scheinbar so sicheren Handelszug eingeschlagen hatten. Und kaum hatten sie die Stadtmauer von Dinkelsbühl hinter sich gelassen, wurde der Weg noch schlechter, als das schon vor wenigen Tagen der Fall gewesen war. Schlechter? Er befand sich in einem geradezu katastrophalen Zustand! Kein Wunder, dass das Fuhrwerk immerzu bedrohlich ins Schwanken geriet. Ganz oben auf dem Bock, wo Roswitha und der Kutscher saßen, schaukelte es besonders stark. Jedes der zahlreichen Schlaglöcher wurde für Roswitha zur Tortur. Wieder und wieder stöhnte das Mädchen vor Schmerzen laut auf, sodass ihr der Fuhrknecht mehr als einmal die Frage stellte, ob man nicht doch besser umkehren sollte, weil es ihm geraten schien, dass sie sich lieber noch einige Tage erholte, bevor sie sich der Qual dieser anstrengenden Reise unterzog. Doch trotz aller Schmerzen biss Roswitha die Zähne zusammen und schüttelte entschieden ihren Kopf. Egal wie schlecht es ihr auch ergehen mochte, auf keinen Fall war sie gewillt, ihre Pläne umzustoßen. Sie musste unbedingt nach Gerolfingen. Jetzt, hier und heute.

Achselzuckend hatte der Kutscher nach seinem dritten Einwand schließlich aufgegeben und lediglich mit der Peitsche wortlos nach vorne gedeutet. Ein kurzer Blick genügte Roswitha, um zu verstehen, worauf der Mann hinaus wollte. Mit Ausnahme von tiefen, schlammigen Rillen, die sich als schmutzig braunes Band durch die Landschaft zogen, war vom Weg beinahe gar nichts mehr zu erkennen.

In den Tagen, in denen sie auf dem Krankenlager in Dinkelsbühl zugebracht hatte, musste es geschneit haben. Hier und dort waren deshalb noch vereinzelte Schneereste zu erkennen, die sich hauptsächlich an den schattigen Nordhängen und auf dem oberen Teil des Hesselbergs gehalten hatten. Erst also der wochenlange Regen, nun der aufgetaute Schnee. Kein Wunder, dass die durch fehlende Pflege in den letzten Jahren ohnehin stark in Mitleidenschaft gezogenen Straßen dermaßen aufgeweicht waren, dass von einem Weg im eigentlichen Sinn des Wortes längst keine Rede mehr sein konnte.

Bei jedem Schritt versanken die bedauernswerten Zugtiere mit ihren Hufen tief im Morast, sodass sie bereits nach kurzer Zeit völlig erschöpft einfach stehen blieben. Kein noch so ärgerlicher Zuruf vermochte die Pferde noch anzutreiben. Nur durch brutale Peitschenhiebe des laut fluchenden Kutschers gelang es ihm, die schmerzvoll aufwiehernden Tiere endlich zu einigen weiteren Schritten zu bewegen. Es war in der Tat eine fürchterliche Quälerei für die armen Tiere, denn die Räder des Fuhrwerks sanken oft fast bis zur Nabe in den Schlamm. Bald schon würde hier gar kein Durchkommen mehr sein, denn jedes Fuhrwerk, das seine Spuren in die sogenannte Straße zeichnete, verschlechterte deren Zustand noch mehr. Wenn es wenigstens Frost gegeben hätte, dann würde man in der gefrorenen Spur zumindest nicht einsinken. Man würde zwar einen Achsbruch riskieren, aber immerhin würde ein Kutscher weiterkommen, wenn er etwas Vorsicht walten ließe. Doch da war kein Frost. Es herrschte Tauwetter. Nasskaltes Tauwetter. Das Schlimmste, was angesichts des verheerenden Zustandes der Wege passieren konnte. Ganz dringend hätten sie ausgebessert werden müssen, doch wer wollte sich in diesen unsicheren Zeiten schon getrauen, die gefährliche Arbeit zu tun? Keinem stand der Sinn danach. Womit sich in absehbarer Zeit also nicht das Geringste ändern würde. Als einzige Hoffnung blieb den schimpfenden Fuhrleuten die Aussicht auf eine Wetteränderung. Irgendwann musste es ja wieder besser werden.

Immerhin, der heutige Tag versprach, endlich einmal wieder trocken zu bleiben. Wenn das mindestens eine ganze Woche lang anhielte, dann wäre die Lage wieder besser. Aber so? Man hätte besser daran getan, zuhause in Dinkelsbühl zu bleiben, als sich auf ein ungewisses Abenteuer in den Schlamm zu stürzen, hatte der Mann auf dem Kutschbock unwirsch gemurmelt und Roswitha mit einem finsteren Blick aus seinen dunklen Augen bedacht, als die Kutsche schon wieder beinahe in einem Schlammloch versunken wäre .

Ja. Hier in der Nähe musste es geschehen sein. Roswitha fühlte, wie sich ihr Herzschlag plötzlich beschleunigte, als sie nun bedrohlich schaukelnd ungefähr jene Stelle passierten, an der sie vor wenigen Tagen in den Hinterhalt geraten waren. Doch nichts davon war zu sehen. Nirgendwo deutete etwas darauf hin, dass mehrere Menschen gestorben und andere schwer verwundet worden waren. Denn an dem schattigen Waldrand verdeckten die Schneereste wie ein weißes Leichentuch die Spuren des dramatischen Geschehens. Allerhöchstens auf den zweiten Blick würde ein geübtes Auge abgebrochene Zweige im Unterholz erkennen und vielleicht den einen oder anderen Stofffetzen von der Kleidung eines Angreifers oder eines Flüchtenden bemerken, der sich in den scharfen Dornen des Gestrüpps verfangen hatte. Mehr war da nicht.

Beinahe wäre Roswitha sogar auf den Gedanken verfallen, dass alles nur ein böser Traum gewesen sein konnte. Ein Traum, aus dem sie jetzt gerade glücklich erwachte. Das wäre schön! Genau in diesem Moment jedoch erhielt die Kutsche wieder einen schweren Stoß. Abrupt glitt das rechte Hinterrad in eine tiefe Wagenspur, worin es immer tiefer einsank. Allein die höllischen Schmerzen, die von dieser ruckartigen Bewegung ausgelöst wurden und ihren Körper wie mit einer eiskalten Woge durchzuckten, brachten das Mädchen schlagartig in die Wirklichkeit zurück. Nein, der Überfall war kein Traum. Er hatte leider tatsächlich stattgefunden. Und die Schmerzen rührten von jenen Wunden her, die ihr dabei zugefügt worden waren!

Während der Kutscher ein weiteres Mal die Peitsche wütend auf die Rücken seiner armen Zugtiere hieb und es damit endlich schaffte, die Kutsche doch wieder in Bewegung zu setzen, schob sich die Sonne über einen blauschwarzen Bergrücken, dessen Spitze in einem hellen Weiß erstrahlte. Es war ein mildes, friedliches Licht, das die Landschaft jetzt sanft umhüllte. Ja, der Bergrücken dort hinten, samt seiner geradezu märchenhaften weißen Spitze, das war der Hesselberg. Unverkennbar. Die magische Landmarke für alle, die rund um diese höchste Erhebung des Landes wohnten. Egal, von welcher Richtung man sich der Heimat auch näherte, der erste Anblick des schon aus weiter Ferne erkennbaren Hesselbergs ließ das Herz eines jeden höher schlagen, der aus einem der Dörfer stammte, die sich ringsum an den Berghang schmiegten.

Wie herrlich sich ihr geliebter Hesselberg nun gerade am heutigen Morgen im winterlichen Sonnenlicht offenbarte. Ein Bild, so schön und unschuldig, gerade so, als gäbe es auf dieser gepeinigten Erde nirgendwo Krieg oder Zerstörung. Als herrschten im weiten Land nur Frieden, Glück und Harmonie. Wie schön das wäre. Doch das friedliche Bild trog, darüber war sich natürlich auch Roswitha im Klaren. Und dennoch. Wieder begann sie einen schönen Traum zu träumen. Trotz ihrer Schmerzen und des wilden Geschaukels auf dem Kutschbock dämmerte das erschöpfte Mädchen im Halbschlaf vor sich hin. Ein erschreckter Ausruf des Kutschers neben ihr ließ Roswitha aufschrecken. Irritiert öffnete sie die Augen und blinzelte erschrocken, als sie die Ursache erkannte, die den Mann zu seinem Aufschrei gebracht hatte. Sie waren Gerolfingen inzwischen so nahe gekommen, dass man das Dorf, das noch etwa drei Meilen entfernt sein dürfte, dennoch schon einigermaßen erkennen konnte. Und die ganze Straße vor ihnen war plötzlich gesäumt mit verstreuten Kleidern, in den Dreck geworfenen Essensresten, zerbrochenen Krügen und Tellern. Was sollte das bedeuten?! Im Grunde genommen war die Antwort klar, doch sie mochte das noch nicht einmal denken. Immer noch durfte sie die Zuversicht nicht fahren lassen. Nein, auf keinen Fall. Die Zerstörungswut könnte sich auch über dem einen oder anderen frei stehenden Gehöft entladen haben. Das brauchte mit Gerolfingen selbst noch gar nichts zu tun haben, mit solchen hoffnungsvollen Erwägungen versuchte sich das Mädchen zu beruhigen. Obwohl sie Schlimmes ahnte... Eine Ahnung, die sich mehr und mehr zur Gewissheit verdichtete. Denn je näher sie dem Dorf nun kamen und desto deutlicher sich der Kirchturm von Gerolfingen allmählich gegen den Horizont abzeichnete, desto unmissverständlicher schob sich die Erkenntnis vor ihre entsetzten Augen, dass auch hier vor nicht allzu langer Zeit etwas Fürchterliches passiert sein musste.

Es war eine unwirkliche Szenerie, die sich da in all ihrer fürchterlichen Konsequenz vor den beiden erschrockenen Betrachtern ausbreitete: einerseits der milde Sonnenschein über dem so friedlich aufragenden Hesselberg mit seiner weißen Schneedecke, andererseits dagegen die schwarzen rauchenden Trümmer des Dorfes, das ganz offensichtlich einer gewaltigen Feuersbrunst zum Opfer gefallen war. Noch immer stieg Qualm aus den jämmerlichen Überresten der Häuser. Es war unfassbar! Die Apokalypse schien sich über dem Hesselberg entladen zu haben.

Eine Katastrophe hatte sich ereignet. Man brauchte sich dem Dorf gar nicht weiter zu nähern, um zu begreifen, dass Gerolfingen nahezu völlig zerstört war. Schutt und Asche dort, wo bisher die Hütten der Tagelöhner und die Häuser der Bauern gestanden hatten.

Roswithas Herz begann vor Angst und Beklommenheit zu rasen. Die Eltern! Was um alles in der Welt war mit ihren Eltern geschehen? War die kleine Wohnhütte am Rand des Dorfes, in der sie aufgewachsen war, womöglich ebenfalls in Flammen aufgegangen? Oder durfte sie auf ein Wunder hoffen. Denn auf das zweite Hinsehen konnte sie feststellen, dass anscheinend doch nicht, wie es zunächst den Anschein gehabt hatte, alle Häuser vernichtet worden waren. Manche immerhin nur teilweise. Noch also gab es Anlass zur Hoffnung. Mit sich überschlagender Stimme schrie sie dem zögernden Fuhrmann ihre Aufforderung ins Gesicht, er solle endlich seinen Pferden die Peitsche geben und den Ort auf der Hauptstraße durchqueren. Ganz durch das Dorf hinunter, bis an das südöstliche Ende von Gerolfingen. Dorthin, wo sich die bescheidene Kleinbauernhütte ihrer Eltern befand. Hoffentlich noch befand. Der Kutscher jedoch machte Schwierigkeiten. Bedenklich wiegte er den Kopf und ließ seinen Blick ängstlich über die jammervollen Reste der Häuser schweifen. Mehrmals murmelte er etwas von einem gefährlichen Hinterhalt, in den man hier leicht geraten könne. Besser sei es, auf der Stelle umzukehren und sich nicht in noch größere Gefahr zu begeben. Darauf hatte die von einer panischen Angst getriebene Roswitha dem überraschten Mann die Peitsche einfach aus den Händen gerissen und damit mehrfach mit der Kraft ihrer Verzweiflung auf die Rücken der beiden Pferde eingehauen, die sich vor Schmerz aufzubäumen versuchten. Erst jetzt gelang es dem Fuhrmann, ihr die Peitsche wieder zu entreißen, doch das war einerlei, denn sie hatte ihr Ziel erreicht: die von den schmerzgepeinigten Pferden gezogene Kutsche bewegte sich wieder vorwärts. Über die Hauptstraße des ehemals ansehnlichen Dorfes Gerolfingen hindurch in

Richtung auf Wassertrüdingen zu. Für keines der zerstörten Häuser hatte sie einen Blick. Noch nicht einmal die jämmerlichen Überreste des einst so stattlichen Rathauses ließ sie verharren. Oder die offensichtlich geplünderte Kirche, deren Portal nicht nur in Trümmern auf dem Boden lag. Noch nicht einmal das große Holzkreuz war verschont worden. Es lag neben den Resten der Eingangstüre, zu allem Überfluss auch noch teilweise verkohlt! Doch auch diese traurige Beobachtung ließ Roswitha regungslos an sich vorübergleiten. Ausschließlich dem Weg vor ihr galt ihre ganze Konzentration. Dorthin mussten sie gelangen. Zum Ende des Dorfes. Zur Hofstelle der Eltern.

Erst viele Tage später erinnerte sich Roswitha wieder bruchstückhaft an diesen schicksalhaften Moment, der ihren Lebensweg – zum zweiten Mal innerhalb weniger Tage – wiederum in eine andere Richtung zwang. Als sie schon vom Kutschbock des Fuhrwerks herunter die bittere Wahrheit hatte erkennen müssen. Wie der Kutscher die Pferde zum Stehen gebracht hatte und wie sie gegen den Widerstand des Mannes von ihrem Sitz geglitten war. Wie unmittelbar beim Aufkommen auf dem Boden ein stechender Schmerz durch ihr gebrochenes Bein gefahren war. Ein Schmerz, der sie beinahe ohnmächtig hätte werden lassen und der gleichwohl dennoch nicht in ihr Bewusstsein drang, das von einem starren Entsetzen völlig blockiert war.

Wie sie sich dann trotz ihrer Verletzung irgendwie bis zu der Stelle schleppte, an der die Hütte der Eltern gestanden hatte. Wenn sie nicht abgebrannt gewesen wäre – wie all die anderen Hütten ringsum genauso. Verkohlte Balken, überall auf der rußigen schwarzen Erde verstreut, das war alles, was von ihrem Elternhaus noch übrig geblieben war. Und die Kuh? Das Schwein? Was war mit den Hühnern und den Hasen? Kein einziges von den Tieren war mehr da! Sie bückte sich nieder und tastete mit der Hand über die schwarzgraue Asche. Sie war noch warm.

Es konnte also wohl keine Woche vergangen sein, seitdem das Unheil über ihr Heimatdorf hereingebrochen war. Vielleicht hatten erst der Regen und dann der Schnee die kümmerlichen Brandreste etwas rascher gelöscht, als dies sonst der Fall gewesen wäre. Aber dennoch konnte sich die Katastrophe nicht lange nach dem Überfall auf Roswitha und Matthias ereignet haben. Durchaus wahrscheinlich erschien es ihr, dass auch diese Tat in all ihrer brutalen Rücksichtslosigkeit womöglich von denselben Unholden ausgeführt worden war, die auch die beiden Geschwister überfallen hatten. Zu einer Zeit geschehen, als Roswitha ahnungslos auf ihrem Krankenlager im Haus des Kaufmanns in Dinkelsbühl gelegen hatte, während in Gerolfingen das Grauen seinen Lauf genommen hatte, dem die Eltern zum Opfer gefallen waren. Diese bittere Erkenntnis hatte sie aus dem Mund des Fuhrmannes erfahren müssen, der sich vorsichtig hinter einem Schutthaufen an der Nachbarhütte umgesehen hatte. Die Eltern, die Mutter und der Vater, hatten bei dem Überfall den Tod gefunden.

Es war der Fuhrmann gewesen, der sie davon abgehalten hatte, sich mit einem Aufschrei auf die toten Eltern zu stürzen und einfach liegen zu bleiben. Mit einem eisenharten Griff hatte er sie zurück auf die Kutsche gesetzt und dann wortlos zu einem Spaten gegriffen, den er von der Ladefläche des Fuhrwerks nahm. Wie lange es dauerte, bis der Mann sein trauriges Werk erledigt hatte, konnte Roswitha danach nicht mehr sagen. Verzweiflung und Schreckensstarre hatten sie kurzzeitig in einen nahezu zeit- und willenlosen Zustand versetzt. Kaum hatte er den Spaten wieder verstaut, da beugte er sich über das Mädchen, hob sie von der Kutsche und drückte sie fest an seine Brust, während er teilnahmsvoll über ihre Haare streichelte. Jetzt war es um Roswithas Selbstbeherrschung endgültig geschehen: bis zur totalen Erschöpfung weinte sie hemmungslos.

Endlich waren die Tränen versiegt. Für den Kutscher schien es das Zeichen zum Aufbruch: wieder fasste er sie an den Oberarmen und hob sie behutsam auf die Kutsche zurück. In diesem Moment strömte das Leben plötzlich in Roswitha zurück. Das Leben? Oder war es die Panik? Die sich zum Irrsinn verwandelnde Trauer? Wie auch immer. Noch heute konnte sie sich ganz genau an seine derben Hände erinnern, aus deren Griff sie sich verzweifelt gewunden hatte. Wenn die Erinnerung nicht trog, hatte sie den Mann, der es doch nur gut mit ihr meinte und sie wieder auf den Kutschbock setzen wollte, bei ihrer Gegenwehr sogar tief in die Hand gebissen. Erst daraufhin hatte der Kutscher sie mit einem schmerzerfüllten Aufschrei losgelassen. War der Biss tatsächlich so tief in das Fleisch gedrungen, dass es sich bei dem roten Fleck auf seinem Hemd um Blut handelte? Blut, weil sie ihn gebissen hatte? Wie auch immer: noch einmal hatte es der Mann, nun verständlicherweise laut fluchend und dementsprechend zornig, versucht, sie auf das Fuhrwerk zu setzen. Und gleichzeitig hatte er sie angeschrien, sie solle ihren Widerstand sofort beenden, denn sonst... sonst würde er ohne sie weiterfahren und sie in Gerolfingen alleine zurücklassen. Es sei viel zu gefährlich hier, sie seien schon viel länger geblieben, als es ratsam sei. Er verspüre nicht die mindeste Lust, sich in einem zerstörten Dorf von irgendwelchen Raub- und Mordgesellen überfallen zu lassen.

Doch Roswitha hatte sich strikt geweigert, der Aufforderung nachzukommen. Er solle alleine fahren. Sie würde hier bleiben. Auf alle Fälle. Hier gehöre sie hin. Nirgendwo sonst. Ja, es sei ihr fester unumstößlicher Entschluss, hatte sie ihm auf seine allerletzte warnende Nachfrage trotzig zur Antwort gegeben. „Nun denn! Dann kann ich nichts mehr für dich tun!" Achselzuckend hatte der Mann zur Peitsche gegriffen und seinen beiden Zugpferden mit einem lauten Knall das Signal zur Weiterfahrt gegeben.

Wenig später war die Kutsche aus Roswithas Blickfeld verschwunden. Eine unheimliche Stille breitete sich über das Dorf, nur unterbrochen von einem gelegentlichen scharfen Zischen, das von einem der verkohlten Balken der größeren Häuser herrührte, wo immer noch Qualm in den Himmel stieg. Keinerlei von Menschen verursachten Geräusche. Gespenstisch. Es war niemand mehr da. Nicht im Dorf – wohin auch immer die Überlebenden geflüchtet sein mochten. Sicherlich warteten sie im Wald versteckt darauf, sich endlich wieder hervortrauen zu können. Wenn überhaupt welche mit dem Leben davongekommen waren. Im Gegensatz zu ihrer eigenen Familie! Welch schreckliche Erkenntnis: die Eltern beide tot. Und bis auf Matthias gab es in der Familie Himmelein keine weiteren Geschwister. Doch Matthias war weg. Wie vom Erdboden verschluckt. Also... also war sie allein! Mutterseelenallein! Fassungsloses Entsetzen schüttelte ihren mageren Körper, als sich Roswitha dieser fürchterlichen Tatsache mit all ihrer schrecklichen Konsequenz jetzt schlagartig erstmals richtig bewusst geworden war. Allein. Ganz allein. Kein Mensch mehr, dem sie sich anvertrauen konnte. Die gesamte Familie, die doch noch vor wenigen Tagen völlig ahnungslos ihrer Arbeit nachgegangen war, mit einem Schlag ausgelöscht. Roswitha spürte, wie auch das Knie in ihrem gesunden Bein schwach zu werden begann. Kraftlos sank sie auf den rußig schwarzen Boden, wo sie den Kopf in ihren Händen vergrub. Eine weitere Woge der Verzweiflung schlug über ihr zusammen. Es war vorbei. Ein fürchterliches Strafgericht war über sie gekommen. Das Ende war da. Die Zukunft? War längst Vergangenheit geworden. Denn es gab keine Zukunft mehr.

*

Stunden mussten vergangen sein. Viele Stunden. Roswitha konnte es bei Gott nicht mehr einschätzen, als sie zögernd aus der dumpfen Lethargie erwachte, die ihr gesamtes Denken ergriffen hatte. Wahrscheinlich waren es die pochenden Schmerzen in ihrem gebrochenen Bein gewesen, die sie wieder zu sich hatten kommen lassen. Das Bein, dem sie heute viel zu viel zugemutet hatte. Doch gleichzeitig mit dem Bewusstsein strömte machtvoll der Lebenswille in sie zurück. Nein, es war noch nicht das Ende. Sie durfte nicht aufgeben und sie würde nicht aufgeben. Sie war auch nicht allein! Denn schließlich war doch noch Matthias da. Ihn zu suchen und zu finden, das war doch die Aufgabe, die sie sich gestellt hatte. Sie konnte Matthias nicht einfach im Stich lassen. Solange es eine Hoffnung gab, ihren Bruder wieder zu finden, solange sie folglich davon ausgehen konnte, dass wenigstens Matthias als einziger aus der Familie noch am Leben war, solange würde sie ihre Suche fortsetzen. Mit eisernem Willen. Es war ihr fester Entschluss.

Mit Mühe gelang es ihr, auf allen vieren irgendwie über die rußige Erde zu kriechen. Dort vorne hatte sie eine Holzstange entdeckt, die vom Feuer verschont geblieben war. Zur Not könnte sie als eine Art Krücke herhalten. Eine Unendlichkeit später hatte es Roswitha geschafft. Die Stange schien ihr geradezu ideal. Nicht zu dünn und nicht zu kurz. Es könnte also klappen. Endlich hatte sie sich aufgerichtet und schob den Stock schweißüberströmt unter ihre Achsel. Keuchend und wacklig stand sie nun. Immerhin: sie stand. Sogar fortbewegen würde sie sich damit können. Schwerfällig und langsam, aber es würde gehen. Im wahrsten Sinn des Wortes.

Die Silbermünzen! Schlagartig war ihr dieser Gedanke durch den Kopf geschossen.

Richtig! Die fünf Silbermünzen, die Georg Ehnes, der Patenonkel aus Oestheim, ihrem Vater vor gut zwei Jahren zur sicheren Aufbewahrung anvertraut hatte. Weil ihm doch die Lage in seinem Dorf damals um so vieles unsicherer erschienen war als in Gerolfingen. Und jetzt? Was war jetzt? Roswitha lachte bitter auf, als sie sich an diese Begründung erinnerte. Die Häuser in Oestheim dürften vermutlich nach wie vor unversehrt sein, während ihr Elternhaus in Flammen aufgegangen und zerstört war. Doch darum ging es jetzt nicht. Vielmehr ging es um die Frage, wo ihr Vater den Lederbeutel mit den Silbermünzen versteckt hatte. Es war irgendwo im Inneren der Hütte gewesen. In einer der Ecken... Das Mädchen schloss die Augen und versuchte, sich zu konzentrieren. Es musste sein. Trotz all der schlimmen Tatsachen, die heute auf sie hereingebrochen waren, sie musste es versuchen. Konzentration. Besinnung auf das Wesentliche. Denn diese Silbermünzen... erstens war es wirklich angeraten, sie jetzt zu bergen und in Sicherheit zu bringen, bevor womöglich ein dummer Zufall sie anderen in die Hände spielte. Und zweitens? Zweitens würde der Onkel ihr Handeln billigen, wenn sie vielleicht eine dieser Münzen dazu benutzte, die Suche nach Matthias aufzunehmen. Den Rest des Geldes würde sie dann, sobald sich dafür eine Gelegenheit finden ließe, persönlich bei Georg Ehnes in Oestheim abliefern. Und natürlich würde sie, nachdem Matthias erst einmal gefunden war, so lange arbeiten, bis sie dem Onkel den Verlust dieser einen Münze ersetzen konnte. Was freilich, darüber machte sie sich keinerlei Illusionen, etliche Jahre in Anspruch nehmen würde. Doch das durfte im Augenblick keine Rolle spielen. Der Zweck heiligte die Mittel. Und der Zweck war einzig und allein derjenige, Matthias wieder zu finden.

Also... noch einmal, die Augen schließen und die bohrenden Kopfschmerzen vergessen, die ihr das Denken schon wieder schwer machten. Wo hatte der Vater den Lederbeutel verborgen. In welcher Ecke der Hütte? Sie konnte es doch nicht vergessen haben. Unmöglich. Denn der Vater hatte ja sogar von seiner Tochter verlangt, sie solle sich das Versteck ganz genau merken. Wie hatte sie damals kopfschüttelnd gelacht, als er davon gesprochen hatte, sie müsse es sich unbedingt einprägen. Schon deshalb, weil man ja niemals wissen könne, was ihm womöglich eines Tages zustoßen könne. Und der Mutter natürlich ganz genauso. Roswitha erschauderte bei dem Gedanken daran, wie unsinnig ihr diese Begründung erschienen war. Und wie bitter recht der Vater mit seiner Einschätzung behalten hatte. Es war ihr als völlig übertriebene Vorsicht erschienen: als wenn den kräftigen gesunden Mann aus heiterem Himmel irgendein Unglück niederstrecken könnte! Niemals! Und jetzt war dieses Undenkbare dennoch über die Familie hereingebrochen. Mit dem Rücken ihrer linken Hand wischte sie sich über die Augen, als ob sie damit all die peinigenden Gedanken aus ihrer Seele vertreiben könnte, die ihr das Denken so schwer machten. Von den unsäglichen Kopfschmerzen gar nicht erst zu reden.

Nachdenken. Die Augen fest geschlossen halten. Sich besinnen. Der Schatz war in einer der vier Ecken des Hauses vergraben worden. Rechts? Links? Ein heißer Schauder jagte plötzlich über ihren Rücken: ja, genau! Links. Aber von welcher Ecke aus gesehen? Noch einmal nachdenken... Klar! Das war es! Natürlich musste sie sich von der Türschwelle aus orientieren. Links. Die linke vordere Ecke. Dort war die Stelle!

Mit klopfendem Herzen schob sie sich zur linken Ecke der zerstörten Hütte hinüber. Noch ein Stück. Gut. Und nun kam es darauf an, sich vorsichtig auf den Boden sinken zu lassen. Nur ja nicht das gebrochene Bein belasten! Langsam das gesunde Knie beugen. Sich am Stock festhalten. Endlich saß sie auf dem gestampften Lehmboden, dem einstigen Fußboden ihres Elternhauses, der mit einer schmutzig-schwarzen Ascheschicht bedeckt war. Gut so. Es würde zwar wieder eine gewaltige Anstrengung bedeuten, sich später dann aufzurichten, aber es ging nun einmal nicht anders. Vorsichtig tastete Roswitha mit den Händen Stück für Stück des Bodens ab. Nichts. Also würde sie sich noch weiter nach links orientieren müssen. Nach dort hinten, ganz in der Ecke, dort wo ein Stück nur halb verbranntes Stroh von der Dachbedeckung auf der Erde lag. Sie griff nach dem Stroh, das allein durch diese Bewegung in tausend Einzelteile zerstob, dann...

...dann prallte Roswitha erschrocken zurück. Das Stroh hatte ein Loch in der Erde bedeckt. Genau die Stelle, an der die vom Vater vergrabenen fünf Silbermünzen des Onkels hätten liegen müssen. Samt dem Lederbeutel. Doch da war nichts mehr. Verzweifelt schob sie mit den bloßen Händen das Gemisch aus Lehmerde, verkohlten Holzresten, Stroh und Asche aus dem Loch. Doch mehr war da nicht.

Ein anderer war ihr zuvorgekommen!

Wie furchtbar! War es denn immer noch nicht genug? Als hätte sie innerhalb weniger Tage nicht ohnehin schon mehr an Heimsuchungen erleben und verkraften müssen, als die meisten Menschen in ihrem ganzen Leben! Und nun also wieder eine schlagartig ins Nichts zerborstene Hoffnung! Die Enttäuschung in ihr wich der schieren Verzweiflung. Es war zu viel gewesen. Dunkelheit umhüllte ihre Wahrnehmung.

Wie lange sie so dagelegen hatte, konnte sie nicht mehr sagen. Nur so viel: gerade war ein neuer Tag angebrochen. Es dürfte also mindestens ein Abend und eine Nacht gewesen sein, die sie in diesem apathischen Dämmerzustand gefangen war, der sie keine weiteren Gedanken hatte denken lassen. Eine dumpfe Leere in ihrem Kopf verhinderte jede direkte Wahrnehmung. Das Beste, was ihr in dieser aussichtslos erscheinenden Situation widerfahren konnte. Erst einmal neue Kraft sammeln. Das zumindest war gelungen. Denn die Kopfschmerzen waren beinahe völlig verschwunden. Nur ein leiser Druck vorne an der Stirn mochte ihr als Warnung dienen, keine überhasteten Bewegungen zu vollführen. Selbst die Schmerzen im Bein schienen Roswitha nachgelassen zu haben. Wenigstens das. Was sagte die Stimme da gerade zu ihr? Diese Frauenstimme, die sie vor langer Zeit wohl schon einmal gehört haben musste. „Du bist also wach, du kannst mich hören?"

Roswitha schlug die Augen auf und blickte direkt in die besorgte Miene von Dorothea, einer der früheren Nachbarinnen ihrer Eltern. Die Wörnitz abwärts gesehen in der letzten Hütte von Gerolfingen hatte die alte Dorothea gewohnt. Eine Frau, die schon in Roswithas Kindertagen ein geradezu biblisches Alter erreicht haben musste. So hatte sie zumindest seit jeher gewirkt, mit ihrem von tiefen Furchen durchzogenen, wettergegerbten, braunen Gesicht. Mit ihrer winzigen hageren Gestalt und mit ihrer geradezu legendären Zähigkeit. Nichts schien die alte Doro aus ihrer Lebensbahn werfen zu können: keine Missernte, kein harter Winter, keine Krankheit, gar nichts. Immerzu war sie auf den Beinen, von früh bis spät im Wald unterwegs. Beim Kräuter- und Beerensammeln, beim Ausgraben von Wurzeln, beim Holzmachen. Eine auch in der Heilkunde erfahrene Frau, die aus diesem Grund von den Dorfbewohnern immer um Rat und Hilfe gefragt worden war, wenn jemand erkrankt war und man selbst nicht mehr weiter wusste. Doch Dorothea hatte auch in diesen Fällen immer noch ein Kraut oder einen heilenden Tee verabreichen können. Und meistens waren die Patienten tatsächlich wieder gesund geworden.

„Nun gut, sie kann mich hören", gab sich Dorothea selbst eine Antwort, während die überraschte Roswitha zunächst nur ein Blinzeln zustande brachte.

„Ja, da schaust du, nicht wahr? Dass du mich gesund und munter vor dir siehst?" Ein kehliges Lachen drang aus ihrer Kehle. „Die alte Dorothea lässt sich eben nicht so leicht von dieser Welt verdrängen! Der Himmel darf getrost noch eine Zeitlang warten!"

Im Laufe dieses Morgens hatte Roswitha aus dem Mund der Alten dann alles erfahren. Wie das Verderben in zwei Etappen über ihr Heimatdorf gekommen war. Erst war das ganze Dorf der Zerstörungswut der zahlreichen gut bewaffneten Soldaten zum Opfer gefallen. Eine erdrückende Übermacht von Angreifern, gegen die jegliche Gegenwehr von Beginn an zum Scheitern verurteilt war. Und diejenigen unter den Bauern, die es mit Dreschflegeln und Sensen bewaffnet dennoch todesmutig versucht hatten, sich den Mordgesellen entgegenzustellen, die hatten ihren Widerstand zumeist mit dem Leben bezahlt. Rücksichtslos waren die Häuser und Hütten geplündert worden. Wehe den Frauen und Mädchen, die von den Soldaten noch darin angetroffen worden waren. Und wehe den Männern, die versucht hatten, ihre Angehörigen zu beschützen. Am Ende war das Dorf ganz gezielt an allen vier Seiten in Brand gesetzt worden, sodass es selbst nach dem Abzug der Plünderer keinerlei Hoffnung mehr gab, das Feuer eventuell noch löschen zu können. Viel zu gewaltig war der Brand aufgelodert und in seiner mörderischen Hitze war nahezu das gesamte Hab und Gut der Überlebenden verbrannt.

Und nicht nur das! Zu allem Überfluss waren auch die Felder und die Weiden ringsum von der außer Rand und Band geratenen Soldateska schwer verwüstet worden. Die Wintersaat zertrampelt, die Zäune eingerissen und so weiter. Ganz offenkundig waren diese Berserker sogar planvoll vorgegangen. Sie handelten also nach einem klaren Auftrag. Zerstören, niederbrennen, vernichten. Alles, was auch nur den Anschein erweckte zur protestantischen Seite zu zählen, sollte ausgelöscht werden. Verbrannte Erde!

„Und das war noch lange nicht alles." Dorothea hielt inne und betrachtete Roswitha mit einem kummervollen Blick. „Von wegen nur das Land! Dann haben sie auch noch unsere Teiche zerstört! Sie haben einfach die Dämme durchstochen und so das gesamte Wasser aus den Teichen abgelassen. Damit sind die hilflosen Karpfen auf die Felder gespült worden, wo sie alle verendet sind."

Diese unglaubliche Freveltat hatten die wenigen Gerolfinger, die es überhaupt geschafft hatten, sich gerade noch rechtzeitig in den Hangwäldern am Hesselberg in Sicherheit zu bringen, erst am darauffolgenden Tag voller Entsetzen bemerkt. Doch es war natürlich längst zu spät gewesen. Viel zu spät. Die überwiegende Zahl der verendeten Karpfen war eine willkommene Beute für die Vögel geworden, und was die Vögel übrig ließen, war schon der Verwesung anheim gefallen. Womit auch diese Nahrungsreserve des Dorfes für schlechte Zeiten völlig vernichtet war. Wovon aber sollten die armen Menschen nun leben? Selbst wenn man berücksichtigte, dass sich die Einwohnerzahl des Dorfes durch den Überfall drastisch reduziert hatte, die wenigen Vorräte, die vielleicht noch zu retten waren, würden den Überlebenden genauso wenig ausreichen, wie das Sammeln von Beeren im Wald den Hunger stillen konnte. Wie auch? Jetzt, am Ende des Winters gab es keine Beeren im Wald! Die Gerolfinger hatten sich auf schwere Zeiten des Hungers und der Not einzustellen. Bis weit ins nächste Jahr hinein. Denn womit sollte man aussäen? Auch die Saatvorräte waren vernichtet! Und damit war es völlig undenkbar, dass man in dem schwer heimgesuchten Dorf auch noch Flüchtlingen eine Heimstatt würde bieten können. Zu allem Überfluss verletzten Flüchtlingen, die keinerlei Arbeit übernehmen konnten. Die man nur durchfüttern musste. Durchfüttern! Wo man doch selbst ohnehin schon nichts zu essen hatte.

Roswitha, das war die bittere Folgerung aus Dorotheas Schilderung, würde also in Gerolfingen nicht bleiben können. Sie brauchten keine Kranken hier, hatte wenig später einer der anderen überlebenden Bauern dem entsetzten Mädchen noch ungerührt ins Gesicht geblafft. Er habe genug damit zu tun, seinen eigenen Hof wieder notdürftig aufzubauen. Jetzt, in dieser harten Zeit, könne sich kein Mensch mildtätige Gesten für andere leisten. Jetzt müsse sich jeder nur um sich selber kümmern und habe damit auch genug zu tun. So schlimm dies auch klinge – es sei eben nun einmal so gekommen. Allerhöchstens gesunde, kräftige Arbeiter könne man gebrauchen. Aber wem würde schon der Sinn danach stehen, in einem zerstörten Dorf zu schuften, in dem es noch nicht einmal genug zum Essen gebe.

Was aber tun? Wohin sollte sie nun gehen? Es war eine entsetzliche Situation. Man konnte sie doch nicht einfach verhungern lassen! „Das kann man natürlich nicht", hatte die alte Dorothea mit einem sorgenvollen Kopfnicken bestätigt. „Aber dennoch: die Lage ist für alle gleichermaßen verzweifelt. Und deshalb werden sie naturgemäß erst einmal für sich selber sorgen. Da ist kein böser Wille dabei. Das ist eben so.

Verhungern? Einfach in eine Ecke legen und sterben? Nein! Sie würde nicht aufgeben! Schon wegen Matthias nicht! Verbunden mit einer unsagbaren Wut strömte der Lebenswille machtvoll in jede Faser von Roswithas Körper zurück. Aufgeben? Niemals!

Fieberhaft begann sie zu überlegen. Wie konnte es also weitergehen? Sie brauchte unbedingt eine Unterkunft, in der sie vier oder fünf Wochen würde bleiben können. Bis nach Auskunft des Dinkelsbühler Baders der Bruch einigermaßen verheilt war, der sie am Weiterkommen hinderte. Aber wo sollte sie unterkommen?

Vielleicht sollte sie schauen, dass sie irgendwie nach Aufkirchen gelangte. Zu den Großeltern dort. Das dürfte keine allzu große Schwierigkeit darstellen, denn das benachbarte Aufkirchen befand sich immerhin in erreichbarer Nähe. Oder sollte sie sich doch lieber nach Ruffenhofen durchschlagen, zu Vaters älterem Bruder Michael? Dem Schäfer. Doch das war eine bitterarme Familie. Selbst in den sogenannten guten Zeiten lebten diese Leute in armseligen Verhältnissen. Wie war das dann erst jetzt? Wenn dann plötzlich noch eine weitere, zu allem Überfluss bettlägerige Person auftauchte, die man durchfüttern sollte, ohne dass sie etwas zum kärglichen Lebensunterhalt beisteuern konnte. Nein, das konnte sie sich getrost aus dem Kopf schlagen.

Es waren die Großeltern, zu denen sie unbedingt gelangen musste. Was zwar insofern ein Problem darstellte, als sie diese Großeltern so gut wie gar nicht kannte. Denn obwohl man zwischen Gerolfingen und Aufkirchen nur einen Steinwurf entfernt wohnte, war man sich immer fremd geblieben. In der Zeit seines Heranwachsens war es anscheinend immer wieder zu Streitigkeiten zwischen Johann Himmelein und seinen Eltern gekommen, sodass der Kontakt nach seiner Heirat, als er es „endlich" geschafft hatte, aus dem Haus zu kommen, ganz abgerissen war. Und damit gab es naturgemäß auch keine Verbindung zwischen den Enkeln und ihren Großeltern. Denn Roswithas Vater hatte ja auf den winzigen Bauernhof hinüber nach Gerolfingen geheiratet. Ein Gehöft, das seine Frau Eva Margarete Himmelein, eine geborene Ehnes, von einem früh und kinderlos verstorbenen Onkel vererbt bekommen hatte.

Was für eine bescheidene Erbschaft: zuwenig zum Leben und zuviel zum Sterben. So hatte sich der Vater oft scherzhaft über diesen bescheidenen Besitz ausgelassen. Und dennoch hatte er gegen den Willen seiner Eltern diesen Schritt ins wenig angesehene Nachbardorf getan, das von der Warte der ehemaligen Reichsstadt Aufkirchen aus betrachtet, niemals als gleichwertig anzusehen war. Und dennoch hatte Johann Himmelein ausgerechnet „die da" geheiratet – ohne den Segen der Eltern. Dann war er auch noch hinüber nach Gerolfingen gezogen. Ein gewaltiger Schock für seine Eltern. Das war der endgültige Bruch in der Familie, der niemals mehr verheilt war. Ein Zerwürfnis, das sich zu allem Überfluss auch auf die Enkel ausgedehnt hatte. Doch was konnten Kinder wie Roswitha dafür?

Sie würde jetzt in dieser Notsituation nach Aufkirchen gehen. Egal, ob sie bei den Großeltern willkommen war oder nicht. Denn immerhin war sie doch ihr Enkelkind. Ob protestantisch oder katholisch: sie war Blut von ihrem Blut, Fleisch von ihrem Fleisch. Welche Rolle konnte dabei die Herkunft spielen?! Und sie würde sich auf gar keinen Fall abweisen lassen! Dieser Beschluss stand für sie felsenfest. Gott sei Dank verfügte sie über einen starken unbeugsamen Willen. Sie würde es schon schaffen! Und zum Glück lag zwischen Aufkirchen und Gerolfingen ja nur eine kurze Distanz. Umso erstaunlicher, dass Aufkirchen, wie sie gehört hatte und wie man aus der Ferne auch sehen konnte, von der plündernden Soldateska nahezu völlig verschont worden war. Obwohl es doch in unmittelbarer Nachbarschaft lag. Seltsam. Diese Beobachtung stärkte zusätzlich ihren Entschluss, sich auf alle Fälle zu den Großeltern zu flüchten und so lange dort zu bleiben, bis sie endlich wieder gesund wäre. Sie mussten ihr evangelisches Enkelkind bei sich aufnehmen. Ob sie nun wollten oder nicht!

In der Zwischenzeit hatte sich die alte Dorothea von Roswitha mit dem Versprechen verabschiedet, vor Einbruch des Abends noch einmal nach ihr zu schauen und ihr auch, falls es gelänge, im Wald geeignete Wurzeln zu finden, etwas Essbares vorbeizubringen. Doch auf solche Versicherungen in diesem unsicheren Umfeld mochte sich Roswitha weder verlassen noch schien ihr ein längerer Aufenthalt in Gerolfingen sinnvoll. Sie brauchte jetzt ein Dach über dem Kopf. Ein Lager, selbst wenn es nur ein Strohlager war, würde ihr vollkommen genügen. Dazu eine wärmende Decke, denn in der nasskalten Witterung, der sie in der dachlosen zerstörten Hütte schutzlos ausgeliefert war, würde sie sich bald eine üble Erkältung, wenn nicht gar eine Lungenentzündung zuziehen. Und dann wäre es tatsächlich das Ende! Dazu brauchte sie Wasser. Frisches Wasser und etwas Nahrhaftes zu essen. Keine Wurzeln! Wann hatte sie überhaupt das letzte Mal etwas zu sich genommen?

Nein, hier einen weiteren Tag zu verbringen, machte keinerlei Sinn. So rasch wie möglich galt es nun, nach Aufkirchen zu gelangen. Und wenn ihr keiner zu Hilfe kommen mochte, nachdem sie alle ja mit sich selbst und ihren eigenen Sorgen beschäftigt waren, nun denn: dann würde sie es alleine schaffen.

Erstaunlich rasch schaffte sie es mithilfe des Stocks, sich aufzurichten. Jetzt vorsichtig das Gewicht auf den gesunden rechten Fuß verlagern und hoch. Ganz in die Höhe. Ja, es hatte funktioniert. Und nun konnte es losgehen.

Voll zuversichtlicher Entschlossenheit machte sie einen Schritt, jetzt noch einen – und brach mit einem gellenden Schmerzensschrei zusammen. Es tat so weh. Allein der stechende Schmerz ließ Tränen aus ihren Augen schießen. Der Bruch im linken Bein war anscheinend noch nicht einmal im Ansatz verheilt. Dennoch musste es einfach gehen. Noch einmal tief durchatmen. Voller Konzentration die Augen schließen. Und jetzt: jetzt wieder hochziehen. Wunderbar. Wieder hatte sie es geschafft und stand, wenngleich auch wacklig, auf dem rechten Bein. Den Stock ganz vorsichtig ein Stück nach vorne setzen. Den kranken Fuß nachziehen. Jetzt den gesunden. Na bitte. Es ging! Sie war vorangekommen. Immerhin einen halben Schritt weit. Man musste nur Geduld haben. Weiter jetzt. Langsam. Vorsichtig. Der Stock. Das Gewicht verlagern. Dann der gesunde Fuß. Jetzt das kranke Bein. Wieder hatte es geklappt. „Juhu!" Ohne eigenes Zutun war der Jubelschrei einfach durch ihre Lippen gedrungen. Weiter: eins, dann zwei, dann drei. Ja! Wunderbar!

Doch plötzlich war es passiert. Der Stock verlor in dem schlammigen Untergrund den Halt, rutschte weg, Roswitha schien das Gleichgewicht zu verlieren, stützte sich im letzten Moment auf den anderen Fuß. Den falschen Fuß! Ein jammervoller langgezogener Schrei, dann lag sie wieder auf dem Boden. Es tat so weh! So unsäglich weh! Wie heiße Strahlen jagten die Schmerzen von dem verletzten Bein hoch durch ihren ganzen Körper. Wollten gar nicht mehr vergehen! Wie sollte es nur weitergehen?

Einen weiteren Sturz durchzuhalten: unmöglich! Weder das Bein würde es auf Dauer zulassen und irgendwann würden auch ihre Nerven dieser unbeschreiblichen Qual nicht mehr länger gewachsen sein.

Es war unmöglich, ihr Vorhaben zu verwirklichen. Nie und nimmer würde sie es bis nach Aufkirchen schaffen. Noch nicht einmal über die Wörnitzbrücke hinüber. Einfach auf die andere Seite des Flüsschens. Selbst eine derart kurze Strecke war in ihrem gegenwärtigen Zustand unüberwindbar. Keine einzige weitere Elle würde sie auf den eigenen Beinen zustande bekommen. Allerhöchstens... Ja, genau! Wenn es auf zwei Beinen nicht möglich war, dann würde sie es eben auf allen vieren bewerkstelligen. Kriechend und krabbelnd wie ein Käfer. Na und? Sie hatte sich Aufkirchen als Ziel gesetzt und sie würde Aufkirchen erreichen.

Dort hinten war doch schon die Brücke zu erkennen, die über die Wörnitz zum Nachbarort führte. Ein Wunder, dass sie nicht auch der Zerstörungswut zum Opfer gefallen war. Nun gut, umso besser!

Der durchgeweichte kalte Boden fühlte sich unter ihren Handflächen ekelhaft glitschig an. Bis zum Handgelenk sank sie in den Morast. Dann zu allem Überfluss der grässliche Geruch: diese Mischung aus Pferdeäpfeln, Exkrementen von Schweinen, Hunden und Hühnern. Das Ganze vermischt mit dieser schwarzen Asche. Fürchterlich! Mehrmals war es Roswitha, als müsse sie im nächsten Augenblick ohnmächtig zur Seite kippen. Um dann mit dem Kopf im Schlamm zu landen. Nein! Allein der Gedanke daran ließ sie wieder zu sich kommen und verschaffte ihr für einige Momente neue Kraft. Das wäre ja noch schöner! Mitten auf der Straße im Dreck einfach zu verrecken, wie ein dahergelaufener Köter. Die Energie der Verzweiflung trieb sie weiter. Sie würde nicht aufgeben. Sie würde es nach Aufkirchen schaffen. Endlich war das erste Ziel, die Wörnitzbrücke, erreicht. Freilich war die hölzerne Brücke doch nicht ganz so unbeschadet davongekommen, wie es von Weitem den Anschein hatte. Sowohl das Geländer als auch der Boden wiesen gewaltige Lücken auf. Als hätten sich diese Berserker mit Beilen daran zu schaffen gemacht. Zerstörung um der puren Zerstörung willen! Zu welch blindem Irrsinn Menschen doch fähig waren!

Der Boden der Brücke war mit Holzsplittern geradezu übersät. Und ob die Latten wirklich noch sicher befestigt waren, das schien ihr ebenfalls ziemlich fragwürdig. Sie würde äußerste Vorsicht walten lassen müssen.

Dieselben Gedanken schienen auch einen jungen Burschen zu bewegen, der unschlüssig vor der Brücke stand und allem Anschein nach der Standfestigkeit der Brücke nicht so richtig trauen wollte.

„He!"

Überrascht wandte er sich auf Roswithas rauen Zuruf hin um und richtete einen erstaunten Blick auf das schlammbesudelte Mädchen, das da an ihn herangekrochen war, ohne dass er bislang etwas davon bemerkt hatte. Er schien ein schlechter Schauspieler zu sein oder vielleicht wollte er seine Abscheu gegenüber der absonderlichen Gestalt auch gar nicht verbergen, die ihn ihrerseits missbilligend musterte.

„Was tust du denn hier und starrst mich an, als hättest du noch nie einen Menschen gesehen?", blaffte Roswitha dem erstarrten Jungen ärgerlich ins Gesicht. „Komm, hilf mir lieber, dass ich mich aufrichten kann!" Sie streckte ihren rechten Arm in die Höhe, der bis an die Schulter mit einer dunklen Dreckschicht überzogen war und nickte dem erschrocken zurückweichenden Kerl aufmunternd zu. „Jetzt hab dich nicht so und hilf mir gefälligst. Ich sehe nicht immer so aus, das kannst du mir glauben." Sie hatte den einzig richtigen Tonfall angeschlagen. Die Erstarrung verschwand aus der Miene ihres Gegenübers und mit einiger Mühe schafften sie es, nachdem er jetzt auch ohne weiteres Zögern ihre andere Hand ergriffen hatte, Roswitha hochzuziehen. Sie stand wieder. Wackelig zwar, aber sie stand. Wobei sie ihr ganzes Gewicht auf das gesunde Bein verlagerte und sich mit einer Hand zusätzlich an der Schulter ihres Helfers abstützte. Sein grobgewebtes leinenes Hemd wurde dadurch zwar nicht sauberer, aber andererseits hatte der graue Stoff ganz offensichtlich schon bessere Zeiten gesehen. Vermutlich war es vor langer Zeit sogar einmal ein weißes Leinenhemd gewesen. Insofern machte ein Schmutzfleck mehr oder weniger keinen großen Unterschied. Höchstens der durchdringende Geruch. Aber der würde bald verschwinden.

Christoph Friedrich Seiler hieß der Junge. Er war dreizehn Jahre alt, nur wenige Monate jünger also als Roswitha selbst. Ein Waisenknabe aus Feuchtwangen, den nach dem Tod seiner Mutter niemand haben wollte. Dazu noch ein „halb-katholischer". Der Vater, ein ehemaliger katholischer Landsknecht aus dem Ries, war schon vor Jahren gestorben, weitere Angehörige gab es nicht mehr. Weder Geschwister noch Onkel, Tanten oder Großeltern. Die evangelische Mutter, eine bettelarme Aushilfsmagd, war auf verschlungenen Wegen irgendwann nach Feuchtwangen gekommen. Dort brachte sie sich und ihren Sohn mit Gelegenheitsarbeiten jedweder Art mehr schlecht als recht irgendwie durch das Leben. Bei ihrem Tod hatte sie ihm freilich keinerlei Erbe hinterlassen können. Wie auch! Noch nicht einmal zur Bezahlung der Totengräber hatte es gereicht. Das bisschen Kleidung, das die Frau am Körper getragen hatte, war alles gewesen, was sie am Ende ihres Lebens besessen hatte: von einem eisernen Topf und dem blechernen Essgeschirr einmal abgesehen. Den Topf hatte die Armenfürsorge gleich behalten, um so wenigstens einen Bruchteil der Begräbniskosten wieder auszugleichen. Und Christoph? Diesen halb-katholischen

Bastard, wie sie ihn nannten, den hatten sie einfach aus der Stadt fortgejagt.

„Aber das können sie doch nicht machen. Sie können doch einen Bürger ihrer Stadt nicht einfach aus der Stadt treiben wie einen tollwütigen Hund!"

„Und ob sie das können!" Christoph stieß ein kehliges Lachen aus. „Sieh dich doch an und was sie mit dir machen können!"

„Aber das ist doch etwas ganz anderes", hielt Roswitha dagegen. „Gerolfingen ist zerstört worden, da geht es nun eben darum, erst einmal für sich selber zu sorgen, anstatt verletzte Waisen gesund zu pflegen. So bitter das für mich auch ist, das kann ich noch einigermaßen verstehen. Aber in deinem Fall..."

„In meinem Fall...", echote Christoph bitter. „In meinem Fall ist es außerdem so, dass ich natürlich kein Bürger dieser Stadt bin. Das geht zunächst einmal vom Alter her gar nicht. Und selbst wenn ich alt genug dafür wäre, das Bürgerrecht würde ich nie bekommen. Nicht nur, weil ich nicht evangelisch getauft bin, sondern einfach auch wegen meiner Herkunft. Ein Bürgerrecht, das bekommen die Kinder von Knechten und Mägden nicht. Genauso wenig wie das Gesinde selbst. Meine Mutter war eine Taglöhnerin, sonst gar nichts. Allerhöchstens eine Taglöhnerin. Und solche Leute haben keinerlei Rechte. Schon gar nicht das Bürgerrecht. Das müsstest du doch ganz genau wissen!" Er bedachte sie mit einem vorwurfsvollen Blick, worauf Roswitha unglücklich nickte. „Na bitte. Siehst du. Und umgekehrt heißt das dann ja auch: wer keine Rechte hat, für den braucht man auch nicht zu sorgen. Selbst das Begräbnis machen sie ja nicht aus mitmenschlicher Fürsorge oder aus christlicher Teilnahme, sondern nur wegen der Seuchengefahr. Und was glaubst du, wie sie sich gefreut haben, als klar war, dass meine Mutter nicht über den geringsten Besitz verfügte. Diese Mienen hättest du sehen müssen. Selbst bei einem Mann, wie dem Almosenpfleger!"

Christoph unterbrach sich und starrte eine Zeitlang düster in das dunkle Wasser der träge vorbeifließenden Wörnitz.

„Das war aber noch nicht alles. Denn nachdem klar war, dass weder meine Mutter das Bürgerrecht besessen hat, noch dass ich es jemals erhalten werde, sondern dass wir der Stadt durch das nicht bezahlte Begräbnis nur Schulden hinterlassen haben, und nachdem mein schon vor ewigen Zeiten gestorbener katholischer Vater ja nicht aus Feuchtwangen stammte, sind sie ganz rasch zu dem Entschluss gekommen, dass sie aus diesem Grunde auch keinerlei Verpflichtung hätten, mich in Feuchtwangen auf Kosten der Stadt durchzufüttern. Ja, durchfüttern. So haben sie das genannt. Und dann... dann hat mich einfach einer der Torwächter gepackt und aus der Stadt geworfen. Ich solle mich hier bloß nicht mehr sehen lassen, hat er mir zum Abschied noch einen Tritt in den Rücken verpasst. Denn sonst würden sie mich in den Schuldturm werfen, was ja bekanntlich kein reines Vergnügen ist. Das glaube ich ihnen zwar nicht unbedingt, denn damit hätten sie mich ja schon wieder am Hals gehabt, und sei es auch nur bei wässrigem Brei und stinkendem Wasser, aber dennoch. In die Stadt komme ich nicht mehr rein, und wenn doch und wenn sie mich dann entdecken, dann ergeht es mir schlecht, darauf kannst du wetten. Also ziehe ich seitdem durch die Gegend und versuche dabei, irgendwie durchzukommen. Mal hier in einem Bauernhof, mal dort. Beim letzten Mal, das Dorf hieß glaube ich Illenschwang, da hat mich der Bauer erwischt, als ich gerade ein Huhn gefangen hatte und dann bin ich gerade noch mit knapper Not davongekommen. Die Schramme an der Wange ist mir dabei als Andenken geblieben. Ja, so war das."

In der Tat war Roswitha gleich bei ihrer Begegnung die blutverkrustete tiefe Wunde unter seinem linken Auge aufgefallen, bei der es sich um eine wesentlich gravierendere Verletzung handelte, als nur um eine Schramme, wie sich Christoph ausgedrückt hatte. Aber in diesen Zeiten und in einer solchen Lage galt es, die Zähne zusammenzubeißen und nach vorne zu denken. Für die elternlose Roswitha, die sich erst durch diese Schilderung allmählich der Tatsache bewusst wurde, ebenfalls eine Vollwaise zu sein, genauso wie für den Waisenjungen Christoph Friedrich Seiler aus Feuchtwangen.

„Tja", in einer hilflos anmutenden Geste hob Christoph die Arme in die Höhe. „So schlage ich mich also durch mein bisschen Leben – und versuche dabei, wenigstens den Soldaten nicht in die Hände zu fallen. Auch wenn es in den letzten Tagen immer schwieriger wurde, ihnen auszuweichen."

Soldaten! Allein das Wort genügte, um Roswitha schlagartig zusammenzucken zu lassen. „Soldaten? Du hast welche gesehen? Wo war das? Und um wen hat es sich gehandelt?"

Christoph beschrieb eine wegwerfende Handbewegung. „Das ist doch ganz egal, wer es ist. Ob katholisch oder protestantisch: das sind alles Landsknechte. Und denen geht es nicht um irgendwelche edlen Ziele. Um die Verteidigung des wahren Glaubens und so. Nein, denen geht es in Wahrheit einzig und allein um eine gute Besoldung und eine noch bessere Kriegsbeute. Das sind Leute, die schlagen sich grundsätzlich auf die Seite, von der sie sich am meisten Beute versprechen. Landsknechte! Pah!" Angewidert spuckte Christoph vor sich auf den Boden. „Und wehe mir, wenn ich einem von diesen Haufen in die Hände falle. Ganz egal, welchem. Die nehmen mich einfach gefangen und zwingen mich dann dazu, mit ihnen zu marschieren. Oder sie stecken mich zu den Marketendern. Das Allerschlimmste ist, wenn es ihnen in den Sinn kommt, ihre menschliche Beute an das nächstbeste Presskommando zu verkaufen. Wie gesagt, ich muss deshalb sehr auf der Hut sein, denn in den letzten Tagen habe ich immer wieder solche wilden Haufen gesehen und bin ihnen manchmal nur mit knapper Not aus dem Weg gegangen." Es war eindeutig. Auch Christophs Schilderung passte genau in jenes düstere Bild, das sich Roswitha seit dem Überfall auf den Handelszug immer wieder vor Augen geführt hatte: dunkle Kriegswolken brauten sich über ihren Köpfen zusammen. Noch waren es nur vereinzelte wilde Horden, die das Land mit ihrer rohen Gewalt heimsuchten. Eine Landplage. Schlimm genug, aber dennoch nicht mehr. Bald jedoch, so war zu befürchten, dürften die beiden gewaltigen Armeen hier im Fränkischen aufeinanderprallen. „Und dann Gnade uns Gott", murmelte Roswitha und handelte sich damit einen irritierten Blick ihres Gesprächspartners ein. „Ich habe grade daran gedacht, wie bedrohlich sich die Lage um uns herum allmählich zuspitzt. Hoffentlich findet diese anscheinend unvermeidbare Schlacht weit weg von uns statt. Und hoffentlich bin ich bald wieder gesund."

Mit wenigen Sätzen hatte sie dem Jungen dann ihre eigene Situation auseinandergesetzt. Der Überfall, die Verschleppung von Matthias, die Zerstörung ihres Heimatdorfes, der Tod ihrer Eltern, dieses fürchterliche Gefühl, plötzlich mutterseelenallein auf der Welt zu sein, ihr Versuch, sich zu den Großeltern nach Aufkirchen hinüber zu retten, um dort möglichst rasch den Beinbruch ausheilen zu lassen, um neue Kräfte zu sammeln und sich danach endlich auf die Suche nach Matthias begeben zu können.

Am Ende war es Christoph, der als Fazit ihrer Schilderung eine genauso erstaunlich, wie seltsam positive Erkenntnis zu ziehen vermochte. Denn die für Franken so bedrohlich gewordene Entwicklung hatte insofern eine gute Seite, als sich die Landsknechte mitsamt ihrer Geisel Matthias noch nicht allzu weit entfernt haben konnten. Und so würde es auch über die Zeit bis zu Roswithas Genesung bleiben. Eben deshalb, weil beide Kriegsparteien ihre Kräfte in den kommenden Wochen hier im Land weiter konzentrieren würden.

„Weißt du was?" Unternehmungslustig blinzelte Christoph ihr zu. „Ich trage dich jetzt einfach auf meinem Rücken über die Brücke. Das geht schneller und ist sicherer, als wenn du dich da an dem wackeligen Geländer entlang hangelst. Und dann, wenn wir drüben sind, dann werden wir es auch vollends weiter nach Aufkirchen zu deinen Großeltern schaffen."

Kaum hatte er geendet, bückte er sich, um Roswitha auf seinen Rücken zu bugsieren. Es war eine mühevolle Angelegenheit für den schmächtigen Burschen, seine Last auf dem schweren sumpfigen Weg bis in das kleine Städtchen Aufkirchen zu tragen. Mehrmals geriet Christoph bedenklich ins Wanken und immer wieder musste er, keuchend und schweißüberströmt an einen Baumstamm gelehnt, eine erschöpfte Pause einlegen. Doch dann hatten sie es tatsächlich geschafft. Hier musste es sein. Ganz sicher. Sie waren am Ziel. Auch wenn Roswitha selbst nie hier gewesen war, wusste sie doch aufgrund der Beschreibungen ihres Vaters, dass es sich um den Bauernhof der Großeltern handeln musste, zu dem sie Christoph dirigiert hatte. Direkt vor der Tür des bescheidenen Anwesens ließ er Roswitha vorsichtig zu Boden gleiten.

„Was wollt ihr beiden denn da?" Die beiden drehten sich in die Richtung, aus der die ärgerlich warnende Stimme gekommen war und erblickten einen weißhaarigen alten Mann, der sich ihnen mit finster gerunzelter Stirn näherte. Sicherheitshalber hielt er eine Mistgabel vor sich in die Höhe. In diesen Zeiten konnte man ja nie wissen.

Seine Miene hellte sich auch dann nicht auf, als ihm Roswitha erklärte, wer da vor ihm stand und was sie mit ihrem Besuch bezweckte. Nämlich so lange hier auf dem Hof zu bleiben, bis das Bein wieder verheilt war und sie sich wieder auf den Weg machen konnte, um Matthias zu suchen. Der Großvater war nicht nur ein alter, verbitterter Mann, sondern auch seine Seele schien völlig verschlossen. Da stand nun also sein Enkelkind vor ihm, von dem er gerade eben den Tod seines Sohnes erfahren hatte. Da schilderte ihm Roswitha die Verschleppung ihres Bruders und bat ihn aufgrund ihrer Verletzung um Obdach für einige Wochen – und was war seine einzige Reaktion?

Er hatte sie mit einem stechenden Blick von oben bis unten missbilligend gemustert und dann mit diesem anklagenden Tonfall ihren Namen gezischt. „Roswitha! Das Kind der Sünde!"

„Aber Großvater..."

„Großvater! Dass ich nicht lache!" Seine Augen sprühten zornige Blitze. „Jetzt plötzlich bin ich wieder recht! Jetzt kann man mich anscheinend wieder brauchen."

Das Kind der Sünde! Wie konnte ein Großvater so etwas nur sagen?! War es denn etwa ihre Schuld, dass sich ihr Vater mit seinen Eltern überworfen hatte und auch ohne deren Segen nach Gerolfingen geheiratet hatte? So tapfer sie auch versuchte, die maßlose Verzweiflung und Enttäuschung zu bekämpfen, die bei diesen unglaublichen Worten in ihr aufgestiegen war: sie schaffte es nicht. Dicke Tränen traten in Roswithas Augen und rannen über die Wangen des hilflos schluchzenden Mädchens, das sich fest an ihren Begleiter Christoph lehnte und rasch ihre Augen mit den Händen bedeckte. Nein, der fürchterliche alte Mann sollte nicht sehen, wie sehr er sie mit seinem hässlichen Ausspruch im Innersten getroffen hatte. Sie wollte ihm diesen Triumph nicht gönnen und konnte es dennoch nicht verhindern. Eine scheußliche Situation! Wut und Ärger vermischten sich zu einem fassungslosen Gefühl des völligen Ausgeliefertseins. Was war das nur für eine gnadenlose Welt, in die sie hineingeboren worden war.

Wie aus weiter Ferne drangen irgendwelche Wortfetzen an ihre Ohren. „...meinetwegen... dann eben doch... bleiben..." Was hatten diese Worte zu bedeuten. Sie richtete einen zaghaften Blick auf Christoph, in dessen Augen in diesem Moment ein dankbarer Ausdruck getreten war.

Dann hatte sie also doch richtig gehört? „Wenn es also unbedingt sein muss, nun denn: dann bleibe halt. Du kannst dir ein Lager nebenan im Gesindezimmer einrichten. Knechte und Mägde gibt es hier ja schon lange nicht mehr. Seit dein Vater uns seinerzeit eben im Stich gelassen hat. Es wird dementsprechend aussehen, aber dein Freund kann dir ja helfen, es mit Stroh einigermaßen herzurichten, bevor er dann verschwindet. Wir haben dafür keine Zeit. Ich nicht und schon gar nicht deine kranke Großmutter, die du hoffentlich unbehelligt von deinen Erzählungen lassen wirst." Damit stand der Alte schon im Begriff, sich umzuwenden, als sich nun auch Christoph ein Herz fasste und ihm rasch dieselbe Bitte wie zuvor Roswitha unterbreitete: „Kann ich womöglich auch eine Nacht lang da bleiben? Es ist schon spät am Tag und die Dunkelheit wird bald hereinbrechen. Ich falle auch keinem zur Last. Ehrlich." Er legte seine rechte Hand auf die Brust und versuchte, den seltsamen alten Bauern so treuherzig wie möglich anzuschauen.

Dieser räusperte sich unbehaglich, vermied es aber, Christoph direkt in die Augen zu blicken: „Bist wohl etwa zu allem Überfluss auch noch ein Katholik? Dann wäre das Maß endgültig voll!"

Röte überzog das Gesicht des Jungen, als er verlegen nickte.

Der Bauer stieß einen gequälten Seufzer aus. „Dachte ich mirs doch! Das ist ja das reinste Sündenbabel. Ausgerechnet auf meinem Hof! Nun denn, jetzt ist eh schon alles egal. Von mir aus: mach, was du willst. Eine Nacht darfst du bleiben. Die Welt ist sowieso längst aus den Angeln geraten. Ich alleine werde sie nicht mehr retten können. Nur eines sollte dir klar sein", er machte einen Schritt auf Christoph zu und hob warnend den Zeigefinger seiner rechten Hand. „Ich möchte nicht in Teufels Küche mit dir kommen. Sollte also jemals einer kommen und dich fragen, was du hier auf diesem Hof zu suchen hast, dann erwarte ich von dir, dass du behauptest, du würdest dich ohne mein Wissen hier versteckt haben. Es wäre ja noch schöner, wenn man mich womöglich wegen der Unterstützung eines Katholischen an den Pranger stellen würde." Schon zum zweiten Mal im Weggehen begriffen, wandte er sich wieder um und maß den armen Christoph nun doch mit einem verächtlichen Blick. „Ein Katholik!" Er schüttelte den Kopf, dann schritt er rasch davon, offenbar emsig bemüht, eine möglichst große Distanz zwischen sich und einem „Katholischen" zu bekommen.

Was für eine furchtbare Zeit. Wie oft hatte Roswitha schon von diesen erbitterten Auseinandersetzungen zwischen den beiden Glaubensrichtungen gehört. Für bare Münze hatte sie diese Erzählungen freilich nie genommen. Es schien ihr einfach unvorstellbar, wie sich Menschen ähnlicher Herkunft dermaßen verachten konnten. Nur weil sie in eine andere Kirche gingen. In denen doch ganz genauso zum Herrgott und zu Jesus Christus, seinem Sohn, gebetet wurde. Kein Wunder, dass es zu der Katastrophe des großen Krieges gekommen war, wenn sich nun schon einfache Kleinbauern zu solchen Ausbrüchen hinreißen ließen.

Es war genau dieselbe Art, wie sie es im vergangenen Jahr einmal in der Erzählung eines Fuhrmanns in Dinkelsbühl gehört hatte. Wie gesagt, damals hatte sie nicht glauben wollen, was der Mann berichtete. Dass man ihn mit Schimpf und Schande aus einem katholischen Dorf gejagt habe. Dass sie einzig und allein die Protestanten für alles Übel verantwortlich machten, das über die Menschheit hereingebrochen sei.

Und nun also, sie hatte es ja gerade eben erleben müssen, argumentierten die Evangelischen nicht anders – nur eben in umgekehrter Richtung. Genauso unversöhnlich. Genauso hasserfüllt.

Warum nur? War denn der eine Christenmensch nicht genauso ein Mensch wie der andere auch? Egal, welche

Zeremonien der Pfarrer in der Kirche auch immer vollführte. Glaubten sie denn nicht alle an denselben, barmherzigen Gott? Und an Jesus, Gottes Sohn. Es war tatsächlich eine schlimme Zeit, in der sie lebte. Aber das durfte jetzt keine Rolle spielen. Sie musste rasch gesund werden. Nichts anderes zählte. Und möglichst nicht auffallen. Vielleicht würde ihr unverhoffter Begleiter dann sogar länger bleiben können. Genauso kam es. Gott sei Dank!

Aus der einen Nacht, die Christoph zugestanden worden war, wurden schließlich knappe drei Wochen. Recht schnell hatte Jacob Himmelein nämlich bereits am nächsten Morgen gemerkt, wie geschickt sich der Junge anstellte und wie gut er auf seine eine alten Tage eine Hilfe gebrauchen konnte. Zumal eine, die ihn überhaupt nichts kostete. Von dem bisschen schwarzen Brei einmal abgesehen. Doch Getreidevorräte waren auf dem Bauernhof noch in ausreichender Menge vorhanden. So gesehen war es also keinerlei Problem, den Jungen noch ein paar weitere Tage hier zu behalten.

Am Ende ihres Aufenthaltes waren sich Roswitha, Christoph und der alte Bauer sogar beinahe schon vertraut geworden. So missmutig und eher widerwillig er ihnen zunächst begegnet war, hatte sich im Laufe der Zeit doch das eine oder andere Gespräch ergeben. Die Großmutter Barbara Himmelein hatte sich daran zwar nie beteiligt, sondern die ganze Zeit über dumpf, wenn nicht gar stumpfsinnig in der Küche gehockt und dort ihre düsteren Tage verbracht, doch vor allem zwischen Roswitha und ihrem Großvater hatte sich ganz leise und unbewusst ein zartes Band geknüpft, das ihnen den Umgang miteinander wesentlich leichter machte.

Roswitha erholte sich erstaunlich rasch und dank einer Krücke, die ihr Christoph gebastelt hatte, fühlte sie sich nach zwanzig Tagen endlich in der Lage, ihre lange Reise anzutreten. Die Krücke würde ihr helfen, das Bein nicht völlig belasten zu müssen. Es würde zwar etwas langsamer vorangehen. Aber es würde gehen. Außerdem würden sie mit Sicherheit ab und an von einem Fuhrwerk mitgenommen werden. Keinesfalls würden sie die ganze Strecke zu Fuß zurücklegen müssen. Ganz kurz vor ihrem Aufbruch kam es dann sogar noch zu einem kleinen Wunder. Mit einem verlegenen Gesichtsausdruck war der Großvater in den Schuppen gekommen und hatte sich neben Roswitha in das Stroh gesetzt. Sie möge ihm doch bitte noch einen Bericht über die Geschehnisse in Gerolfingen geben, sowie über den Hinterhalt, in den die Geschwister geraten waren. Man hatte Jacob Himmeleins Stimme deutlich anhören können, wie schwer es ihm gefallen war, diesen Wunsch zu äußern. Er wolle es aber wissen, denn schließlich handele es sich ja um das Schicksal seiner Familie. Nur allzu gerne war Roswitha dieser Bitte nachgekommen. Kein Wunder, dass in den Augen ihres Großvaters sogar ein feuchter Schimmer zu erkennen war, als sich Roswitha und Christoph im Anschluss an ihren erschütternden Bericht endgültig von dem alten Mann verabschiedeten. Womöglich für immer. Nachdem in diesen unsicheren Zeiten niemand sagen konnte, was die Zukunft bringen würde.

\*

Inzwischen war es Mitte März. Schon seit Wochen hatte es keinen Regen mehr gegeben, was die Bauern immer öfter sorgenvoll hoch zum Himmel blicken ließ. Den Reisenden kamen die endlich abgetrockneten und somit wieder besser passierbaren Wege natürlich zugute. Die Straßen also waren einigermaßen befahrbar. Und so mühsam sich die Fortbewegung mit der ungewohnten Krücke für Roswitha auch darstellte, immerhin konnte sie sich wieder auf den eigenen Beinen vorwärtsbewegen. Im Laufe der Zeit würde sie ganz sicher auch noch eine gewisse Routine entwickeln und außerdem würde ja das Bein mehr und mehr verheilen und immer stärker belastbar werden. Von dieser Warte aus betrachtet stand ihrer Suche nach Matthias, egal wie lange diese auch dauern mochte, nichts mehr im Wege.

Schon wenige Minuten nach ihrem Aufbruch waren sie an den Marktplatz unterhalb des stattlichen Rathauses von Aufkirchen gelangt. Hier trafen vier Straßen zusammen, von hier aus konnte man in jede Himmelsrichtung weiterkommen. Hier also würden Roswitha und Christoph Abschied voneinander nehmen. Es war eine sonderbare Situation, mit der sie sich urplötzlich konfrontiert sahen. Denn während der gesamten Zeit ihres Aufenthaltes in Aufkirchen hatten sie keinerlei Gedanken an die Tatsache verschwendet, dass sich nach Roswithas Genesung ihre Wege wieder trennen würden. So vertraut waren sie einander während dieser Zeit geworden. Unschlüssig blieben sie stehen, als sie den Marktplatz erreichten. Keinem von ihnen stand der Sinn danach, irgendetwas zu sagen. Scheinbar unvermittelt war der Ort der Trennung wie eine finstere unüberwindlich scheinende Mauer vor ihnen aufgetaucht. Es war dann Roswitha, die sich unbehaglich räusperte und den Arm in Richtung Osten ausstreckte.

„Also dann, Christoph. Ich werde diese Straße nehmen. Dann... mach es gut und pass auf dich auf!"

Doch Christoph machte keinerlei Anstalten, ihr zum Abschied die Hand zu reichen. Mit aschfahler Miene stand der Junge da und musterte sie mit einem hoffnungslosen Blick. „Aber Roswitha... muss das denn wirklich sein?", murmelte er mit einer seltsam rauen Stimme.

Roswitha zuckte unglücklich mit den Achseln. „Ja, Christoph. So leid es mir tut: es muss sein."

„Aber warum denn?"

Voller Schrecken bemerkte Roswitha, wie Tränen in seine Augen schossen. Nein, nicht auch noch das! Der Abschied war doch ohnehin schon bitter genug. „Weil es eben sein muss, Christoph. Ich habe mir geschworen, meinen Bruder zu suchen und ihn auch wieder zu finden.

Denn Matthias ist der einzige Mensch, den ich auf dieser Welt noch habe. Deshalb!" Wieder streckte sie ihm die Hand zum Abschied entgegen. Jetzt musste es schnell gehen, sonst... „Also dann, noch einmal: auf Wiedersehen, Christoph!"

Mit einer impulsiven Bewegung machte Christoph plötzlich einen Schritt auf das Mädchen zu und drückte ihre Hand mit einem festen Griff. So fest hielt er sie gepackt, dass es beinahe schon schmerzte. Und jetzt getraute er sich auch, seine Frage deutlicher zu formulieren. „Ich möchte dich doch gar nicht davon abhalten, Roswitha. Ich... ich möchte dich doch nur fragen, ob... ob du... ob ich..."

Noch immer hielt er ihre Hand in seinem eisenharten Griff. „Nun was denn, Christoph? Du zerquetscht mir ja fast die Hand!"

In seiner Aufregung schien Christoph ihren Einwand gar nicht gehört zu haben. „Ich... ich meine... ich wollte dich nur fragen, ob ich dich bei deiner Suche begleiten darf?"

Jetzt endlich war es heraus. Vor Aufregung schwer atmend stand der Junge vor ihr und musterte sie mit einem hoffnungsvollen Blick.

Das also war es gewesen! „Aber Christoph!" Roswitha schenkte ihm ein mildes Lächeln. „Ich weiß doch gar nicht richtig, wohin genau ich gehen soll. Vielleicht nehme ich den völlig falschen Weg. Vielleicht irre ich nur in der Gegend herum, ohne jemals mein Ziel zu erreichen. Ich kann dich doch nicht mit in die Irre führen!"

Entschlossen schüttelte Christoph seinen Kopf. „Es ist mir ganz egal, wohin es geht. Ich habe nirgendwo ein Zuhause. Deshalb ist mir jede Richtung recht. Wohin auch immer du gehen willst: ich komme mit... wenn ich darf..." Wieder dieser hoffnungsvoll-ängstliche Blick in seinen Augen!

Ein warmes Glücksgefühl durchströmte Roswitha, als sie endlich verstand, was diese Unterhaltung letztendlich bedeutete. Wie schön das doch war, nicht alleine unterwegs sein zu müssen.

„Na gut", lachte sie befreit auf. „Ich habe dich natürlich herzlich gerne bei mir. Und wenn du jetzt noch meine Hand loslässt, bevor du sie völlig zerquetscht hast, dann können wir endlich losmarschieren. Fragt sich nur, in welche Richtung. Bist du auch meiner Meinung, dass wir es im Nordosten versuchen sollten?"

Christoph nickte. „Ja, ich denke, das könnte richtig sein. Nach all dem, was sich in den vergangenen Wochen getan hat. Da ist ja wohl einiges in Bewegung geraten."

In der Tat. Gegen Ende ihres Aufenthalts in Aufkirchen war auch bis zum Bauernhof von Jacob Himmelein die Kunde vorgedrungen, dass sich das drohende Kriegsgeschehen doch noch von Franken abgewandt hatte. Eine glückliche Fügung des Schicksals. Oder des Himmels. Was auch immer der Grund dafür gewesen sein mochte, egal: Franken blieb vorerst vom Krieg verschont. Gott sei Dank!

Allem Anschein nach hatten sich die kaiserlichen Truppen überraschend nach Magdeburg orientiert. Mit schnellen Vorstößen waren die verschiedenen Teile der katholischen Streitmacht von Süden, Westen und Osten auf die Stadt an der Elbe herangerückt. Für Roswitha und Christoph eine gewaltige Distanz, die sie dadurch zurücklegen mussten. Aber da half kein Klagen: sie würden diesen weiten Weg unter die Füße nehmen müssen, wenn sie ihr Ziel nicht endgültig aus den Augen verlieren wollten. Das Ziel, Matthias wieder zu finden.

Magdeburg! Ausgerechnet auf Magdeburg hatten es die kaiserlichen Truppen unter ihrem Oberbefehlshaber, dem Feldherrn der Katholischen Liga, Johann Tserclaes Graf von Tilly, abgesehen. Mehr und mehr verdichteten sich während ihrer beschwerlichen Reise die Gerüchte, dass sich über Magdeburg ein fürchterliches Kriegsgewitter entladen würde. Denn Magdeburg galt seit immerhin gut und gerne 100 Jahren im ganzen Reich als ein Symbol, als der Leuchtturm des Protestantismus schlechthin. Es war ja bekanntlich diese Stadt gewesen, die sich schon vor dem Augsburger Religionsfrieden den Anordnungen des Kaisers widersetzt hatte. Weshalb sie von den Protestanten auch „des Herrgotts Kanzlei" genannt wurde. Kein Wunder folglich, dass sich die geballte Wut der kaiserlich-katholischen Armee gegen Magdeburg und seine bedauernswerten Bewohner richtete.

Erst gegen Ende Mai war es ihnen nach allerhand Schwierigkeiten endlich gelungen, die weitere Umgebung von Magdeburg zu erreichen. Immer wieder wurden sie von Flüchtlingszügen aufgehalten, die den entgegenkommenden Fuhrwerken ein Durchkommen auf den schmalen Straßen unmöglich machten. Und je näher sie der Stadt gekommen waren, desto größer war die Zahl der Flüchtenden geworden. Ab Mitte Mai hatte sich dann auch das Bild der Flüchtlinge auf erschreckende Weise gewandelt: abgerissene, blutverkrustete und hoffnungslose Gestalten waren es, denen sie nunmehr begegneten. Und alle kamen aus Magdeburg. Der Stadt, die Roswitha und Christoph unbedingt erreichen wollten. Mehr als einmal hatten sie nun ein bitteres Lachen hören müssen, das oft in einem hysterischen Zusammenbruch geendet hatte, als sie sich bei den Jammergestalten nach dem besten Weg in Richtung Magdeburg erkundigten. „Es gibt keine guten und keine schlechten Wege mehr!"
„Magdeburg ist zerstört!"
„Es ist unmöglich, dorthin durchzukommen!"
„Magdeburg? Gibt es nicht mehr!"
Was um alles in der Welt war nur passiert?
Ganz allmählich sickerten mit diesen einzelnen Berichten dann die Tatsachen durch und formten sich zu einem entsetzlichen Gesamtbild. Zwischen dem 10. und dem 20. Mai des Jahres 1631 war die Stadt Magdeburg durch kai-

serlich-katholische Truppen nicht nur erobert, sondern auch zerstört worden. Und zwar völlig zerstört worden. Eine der bedeutendsten Städte des Reiches war von den Eroberern gezielt in Brand gesetzt und dem Erdboden gleich gemacht worden. Nicht irgendeine Stadt, sondern die stolze Residenz des großen Kaisers Otto! Schon am ersten Tag des wütenden Angriffs durch die erdrückende Übermacht der kaiserlichen Truppen war die Niederlage besiegelt gewesen. Es war der Anfang vom Ende, als Dietrich von Falkenberg, der schwedische Oberst und Militärkommandant von Magdeburg, ums Leben kam. Und die Sieger waren ohne jegliche Gnade vorgegangen. Am schlimmsten, so hörte man, hätte dabei der Feldherr selbst gehaust, Graf Tilly, der Oberbefehlshaber sowohl der kaiserlichen als auch der bayerischen Armee. Ein mit seinen 72 Lebensjahren für jene Zeiten erstaunlich alter Mann, der seit seiner Jugend einen unbändigen Hass gegen die Protestanten hegte und deshalb nun mit einer unnachgiebigen Härte gegen sie vorging. Und noch von einem weiteren Unmenschen war wieder und wieder die Rede, vom bayerischen Offizier Graf von Pappenheim, der sich ohne jede Rücksicht auf sein eigenes Leben grundsätzlich mitten hinein in das schlimmste Kampfgetümmel stürzte. Ganz bewusst hatte er mit der ausdrücklichen Billigung Tillys dafür Sorge getragen, dass die in der Stadt hilflos eingekesselten Menschen auf grauenvolle Weise ums Leben kamen. Man hatte die Stadt an allen Enden in Brand gesetzt und die Tore mit teuflischer Heimtücke absichtlich verschlossen. Mehr als 20.000 Kinder, Frauen und Männer waren in der brennenden Stadt ums Leben gekommen. „Magdeburgisieren" – so wurde dieser Rachefeldzug später dann sogar von Tilly persönlich genannt. Zu allem Überfluss auch noch mit vor Stolz geschwellter Brust!

Magdeburg war also vernichtet. Doch das Kriegstreiben war damit noch längst nicht beendet. Die Protestanten, so hieß es schon wenige Tage später, hätten zwar eine Schlacht verloren, beziehungsweise eine ganze Stadt, aber noch längst nicht den Krieg. Der junge Schwedenkönig Gustav Adolf, dessen bislang siegreicher Vorstoß durch Deutschland in Magdeburg erstmals einen schmerzhaften Dämpfer erhalten hatte, denke aber gar nicht an das Aufgeben und einen Rückzug über die Ostsee. Ganz im Gegenteil sogar. Jetzt würde er die Entscheidung umso grimmiger suchen und betreiben.

Trotz aller dringenden Warnungen hatten Roswitha und Christoph weiterhin den Weg in Richtung Magdeburg beschritten. Ein Vorhaben, das von Stunde zu Stunde beschwerlicher und auch gefahrvoller wurde. Sie mussten unbedingt dorthin gelangen. Denn irgendwo in der Nähe der grässlich zerstörten Stadt schien sich, wie ihnen zu Ohren gekommen war, noch immer ein Großteil der an dem Kriegsgeschehen beteiligten Truppen aufzuhalten. Dazu hin handelte es sich um Truppen beider Seiten.

In manch einem von den ebenfalls schwer in Mitleidenschaft gezogenen, vielfach ausgeplünderten Dörfern, die Roswitha und Christoph auf ihrem Weg durchquerten, war tatsächlich die Rede von der entscheidenden Schlacht, die sowohl die Kaiserlichen als auch die Truppen der Protestantischen Union in unmittelbarer Nähe auszufechten gedachten. Ging es der einen Seite dabei logischerweise um Rache für das zerstörte Magdeburg, so versuchten die Kaiserlichen unter ihrem gnadenlosen Feldmarschall Tilly, das Heer der Protestanten so lange hinter sich herzulocken, bis man das ideale Gelände für einen überraschenden Überfall erreicht und den Gegner anschließend vollständig vernichtet hätte. Dementsprechend beunruhigt zeigten sich die Menschen, je weiter Roswitha und Christoph auf ihrem Weg in Richtung Nordosten vorankamen. Mittlerweile war die Nervosität beinahe schon mit Händen zu greifen. Ach was, man konnte es längst mit eigenen Augen sehen, worauf die Tragödie hinauslaufen würde. Immer öfter säumten jetzt zerstörte Marketenderfuhrwerke die Straßenränder. Fuhrwerke, deren Achse wohl ursprünglich in einem der tiefen Schlaglöcher gebrochen war und deren Benutzer weder Zeit noch Mittel gefunden hatten, den Schaden zu reparieren. Um den Wagen nicht womöglich den nachrückenden Gegnern in die Hände fallen zu lassen, hatten sie ihn lieber völlig zerstört. Das Bild der Zerstörung wurde komplettiert vom unsäglichen Anblick verendeter Pferde, auf den Tod erschöpften Landsknechten, die neben Gebüschen kauerten und mit langgezogenen jämmerlichen Klagelauten um etwas Essbares bettelten. Dazu die rauchenden Überreste überfallener Gehöfte, von ihren Bewohnern fluchtartig verlassene Dörfer, alles deutete darauf hin, dass sie sich jetzt dem Zentrum des Sturms, wie Christoph es nannte, unaufhaltsam näherten.

Während der weiteren Etappen ihrer Reise – noch immer war es nicht zu der längst befürchteten Schlacht gekommen, sondern die feindlichen Armeen schienen sich zu belauern und beständig zu umkreisen, wie der einzelne Wolf auf den richtigen Moment wartet, die Schafherde zu zerreißen – waren Roswitha und Christoph eines Tages gegen Abend in den Ruinen eines offensichtlich schon lange verlassenen Mühlengebäudes mit einem alten Markentenderpaar zusammengetroffen. Die beiden hatten aufgrund einer schweren Erkrankung der Frau den Anschluss an die Truppe verpasst, bei der sie seit Jahren als Köche, Hilfsschneider, Branntweinlieferanten und auf andere Art als dienstbare Geister tätig gewesen waren. Adelheid und Jeremias, so hießen die beiden Alten, hatten während dieser Zeit viel von der Welt gesehen. Hauptsächlich von den Schattenseiten dieser Welt, wie Jeremias sich ausdrückte. Ursprünglich war er als Landsknecht in den Diensten der Habsburger Kaiser und Könige durch ganz Europa gezogen, während seine Gefährtin Adelheid in ihren jüngeren Jahren als Unterhalterin der Soldaten ein gutes Auskommen gehabt hatte.

„Ja, du hast schon richtig verstanden", hatte Adelheid lächelnd genickt, als sie bemerkte, wie auf diese Bemerkung hin plötzlich Schamesröte Christophs Miene überzogen hatte.

„Auch das gehört eben zum Kriegshandwerk, dass sich die Soldaten am Abend vergnügen können. Nur nicht an den nächsten Tag denken müssen, an dem vielleicht alles zu Ende ist. Das machen sie mit Branntwein, mit Musik, mit Tanz und mit Frauen. Ja, Frauen. Auch das natürlich nur gegen gutes Geld. Und wenn sie wirklich in einer dementsprechenden Stimmung sind, dann steckt ihnen das Geld auch wahrlich locker im Gürtel. An einem solchen Abend, da ist tatsächlich gut zu verdienen. Ja, doch", die alte Frau legte eine Pause ein, wobei sie sich eine graue Haarsträhne aus der Stirn wischte. Für einen Augenblick schien es so, als habe sie mit einem Mal die Lust verloren, weiterzusprechen. Doch mit einem plötzlichen Ruck hob sie den Kopf und fixierte die erschrocken zusammenzuckende Roswitha mit einem langen unsagbar traurigen Blick. „Und dann ist es irgendwann eben so gekommen, wie es halt immer kommt. Plötzlich, eines Nachts, war alles weg. Mein Liebhaber, mein Geld und schließlich auch noch meine Gesundheit. Sie hatten schon den ganzen Nachmittag über getrunken und es ist mehr und mehr in ein übles Besäufnis abgeglitten. Wie aus dem Nichts ist plötzlich eine ganz eigenartig lautstarke Horde von Musikanten aufgetaucht samt einem ganzen Fuhrwerk mit frisch gestohlenem Branntwein aus einem geplünderten Bauernhof und dementsprechend wild ging es in dieser Nacht dann zu. Du kannst mir glauben, ich war in diesen Zeiten wirklich einiges gewöhnt, aber irgendwann ist es selbst mir zu viel geworden. Doch als ich ganz leise davongehen wollte, da haben mich zwei von ihnen gepackt und in ihrem Rausch wieder und wieder brutal geschlagen, ohne dass mir ein anderer zu Hilfe gekommen wäre. Ganz im Gegenteil sogar: sie haben lauthals gelacht und die Schläger, die mir die Kleider vom Leib gerissen haben, zu allem Übel auch noch angefeuert. Irgendwann bin ich dann bewusstlos geworden. Die Ohnmacht muss länger als einen Tag und eine Nacht angehalten haben, auf jeden Fall waren sie längst über alle Berge, als ich mit Mühe wieder zu mir gekommen bin. Sie haben mich einfach liegen lassen." Adelheid schüttelte den Kopf und bedachte ihr Gegenüber mit einem weiteren bedeutungsvollen Blick. „Man kann es nicht oft genug als warnendes Beispiel betonen: hüte dich vor den Soldaten, erst recht, wenn Musik und Branntwein im Spiel sind. Ich habe es am eigenen Leib erfahren müssen, was es heißt, zu leichtsinnig gewesen zu sein." Kummervoll strich sie sich mit der rechten Hand über den von einer hässlichen, schlecht verheilten Narbe überzogenen linken Unterarm, dann fuhr sie fort: „Und das Allerschlimmste dabei war nicht, dass ich erst nach vielen Tagen wieder richtig auf die Beine gekommen bin und dass ich wohl nur überlebt habe, weil ein entflohener Landsknecht mich gefunden und mich gepflegt hat, bis ich wieder einigermaßen bei Kräften war. Das Allerschlimmste war die Schwangerschaft, die ich natürlich erst viele Wochen später bemerkt habe. Und selbst das ist noch nicht meine ganze Geschichte", wiederum unterbrach sich die alte Adelheid für einen Moment, während sie nun auch ihren ernst dreinblickenden Gefährten einen kummervollen Blick bedachte. „Ich hatte mich schließlich sogar dazu entschlossen, dieses Kind, das nur durch einen brutalen Umstand zustande gekommen war, auszutragen und mich nicht zu den Kräuterfrauen zu begeben, wo sie mir mit den entsprechenden Tinkturen diese Schwangerschaft mit Sicherheit ausgetrieben hätten. Nein, wir waren uns einig, Jeremias und ich – denn um diesen Jeremias da drüben hat es sich bei meinem Retter gehandelt. Wir waren uns also einig, das Kind behalten zu wollen, wenn es denn nun einmal durch Gottes seltsame Fügung zustande gekommen war. Auch wenn es nicht unser gemeinsames Kind gewesen wäre." Jeremias räusperte sich unbehaglich, während Adelheid jetzt jedoch unbeirrt in ihrer Erzählung fortfuhr. Im Nachhinein erschien es Roswitha gerade so, dass die alte Frau seit Langem schon auf eine solche Gelegenheit gewartet hatte, einmal die ganze Geschichte von Anfang an erzählen zu können. Wem auch immer. Hauptsache, sich die damaligen Ereignisse endlich von der Seele reden zu können. „Doch das Kind ist zu früh gekommen. Wir waren gerade wieder unterwegs, hatten für die Nacht ein einfaches Lager in einer Höhle im Wald gefunden, da sind ganz plötzlich die Wehen über mich hergefallen. Es waren fürchterliche Schmerzen. Qualen, wie ich sie bis dahin nie erfahren hatte. Es schien so, als müsse mein Bauch zerreißen. Und weit und breit war niemand, der mir hätte helfen können. Keine Kräuterfrau, kein Bader, kein Wundarzt, niemand... bis auf Jeremias natürlich." Sie streifte ihren Gefährten mit einem kurzen milden Lächeln. „Wenn er nicht gewesen wäre und mich mit all seinen Kräften gepflegt hätte, dann hätte ich diese Nacht mit Sicherheit nicht überlebt. Was vielleicht besser gewesen wäre, wer weiß. Ja, doch, Jeremias. Schau mich nicht so an. So ist es doch. Was hat denn unsereins schon noch von diesem Leben... Nun, wie auch immer. Am Ende also war es nur das Kind, das tot in diese Welt hineingeboren worden ist. Es war ein Junge..."

„...ein Junge, dem das Schicksal auf diese Weise vielleicht einiges an Kummer und Leid in dieser schlimmen Zeit von vornherein erspart hat", ergänzte Jeremias rasch.

„Und dann also hat Jeremias dieses Kind begraben müssen, während ich selbst über Tage hinweg auf den Tod schwach in der Höhle gelegen bin. Und wieder hat mir Jeremias mit seiner fürsorglichen Pflege das Leben gerettet. Ohne Jeremias säße ich heute nicht mehr hier. So viel steht fest. Auch wenn es mich einen Großteil meiner Gesundheit gekostet hat und auch wenn ich kein Kind mehr gebären kann – bin ich am Leben geblieben. Und so ziehe ich eben nun mit meinem alten Jeremias weiter durch die Lande. Bis ans Ende aller Tage. Zumindest bis ans Ende unserer Tage", ein mildes Lächeln überzog plötzlich ihre verhärmten Gesichtszüge, als sie zum Abschluss ihrer Schilderung noch hinzufügte: „Bis dass der Tod uns scheidet, sozusagen..."

Das also war die Geschichte von Adelheid und Jeremias gewesen. So hatten die beiden einfachen Leute zusammengefunden: die ehemalige Gespielin der Landsknechte und der entflohene Soldat, dem am Ende seines Lebens kein Offizier mehr nachstellen ließ. Schon deshalb nicht, weil er zum Kriegsdienst schon lange nicht mehr taugte. Zu viele Wunden waren in seinen geschundenen Körper schon geschlagen worden, zu viele Meilen hatten seine gebrechlichen Knochen bereits hinter sich gebracht. Ein Mensch, der zu nichts mehr zu gebrauchen war, höchstens noch als Koch und Mundschenk seiner ehemaligen Kameraden.

Adelheid und Jeremias. Zwei Lebensschicksale, die sich in diesen kriegsverwirrten Zeiten zufällig miteinander verbunden hatten. Gemeinsam schlugen sie sich seitdem durch die Tage. Der immerzu drohenden Not gehorchend, die sie beständig weitertrieb. Den Soldaten nach. Ein Leben im Schlepptau von Krieg und Zerstörung. Denn nur der Krieg war es, der sie paradoxerweise am Leben hielt. Ein Schicksal von vielen. Hunderten, nein: Tausenden.

Es war Roswitha und Christoph nicht leicht gefallen, die beiden alten Leute nach wenigen Tagen ihrer gemeinsamen Wegstrecke wieder verlassen zu müssen. Aber Adelheid, die im Laufe der vergangenen Nacht wieder einen Rückfall erlitten hatte, brauchte jetzt unbedingt Ruhe. Es dürfte sich um eine Lungenentzündung handeln, hatte ein zufällig vorbeigekommener Feldscher gemutmaßt, der die fiebernde Adelheid auf Bitten von Jeremias kurz in Augenschein genommen hatte, ohne dafür etwas zu verlangen. Sie müsse unbedingt irgendwohin in eine warme Stube gebracht werden und könne auf gar keinen Fall weiter im Freien übernachten, hatte der Heilkundige noch achselzuckend gemeint. Es sei ansonsten ihr sicherer Tod.

Und so waren Adelheid und Jeremias also im nächsten Dorf zurückgeblieben, wo sie zwar in keinem der Häuser Aufnahme fanden, wo es ihnen aber ein mildtätig gestimmter Bauer immerhin gestattete, zumindest für einige Tage das Lager in seiner Scheune aufzuschlagen. Dort in den spärlichen Heuresten, die um diese Jahreszeit noch vorhanden waren, würde sich die kranke Adelheid hoffentlich wieder erholen. Immerhin stand doch bald der Sommer mit seinen warmen Strahlen vor der Tür. Insofern bestünde in der Tat ein berechtigter Anlass dazu, die Hoffnung nicht aufzugeben. Mit diesen ziemlich hilflosen Worten hatte Roswitha versucht, dem tiefbesorgten Jeremias zum Abschied etwas Mut zu machen. Doch tief in ihrem Inneren vermeinte auch sie ganz deutlich zu ahnen, dass die arme Adelheid vermutlich hier in dieser Scheune am Ende ihres langen Weges angekommen war. Ein erschreckender Gedanke. Denn was würde nach Adelheids Tod aus dem alten Landsknecht werden? Rasch wandte Roswitha sich um und verließ die Scheune mit festen Schritten, um vor Jeremias die kummervollen Tränen zu verbergen, die ihr nun in Strömen über die Wangen rannen.

Wenige Tage nach ihrer Trennung von Adelheid und Jeremias, es musste wohl um die Mitte des Monats Juni gewesen sein und noch immer belauerten sich die Armeen, wie man hörte, im Abstand von weniger als einhundert Meilen, waren sie auf ein verbranntes Schloss gestoßen. Schon von fern hatte ein durchdringender Brandgeruch in der Luft gelegen. Ein Geruch, der Roswitha zunächst beinahe den Atem verschlug. Denn es handelte sich um genau denselben Geruch, den sie seit ihrem Eintreffen damals im zerstörten Gerolfingen für ewige Zeiten in ihrem Gedächtnis behalten würde: die Hinterlassenschaft von Feuer, Elend, Tod und Zerstörung.

Sie zwang sich ruhig zu bleiben und schluckte das würgende Angstgefühl hinunter, das in ihrer Kehle aufgestiegen war. Man durfte sich in diesen gewalttätigen Zeiten auf gar keinen Fall von seiner Angst bestimmen lassen. Vorsicht, ja genau. Vorsicht war jederzeit geboten, während pure Angst hingegen ein klares Denken verhinderte. Das Schlimmste, was einem passieren konnte. Denn einerlei, was auch immer auf Roswitha an unschönen Eindrücken einstürmen würde: nur eine kluge und rasche Handlungsweise konnte im Fall des Falles zwischen Leben und Tod entscheiden. Deshalb galt es trotz allem, immer einen kühlen Kopf zu bewahren.

Wenig später waren vor ihnen schwarz verkohlte Balken von immer noch rauchenden Trümmern zu sehen. Der Brand konnte folglich noch nicht allzu lange zurückliegen. Der Überfall, von dem man höchstwahrscheinlich ausgehen musste, konnte erst kürzlich erfolgt sein. Ihren erschrockenen Augen bot sich – zum wievielten Mal eigentlich in den vergangenen Tagen – ein fürchterlicher Anblick. Wieder so viel Leid und Zerstörung! Mehr, als es mit Worten zu beschreiben war. Mehr, als die Seele einer 13-jährigen Jugendlichen eigentlich auszuhalten imstande war. Allmählich wurde es zu viel. Selbst für ein Mädchen mit einem solch starken Willen. Einfach zu viel. Rasch wandte sich Roswitha ab. Ganz unvermittelt streifte ihr Blick dabei etwas Buntes. Schönes. Sie stutzte. Ja, dort war es. Es war diese wunderschön in einem zartrosa Farbton erblühte Pflanze. Eine herrliche Blüte! Eine einzige? Ach was! Es dürfte sich um Dutzende von diesen prächtigen Blüten handeln. Eine Blume, die man in den vergangenen Jahren immer öfter hatte bewundern können. Ursprünglich war sie in den Schlossgärten angepflanzt worden, bis dann auch die eine oder andere Mühle oder gar einer der großen reichen Kaufleute sie erworben hatte. Was, wie die Leute raunten, eine respektable Summe gekostet hatte. Als wenn es nichts Wichtigeres zu tun gäbe, als nun schon Blumen zu kaufen! Blumen anstelle von Saatgut. Aber das war typisch für die reichen, höheren Herrschaften. Was kümmerte sie der Hunger der einfachen Tagelöhner, solange sie sich am Duft und der Farbenpracht von neuen Blumensorten ergötzen konnten. Eine höchst seltsame Entwicklung, die da vor wenigen Jahren in den sogenannten besseren Kreisen eingesetzt hatte. Was für eine Welt, in der Krieg und Zerstörung wüteten, während die Leute ihr Geld mit vollen Händen für Blumenzwiebeln und Pflanzen ausgaben, während ihre Untertanen an Hunger und Seuchen starben! So schön sie auch sein mochten, diese Pflanzen.

Wie diese hier... das war, sie meinte, es zu wissen, keine ausgetriebene Zwiebel. Sondern eine Wurzel. Obwohl, ganz sicher war sie sich nicht. Woher auch! In Gerolfingen hatte man sich diesen Luxus schließlich nicht leisten können, solche Pflanzen zu kaufen. Aber in Dinkelsbühl... ja, dort hatte Roswitha diese prächtigen Blüten zum ersten Mal in ihrem Leben sehen und bewundern können. Wie hieß die Pflanze doch gleich? Das hatte etwas mit der Jahreszeit zu tun, in der sie immer erblühte... Den lateinischen Namen hatte sich auch in Dinkelsbühl niemand merken können. Gut, der Pfarrer vielleicht. Aber nicht die normalen Leute. Richtig! Der Pfarrer! Mit einem Feiertag war die rosenartige Blume benannt worden. Rosenartig, genau. Obwohl sie viel früher blühte, als eine Rose. Der Feiertag... War es Ostern? Oder Himmelfahrt... Nein! Genau: es war Pfingsten. Eine Rose, die um Pfingsten herum erblühte. Die Pfingstrose. Wie wunderbar. Selbst hier, inmitten all der fürchterlichen Zerstörung. Ein unglaublicher Gegensatz. Und dennoch: eine Spur von Schönheit und Frieden erblühte hier in diesem ganzen unsäglichen Leid. Ein Keim der Hoffnung. Neues Leben, das prächtig und farbenfroh direkt aus den Ruinen wuchs. Ein Wunder der Schöpfung!

Fasziniert betrachtete Roswitha dieses Wunder. Sie konnte sich gar nicht daran satt sehen und ihren Blick nicht mehr von der schönen Blüte abwenden. Endlich war auch ihr wieder einmal etwas Schönes begegnet. Wunderbar.

Sie bemerkte deshalb zunächst nicht, wie Christoph behutsam neben sie getreten war. Mit einer geschickten Handbewegung hatte er einen der Blütenstängel zwischen Daumen und Zeigefinger geklemmt und die Blüte dadurch abgezwickt. Erst als sie einen leichten Druck am Kopf verspürte, bemerkte Roswitha, dass der Junge ihr die Blüte ins blonde Haar gesteckt hatte. Sie stutzte. „Christoph, was soll das?!"

Doch Christoph führte lächelnd den Zeigefinger an die Lippen und bedeutete ihr damit, zu schweigen.

„Es ist so schön... Eine Rose für meine Roswitha. Das passt doch zu dir. Du solltest dich sehen: dieses herrliche Rosarot auf deinen blonden Haaren. Es ist... es ist so wunderschön. Roswitha... die Rose vom Hesselberg. Ach was, die Rose von Franken, von ganz Franken..." In einer spontanen Gefühlsaufwallung machte er einen Schritt auf Roswitha zu und drückte ihr einen zaghaften Kuss auf die Wange. Dann wandte er sich errötend ab.

Auch Roswitha spürte, wie schamhafte Verlegenheit in ihr aufstieg und genoss gleichzeitig den magischen Zauber dieses Augenblicks. „Du hättest sie nicht pflücken sollen", murmelte sie schließlich leise. Es sollte nicht wie ein Vorwurf klingen, weshalb sie rasch einen erklärenden Satz hinterher schickte. „Es ist nur so, dass diese Blüte schnell zerfällt, wenn sie erst einmal gepflückt ist. Da, schau." Sie fuhr sich durch das Haar, wodurch vereinzelte Blütenblätter langsam auf den Boden schwebten. „Sie braucht ihre Verbindung zur Erde. Wenn diese Verbindung durchbrochen wird, dann stirbt sie rasch. Gera-

deso wie ein Mensch, der kein Zuhause mehr hat."
Schweigend standen sie nebeneinander. Es war Roswithas letzter Satz gewesen, der ihnen beiden stark zu schaffen machte. Denn erging es ihnen nicht ganz ähnlich, wie dieser Blüte? Heimatlos irrten sie seit Wochen durch die Lande, ohne dabei ihrem eigentlichen Ziel in irgendeiner Weise nähergekommen zu sein. Falls dieses Ziel überhaupt zu finden war. Matthias.

Nach geraumer Zeit traute sich Christoph dann doch, die bedrückende Stille zu durchbrechen. Er nickte mit seinem Kinn zu dem herrlichen Pfingstrosenbusch hinüber.

„Eine wirklich schöne Blume."

„Ja." Dankbar, dass es ihr Begleiter geschafft hatte, den seltsamen Bann zu durchbrechen, in dem sie sich befunden hatten, war Roswitha keine andere Formulierung eingefallen, als dieses einfache Ja.

„Es ist sogar meine Lieblingsblume..."

„Ach. Ehrlich gesagt, habe ich sie als Kind bislang nur wenig beachtet. Erstmals habe ich sie dann in Dinkelsbühl überhaupt wahrgenommen."

„Ich schon viel früher. Denn ich habe viel über die Pflanze gehört. Von einem alten Mann, der bei uns im Dorf nebenbei als Bader und als eine Art Wundarzt tätig war. Der hat mir erklärt, dass es sich um eine wichtige Heilpflanze handelt. Und dass sie eigentlich Benediktinerrose heißt. Dies deshalb, weil es Mönche waren, die diese Pflanze aus dem Süden über die Alpen gebracht und in ihren Klöstern weitergezüchtet haben. Und zwar zunächst nicht aus dem Grund, weil sie so schön ist, sondern weil ihrer Wurzel eine heilsame Wirkung gegen den Veitstanz nachgesagt wird. Aber sie kann noch mehr: so haben sie inzwischen beispielsweise damit begonnen, für die Kleinkinder Ketten aus den Samen der Blume zu machen, weil das gegen Zahnschmerzen hilft. Deshalb hat mich diese herrliche Pflanze schon immer in ihren Bann gezogen. Weil sie eben nicht nur schön ist, sondern auch nutzbringend. Und wie sie dann selbst nach einem harten, langen Winter immer wieder auf das Herrlichste erblüht! Und wie sie duftet. So schön, so hoffnungsvoll, so anmutig – selbst in dieser elenden Zeit."

Roswitha nickte. „Ja, du hast recht. Es ist ein Wunder. Und sie ist wirklich genauso wunderschön."

„So wie du! Wie die Rose von Franken..."

Wieder bemerkte Roswitha erst spät, dass Christoph seinen Kopf an ihre Schulter gelehnt hatte. Tränen rannen über seine Wangen und jetzt begann er bitterlich zu schluchzen. Die Situation, dieser gewaltige Kontrast zwischen Schönheit und Zerstörung, schien ihn gänzlich übermannt zu haben. Seine überstrapazierten Nerven, die in den vergangenen Wochen so viel hatten aushalten müssen, wollten ihm nun nicht mehr folgen. Er schien einem völligen Zusammenbruch nahe. Das durfte nicht sein!

Abrupt drückte Roswitha den Rücken durch und schob Christophs Kopf langsam von ihrer Schulter. „Nun denn. Wie auch immer", bemühte sie sich um einen sachlichen, aber dennoch nicht zu harten Tonfall. „Wir wissen beide leider ganz genau, dass wir der trügerischen Schönheit hier nicht erliegen dürfen. Und ob wir wollen oder nicht, wir sollten nun rasch weitergehen. Irgendwie sollten wir es schaffen, für die Nacht eine Unterkunft zu finden. Denn so, wie mir die Wolken am Himmel aussehen, wird es bald Regen geben. Und nass möchte ich ehrlich gesagt nicht werden. Also, gehen wir weiter."

„Aber wohin jetzt?" Christophs Lebensmut schien immer noch nicht wieder erwacht zu sein.

Dennoch schaffte er es, eine weitere Frage zu formulieren. Eine Frage, die viel mehr nach einer flehentlichen Bitte klang. „Gehen wir also zurück nach Franken?"

"Nein, nein." Entschieden schüttelte Roswitha den Kopf. „Wir müssen weiter nach Sachsen. Denn dort irgendwo scheinen es die Schweden ja auf eine Entscheidungsschlacht gegen Tilly anzulegen. Wir haben es doch gestern gehört, dass der Schwedenkönig die Parole ausgegeben hat: Rache für Magdeburg! Wir müssen halt vorsichtig sein auf unserem Weg. Aber das waren wir ja bislang auch. Dennoch sollten wir jetzt weiter. Wenigstens bis wir ein Dach über dem Kopf gefunden haben." Mit einem energischen Schub in den Rücken bugsierte sie ihren Gefährten nach vorne. „Auf geht's, Christoph. Genug Trübsal geblasen für heute!"

Das Glück war ihnen hold gewesen. Schon anderthalb Stunden später hatten sie einen Heuschuppen erreicht, in dem sie die Nacht gut würden verbringen können. „Also Christoph, hier bleiben wir. Heute gehen wir nicht mehr weiter. Bevor es sonst womöglich dunkel wird und wir dann keine solche Unterstellmöglichkeit mehr finden. Hier werden wir ganz sicher nicht nass, selbst dann nicht, wenn es Katzen hagelt, wie man sagt", ließ sie ein bemüht sorgloses Lachen erklingen.

Auch Christoph grinste amüsiert. „Katzen hageln! Was für ein seltsamer Ausdruck! Du hast recht, hier bleiben wir und braten uns einen Ochsen am Spieß! Oder denken uns das zumindest, wenn wir unsere steinharten Fladen zerkauen."

Na, Gott sei Dank! Christoph hatte seinen Humor also wieder gefunden. Auch deshalb war es richtig, heute etwas zu verschnaufen und sich nicht, wie schon oft genug geschehen, bis an den Rand der Erschöpfung vorwärtszutreiben. Hier würden sie die Nacht über bleiben und wenn es sein musste, auch noch den nächsten Tag verbringen, falls der Regen länger anhalten sollte. Morgen würde man weitersehen.

Lange kauerten sie an diesem Spätnachmittag im Gras vor der Hütte und hingen schweigsam ihren Gedanken nach. Allmählich dämmerte der Abend. So ruhig, so friedlich. Glühend rot versank die Sonnenscheibe hinter dem Horizont, vermischte ihre leuchtend goldenen Strahlen mit den dunklen Rändern der aufziehenden Gewitterwolken und tauchte das geschundene Land damit in ein geradezu magisches Licht. Ein atemberaubender Anblick.

Tief sog Roswitha die würzige, nach Tau und frischem Leben duftende Luft in ihre Lungen. Ein kurzer Moment der Erholung. Der Ruhe und des Friedens. Zumindest an diesem einen Abend. Wie gut das doch tat. Wie die Pfingstrose in allem Elend dennoch erblüht war, so war das zarte Pflänzchen Hoffnung auch in ihrer Seele wieder ein Stück weit gewachsen. Noch immer also war diese Hoffnung vorhanden. Und sie würde dieses Pflänzchen auch weiterhin hegen und pflegen. Es war ihre einzige Triebfeder, die sie durch das Leben führte.

Was würde wohl der nächste Morgen mit sich bringen? Einen neuen Sturm der Zerstörung? Weshalb konnte nicht für immer Frieden sein?

*

Auch die nächsten Wochen und Monate in Sachsen hatten Roswitha und Christoph in keiner Hinsicht weitergebracht. Egal, wie viele Meilen sie unter ihre Füße genommen hatten, es war ihnen nicht gelungen, auch nur den Hauch einer Spur von Matthias zu finden. Dagegen hatten sie immer wieder höchste Vorsicht walten lassen müssen, um nicht direkt in das Kriegsgeschehen hineingezogen zu werden. Wieder einmal hatten sie es sogar für dringend geboten gehalten, sich auf einige Tageslängen von den feindlichen Heerlagern zu entfernen, denn bei ihren wenigen, direkten Begegnungen mit den Soldaten war es zu bedrohlichen, wenn nicht gar aggressiven Situationen gekommen, denen sie nur durch einen raschen Rückzug hatten entfliehen können. Die Nervosität auf beiden Seiten war mit Händen greifbar gewesen. Demnächst schon würde es auf Leben und Tod gehen. Da verspürte keiner der Soldaten, die womöglich in der kommenden Woche bereits von einer Pistolenkugel tödlich getroffen unter der Erde liegen würden, auch nur die geringste Lust, sich mit irgendwelchen belanglos scheinenden Fragen auseinanderzusetzen. Mehr als einmal hatten die beiden nackte Angst in den Augen der Landsknechte erkennen können.

Insofern erschien ihnen im September die Kunde von einem direkten Zusammenprall der Kontrahenten keineswegs erstaunlich. Es hatte ja alles darauf hingedeutet, dass es genau so kommen würde. Es waren hoffnungsvolle Nachrichten. Ausgerechnet der alte, kriegserfahrene Tilly war von dem gerade einmal halb so alten Schwedenkönig Gustav Adolf vor wenigen Tagen bei Leipzig geschlagen worden. Womöglich sogar vernichtend geschlagen worden. Tilly sei überdies schwer verwundet. Hieß es. Und wieder feierte man Gustav Adolf als die Hoffnung der Protestanten. Ganz offenbar hatte er seinem ruhmvollen Beinamen „der Löwe aus Mitternacht" alle Ehre gemacht. Die Rettung war erfolgt! In allen lutherischen Orten wurden Dankgottesdienste abgehalten. Ein einziger Jubelchor hallte durch die Städte und Dörfer, in denen die Menschen endlich wieder Hoffnung auf ein Ende des langen Krieges schöpfen durften. „Gottes Wort und Luthers Lehr, vergehet nun und nimmermehr. Soli deo gloria!" Drei Tage währten diese Feierlichkeiten. Womöglich hatte Roswitha die Menschen noch nie so ausgelassen erlebt, wie in diesen Tagen. Frieden. Welch seltsamer Klang dieses Wortes. Denn schon ein Jahr nach ihrer Geburt war der große Krieg ausgebrochen. Niemals in ihrem Leben hatte sie eine Zeit des Friedens erfahren. Wie es wohl sein würde? Frieden...

Doch bald nach dem Ende der ausgelassenen Siegesfeiern keimten die ersten Zweifel. Der alte Feldmarschall Tilly war verwundet worden. Zweifach sogar. Diese Nachricht dürfte also der Wahrheit entsprechen. Andererseits aber mit dem Leben davonkommen – trotz seines Alters von gut 70 Jahren. Und eine viel bangere Frage schloss sich an: war er auch wirklich vernichtend geschlagen worden?

Von wegen! Die Neuigkeiten, die man aus der Gegend um Bamberg hörte, verhießen etwas anderes. Er habe sich dorthin nur zurückgezogen. Und zwar geordnet zurückgezogen, um seine Truppen im Land zwischen Main und Regnitz neu aufzustellen. So, wie zuvor Gustav Adolf eine Schlacht verloren hatte, so war es dieses Mal Tilly ergangen. Aber besiegt? Nie und nimmer! Vernichtend geschlagen gleich gar nicht! Wieder einmal waren die Jubelfeiern zu schnell erfolgt. Ein Ende dieses scheinbar ewigen Krieges war keineswegs in Sicht. Eine ernüchternde Erkenntnis.

In Roswithas Gedanken freilich wurde diese Tatsache von einer ganz anderen Frage überlagert: Was wohl aus Matthias geworden war? Wie hatte er die Schlacht bei Leipzig überstanden? Er dürfte sich ja bei Tillys Truppen aufhalten. Das schien Roswitha relativ wahrscheinlich. Kein Wunder folglich, dass sich in ihr von Beginn an zwiespältige Gefühle geregt hatten, als sie vom Sieg der Schweden über die Kaiserlichen erfahren hatte.

Also präsentierte sich die neue Lage folgendermaßen: Tilly versuchte seine Kräfte bei Bamberg neu zu sammeln. Und die zu allem entschlossenen Schweden, die wieder einmal die Entscheidung erzwingen wollten, setzten alles daran, ihn zu verfolgen und ihn nicht zur Ruhe kommen zu lassen. Klar. Seinem angeschlagenen Gegner keine Erholungspause zu gönnen, darum war es Gustav Adolf jetzt zu tun.

Für Roswitha und Christoph bedeutete diese schlagartig veränderte Lage eine gewaltige Herausforderung. Denn dass sie sich nun ebenfalls ins Fränkische orientieren würden, das war klar. Endlich wieder nach Franken! Christoph hatte einen Jubelschrei ausgestoßen. Endlich wieder zurück in die Heimat. Aber das war leichter gesagt als getan. Die ganze lange Strecke zu Fuß zurückzumarschieren? Nach all den bisherigen Strapazen! Es schien den beiden genauso unmöglich wie höchst gefährlich. Denn selbst respektable Fuhrwerke, die zusätzlich mit kräftigen Knechten besetzt waren, trauten sich in dieser neu entstandenen Unsicherheit kaum noch ohne stark bewaffneten Begleitschutz auf die Straßen. Was also tun?

Eines Morgens hatte Christoph sich von einer spontanen Idee leiten lassen. Ohne sich um Roswithas besorgte Einwände zu kümmern, hatte sich der Junge vorsichtig an ein Lager herangeschlichen, in dessen Nähe sie am vergangenen Abend geraten waren. Aus guten Gründen hatten sie sich nach dieser Erkenntnis rasch wieder eine halbe Meile weit in den Wald zurückgezogen. Offensichtlich aber handelte es sich nicht um Landsknechte, die da lagerten, sondern um den Tross. Schon in der Nacht war Christoph zum ersten Mal zu dem Lager mit seinen hell auflodernden Holzfeuern aufgebrochen und hatte diese Erkenntnis mitgebracht. Einerseits waren das ziemlich wilde Gestalten, wie Christoph berichtete, doch andererseits wollte er nun an diesem Morgen versuchen, Kontakt mit ihnen aufzunehmen. Vielleicht gelänge es ihm sogar, die Erlaubnis zu bekommen, dass sie beide mitreisen durften. „Der Versuch ist es alle Mal wert. Und wie gesagt: Marketender, so wild sie auch ausschauen mögen, sind längst keine solchen Unmenschen, wie manche Landsknechte oder erst recht ihre gewissenlosen Kriegsherren."

Tatsächlich. Es hatte geklappt. Roswitha und Christoph durften sich dieser Versorgungstruppe nicht nur anschließen, sondern eine der Marketenderinnen war sogar bereit gewesen, sie zu sich in ihren Wagen zu nehmen. Sie hieß Dorothea, genannt die schwarze Doro. Kaum hatten sie das Angebot dankend angenommen und waren neben der schwarzen Doro auf den Kutschbock geklettert, da hatte die Frau auch schon begonnen, ihr Herz auszuschütten. Wieder und wieder unterbrochen von leidvollen Schluchzern, schilderte sie den beiden ihre aussichtslos scheinende Situation. Denn vor einigen Tagen war Sebastian, ihr langjähriger Gefährte, plötzlich schwer erkrankt. Das war der Mann, der hinten im Wagen zwischen den Decken lag und von dem ein unablässiges Stöhnen bis nach vorne drang. Geradezu unmenschliche Geräusche, die Qual und Schmerzen ausdrückten. Dazu gesellte sich ein fürchterlicher Gestank nach Krankheit, Fäulnis und Tod. Ein Landsknecht sei Sebastian gewesen. Bis er vor einiger Zeit aufgrund seiner schweren Verletzungen, die er sich auf den zahllosen Kriegszügen eingehandelt hatte, schließlich ausgemustert worden sei. Immerhin habe er es im Gegensatz zu vielen seiner Kameraden geschafft, über so viel Beutegeld zu verfügen, dass er damit einen Wagen kaufen konnte. So sei Sebastian also vom Landsknecht zum Marketender geworden und nun nicht mehr vorne an der Spitze, sondern hinten im Tross mit der Truppe durch das Land gezogen. So habe er eines Tages die schwarze Doro kennengelernt. Sie sei es einfach leid gewesen, immerzu als Metze für die Landsknechte herhalten und dienen zu müssen. Ein hartes Geschäft, nicht nur, weil die immer nachdrängenden jüngeren Frauen den älteren rasch den Platz streitig machten, sondern auch, weil die immerwährende Angst vor Geschlechtskrankheiten, zum Beispiel der französischen Seuche, ihr ständiger Begleiter gewesen war. Kein Wunder, dass sich die überglückliche schwarze Doro sofort bereitfand, mit Sebastian zu ziehen, nachdem er ihr dieses wunderbare Angebot unterbreitet hatte.

Eine Zeitlang war alles gut gegangen und sie hatten sich zusammen mit dem Tross einigermaßen durch das Leben schlagen können, bis es dann kürzlich passiert war. Eine verirrte Gewehrkugel, vermutlich ein Querschläger, hatte Sebastian ins Bein getroffen. Zunächst schien es nicht sonderlich schlimm zu sein, als Landsknecht hatte Sebastian schon ganz andere Verletzungen überstanden. Es hatte auch genügt, den Bader zu bitten, die Kugel aus dem Bein zu entfernen. Das war keinerlei Problem gewesen.

Die Kugel steckte nur recht oberflächlich im Schenkel. Ein paar Spritzer Branntwein zum Säubern der Wunde und einige große Schlucke aus dem Fässchen für Sebastians durstige Kehle hatten genügt. Und schon war die Kugel entfernt. Noch einige weitere Rationen Branntwein und alles war gut. Scheinbar gut.

Denn in der darauffolgenden Nacht war das Unheil über den Patienten gekommen. Die Wunde hatte sich entzündet. Zwei Tage später war Doro nichts anderes mehr übrig geblieben, als sich bei den Landsknechten nach einem erfahrenen Wundarzt zu erkundigen. Dem Feldscher hatte ein einziger kurzer Blick auf die Wunde genügt: hier half nur noch eine sofortige Amputation des Beines. So schlimm stand es bereits.

Diese Amputation war nach demselben vielgeübten Schema vonstatten gegangen: man hatte dem Patienten ein Stück Eichenholz zwischen den Kiefer geschoben, ihn ordentlich mit Branntwein versorgt und dann sicherheitshalber an den Händen und am gesunden Bein an den Wagen gebunden, während sich Doro mit ihrem ganzen Körpergewicht auf den Brustkorb ihres Gefährten legte. Alles hatte sie ertragen, die unmenschlichen Schreie aus Sebastians Kehle, das Blut, das Fieber, die dumpfe Hoffnungslosigkeit, mit der Sebastian von einer düsteren Zukunft als Bettler gesprochen hatte. Immer wieder hatte sie ihm Mut zugesprochen: er sei doch nicht alleine. Sie würde bei ihm bleiben, gemeinsam würden sie es schon schaffen. Und so weiter und so weiter… Doch in der vergangenen Woche war die böse Ahnung, die sie bereits gehegt hatte, zur erschreckenden Gewissheit geworden: auch der Beinstumpf hatte sich entzündet. Nochmals hatte der Feldscher operiert und dafür den Rest ihrer Ersparnisse an sich genommen. Wieder der Fieberwahn und vor allem der gewaltige Blutverlust, von dem sich Sebastian kaum noch zu erholen schien. Was, wenn sich der Stumpf nun neuerlich entzündet hatte? Das Fieber und die Schmerzensschreie waren überdeutliche Anzeichen dafür. Was aber dann? Und was, wenn... Wenn das Unaussprechliche eintreffen sollte? Wie sollte es dann nur weitergehen? Immerhin hatte Doro sich ihre Sorgen nun einmal von der Seele reden können und irgendwann waren dann auch die Schmerzensschreie verstummt. Der Todkranke war in einen ohnmachtsähnlichen Schlaf gefallen, der auch dann noch anhielt, als sie an diesem Abend ihr Lager aufschlugen.

Mitten in der Nacht wurde Roswitha durch einen gellenden Schmerzensschrei geweckt. Auch Christoph fuhr erschrocken hoch und schlug die Plane des Wagens zurück. Im gespenstisch flackernden Schein des Lagerfeuers erkannte er die verzweifelte Doro, die ihren fieberglühenden Gefährten eng umschlungen in den Armen hielt. „Es ist passiert", keuchte sie. „Wie ich es befürchtet habe: der Stumpf hat sich schon wieder entzündet."

Es war nichts zu machen. Dem Mann war nicht mehr zu helfen. Vorsichtig ließ Christoph die Plane wieder heruntersinken und hockte sich zu Roswitha auf den Boden. „Wir können nur noch für ihn hoffen, dass es rasch zu Ende geht. Mehr ist da..."

Wieder peitschte ein qualvoller Schrei durch die Nacht, gefolgt von einem erstickten Stöhnen.

Es schien ihnen eine Ewigkeit vergangen zu sein, während sie immer noch halb schlafend, halb wachend neben dem Wagen kauerten. Jetzt war es ein langgezogener Klagelaut, der sie aufschrecken ließ. Aus der Kehle einer Frau. Doro. Ihr Gefährte war gestorben. Endlich war er von seinen Qualen erlöst worden.

Als der Morgen zaghaft zu grauen begann, fasste sich Roswitha ein Herz und kletterte zu der leise schluchzenden Doro in das Fuhrwerk. Sachte fuhr sie über das Haar der Trauernden.

„Tot! Er ist tot! Was soll ich nur machen?" Wieder und wieder schüttelte sie voller Verzweiflung ihren Kopf. „Das letzte Geld ist weg. Der Feldscher hat alles bekommen.

Wovon soll ich jetzt meine Waren kaufen – und das Futter für das Pferd. Noch nicht einmal als Bettlerin kann ich mich durchschlagen, ohne meinen armen Sebastian. Mein armer Sebastian, dessen Kind ich unter dem Herzen trage. Eine Waise noch vor seiner Geburt. Oh mein Gott! Was soll ich nur tun?"

Es hatte Roswitha einen schmerzhaften Stich mitten ins Herz versetzt, als sie verstanden hatte: die schwarze Doro war schwanger. Auch das noch! Sie erwartete ein Kind von Sebastian. Das Kind eines Toten!

Noch nicht einmal für ein ordentliches Begräbnis reichte es am nächsten Tag. Wie auch? Kein Dorf in Sicht, keine Zeit, kein Geld. Von dieser Warte aus betrachtet, konnte Doro noch von Glück sagen, dass sich einige mitfühlende Seelen aus dem Tross bereit erklärten, ihrem verstorbenen Weggefährten wenigstens am Waldsaum ein Grab zu schaufeln. Mit einem Begräbnis hatte die Angelegenheit freilich nicht allzu viel gemein, denn die wenigen dürren Worte, die der sich zufällig bei den Marketendern aufhaltende Feldprediger für Sebastian gefunden hatte, waren der Bestattung eines Christenmenschen alles andere als würdig. Andererseits fügte sich die hastige Zeremonie damit auf gnadenlos konsequente Art und Weise in das Bild dieser unmenschlichen und glaubenszerissenen Zeit. Marketenderschicksal.

„Ruhe in Frieden." Mit erstaunlicher Fassung hatte Doro das würdelose Verscharren ihres Sebastian über sich ergehen lassen. Ein letzter Blick noch auf das kleine Kreuz aus abgebrochenen Buchenästen, dann schleppte sie sich langsam zu ihrem Fuhrwerk. Sie würde sein Grab nie mehr wiedersehen.

Einige Tage lang hatten Roswitha und Christoph die bedauernswerte schwarze Doro noch begleitet, bis sie sich schließlich vom Tross der Marketender getrennt hatten. Eine Verabschiedung, die ihnen mittlerweile dringend geboten erschien. Denn mehrfach waren sie nun in der letzten Zeit in brenzlige Situationen geraten. Immer wieder waren am Wagen unvermittelt Landsknechte aus versprengten Truppenteilen aufgetaucht, in deren Reihen es sich natürlich wie ein Lauffeuer herumgesprochen hatte, dass es da hinten bei den Marketendern eine alleinstehende und trotz ihres Alters von vielleicht schon 40 Jahren immer noch höchst attraktive Frau gab. Dabei war es schon mehr als einmal zu unschönen Szenen und hässlichen Wortwechseln gekommen. Doch das eigentliche Problem für die beiden Jugendlichen ergab sich aus den daraus resultierenden Begleiterscheinungen. Auf der Suche nach ihren verschwundenen Untergebenen waren nämlich plötzlich auch Offiziere am Ende des Zuges erschienen und es war natürlich nicht zu vermeiden gewesen, dass der eine oder andere Fähnrich dabei auch Christoph erblickte. Einmal war der Junge sogar von einem pockennarbigen Leutnant blitzschnell am Arm gepackt worden. Mit dröhnender Stimme hatte der Mann gerufen, welch guten Soldaten man seiner Meinung nach aus Christoph würde machen können. Nur mit knapper Not war es ihm gelungen, sich aus dem eisenharten Griff zu winden, den der Offizier erst dann gelockert hatte, als sich Roswitha direkt vor dem rohen Gesellen auf die Knie geworfen hatte und ihn anflehte, den Vater ihres noch ungeborenen Kindes zu verschonen und sie in dieser Situation nicht alleine zu lassen. Der Leutnant hatte das Mädchen mit einem erstaunten Blick gemustert: „Die Mütter scheinen auch immer jünger zu werden in diesen Zeiten!" Mit einem verächtlichen Schnauben ließ er Christoph entkommen, während er Roswitha mit einer kurzen eindeutigen Handbewegung anhielt, sie solle gefälligst wieder aufstehen. „Und was machst du dann überhaupt hier unter den Kriegsleuten? Weshalb bist du nicht zuhause bei deinen Eltern?"

„Weil die Eltern tot sind und weil ich meinen Bruder suchen muss. Der ist von einem Presskommando mitgenommen worden und wahrscheinlich zu den Kaiserlichen gesteckt worden." Sie fasste sich ein Herz und wagte die nächste Frage: „Habt ihr eine Ahnung, wohin ich mich wenden sollte, um ihn zu finden? Ich habe gehört, Tilly ist ganz in der Nähe."

Der Offizier runzelte erstaunt die Stirn. „Habe ich da richtig gehört? Du willst ins Lager der Kaiserlichen, um dort deinen Bruder zu suchen? Unter zehntausend oder noch mehr Soldaten? In deinem Zustand? Bist du lebensmüde?" Vielsagend tippte er sich an die Stirn. „Mädchen, ich rate dir, wenn dir dein Leben und das deines ungeborenen Kindes lieb ist: sieh zu, dass du nach Hause kommst. Wohin auch immer. Und nimm in Teufels Namen auch deinen famosen Begleiter mit. Macht euch so schnell wie möglich davon, denn bald schon wird es zum großen Gemetzel kommen. Und wehe euch, wenn ihr dann mittendrin steckt. Zwischen den Fronten. Dann hast du rascher deinen letzten Schnaufer getan, als dir das anscheinend gerade bewusst ist." Kopfschüttelnd wandte der Mann sich um und ließ die beiden einfach stehen.

Das war gerade noch einmal gut gegangen. Sie hatten Glück gehabt. Geradezu unglaubliches Glück. Denn in der Tat waren sie sich bislang niemals der zahlreichen Gefahren so richtig bewusst geworden, denen sie sich tagtäglich auf ihrer geradezu irrwitzigen Suche aussetzten. Blindlings hatten sie sich in Lebensgefahr begeben. Raubüberfälle, Vergewaltigungen, Zwangsrekrutierungen und die schiere Mordlust in den Reihen der rohen Kriegsgesellen, all diese Scheußlichkeiten waren doch in diesen unsicheren Zeiten an der Tagesordnung. Ein Menschenleben spielte keine Rolle. Niemand würde einen Finger regen, falls sie irgendwann in der tödlichen Falle steckten. Die anderen hatten mit sich selbst mehr als genug zu tun. Jeder war sich selbst der Nächste.

So gesehen, konnten sie also wahrlich von Glück sagen, dass ihnen bislang kein Haar gekrümmt worden war. Gut möglich, dass es diese eigenartige Mischung aus kindlicher Naivität, Gottvertrauen und einem beharrlichen Willen gewesen war, die sie vor Schlimmerem bewahrt hatte. Jetzt aber waren ihnen schlagartig die Augen geöffnet worden. Es würde kein zweites Mal gut gehen. Dessen waren sich Roswitha und Christoph plötzlich bewusst geworden, nachdem ihnen der Schrecken auch am Tag nach Christophs versuchter Festsetzung nach wie vor mit Eiseskälte in den Gliedern steckte. Bitterer und verzweifelter wurden die Träume, die sich während der Nacht in Roswithas Denken schlichen und sie den ganzen folgenden Tag beschäftigten. Bis zur nächsten Nacht und dem nächsten Alptraum. So war sie sich am Ende mehr und mehr der Aussichtslosigkeit ihres Unterfangens bewusst geworden. Wie sollte sie inmitten des zehntausendfachen Wahnsinns, der nicht nur auf den Schlachtfeldern tobte, sondern im ganzen Land, ihren Bruder jemals finden? Als wehrloser Spielball in einem außer Kontrolle geratenen Brennen und Morden! Ja, doch: sie hätte auf Johann Schmieder hören sollen, den fürsorglichen Kaufmann aus Dinkelsbühl, der ihr gleich nach dem Überfall doch eindringlich die Ausgangssituation verdeutlicht hatte. Samt seiner schonungslosen Schlussfolgerung, dass ein einfaches Mädchen vom Land so unbedeutend sei, wie eine Fliege, die schon im nächsten Augenblick mit dem Stiefel zerquetscht sein könnte. Ohne dass es irgendjemanden kümmern würde. Nun gut, Christoph vielleicht. Klar. Aber dessen Leben befand sich doch genau in derselben Gefahr, wie das ihre.

Und so gelangte Roswitha allmählich zu der bitteren Einsicht, dass es momentan das Beste für alle sei, die Suche nach Matthias vorübergehend einzustellen. Zumindest so lange, bis eines glücklichen Tages vielleicht doch noch der ersehnte Frieden zustande käme. Bis zu diesem glücklichen Zeitpunkt aber musste sie Vernunft walten lassen, egal wie es in ihr aussah und wie drängend sich die Sehnsucht nach Matthias immer wieder in ihr Bewusstsein schob. Aber was wäre gewonnen, wenn sie sich weiterhin mutwillig in Gefahr begäbe und damit riskierte, dass ihr Leben ein gewaltsames Ende finden würde? Dann hätten sie sich tatsächlich für immer verloren.

Inmitten dieser aus den Fugen geratenen Welt zu überleben. Nur darum ging es jetzt.

Überleben. Auf das Ende des Krieges hoffen. Auf die unversehrte Heimkehr von Matthias. Wohin diese Heimkehr dann auch führen mochte. Etwa in das zerstörte Gerolfingen? Wo bald schon nichts mehr an die Hütte ihrer Eltern erinnern würde. Egal! Ärgerlich fuhr sie sich über die Stirn. Was für ein abwegiger Gedanke! Das waren die Sorgen von übermorgen. Frühestens. Jetzt aber galt es zunächst einmal, an heute und morgen zu denken. Und beständig auf der Hut zu sein. Die Frage war nur, wohin sie gehen sollten.

Aus der Bamberger Gegend war erschreckende Kunde gekommen. Dort in seinem vermeintlichen Rückzugsort war es dem kaiserlich-katholischen Feldhauptmann Tilly in der Zwischenzeit offenbar gelungen, nicht nur neue Kräfte für die bevorstehende Entscheidungsschlacht zu sammeln, sondern auch weitere Verbündete zu gewinnen. Mittlerweile habe sein Heer längst wieder eine Stärke von mindestens 40.000 Mann erreicht, berichteten die Späher ihren fassungslos lauschenden Zuhörern. Und ganz plötzlich war im Zuge dieser Beobachtungen auch Tillys neue Zielrichtung klar erkennbar geworden. Eine Schlussfolgerung, die bei den Bewohnern der Markgrafschaft Brandenburg-Ansbach einen gewaltigen Schock ausgelöst hatte. Denn ausgerechnet den Markgrafen Friedrich von Ansbach schien sich Tilly nach seiner zwischenzeitlichen Demütigung als ersten Gegner ausgewählt zu haben. Eine Zielrichtung, die selbst seine Gegner zu einem bewundernden Nicken zwang. Denn einmal mehr bewies der alte Fuchs, wie messerscharf er die Lage analysierte und wie taktisch brilliant er nach wie vor seinen Vormarsch plante. Denn ausgerechnet die Markgrafschaft Brandenburg-Ansbach stand nach dem Tod des alten Markgrafen nach wie vor unter dem Regiment der Markgrafenwitwe Sophie. Mindestens ein Jahr würde ins Land gehen, bis der noch unmündige Markgraf Friedrich mit seinen 18 Jahren selbst die Regierungsgewalt übernehmen konnte. Und selbst dann noch war er ein unerfahrener Bursche, mit dem Tilly genauso leichtes Spiel zu haben glaubte, wie mit dessen Mutter.

Das war die eine Seite der düsteren Medaille. Es kam in Tillys Kalkül aber noch ein zweiter, eher symbolhafter Beweggrund hinzu. Ein alter erfahrener Landsknecht, der in diesem Krieg schon weit herumgekommen war, hatte es kürzlich so beschrieben: Weil es sich ausgerechnet beim verstorbenen Markgrafen Joachim Ernst, dem Vater des künftigen Regenten Friedrich, im Jahr 1608 um einen der maßgeblichen Gründer der Protestantischen Union handelte. Und dass der Pakt dann auch noch direkt im Gebiet der Markgrafschaft, nämlich im ehemaligen Kloster Auhausen besiegelt worden war, machte die Erklärung umso eindeutiger. Sozusagen als persönliches Strafgericht der Katholischen Liga hatte sich Tilly vorgenommen, im Gebiet des verstorbenen Gründers der Protestantischen Union jetzt besonders übel zu hausen.

Die Leidtragenden dabei würden wieder einmal die hier lebenden Menschen sein. „Wehrlose Opfer, die anscheinend von den hohen Herrschaften nach Belieben zur Schlachtbank geführt werden dürfen", kommentierte Christoph bitter. „Und unser Herrgott lässt es geschehen. Weshalb nur?"

Ganz unvermutet war es zu einem ernsten Gespräch zwischen Christoph und Roswitha gekommen. Christoph hatte dabei die Frage gestellt, was die Evangelischen eigentlich an den Katholiken so schlimm fänden. Und umgekehrt. „Sie sagen doch, sie glauben an denselben Gott. Und an Jesus Christus."

Roswitha zuckte unglücklich mit den Schultern. „Ja, schon. Aber..."

„Aber was?"

„Sie tun das eben auf andere Weise halt..."

„Und was spielt das für eine Rolle, wenn es derselbe Gott ist, zu dem sie beten? Ob die Robe des einen Pfarrers nun golden schimmert und die andere schwarz ist, das hat doch mit unserem Herrgott nichts zu tun."

„Tja, schon...", wieder beschrieb Roswitha eine ratlose Handbewegung. „Die Katholischen sagen halt, wenn Martin Luther nicht die Kirche gespalten hätte, dann wäre sowieso alles beim Alten geblieben. Beim Guten Alten."

„Und weshalb hat er es dann trotzdem gemacht?"

„Weil eben nicht alles gut war. Denk doch nur mal an den Ablass, gegen den Luther zu Felde gezogen ist. Es könne ja wohl nicht sein, dass nur Reiche ins Himmelreich kommen. Und allein weil manche Leute solche Dinge dann weiterverbreitet oder auch nur gelesen haben, sind sie verfolgt worden."

„Davon habe ich bei uns in der Gegend noch nie etwas gehört."

„Ich aber schon. Sogar in der Nähe von Wassertrüdingen ist einmal eine Frau angeklagt worden, weil sie an einem Sonntag lutherische Bücher gelesen habe."

„Angeklagt? Ist doch lächerlich. Das hat doch niemand ernst genommen, oder?"

„Von wegen! Sie haben die Anklage sogar auf Hexerei ausgeweitet."

„Das ist doch totaler Blödsinn."

„Es war aber so. Oder, wenn wir schon bei der Hexerei sind, ein anderes Beispiel aus der Grafschaft Oettingen: da ist einmal ein totes Kind geboren worden. Die Eltern waren verzweifelt. Denn sie hatten bislang keine Nachkommen. Dann sind sie irgendwann darangegangen, angeblich Schuldige dafür zu finden. Das ging dann ganz schnell. Die Nachbarn seien schuld, hieß es. Denn die

Nachbarn mochten sich nicht. Und so hat die Frau plötzlich behauptet, immer wenn sie ihrer Nachbarin im Dorf begegnet sei, habe sie ein Reißen im Bauch verspürt. Offenbar sei sie von der anderen verhext worden. Weshalb es dann auch zu der Totgeburt gekommen ist."

„So ein Quatsch."

„Klar, aber dennoch ist eine Untersuchung in Gang gekommen, bei dieser hat man unter dem Bett der Nachbarin eine Büchse mit Kräutern gefunden. Sie haben sofort behauptet, es müsse sich um Hexenkräuter handeln, die an der Walpurgisnacht vom Teufel selbst verzaubert worden seien."

„Ach komm, das gibt's doch nicht."

„Es war aber tatsächlich so. Wie gesagt, gar nicht weit weg von unserer Gegend. Die angebliche Hexe hat lange Zeit alles abgestritten, was man ihr da angelastet hat. Doch unter der Folter hat sie schließlich gestanden und deshalb ist sie dann als Hexe verurteilt und verbrannt worden."

„Die Folter!" Christoph schüttelte sich unbehaglich. „Unter der Folter würde ich irgendwann auch alles gestehen – egal ob ich es war oder nicht. Da will man doch nur haben, dass die Schmerzen endlich aufhören."

„Eben. Und deshalb finde ich ja, dass gerade diese Hexenprozesse so furchtbar sind."

„Und weshalb tun Menschen so etwas?"

Roswitha musterte ihr Gegenüber mit einem ratlosen Blick. „Ach Christoph, wenn ich das nur wüsste. Manchmal fürchte ich, die einen wissen es selber nicht und die anderen, die haben ganz absichtlich einen Pakt mit dem Teufel geschlossen."

„Geradeso, wie die großen Kriegsherren."

„Ja, geradeso, wie die. Und zwar auf beiden Seiten!"

Damit war alles gesagt gewesen. Es dauerte lange, bis es ihnen gelungen war, endlich die düsteren Gedanken aus dem Kopf zu verbannen.

Plötzlich ein lauter Trommelschlag. Wildes Geschrei drang an ihre Ohren. Bevor sie wussten, wie ihnen geschah, waren Roswitha und Christoph von derben Händen gepackt worden, die ihnen mit einem eisenharten Griff beinahe die Oberarme zerquetschten. Jede Gegenwehr war sinnlos. Sie waren viel zu unaufmerksam gewesen, sonst hätten sie vielleicht noch rechtzeitig erkannt, dass sich in den Gebüschen am Straßenrand etwas verdächtig bewegte. Doch jetzt war es für solche Gedanken zu spät. Unversehens waren sie in eine Gruppe von betrunkenen Soldaten geraten, und während sie von zweien nach wie vor festgehalten wurden, bildeten die übrigen einen Kreis um sie herum. Der Anblick der Trommeln ließ Christoph erschaudern. Das waren Kriegswerber! Ein Presskommando. Bitte nicht!

„Ja, was haben wir denn da Schönes? Das ist aber ein prächtiger, junger Bursche!" Die Männer, es mochte ein knappes Dutzend sein, schienen im Lauf des Tages schon ordentlich dem Branntwein zugesprochen zu haben. Man konnte es an ihren glänzenden Augen und den stark geröteten Gesichtern deutlich ablesen. Jetzt lockerte der Landsknecht seinen Griff und drehte den erschrockenen Christoph zu sich herum. Mit seinen blutunterlaufenen Augen musterte er den Jungen höhnisch. Dann packte er ihn mit der Rechten grob am Hemdkragen. „Ja Bürschchen. Alt genug scheinst du mir zu sein. Höchste Zeit für dich, deine Verantwortung wahrzunehmen und für unseren Herrn und unseren Glauben in die Schlacht zu ziehen". Als wäre der stinkende Atem des Landsknechts, der sich bis auf eine Handbreit an den Jungen herangeschoben hatte, nicht schon ekelhaft genug, vermischte sich dieser Gestank mit einem furchtbar widerlichen Körpergeruch, der Christoph an schwitzende Leiber, faulendes Fleisch, Tod und Verwesung denken ließ. Kein Wunder, dass eine würgende Übelkeit in seiner Kehle aufstieg. In einer spontanen Abwehrbewegung schob er den Mann, der erstaunlicherweise keine Gegenwehr leistete, sondern in seinem Alkoholnebel wie benommen in die Arme seiner höhnisch lachenden Kameraden zurücktaumelte, weit von sich. „Lass mich zufrieden, bitte. Ich will nicht Soldat werden!"

„Was heißt denn da, ich will nicht", drängte sich nun ein anderer aus der Reihe dieser rohen Gesellen an Christoph heran. „Es geht hier nicht um Wollen oder Nichtwollen. Es geht einzig darum, seine heilige Pflicht für Glauben, Volk und Vaterland zu erfüllen. Da: unterschreib!"

Mit unsicherer Hand streckte er ihm ein schmutziges Blatt Papier entgegen.

„Ich kann aber nicht schreiben." Es galt jetzt zunächst einmal, Zeit zu gewinnen.

„Dann mach halt ein Zeichen. Das genügt!"

„Aber...", verzweifelt suchte Christoph nach weiteren Ausflüchten. „Aber ihr wisst doch noch nicht einmal meine Konfession."

Sein Gegenüber lachte spöttisch. „Wenn dir dein Leben lieb ist, Bürschlein, dann ist es die Richtige."

„Und was ist die Richtige?", wagte er eine mutige Erwiderung.

Verärgert über die andauernden Gegenfragen, stemmte der Mann seine Pranken in die Hüften und musterte Christoph mit einem vernichtenden Blick. „Was ist denn die Richtige?", brüllte er in die Runde, begleitet von einem höhnischen Lachen seiner Spießgesellen. „Wie er es wagt, solche kecken Fragen zu stellen! Nun denn, Knabe, merke dir eins", er senkte die Stimme zu einem gefährlich zischenden Flüstern: es ist immer die Richtige, wenn du von uns gefragt wirst. Hast du nun endlich verstanden?"

Christoph zog es vor, den Blick gesenkt zu halten und nur mit einem kurzen Nicken anzudeuten, dass er die Frage verstanden hatte.

„Nun denn. Dann musst du nur noch dein Zeichen machen und anschließend den heiligen Eid schwören."

„Nein!" Der Ausruf war spontan aus seiner Kehle gedrungen. Viel lauter, als es angeraten war. Zu spät.

Die Reaktion erfolgte dementsprechend. Zornesröte verdunkelte die Miene des Fragestellers. Blitzschnell griff der Landsknecht zum Säbel und es hätte keinen Wimpernschlag mehr gebraucht, bis er Christoph in seiner rasenden Wut über die beharrlichen Widerworte, den Säbel in den Leib gestoßen hätte. Es wäre unweigerlich dazu gekommen, darüber waren sich die schockierte Roswitha und der nicht minder entsetzte Christoph im Nachhinein auf bittere Weise klar geworden. Insofern konnten sie wirklich von Glück sagen, dass in genau diesem Augenblick ein lauter Schrei ertönte. Überrascht wandten die Landsknechte ihre Köpfe und verfielen in ein geradezu überschwängliches Jubelgeheul, als sie erkannten, dass sich ihnen ein Fuhrwerk, vollbeladen mit erbeutetem Branntwein, näherte. Von einem Moment auf den anderen war das Interesse an Christoph erloschen. Jetzt trachteten sie nur noch danach, sich rasch mit einer möglichst großen Menge an Schnaps zu versorgen und ihren Anteil vor den Kameraden zu sichern.

Das war knapp gewesen! Christoph zitterte am ganzen Leib, als ihn Roswitha fürsorglich in die Arme schloss und ihn mit einfühlsamen Worten zu trösten versuchte.

Doch die Gefahr war nur für den Augenblick gebannt.

Es war unglaublich mit anzusehen, welche Unmengen an Branntwein die rohen Gesellen da in sich hineinschütteten. Kein Wunder, dass es den einen oder anderen von ihnen irgendwann einfach von den Füssen riss und er sich sturzbetrunken lallend auf dem Boden wälzte.

Und dann war genau das geschehen, was Roswitha schon eine ganze Zeitlang befürchtet hatte: einer der Männer taumelte direkt auf sie zu! Mit seinem glasigen Blick musterte er sie völlig ungeniert von oben bis unten. „Na, meine Schöne. Wie heißt du denn eigentlich?" Ohne ihre Antwort abzuwarten, packte er sie an den Schultern und zerrte sie an sich heran. „Ist ja eigentlich egal, wie du heißt. Hauptsache, du bist alt genug, um dich in die Kunst des Liebens einweisen zu lassen. Wenn du sie nicht längst schon mit deinem armseligen Gefährten erprobt hast. Das war sicherlich eine ziemlich öde Angelegenheit. Aber jetzt hast du ja mich und meine Kameraden. Wir werden dir gute Dienste tun, das verspreche ich dir. Du darfst gleich einmal eine kleine Kostprobe genießen." Mit roher Gewalt ging der fürchterliche Kerl daran, dem sich heftig wehrenden Mädchen einfach die Kleider vom Leib zu reißen. Roswitha wand sich, kratzte, schlug und biss in ihrer Not schließlich kräftig zu.

Ein lauter Schmerzensschrei erschallte, gefolgt von einem hässlichen Fluch. Voller Entsetzen betrachtete der Mann die stark blutende Wunde an seiner rechten Hand, wo Roswithas Biss tiefe Spuren hinterlassen hatte. Die Kameraden kommentierten seine Verletzung mit schadenfrohem Gelächter. „Das hast du nun davon!"

„Lass sie in Ruhe heute. Morgen ist auch noch ein Tag!"

Doch der Mann schien nicht zu hören. „Du Miststück! Das wirst du kein zweites Mal versuchen!" Mit einem wilden Wutgeheul versuchte er, sich auf Roswitha zu stürzen, die jedoch geistesgegenwärtig einen Schritt zur Seite machte, sodass der betrunkene Angreifer an ihr vorbei ins Leere taumelte. Ein anderer fing ihn auf und gebot ihm Einhalt. „Jetzt lass erst mal nach deiner Wunde schauen und dann schläfst du gefälligst deinen Rausch aus. Unsere mutige Kämpferin soll jetzt einmal zuschauen, wie ihr Gefährte gleich folgsam werden wird. Und morgen dann kommt sie an die Reihe. Bindet den jungen Kerl fest – und seine hübsche Gefährtin auch, damit sie weiß, wie sich solche Stricke an den Handgelenken anfühlen."

In Windeseile sahen sich Roswitha und Christoph schon wieder von den rohen Männerhänden gepackt und an Armen und Beinen so fest zusammengeschnürt, dass es ihnen unmöglich schien, sich auch nur einen einzigen

Schritt zu bewegen. Roswitha war offenbar durch die brutale Behandlung an der Nase verletzt worden. Es war Blut, das auf ihre Lippen floss und einen ekelhaften Geschmack auf der Zunge erzeugte. Hoffentlich würde die Blutung bald zum Stillstand kommen. Denn bei diesen Gesellen konnte man nie wissen. Wenn erst einmal Blut floss, dann waren oftmals die letzten Hemmungen gefallen. Man hatte schon zu oft von solchen Dingen hören müssen... Es war eine fürchterliche Situation.

Doch es ging weiter. Die Konzentration der betrunkenen Männer schien sich wieder ausschließlich auf Christoph zu verlagern. Zu allem Überfluss begann nun einer, die große Trommel zu schlagen. Das verhieß nichts Gutes. Und genauso kam es auch. Als wäre der Trommelschlag ein Signal, auf das mancher der derben Gesellen nur gewartet zu haben schien, erhob sich ein vielstimmiges Jubelgeheul.

„Es kann losgehen".

Unvermittelt spürte Christoph das eiskalte Metall einer Pistolenmündung, die brutal gegen seinen Nacken gedrückt wurde und den Jungen an den Rand einer Ohnmacht führte. Es war ein scheußliches Gefühl. Doch die Tortur ging weiter. „Der Eid! Was ist jetzt endlich mit dem Eid?!", zischte der Waffenträger direkt in Christophs Ohr. „Heb die Hand und schwöre. Aber schnell. Sonst garantiere ich dir für nichts mehr. Für gar nichts!"

Und wieder konnte Christoph im Nachhinein von Glück sagen, dass in genau diesem Moment ein weiterer Landsknecht herangetorkelt war, der unsicheren Schrittes zwei bis an den Rand mit Schnaps gefüllte Becher in seinen Händen balancierte. „Jetzt wird nicht gearbeitet, jetzt wird erst einmal getrunken", lallte er dem anderen krächzend entgegen. „Jetzt nimm du erst einmal... Mist verfluchter!" Mitten in seiner Bewegung war er über einen am Boden liegenden sturzbetrunkenen Kameraden gestolpert, sodass er samt seinen beiden Bechern nach vorne fiel und direkt gegen die Brust des anderen prallte, wobei sich der hochprozentige Inhalt seiner Becher über Gesicht und Hals des zornig aufschreienden Soldaten ergoss. Voller Zorn holte dieser aus und hieb dem Betrunkenen die Pistole in den Bauch, die er noch kurz zuvor drohend gegen Christophs Nacken gedrückt hatte. Während der Mann mit einem erstickten Schmerzensschrei wie ein Mehlsack in sich zusammenklappte, schob sich der mit Branntwein Begossene fluchend durch die Reihe seiner lachenden Kameraden, um sich an einem der Wasserfässer zu säubern. Christoph schien fürs Erste gerettet. Man konnte nur hoffen, dass die anderen den Alkohol nun rasch und in großen Mengen konsumierten – das beste Mittel, um sie von ihrem eigentlichen Vorhaben abzulenken. Andererseits: das Gelage der trinkerprobten Gesellen würde sicherlich bis weit in die Nacht hinein andauern. Somit galt es, weiterhin auf der Hut zu sein und keinen der Zecher aus den Augen zu lassen.

Wenig später braute sich schon wieder Gefahr zusammen. Dieses Mal ging sie von drüben aus, vom Wagen, auf dem sich das Fass mit seinem kostbaren Inhalt befand. „Was ist denn jetzt mit denen und ihrem Kriegseid?", hatte einer gelallt und seinen glasigen Blick auf Christoph gerichtet.

„Die laufen uns schon nicht davon", sein Nachbar packte ihn am Nacken und drückte seinen Kopf zu den mit Schnaps gefüllten Holzbechern herunter. „Da, trink erst einmal. Heute wird gefeiert. Und morgen ist auch noch ein Tag – falls wir ihn erleben werden. Deshalb: sauf den Becher heute aus, bevor es morgen zu spät ist..."

„...wo du recht hast, da hast du recht", grinsend setzte der andere seine Lippen an den Becher und ließ, ohne den Becher mit den Händen zu greifen, seinen Kopf weit nach hinten fallen, wodurch ihm der Branntwein über das Kinn bis in die Nase lief, was einen fürchterlichen Hustenanfall nach sich zog, der vom wiehernden Gelächter seiner

Kameraden begleitet wurde. Tief in der Nacht, während die Landsknechte endlich in eine Art bewusstlosen Schlaf gefallen waren, schafften es die beiden nach einer langen, verzweifelten Anstrengung, sich von ihren Fesseln zu lösen und sich im Schutze der Dunkelheit, die nur von einem fahlen Mondlicht spärlich durchbrochen wurde, vorsichtig davonzuschleichen.

Es mochte eine gute Stunde vergangen sein, bis sich Roswitha traute, zum ersten Mal inne zu halten und einen tiefen, erleichterten Atemzug zu wagen. „Gott sei Dank!"

Auch Christoph blieb stehen und schnaufte schwer. „Das war knapp!"

Wie aber sollte es weitergehen? Wie gefährlich es war, sich weiterhin auch nur in der Nähe des Kriegsgeschehens aufzuhalten, das hatten sie innerhalb kürzester Zeit nun gleich zweimal am eigenen Leib erfahren müssen. Und beide Male war es ihnen nur mit knapper Not gelungen, sich aus dieser misslichen Lage zu befreien. Es bedurfte deshalb keiner großen Diskussionen mehr, bis ihr Entschluss feststand: sie würden von nun an versuchen, eine möglichst große Distanz zwischen sich und die Soldaten zu bringen. Und zwar so rasch wie möglich. Tagsüber schien es ihnen ratsam, sich versteckt zu halten, während sie in der Nacht ihren Weg unter die Füße nehmen würden. Einen Weg, der sie, auch darin waren sich Roswitha und Christoph einig, in Richtung Süden führen würde. Dort drohte ihnen die geringste Gefahr, in das Kampfgetümmel zu geraten. Dachten sie. Die Wirklichkeit jedoch sah bald ganz anders aus.

*

Die Morgendämmerung ihrer dritten Fluchtnacht, seit sie sich aus der Gewalt der betrunkenen Landsknechte befreit hatten. Der zweite Tag im Monat Oktober des Jahres 1631. Gleich würde der Tag anbrechen. Unvermittelt blieb

Roswitha stehen. „Ich kann nicht mehr!" Stöhnend ließ sie sich auf das taunasse Gras der weiten Ebene sinken und rieb mit schmerzverzerrter Miene ihr linkes Bein.

„Roswitha, was soll das?" Kopfschüttelnd sah Christoph auf seine Gefährtin herunter. „Wir können hier nicht bleiben. Du musst schon noch eine kleine Weile die Zähne zusammenbeißen. Dort hinüber müssen wir", deutete er mit ausgestrecktem Arm zu einem Waldstück am Horizont hinüber, das nur schemenhaft zu erkennen war. Es würde noch eine gute Dreiviertelstunde dauern, bis sie es geschafft hatten, den schützenden Waldsaum zu erreichen. Angesichts der jetzt rasch einsetzenden Helligkeit eine Tatsache, die Christoph stark beunruhigte. „Komm Roswitha. Rasch, beeile dich, bevor der Tag endgültig angebrochen ist. Wir stehen hier auf der Wiese wie Rehe, die zum bequemen Abschuss freigegeben sind. Da braucht nur irgendein Kundschafter daherzukommen. Der sieht uns schon von Weitem. Schnell, komm jetzt!"

Er machte eine ungeduldige Handbewegung, um sie zum raschen Aufbruch zu drängen, doch Roswitha schüttelte nur unglücklich ihren Kopf. „Ich kann aber nicht mehr!"

„Du musst!"

„Es geht nicht. Mein Bein tut mir so weh. Das Bein, das gebrochen war. Irgendetwas sticht höllisch bis in den Knöchel herunter. Und geschwollen ist es auch. Es geht nicht mehr. Ich bleibe hier. Soll kommen, wer will, ich kann nicht mehr."

„Du kannst aber nicht einfach hier bleiben."

„Aber ich kann nicht mehr!"

In einem spontanen Entschluss beugte sich Christoph zu ihr hinunter und zog sie an den Oberarmen vorsichtig zu sich heran. „Dann trage ich dich eben!" Unter vielen Mühen gelang es den beiden schließlich, Roswitha einigermaßen ausgeglichen auf Christophs Rücken zu bugsieren. Schlingernd und immer wieder halb in die Knie sackend, gelang es dem Jungen tatsächlich, Roswitha bis zum Waldsaum zu schleppen, wo er sich dann zu Tode erschöpft einfach niedersinken ließ. „Geschafft! Für heute dürften wir in Sicherheit sein. Jetzt hast du den ganzen Tag lang Zeit, dich auszuruhen und deinem Bein ein bisschen Erholung zu gönnen."

Doch wieder schüttelte Roswitha weinend ihren Kopf. „Ich kann nicht mehr. Es wird heute am Abend nicht besser sein als jetzt. Die Schwellung hat sogar noch zugenommen, während du mich hierher gebracht hast. Ich kann und ich will nicht mehr!"

Trotz seiner völligen Erschöpfung richtete sich Christoph bei diesen Worten kerzengerade auf und musterte seine verzweifelte Gefährtin mit einem erschrockenen Blick. So mutlos hatte er die willensstarke und immer zuversichtliche Roswitha noch nie zuvor erlebt. Was war es denn nur, das sie urplötzlich in diese abgrundtiefe Hoffnungslosigkeit getrieben hatte? So müde er auch war und sich nach Schlaf sehnte, jetzt galt es erst einmal, Roswitha wieder aufzurichten.

„Aber wir haben es doch bald geschafft. Nach all den Tagen, die wir zusammen unterwegs waren und allen Gefahren, die wir gemeinsam hinter uns gebracht haben, wirst du doch jetzt nicht aufgeben wollen. So kurz vor dem Ziel! Dann wäre ja alles umsonst gewesen!"

Roswitha schniefte achselzuckend. „Vor dem Ziel! Welches Ziel denn?!"

Was sollte diese Äußerung bedeuten? Was ging nur in ihr vor? „Das weißt du doch ganz genau, Roswitha. Wir wollten nach Rothenburg. Dort sind wir in Sicherheit. Und spätestens morgen dürften wir Rothenburg erreicht haben."

„Das ist mir einerlei. Ob ein oder zwei Nachtmärsche, die wir nur noch entfernt sind: ich kann nicht mehr. Und außerdem – wir entfernen uns dadurch ja immer weiter von Matthias..." Sie schlug die Hände vor das Gesicht und schluchzte bitterlich.

Du meine Güte! Offenbar war sie nicht nur mit ihren körperlichen Kräften am Ende, sondern auch ihre Seele hatte schweren Schaden gelitten. Kein Wunder, angesichts all der schrecklichen Erlebnisse, die sie in diesem Jahr schon hatte aushalten müssen. Mehr als einmal hatte Christoph seine Gefährtin für ihre unglaubliche Willenskraft bewundert, die sie dabei an den Tag gelegt hatte. Man hätte beinahe meinen können, es habe sie gar nicht berührt, sondern es sei irgendwie einfach an ihr abgeprallt. Doch dass es nur ein Schutzschild gewesen war, das sie damit um sich herum aufgebaut hatte, das zeigte sich an diesem Zusammenbruch, der so unvermittelt über sie hereingebrochen war.

Behutsam versuchte Christoph, das Mädchen, das mehr und mehr in der Verzweiflung zu versinken drohte, mit hoffnungsvollen Worten zu beruhigen. Wie sicher sie in Rothenburg sein würden. Hinter den unbezwingbaren Mauern der großen Stadt. Wie sie sich zum ersten Mal seit Monaten ungezwungen würden bewegen können, ohne die Angst als ständigen Begleiter im Nacken zu spüren. Keine Furcht mehr vor Hinterhalten und plötzlichen Überfällen. Endlich die Freiheit der Stadtluft atmen zu können. Ein verlockender Gedanke.

Doch Roswitha zeigte keinerlei Bereitschaft, sich von Christoph beruhigen zu lassen. Ganz im Gegenteil: je emsiger sich der Junge bemühte, desto abweisender wurden Roswithas Gesten. Kein Wunder, dass es durch den Verlauf der einseitigen Unterhaltung zu einer heftigen Auseinandersetzung zwischen den beiden kam. Voller Unverständnis angesichts der Tatsache, dass keines seiner Argumente bei ihr fruchtete, hatte Christoph schließlich wütend gerufen: „Dann sag doch du, was deiner Meinung nach richtig ist! Willst du lieber hier bleiben und im Wald abwarten, bis der Krieg vorüber ist?"

„Nein, das will ich natürlich nicht", murmelte sie leise.

„So, das also willst du nicht! Und was, bitte, willst du

dann? Wohin soll die Reise gehen, wenn überhaupt?"
„Wir sollten näher bei den Soldaten bleiben..."
„Näher bei den Soldaten bleiben?!" Christoph meinte sich verhört zu haben. „Das ist doch wohl nicht dein Ernst! Nach allem, was wir mit den Soldaten kürzlich erlebt haben. Zweimal bin ich denen, nein: sind *wir* denen nur mit knapper Not entronnen! Was soll das?!"

Anstelle einer Antwort zuckte Roswitha nur traurig mit den Achseln.

„Du weißt es nicht? Soso! Du weißt also nur, dass du nicht willst, was ich will. Was aber du in Wirklichkeit willst, das weißt du selber nicht. Na wunderbar!"

„Ich will Matthias wiederfinden!"

Der Ton in ihrer Stimme ließ Christoph trotz seines Ärgers aufhorchen. Roswitha stand kurz vor einem völligen Zusammenbruch! Er musste unbedingt behutsamer vorgehen und durfte sich nicht von seinen eigenen bis zum Zerreißen angespannten Nerven zu unbedachten Worten verleiten lassen.

„Ja, aber Roswitha. Das wollen wir doch beide. Nur ist nichts erreicht, wenn wir damit in den Kugelhagel geraten. Wir müssen mit Bedacht vorgehen. Was nützt es deinem Bruder, wenn du tot bist, weil du plötzlich deine Vorsicht aufgegeben hast. So wirst du ihn dann erst recht nicht wiederfinden. Weder direkt auf dem Schlachtfeld noch zwischen allen Fronten. Glaubst du etwa, du kannst dich einfach unter die Soldaten mischen, die Reihen absuchen und Matthias, falls du ihn wider Erwarten unter den zehntausend Leuten überhaupt finden solltest, so mir nichts dir nichts greifen und mitnehmen? Jetzt lass uns erst einmal nach Rothenburg in Sicherheit kommen und uns erholen. Wir haben es beide bitter nötig. Ich denke, wir müssen einfach abwarten, bis sich der Pulverdampf der nächsten Schlacht verzogen hat. Und diese nächste Schlacht wird bald schon stattfinden. Danach werden wir weitersehen. Mach dir bitte wegen deines Beins keine

Sorgen. Ich werde dich auf meinem Rücken nach Rothenburg bringen. Egal wie schwer das auch sein mag. Das schaffe ich schon, nein: wir beide werden das gemeinsam schaffen!" In der Hoffnung, sie möge es richtig deuten, versetzte er ihr mit dem Ellbogen einen behutsamen Knuff in die Seite.

Tatsächlich. Sein Kalkül schien aufgegangen. Roswitha hob den Kopf und zwang sich, trotz ihrer rotgeweinten Augen, zu einem leichten Lächeln. „Du hast ja recht. Und du meinst wirklich, wir könnten es schaffen? Selbst wenn ich dir wie ein Mehlsack auf dem Rücken liege?"
Christoph nickte heftig. „Das sage ich doch. Wir werden es schaffen. Wenn wir uns einig sind, dann werden wir es schaffen. So, wie wir bisher gemeinsam auch alles überstanden haben."
Wieder schaffte Roswitha den Anflug eines Lächeln. „Also gut. Wenn du das sagst... Und nun?"
„Wie ich es gesagt habe: wir gehen heute Abend weiter nach Rothenburg. Dort gibt es Mühlen genug, in denen wir eine Arbeit finden können. Außerdem sind wir dort endlich einmal in Sicherheit, denn die Stadt ist ja evangelisch. Sie steht damit unter dem Schutz von König Gustav Adolf. Und: sie ist Mitglied des Leipziger Bündnisses. Den Siegern über Tilly. Allein dieses machtvolle Bündnis ist der Garant dafür, dass eine so wichtige Stadt wie Rothenburg den Kaiserlichen niemals in die Hände fällt. Also auf nach Rothenburg! Dann werden wir weitersehen. Aber jetzt... jetzt will ich erst einmal schlafen. Ich bin nämlich hundemüde. Die kommende Nacht wird schwer genug: im doppelten Sinn des Wortes, wenn ich an meinen Rücken denke", wagte er noch eine abschließende scherzhafte Bemerkung. Wenig später war er in einen tiefen, erschöpften Schlaf gefallen, aus dem er erst erwachte, als ihn Roswitha bei Anbruch der Dämmerung behutsam weckte.

Tatsächlich waren die beiden innerhalb der von Christoph vorausgesagten Zeit in die Rothenburger Gegend gelangt. Glücklicherweise hatte sich Roswithas Bein zumindest einigermaßen erholt, nachdem es einen ganzen Tag und eine ganze Nacht kaum belastet worden war. So konnte sich Roswitha, fest an Christophs Schulter geklammert, mit dem gesunden Bein ganz gut vorwärtsbewegen und brauchte das verletzte Bein nur ab und zu, um sich abzustützen. Auf alle Fälle kamen sie dadurch rascher vorwärts, als wenn Christoph sie die ganze Zeit über auf dem Rücken hätte tragen müssen. Im Nachhinein betrachtet hätten sie es wahrscheinlich nie geschafft, die Stadt zu erreichen.

Am Morgen vor ihrem Eintreffen in der Freien Reichsstadt hatten sie beschlossen, den kommenden Tag in der Nähe von Lehrberg an der Rezat zu verbringen. Außerhalb des Dorfes waren sie auf eine verlassene Mühle gestoßen, der sie sich vorsichtig näherten. Weit und breit war keine Menschenseele zu entdecken. Irgendwie lagen noch die Reste eines beißenden Brandgeruches in der Luft, der wohl von dem Feuer herrührte, dem die Mühle zum Opfer gefallen war. Die Asche auf dem Erdboden jedoch war längst erkaltet. Das Feuer musste also schon vor mehreren Tagen erloschen sein. Aber offenbar hatte es bislang keine Bestrebungen gegeben, die Mühle wieder herzurichten. Da! Eine kaum wahrnehmbare Bewegung! Erschrocken duckten sie sich hinter den Stamm eines mächtigen Lindenbaums.

Jetzt nahm die Bewegung Konturen an. Es handelte sich um einen alten Mann mit abgerissener Kleidung und schlohweißem Haar, der da aus einem der halbverfallenen Gebäude geschlurft kam.

Ächzend ließ er sich auf der Einfassung des Brunnens nieder, dessen Dach samt Eimer und der Winde vermutlich bei dem Feuer zerstört worden waren. Mit einem dumpfen, ausdruckslosen Blick saß er nun da, die Augen an einen unbestimmten Punkt auf dem Boden geheftet. Keinerlei Regung ließ der Mann mehr erkennen, geradeso, als sei er zur Salzsäule erstarrt. Seltsam!

Christoph fasste sich ein Herz und löste sich aus seinem Versteck. Mit ausgebreiteten Armen machte er zwei Schritte auf den Alten zu: „Hallo!"

Keine Antwort.

„Guten Morgen."

Nichts.

„Ich... ich wollte nur fragen, ob wir uns hier vielleicht den Tag über aufhalten dürfen? Meine Begleiterin und ich?"

Weiterhin glotzte der Mann nur stumm vor sich hin.

Ratlos drehte sich Christoph zu Roswitha um, die sich nun ebenfalls traute, hinter dem Baum hervorzutreten. „Er scheint uns gar nicht wahrzunehmen!" Mit dem Zeigefinger tippte er sich an die Stirn und machte dabei eine fragende Miene.

Roswitha wiegte unsicher den Kopf. Vielleicht war der Alte auch nur taub. „Na ich weiß nicht. Auf alle Fälle wird er uns nichts tun."

Ganz unvermittelt begann der alte Mann zu sprechen, während er noch immer mit seinem zum Boden gerichteten Blick eine unbestimmte Stelle zu fixieren schien. „Sie sind alle gestorben. Vor meinen eigenen Augen haben die Landsknechte sie in die Scheune gesperrt und die Türen verschlossen. Dann haben sie die Scheune angezündet. Alle sind darin verbrannt, alle – bis auf mich." Ein irres Kichern drang aus seinem geifernden Mund. „Mich haben sie nämlich leben lassen." Wieder dieses blöde Kichern. „Und so bin ich nun der letzte Müller von der Rezatmühle. Der Allerletzte. Alle anderen sind verbrannt, die Frau, die Kinder, die Enkel. Nur ich bin noch am Leben." Das Kichern verstummte wieder. Regungslos saß der Mann am Rand des zerstörten Brunnens. Noch immer ohne die beiden Besucher auch nur eines Blickes zu würdigen.

„Er ist tatsächlich verrückt geworden", flüsterte Roswitha ihrem Begleiter leise ins Ohr. „Der Arme. Sie haben ihn gezwungen, alles mit anzusehen. Kein Wunder, dass er da dann irgendwann..."

Christoph nickte und machte dennoch einen erneuten Versuch, um mit dem Alten ins Gespräch zu kommen. „Können... dürfen... wir also vielleicht den Tag über hier bleiben? Wir tun dir nichts und heute Abend ziehen wir sowieso weiter."

Es schien nach wie vor, als seien seine Worte gar nicht bis zu dem verwirrten Müller vorgedrungen. „Alle sind sie verbrannt", kicherte der anstelle einer Antwort nun schon wieder. „Nur ich nicht. Ich lebe. Ich bin noch da und alle anderen haben gehen müssen. Sind mit dem Rauch zum Himmel aufgestiegen."

Christoph zuckte ratlos mit den Schultern.

„Komm, lass ihn einfach in Frieden." Roswitha zupfte ihren Begleiter am Ärmel und zog ihn mit sich fort zu einem der Nebengebäude, dessen Dach noch einigermaßen vorhanden war und den Anschein machte, als würde es nicht gleich beim ersten Windstoß in sich zusammenbrechen. „Lassen wir dem Ärmsten seine Ruhe. Er hört uns anscheinend nicht. Er ist gefangen in seiner düsteren Welt. Es war zu viel für ihn, was er hat mit ansehen müssen. Da schau. Dort drüben ist genügend Platz für uns, den Tag zu verbringen."

Es wurde ein unruhiger Aufenthalt in dem Mühlenschuppen, in dem beide nicht richtig in den Schlaf fanden, so müde und erschöpft sie auch sein mochten. Immer wieder kamen ihnen Bilder in den Sinn, die den Bericht des Alten vom Brand seiner Mühle in schrecklichen Szenen illustrierten: es musste wirklich furchtbar für ihn gewesen sein, seine ganze Familie vor seinen eigenen Augen sterben zu sehen. Ohne dass er ihnen hätte zu Hilfe kommen können. Schlimmer noch: ohne dass es irgendeinen Sinn für dieses Sterben hätte geben können. Ein Akt schierer

Willkür. Rohe Gewalt, verübt von im Krieg entfesselten Menschen. Von Menschen, die längst keine Menschen mehr waren.

Voller Erleichterung registrierte Roswitha am späten Nachmittag den ersten grauen Schleier der hereinbrechenden Dämmerung und weckte den jetzt friedlich neben ihr im Stroh schlafenden Christoph mit einem leichten Rütteln an dessen rechter Schulter. „Christoph, wir können weiter. Endlich. Der Abend ist angebrochen. Auf geht's: weiter nach Rothenburg", flüsterte sie dem schlaftrunkenen Jungen ins Ohr.

Gähnend rieb sich Christoph die Augen und warf einen müden Blick aus der Fensteröffnung auf das Land draußen vor der Mühle. „Es ist doch noch fast völlig hell", stöhnte er leidvoll. „Du hättest mich wirklich noch eine Weile schlafen lassen können. So weit ist es schließlich auch nimmer nach Rothenburg."

Roswitha widersprach ihm mit einem sanften Lächeln: „Ich finde schon, dass wir uns beeilen sollten. Wer weiß, was uns auf dem Weg noch so alles dazwischen kommt."

Immerhin – mit Erleichterung registrierte der allmählich wieder munter gewordene Christoph, wie sehr sich die Gemütslage seiner Begleiterin wieder verändert hatte. Gott sei Dank! Das war wieder die willensstarke, zuversichtliche, immer vorwärtsorientierte Roswitha. So wie er sie normalerweise kannte. Die dunklen Schatten über ihrem Gemüt waren verschwunden. Neue Zuversicht hatte sich bei ihr eingestellt. Wie schön. So sollte es auch bleiben. Auch wenn die Dämmerung noch nicht vollständig hereingebrochen war, würden sie dennoch aufbrechen. Nach vorne schauen.

Kurze Zeit später hatten sie die Mühle hinter sich gelassen. Von dem verwirrten Alten war nicht das Geringste zu sehen oder zu hören. Auch recht. Aufatmend stützte sich Roswitha auf Christophs Schulter und begab sich damit auf die vorerst letzte Etappe ihrer Reise. Ihrem Zielort entgegen. Nach Rothenburg.

\*

Endlich also waren sie am frühen Morgen in Rothenburg angelangt. Am Spitaltor waren die beiden seltsamen Reisenden in die Stadt gelassen worden. Erstaunlicherweise ohne irgendwelche weiteren Nachfragen seitens des Torwächters. Denn merkwürdige Gestalten gab es in diesen kriegswirren Zeiten mehr als genug zu sehen und außerdem wurden die Einwohner von Rothenburg im Augenblick anscheinend von ganz anderen Sorgen geplagt.

Kaum waren Roswitha und Christoph durch die Seitentür geschlüpft und hatten die Spitalgasse ein Stück weit beschritten, da hielten sie schon wieder inne. Das geschäftige Treiben, das sich direkt vor ihren Augen an einem großen Platz rund um ein nicht minder stattliches Gebäude ausbreitete, ließ sie staunen. Wie Ameisen wirbelten die Menschen durcheinander und rasch wurde den beiden klar, worum es ging. Bei dem gewaltigen Gebäude handelte es sich um die Rossmühle, die seit dem gestrigen Tag wieder hergerichtet wurde. Die einzige Mühle in der Stadt, die ohne Wasserkraft betrieben werden konnte. Aus gutem Grund war sie eigens für Zeiten der Not erbaut worden, um beispielsweise dann in Funktion zu treten, wenn die Wassermühlen im Taubertal belagert, zerstört oder auch nur von der Stadt abgeschnitten waren. Welche Gründe auch immer im Einzelnen verantwortlich sein mochten: die Versorgung war und blieb damit gesichert.

Die Vorfahren der heute lebenden Rothenburger hatten höchst umsichtig gehandelt, als sie die Rossmühle auf dem Mühlacker innerhalb der sicheren Stadtmauer erbauen ließen. Eine wehrhafte Stadt, in der man für wirklich alle Gefahr gut gerüstet war.

Niemals zuvor in ihrem Leben hatten sich die Bürger von Rothenburg diese Tatsache dankbarer vor Augen geführt, als in den momentan herrschenden unsicheren Zeiten. Aufgrund der neuesten Botschaften, die aus Würzburg und Bamberg eingetroffen waren, begann sich die Stadt vorsorglich auf eine neue Belagerung vorzubereiten. Sicherheitshalber, ohne dass man bislang eindeutige Hinweise im Hinblick auf einen möglichen Vorstoß direkt gegen Rothenburg besaß. Aber der Bürgermeister und der Rat seiner Stadt wollten für alle Fälle gut gerüstet sein. So wurden von den Sonderbeauftragten des Rates nun auch in aller Heimlichkeit die versteckten Brunnen und Trinkwasserkanäle überprüft und deren Abdeckungen erneuert. Denn Wasser, das war ihnen allen nur allzu gut bewusst, war die Achillesferse jeder belagerten Burg oder Stadt. Jederzeit über genügend sauberes Trinkwasser zu verfügen, war schlichtweg überlebensnotwendig. Ohne eine funktionierende Wasserversorgung stand selbst eine so mächtige Stadt wie Rothenburg ob der Tauber bereits innerhalb weniger Tage vor der Kapitulation.

Nicht minder wichtig waren die Vorräte an Nahrungsmitteln, denn im Falle, dass sich eine Belagerung über mehrere Wochen wenn nicht gar Monate erstrecken würde, hatte man ebenfalls darauf vorbereitet zu sein. Die städtischen Kontrolleure hatten also gerade damit begonnen, im Hinblick auf die eingelagerten Getreidevorräte jedes einzelne Haus zu inspizieren. Vor allem die Speicher. Um sich ein Bild davon machen zu können, wie lange man wohl ohne neue Lieferungen von außen würde durchhalten können. Bereits vor mehreren Jahren, gleich nach Ausbruch des großen Krieges, war von den vorausschauenden Mitgliedern des Rates die Verpflichtung erlassen worden, in jedem Wohnhaus einen Vorrat für zwei Jahre anzulegen. Doch welcher Hausbesitzer konnte von sich sagen, dieser Verpflichtung nachgekommen zu sein? In diesen Notzeiten, wie sie augenblicklich herrschten, in denen die Ernte mehr als einmal nahezu vollständig vernichtet worden war. Zu allem Überfluss hatten sich dann oft genug die Mäuse erbarmungslos über die kärglichen Reste in den Speichern hergemacht.

Umso bedeutungsvoller schien es dem Rat, eine andere wichtige Nahrungsmittelquelle sorgsam zu sichern. Staunend verfolgten Roswitha und Christoph, wie emsig die Rothenburger darangingen, große steinerne Behältnisse, die sogenannten Fischkisten, zu befüllen. Pausenlos kamen schwere Fuhrwerke herangefahren, die mit riesigen Wasserbottichen beladen waren, in denen jeweils Tausende von Karpfenleibern zappelten und zuckten. Im Schlepptau der Fischtransporte flatterten als grauweiße Wolke ganze Scharen von Vögeln, die begierig fette Beute witterten. Umso wichtiger, dass deshalb jetzt die hölzernen Abdeckungen der Fischkisten als Schutz vor den unersättlichen Vögeln ausgebessert wurden – und dass die Frischwasserzuführungen für die Fischkisten nicht verstopft waren.

Auch auf dem großen Mühlacker, rings um das gewaltige Gebäude der Rossmühle, herrschte ein geschäftiges Treiben. Lautstark fluchende Bauern schoben sich auf ihren Getreidefuhrwerken durch mehrere Dutzend Schafherden hindurch, die sich teils auf Anweisung des Rates, teils auf Bitten der Nachbardörfer in den Schutz der Stadtmauern hierher auf den Mühlacker geflüchtet haben. Während die Bauern aus den umliegenden Orten des Rothenburger Staatsgebietes, der Landwehr, auf Geheiß der städtischen Reiter ihre restlichen Fruchtvorräte zur benachbarten Zehntscheune transportierten, waren gleichzeitig eine ordentliche Anzahl von Zimmerern, Schmieden, Maurern und deren Helfern damit beschäftigt, die schadhafte Dacheindeckung und das Mahlwerk der Rossmühle zu reparieren. In der Zwischenzeit waren auch fast drei Dutzend Rösser eingetroffen, die später im Wechsel dafür sorgen sollten, dass das gewaltige Göpelwerk der Mühle überhaupt betrieben werden konnte. Dazu werden jeweils

16 Pferde gemeinsam angespannt, die dank ihrer Kraft sage und schreibe vier Mahlwerke gleichzeitig in Gang halten müssen. Immerzu im Kreis würden sie dabei laufen müssen – das war auch der Grund dafür, weshalb man die doppelte Anzahl von Pferden angefordert hatte. Länger als zwei Stunden würden die Tieren dieses ewige Kreisen auf Dauer nicht durchhalten. Von dieser Warte aus betrachtet, schien es sinnvoller, öfter zu wechseln. Es würde die Leistungskraft der Pferde länger erhalten.

Bald schon würde die Rossmühle wieder in Betrieb gehen. Es konnten keine zwei Tage mehr vergehen. Sicherheitshalber würde die Mühle auf alle Fälle die Arbeit aufnehmen, um nicht bei einer eventuellen Belagerung unangenehme Überraschungen erleben zu müssen. Im Arbeitsbetrieb konnte man besser sehen, wo vielleicht noch eine Reparatur auszuführen war und an welcher Stelle es noch zusätzlicher Helfer bedurfte, um eine möglichst große Menge Korn in möglichst kurzer Zeit zu mahlen.

Es schien Roswitha und Christoph, dass der Müller noch einige Helfer gut gebrauchen könnte, schließlich waren die Bürger von Rothenburg samt ihren Knechten und Mägden ja mit ihrer eigenen Vorsorge im Hinblick auf die Belagerung vollkommen beschäftigt. Zusätzliche Helfer wären in der Stadt momentan also durchaus willkommen. So dachten die beiden und sie behielten recht mit ihrer Einschätzung: Roswitha und Christoph bekamen eine Arbeit in der Rossmühle. Zumindest solange der Krisenzustand anhielt. Wenn aber die Gefahr vorüber sei, dann würden sie wieder gehen müssen, hatte ihnen der Müller mit wenigen Worten auseinandergesetzt. Sie brauchten sich keinerlei Hoffnungen zu machen, für die Zeit danach irgendwelche Aufenthaltsrechte innerhalb der Stadtmauer erlangen zu können. Für gewöhnlich habe die Stadt genügend Hilfskräfte, nur momentan, in dieser besonderen Lage würden ausnahmsweise mehr Menschen in der Stadt geduldet, als üblich.

Der Müller hatte zunächst erkennbar gezögert, als Roswitha und Christoph bei ihm wegen einer Arbeit vorstellig geworden waren. Mit einem abschätzigen Blick musterte er die beiden eher schmächtig und wenig robust wirkenden Flüchtlinge vom Hesselberg. „Ihr fallt doch um, gleich wenn ihr den ersten Mehlsack auch nur von Weitem seht", hatte der Müller voller Skepsis den Kopf geschüttelt. „Und außerdem, wenn ich euch so..."

„Nein, nein", fiel ihm Roswitha entschieden ins Wort. „Wir sind viel schwere Arbeit gewohnt. Schon lange. Ich selbst habe ja sogar schon ein ganzes Jahr in einer Mühle gearbeitet."

Doch der Müller schien noch immer nicht überzeugt. Nachdenklich kratzte er sich am Hals und ließ seinen Blick ein weiteres Mal zweifelnd über Christophs hageren Körper wandern. Zum guten Glück stürmte in diesem Augenblick ein ärgerlicher Zimmermann direkt auf den Müller zu und herrschte ihn mit vorwurfsvollen Worten an: „Hier also drückst du dich herum, während ich mir dort drüben die Beine in den Bauch stehe! Was ist denn jetzt? Seit einer halben Ewigkeit warte ich schon auf dich. Ich brauche jetzt endlich deine genauen Anweisungen, nicht dass es ansonsten wieder nicht recht ist, was ich mache." Beschwichtigend hob der Müller die Hände: „Ist ja schon gut, ich komme ja schon." Er drehte sich um, klopfte dem Handwerker auf den Rücken und stand gerade im Begriff, mit dem Mann davonzugehen, als sich Roswitha wiederum ein Herz fasste: „Und wir? Was ist jetzt mit uns? Wir übernehmen wie gesagt jede Arbeit. Wir könnten auch dem Zimmermann helfen."

Schon im Weggehen begriffen, machte der Müller eine wegwerfende Geste: „Nun denn, meinetwegen. Dann bleibt eben. Aber wehe, ich sehe euch auch nur ein einziges Mal faul in der Ecke herumliegen. Dann könnt ihr gar nicht so schnell schauen, wie ich euch aus der Stadt gejagt habe. Geht zum Oberknecht rüber und lasst euch von dem sagen, wie er euch am besten einsetzen kann." Kaum hatte er seine letzten Worte gesprochen, da war er zusammen mit dem nervösen Zimmermann auch schon hinter einer Ecke des Mühlengebäudes verschwunden.

Roswitha und Christoph atmeten erleichtert auf. „Na, Gott sei Dank. Das wäre also geschafft. So schwer die Arbeit auch sein mag, das Arbeiten sind wir ja gewöhnt. Hier bleiben wir, bis sich die Dinge so weit geklärt haben, dass wir wissen, wohin wir uns im Anschluss zu wenden haben." So zuversichtlich sich Roswitha mit diesen Worten auch geben mochte, sie konnte damit dennoch nicht die Nervosität vergessen machen, die sich wie ein unheilvolles Menetekel über die ganze Stadt gelegt hatte und beinahe schon mit Händen zu greifen war.

Kaum einer der Einwohner von Rothenburg machte sich noch Illusionen über den weiteren Verlauf des Krieges. Egal, wie angestrengt der Bürgermeister auch darum bemüht war, ein möglichst harmloses Bild von den Vorgängen rund um die Stadt zu zeichnen. Die Versetzung in den Belagerungszustand und die bedrohlichen Nachrichten, die weiterhin aus allen Teilen Frankens hier eintrafen, sprachen den Beschwichtigungsversuchen von Bürgermeister Johann Bezold puren Hohn.

Es war durchaus nicht mehr auszuschließen, dass womöglich auch die Freie Reichsstadt Rothenburg ob der Tauber direkt vom Krieg getroffen werden würde. Denn mit jedem Tag rückte der Schwedenkönig Gustav Adolf immer näher an die Tauberstadt heran. Seine Vorhut stand, wie man hörte, nur noch zwei Tagesmärsche entfernt, tauberabwärts bei Mergentheim.

Andererseits machte die naheliegende Vermutung ihre Runde, dass sein Gegenspieler, der kaiserliche Feldmarschall Graf Tilly alles daransetzen würde, den König noch vor dem Winter zu stellen, um die bei Leipzig erlittene Scharte mit einem neuen Gefecht wieder auszuwetzen. Er wolle, so hieß es, sich auf keinen Fall ins Winterlager zurückziehen, ohne nicht zuvor noch die Genugtuung erlebt zu haben, Gustav Adolf eine empfindliche Niederlage zuzufügen – oder ihn sogar vernichtend geschlagen zu haben. So gesehen, schien es alles andere als unwahrscheinlich, dass Tillys Heerhaufen seinen Weg direkt über Rothenburg nehmen würde, in der Hoffnung, sich in der wirtschaftlich starken Freien Reichsstadt mit ihrem respektablen Hinterland neu verproviantieren zu können.

Der bloße Gedanke an ein neues Auftauchen der kaiserlichen Truppen jagte den Rothenburgern wahre Schreckensschauder über den Rücken. Die älteren von ihnen berichteten angesichts dieser Bedrohung mit sorgenzerfurchten Mienen von jenen unseligen Tagen, an denen sich der kaiserliche General von Pappenheim im Jahr 1622 mit seinen Soldaten in Rothenburg einquartiert hatte. Es war eine grauenhafte Zeit gewesen, mehr als drei Wochen lang hatten sich Pappenheims Männer auf Kosten der Stadt durchgefressen und gesoffen. Doch am schlimmsten waren die Begleitumstände gewesen, wie übel die wilden Kerle gehaust hatten, wie sie grölend und willkürlich um sich schlagend durch die Gassen gezogen waren – und niemand traute sich, den Soldaten Einhalt zu gebieten, geschweige denn, etwa bei Pappenheim persönlich vorstellig zu werden und ihn damit womöglich schwer zu verärgern. Noch schlimmer betroffen gewesen waren die Dörfer in der Rothenburger Landwehr.

Wieder und wieder hatten einzelne marodierende Haufen aus Pappenheims Truppe die Felder verwüstet und die Gehöfte geplündert. Ja, sogar später noch, bei der Aussaat im Frühjahr, hatten Rothenburger Musketiere Wache halten müssen, damit den Bauern nicht, wie oft geschehen, die Pferde gestohlen wurden oder die frisch eingesäten Felder von betrunkenen Landsknechten mutwillig zertrampelt wurden. Und dennoch: kaum waren die Musketiere abgerückt, da hatten sich die Landsknechtehaufen mitten in der Nacht in den Dörfern an der wehrlosen Landbevölkerung schadlos gehalten. Erst kurz vor Ostern war der Großteil des Mummenschanzes vorüber gewesen. Zurückgeblieben waren verwüstete Felder, schwer beschädigte Gehöfte, ein deutlich dezimierter Viehbestand und viele mutlose, ja sogar hungernde Menschen. Und das auf dem Land, wo es ansonsten doch eigentlich immer etwas zu essen gab! Dabei stellte Pappenheims schlimme Truppe im Vergleich zu dem riesigen Haufen, den Tilly befehligte, geradezu eine Kleinigkeit dar. Und zu allem Übel: dieses Mal war der gefürchtete Pappenheim wieder mit dabei. Ausgerechnet Pappenheim! In den vergangenen Jahren hatte er sich einen fürchterlichen Ruf erworben. Nicht minder unbarmherzig wie sein Oberbefehlshaber Tilly, zusätzlich aber, ganz im Gegensatz zu Tilly, auch dem Plündern und dem Morden persönlich durchaus zugeneigt. Kein Wunder, dass sich die Unruhe, die das ganze Land erfasst hatte, allmählich ins schier Unerträgliche steigerte. Die Bedrohung war ja inzwischen beinahe schon mit Händen zu greifen. In rascher Folge kam inzwischen aus dem Umland die Kunde von Einfällen berittener Truppen, die wie die apokalyptischen Reiter blitzschnell am Horizont auftauchten, plünderten und genauso schnell wieder verschwanden, wie sie über die Dörfer hergefallen waren.

Und mittendrin in diesem allmählich geradezu chaotischen Treiben befanden sich nun ausgerechnet Roswitha und Christoph. Andererseits: wohin sonst hätten sie gehen sollen? Nach wie vor schienen ihnen die dicken Mauern der wehrhaften und gut verproviantierten Reichsstadt der beste Schutz, den es in diesen unsicheren Zeiten geben konnte. Vom frühen Morgen bis zum Einbruch der Dunkelheit hallten die engen Gassen wider vom ängstlichen Blöken der Schafe, die von fluchenden Hirten zum Schrannenplatz, auf den Marktplatz oder eben zum Mühlacker getrieben wurden. Mittlerweile herrschte eine drangvolle Enge in der Stadt, deren Straßen zu allem

Überfluss im Kot der Schafe zu ersticken drohten. Ganz abgesehen davon, dass oft kein Durchkommen für die Rothenburger mehr war, wenn eine dieser Herden buchstäblich in den Gassen feststeckte. Manch handgreifliche Auseinandersetzung zwischen den gereizten Bürgern und den nicht minder aggressiven Schäfern war die Folge. Doch es half alles nichts. Die Herden waren in der Stadt und dies sogar aufgrund einer ausdrücklichen Anordnung des Stadtrates, die inzwischen an die Schafhirten ergangen war. Dies vor dem Hintergrund der zunehmenden Überfälle, denen ja gerade die Schafherden der Stadt naturgemäß völlig schutz- und wehrlos ausgeliefert waren. Gerade auf die Herden hatten es die hungrigen Soldatentrupps besonders abgesehen, denn sie boten eine ideale Gelegenheit, um sich mit neuem Proviant zu versorgen. Ganz gezielt schienen deshalb Späher die Landschaft zu durchstreifen, um die Schäfer samt ihrer Herde aufzuspüren. Auf geradezu dramatische Art und Weise war nun der Bestand der Rothenburger Herden schon zusammengeschmolzen, sodass sich der Rat der Stadt nicht anders zu helfen wusste, als die Schäfer mit sämtlichen Schafen so rasch wie möglich in den Schutz der Stadtmauer zu befehlen.

Wenn das wenigstens alles gewesen wäre: doch in das blökende Chaos mischten sich auch noch zahlreiche Bauern aus der Landwehr samt ihrer Kuh (sofern sie über einen so kostbaren Besitz verfügten) und den Schweinen, die mit ihrem unaufhörlichen Quieken und Grunzen selbst noch mitten in der Nacht die Ruhe in der Stadt empfindlich störten. Eine ländliche Invasion, deren Ende noch immer nicht abzusehen war! Am heutigen Tag waren auch die Schäfer vom Schandhof, von Burgstall und selbst diejenigen aus Haltenbergstetten, nach Rothenburg geflüchtet.

Kaum vorstellbar, wie und vor allen Dingen wo man diese unüberschaubare Menge an Tieren noch unterbringen sollte. In ihrer Not erklärte sich die Stadt jetzt sogar bereit, das frühere Kloster der Dominikanerinnen zu öffnen, hinter dessen Mauern sich nun Tausende von Schafen tummelten. Ein fürchterliches Chaos! Vor Angst und drangvoller Enge blökende Schafe, verzweifelt bellende Hunde, zornig fluchende Schäfer, alles vermischte sich zu einem undefinierbaren Tongemenge, das durch die Gassen der Stadt hallte. Und schon stellte sich das nächste Problem: zwar hatte man die Herden mit dieser Maßnahme zunächst in Sicherheit bringen können, doch wie sollte eine solche Masse gefüttert werden? Es bedurfte jeder verfügbaren Hilfe unter den jungen Männern und Frauen, um auf den Wiesen und Weiden vor der Stadt das dringend benötigte Futter zu schneiden. Eine mühevolle Angelegenheit, denn schließlich war längst der Oktober angebrochen. Da war nicht mehr viel Gras zu ernten. Noch konnte man sich zwar irgendwie versorgen, wie aber sollte das gehen, wenn die Stadt erst belagert wäre? Nicht auszudenken!

Kein Wunder, dass es in diesem hektischen Treiben beständig zu kleineren und größeren Reibereien unter den Menschen kam. Vor allem dann, wenn die Futterschneider sich in ihrer Not auf den längst abgemähten Wiesen um einiges zu weit von der Stadt entfernten und sich auf der Markungsfläche des Nachbardorfes Gebsattel bedienten.

Gebsattel: ein Ort, der zwar in unmittelbarer Nähe von Rothenburg lag, der aber dennoch zum Amt der katholischen Herrschaft Comburg zählte. Und folglich dem katholischen Bekenntnis nachging. Kein Wunder, dass zwischen den Rothenburgern und den Gebsattlern deshalb besonders schnell ein Streit ausbrechen konnte. Rasch gab da ein Wort das andere. Üble Beschimpfungen gegen den Papst, die ein ebensolches Echo im Hinblick auf den Reformator Martin Luther zeitigten und bald schon war eine heftige Prügelei im Gange, die erst von den herbeigerufenen Stadtknechten aus Rothenburg mit großer Mühe wieder unterbunden werden konnte.

Besonders kompliziert gestaltete sich die Angelegenheit überdies, weil sich das evangelische Rothenburg in einem Schutzvertrag verpflichtet hatte, das katholische Nachbardorf im Falle eines Angriffs zu verteidigen, was den Bauern von Gebsattel das Recht gab, sich im Gefahrenfall hinter die Rothenburger Stadtmauer zu flüchten. Schon deshalb vermochten die Futterschneider aus Rothenburg nicht einzusehen, dass sie die Gebsattler im Fall einer Gefahr zwar bei sich aufnehmen sollten, die Gebsattler dagegen im Falle einer Rothenburger Notlage, wie sie jetzt durch den Futtermangel entstanden war, aber nicht bereit waren, der Nachbarstadt mit Futter auszuhelfen.

Erschöpft lehnte sich Roswitha an den Stamm des kleinen Lindenbaums bei der Rossmühle. Müde blinzelte sie in das allmählich schon wieder verlöschende Sonnenlicht dieses zu Ende gehenden Tages. Wenigstens heute hatte sich einmal kurz die Sonne gezeigt, nachdem die vergangenen Wochen durch und durch regenfeucht und empfindlich kühl verlaufen waren. Immerhin war es ihr noch gelungen, kurz den Sonnenschein zu sehen. Bei der anstrengenden Arbeit in der Mühle war sie nicht dazugekommen, auch nur ein einziges Mal aus der Türe zu treten. Seit dem Morgengrauen war sie schon auf den Beinen. Mit dem Handrücken wischte sich das Mädchen den Mehlstaub von der schweißnassen Stirne. Kein angenehmes Gefühl, wenn sich dieser Staub mit dem Schweiß vermischte. Jede Pore ihres Körpers schien vom Mehl inzwischen verstopft. Es war höchste Zeit, einen Augenblick lang auszuruhen und durchzuatmen, wobei sie natürlich immer auf der Hut sein musste, um nicht vom Müller beim Faulenzen erwischt zu werden, wie er das ausdrückte. Selbst noch nach einem so langen und harten Arbeitstag. Die Müller! Anscheinend waren es überall dieselben grobschlächtigen Sklaventreiber! In der Dinkelsbühler Stadtmühle genauso wie in der Rossmühle von Rothenburg. Wie sie so dastand und mit dem Kopf an der Türe lehnte, hörte sie, wie sich die Fuhrknechte draußen unterhielten.

Anscheinend war eine heftige Debatte unter den Männern entbrannt, nachdem es vom Rathaus Neuigkeiten gegeben hatte. Dort nämlich war der Rat der Stadt zu einer Krisensitzung zusammengekommen und es war im Ratssaal genauso erbittert und kontrovers diskutiert worden, wie jetzt unter den Fuhrknechten wieder. Nur mit dem Unterschied, dass die Fuhrknechte nichts zu entscheiden hatten. Gott sei Dank, meinte der eine oder andere von ihnen. Denn wie auch immer die Entscheidung lautete, es konnte sich im Nachhinein betrachtet um genau die falsche handeln. Eine gewaltige Verantwortung, die da auf den Schultern der Ratsherren und des Bürgermeisters lastete. Was war der richtige Weg? War es wirklich sinnvoll und angeraten, die Stadt zu verschließen und den Kaiserlichen unter ihrem Feldmarschall Tilly, wenn sie denn tatsächlich vor die Tore Rothenburgs kommen und Einlass begehren sollten, die Öffnung der Stadttore zu verweigern?

Zwei Lager standen sich in dieser Frage kompromisslos gegenüber. Kein Wunder, denn einen Vergleich zwischen den beiden Parteien konnte es in diesem Fall gar nicht geben. Es gab nur Ja oder Nein. Eine fürchterliche Zwickmühle. War es richtig, was die einen sagten, die gegen eine Öffnung der Tore plädierten? Mit dem Argument, dass die Katholischen übel unter den Protestanten hausen würden, wären sie erst einmal in der Stadt. Die anderen dagegen verwiesen auf die rechtlichen Grundlagen, nämlich dass eine Freie Reichsstadt, egal ob evangelisch oder katholisch, gar keine andere Wahl habe, als einem kaiserlichen Heer ihre Tore zu öffnen. Denn als Freie Reichsstadt sei man doch direkt dem Kaiser untertan. Der Kaiser als oberster Beherrscher des Reiches sei somit auch oberster Herr der Stadt Rothenburg. Ob katholisch oder evangelisch, diese Frage dürfe dabei keine Rolle spielen. Und seit dem Augsburger Religionsfrieden besitze man überdies doch das verbriefte Recht, sein evangelisches Bekenntnis in Rothenburg auszuüben. Die alte Urkunde in der dieses

Recht bestätigt worden war, werde im Archiv der Stadt verwahrt.

Immer hitziger wurden die Wortgefechte unter den Ratsherren: „Was kümmern einen Soldaten die alten Urkunden und Rechte?"

„Zumal einen, der noch nicht einmal lesen und schreiben kann!"

„Aber Tilly kann lesen – und Pappenheim übrigens auch! Sie werden die vom Kaiser verbrieften Rechte anerkennen. Denn der Kaiser ist genauso ihr Herr wie er unser Herr ist!"

„Wenn wir es nicht tun, dann werden sie uns zu Aufrührern erklären und dann wehe uns allen. Auf Widerstand gegen den Kaiser steht der Galgen!"

"Und was sagt ihr zum Schicksal von Magdeburg?!"

Magdeburg! Es war das Stichwort, das die Debatte endgültig ins Unsachliche abgleiten ließ. Denn während die eine Seite darauf verwies, dass man alles vermeiden müsse, Tilly erneut so zu reizen, wie es die beklagenswerten Magdeburger getan hätten, forderten die anderen voller Empörung Rache für die Zerstörung von Magdeburg. Es kam zu keiner Einigung im Rat. Allenfalls konnte man sich darauf verständigen, weiter abzuwarten und genau zu beobachten, was die weiteren Kriegsläufe bringen würden. Zur Not, wenn es hart auf hart käme, würde Bürgermeister Bezold am Ende alleine entscheiden müssen. Dem einen oder anderen schien diese Aussicht gar nicht so unwillkommen, wenn ihm dadurch die Verantwortung abgenommen wäre.

Selbst die mehrfach als Argument herangeführte Beobachtung, dass der Krieg näher an die Stadt heranrückte, wurde von beiden Seiten, je nach Standpunkt, völlig unterschiedlich ausgedeutet. Ob Tilly oder der Schwedenkönig als Erster vor der Stadt auftauchte, das würde man eben abwarten müssen. Wer sich als erster mit seiner Streitmacht im Rothenburger Staatsgebiet zeigte, mit dem würde man auch zunächst Verhandlungen aufnehmen. Nur sich nicht jetzt schon in eine fatale Lage hineinmanövrieren, aus der es dann kein Zurück mehr geben könnte! Die Entscheidung so lange wie möglich aufschieben.

„Ob wir es dann überhaupt noch selbst in der Hand haben werden, zu entscheiden, das ist freilich eine ganz andere Frage", hatte Altbürgermeister Georg Nusch daraufhin noch mit bitterer Stimme angefügt, aber es half alles nichts: eine endgültige Entscheidung wurde vertagt. Und bis zu diesem Zeitpunkt würden die Stadttore verschlossen bleiben.

Beinahe stündlich konnten die Rothenburger von der Stadtmauer aus jetzt die Vorboten des Krieges erkennen. Mehr und mehr Gesindel trieb sich vor den Schanzanlagen herum. Voller Abscheu und Ekel deuteten die Leute auf die schweren Wagen der Marketender: „Da schaut sie an, die Huren des Krieges. Das sind gewissenlose Gesellen, Männer wie Frauen, die schon beiden Lagern gedient haben. Sie machen sich keinerlei Gedanken darum, was recht oder unrecht ist. Es sind fürchterliche Leute, denen es nur um Geschäfte geht. Geschäfte mit dem Krieg. Anstand und Moral sind Fremdworte für diese Bettler, Räuber, Huren und Betrüger. Es ist der Abschaum der Menschheit, der sich offenbar bei uns demnächst fette Beute erhofft. Also müssen wir davon ausgehen, dass tatsächlich schon bald die Soldaten anrücken werden. Denn dieses Gesindel hier, das kennt sich aus. Sie wittern geradezu den Krieg."

Natürlich war kein einziger von den Fremden in die Stadt gelassen worden, was diese mit einem höhnischen Gelächter und mit den Worten kommentiert hatten, dass sie über kurz oder lang dennoch fröhlich pfeifend durch die Stadt marschieren würden. Es sei nur noch eine Frage der Zeit. Vorerst aber schlugen sie ihre Lager vor den Toren auf. Ihr lautstarkes Grölen und Johlen drang während der gesamten Nacht unheilvoll in die Stadt und ließ die

Rothenburger erschaudern. Die Vorboten des Krieges. Schon waren sie nicht mehr zu überhören.

Manch einer der besorgten Rothenburger Bürger schlich sich aus diesem Grund bei Tagesanbruch durch eine der Pforten, nachdem er den Wächter mit einer Münze bestochen hatte, und versuchte dann, sich auf eigene Faust ein Bild von der Lage zu machen. Denn wer, wenn nicht diese kriegserfahrene Bande, konnte besser darüber im Bilde sein, um welche auf Rothenburg vorrückende Armee es sich wohl handelte. Und wenn man schon einmal dort draußen war, dann konnte es auch nicht schaden, sich von einer der dunkelhäutigen Zigeunerinnen die Zukunft deuten zu lassen. Manche verstiegen sich sogar dazu, Geschäfte mit den Marketendern zu vereinbaren – und schlimmer noch – bei den zur Zeit noch wenig beschäftigten Huren ein Schäferstündchen zu halten. Was eigentlich auf das Strengste verboten war, aber wer in der bedrohten Stadt wollte sich im Angesicht des herannahenden Verderbens noch um solche Vorschriften kümmern? Eine Art fatalistische Endzeitstimmung hatte sich über die Stadt gebreitet. Von Tag zu Tag verfielen Sitte und Moral immer mehr. Eine zusätzliche Gefahr, die Rothenburg damit von innen drohte. Schon aus diesem Grund galt es jetzt für den Rat, endlich hart durchzugreifen und ein klares Exempel zu statuieren.

Es war ein grauer regnerischer Morgen, an dem ein großer Menschenauflauf durch die Galgengasse zog. Und weiter hinaus ging der Strom der Menschen durch das ausnahmsweise geöffnete und deshalb besonders streng von Stadtsoldaten bewachte Galgentor, bis zum Richtplatz weit vor der Stadt, auf dem drei Menschen am heutigen Tag ihr Leben lassen würden. Bei den Todeskandidaten handelte es sich um eine Müllersfrau aus Oberdachstetten, einen Bauern aus demselben Ort, genannt der schöne Bauer, und zu allem Überfluss und zum Entsetzen vieler, um den Pfarrer von Spielbach. Ausgerechnet der Pfarrer! Was um alles in der Welt war nur geschehen?

Alle drei wurden mit dem Schwert gerichtet, weil sie, wie es im laut verlesenen Urteilsspruch verkündet wurde, große Schande, Hurerei und Ehebruch betrieben hatten. Es war eine harte Strafe, aber es musste sein. Aus gutem Grund waren heute keine Bürger von Rothenburg hingerichtet worden, sondern nur Leute vom Land. Noch! Ein letztes Signal zur Mäßigung und zur strengen Mahnung der Bürger, sich nicht weiter dem sittenlosen Treiben hinzugeben.

*

Auch während der weiteren Oktobertage blieb das Wetter unangenehm kalt und regnerisch. Das ganze Land ringsum war aufgeweicht, viele Wege jetzt schon beinahe unpassierbar. Wie mochte es wohl in den Feldlagern der Soldaten erst aussehen? Ganz allmählich wuchs nun die Sorge, dass sich die völlig durchnässten, oftmals kranken und hungrigen Soldaten schon aus diesem Grund begierig auf die Städte werfen würden, von deren festen Steinhäusern sie sich endlich eine trockene und warme Unterkunft versprachen.

Ausgerechnet in dieser angespannten Situation war eine Truppe von Tillys kaiserlichen Soldaten mit den Schweden zusammengestoßen. Gleich dreimal nacheinander, bei Brettheim, bei Buch und Hausen waren die Schweden allerdings klare Sieger geblieben und hatten die feindlichen Reiter in die Flucht schlagen können. Doch Freude über den Sieg in diesem Scharmützel wollte in der bedrohten Stadt deshalb nicht aufkommen. Denn es handelte sich eindeutig um weitere ernste Anzeichen im Hinblick auf ein Vorrücken Tillys in Richtung Rothenburg. Jetzt also hatten sich die ersten Gefechte schon direkt in das Gebiet der Landwehr verlagert.

Umso wichtiger sei es, die Tore auch weiterhin geschlossen zu halten, sicherheitshalber für die Schweden genauso wie für die Kaiserlichen, so hieß es nun im Rat der Stadt. Und genau diese lauthals verkündete Einschätzung sorgte im Ratssaal für die entsprechende scharfe Gegenrede. Denn immerhin hatten die Schweden nach ihrem Sieg jetzt kategorisch eine Öffnung der Stadt für ihre Reiterei verlangt. Der schwedische Oberst Ußlar hatte mit klaren Worten auf das lutherische Bekenntnis seiner Schweden hingewiesen, genauso wie auf die Tatsache, dass ohne das mutige Eingreifen des Königs Gustav Adolf die Sache der Protestanten in Deutschland ansonsten längst verloren wäre. Ein stichhaltiges Argument, fürwahr! Was aber, wenn die Papisten Hilfe bekämen und sie am Ende doch noch über die Schweden siegten? „Dann Gnade uns Gott! Und deshalb sollten wir nach wie vor abwarten und uns auch von Ußlar nicht drängen lassen!"

„Und außerdem: stellt euch einmal die Wirkung auf Tilly vor, wenn er erfährt, dass die Schweden in Rothenburg Aufnahme gefunden haben. Die Rache der Kaiserlichen wird uns gewiss sein!"

Schon wieder unterbrach ein Alarmsignal des Torwächters die Diskussion im Rat. Kurz danach erschien einer der Rothenburger Späher im Ratssaal und brachte die Nachricht von einem neuerlichen Gefecht. Dieses Mal wurde es am Eckartshof ausgetragen, also beinahe direkt vor den Mauern der Stadt. Anscheinend waren die Schweden auf eine unvermutet heftige Gegenwehr gestoßen. Denn nach wie vor tobte dort draußen ein erbitterter Kampf. Bis in die schrecksstarre Stadt hinein war das Kampfgeschrei von der Hochfläche herunter zu hören. Auch Christoph und Roswitha waren schaudernd zusammengefahren, als die ersten spitzen Schmerzenschreie die Luft zerschnitten. Womöglich handelte es sich sogar um Todesschreie. Voller Angst hatten sie sich gegenseitig in die Arme genommen und festgehalten. Der Kampf schien kein Ende zu nehmen. Vom Turm der Spitalbastei aus beobachtete der Wächter mit besorgter Miene diesen harten Waffengang. Endlich stieß er einen lauten Jubelruf aus: die Schweden hatten wiederum den Sieg davongetragen. Gott sei Dank!

Und jetzt konnten es alle hören, das Hufgetrappel von fliehenden Pferden. Am Siechenhaus vorbei in Richtung Norden. Bald schon waren sie am Horizont verschwunden und die siegreichen Schweden hatten auf eine weitere Verfolgung verzichtet. Mit ausgelassenem Jubelgeheul trabten sie zum Gefechtsfeld zurück. Immerhin 22 tote Gegner lagen auf der nassen Erde, unzählige Verwundete hatte es gegeben, von denen viele von den Flüchtenden einfach zurückgelassen worden waren. Eine schmerzhafte Niederlage. Zwar keine Schlacht, aber dennoch diesmal ein ernstzunehmender Waffengang. Und wieder einmal wurde damit deutlich, wie sich die Gefahr unaufhaltsam gegen Rothenburg voranschob. Selbst das Triumphgeschrei der Schweden konnte diesen Eindruck nicht verwischen. Von Mal zu Mal wurden die Gefechte heftiger und die Zahl der daran beteiligten Kämpfer größer.

Deshalb zeigte sich auch Christoph trotz aller Freude über den schwedischen Sieg doch eher skeptisch: „Das war erst der Anfang, Roswitha. Ich bin mir sicher, die kommen wieder. Und dann wird es nicht mehr nur bei zwei Dutzend Toten bleiben, dann sind es womöglich zweitausend..."

Kein Wunder, dass die Schweden dem Rat von Rothenburg nun keine Bitte mehr gestellt, sondern den endgültigen Befehl erteilt hatten, auf der Stelle die Tore für sie zu öffnen. Und angesichts der Umstände war es im Rat auch nur noch zu einer kurzen Beratschlagung gekommen. Als die Schweden nämlich eine erste ganz konkrete Drohung gegen Rothenburg ausgestoßen hatten, war auch der Widerstand der restlichen Ratsherren in sich zusammengebrochen.

Kaum war das Spitaltor den schwedischen Reitern geöffnet und hinter ihnen sofort wieder verschlossen worden, verlangten sie eine umfassende Belieferung mit Proviant, sowie die Versorgung ihrer Reiterei mit zusätzlichen frischen Pferden. Die Toten des Gefechts wurden auf Kosten der Stadt in einem Massengrab auf dem Gottesacker begraben. Daneben hatten die Rothenburger für die Pflege der verwundeten gegnerischen Landsknechte zu sorgen. Es sei Sache des Rothenburger Almosenpflegers, das dafür nötige Geld aufzubringen, hieß es lapidar von Seiten der Schweden. Auch für die Krüppel und deren weitere Versorgung sei einzig und allein Rothenburg verantwortlich. Falls aber einer der Verwundeten wieder völlig gesunden würde, dann könne er das Angebot annehmen, jetzt in die Reihen der Schweden einzutreten. Kriegsgeübte Landsknechte könne man immer gut gebrauchen – und einem Landsknecht sei es im Grund ja einerlei, auf welcher Seite er in den Kampf ziehe. Hauptsache der Magen war ordentlich gefüllt. Eine ausreichende Menge an Branntwein sowie die Aussicht auf gute Beute, mehr brauchte es für einen Landsknecht nicht. Krieg war Krieg, egal unter welcher Fahne.

Sehr zum Unwillen der Räte gebärdete sich der Schwedenoberst vonUßlar neben Bürgermeister Bezold inzwischen als der eigentliche Beherrscher von Rothenburg. Je dringender der Rat dem Obristen vor weiteren geplanten Ausfällen ins Umland abriet, desto unverblümter zeigtenUßlar und sein gleich gesinnter Rittmeister Rinkenberg ihre tiefe Verachtung für „die Feiglinge", die man doch gerade eben erst aus einer prekären Situation befreit habe.

Und so war es kein Wunder, dass die Schweden ihre Ankündigung wahr machten und beständig neue Ausfälle aus der Stadt unternahmen. Nahezu alle katholischen Ländereien in der Umgegend suchten sie dabei heim, ausgerechnet auch das benachbarte Gebsattel. Was konnten dessen Einwohner dafür, dass sie dem Bischof von Würzburg zinspflichtig waren? Für die Schweden freilich spielten solcherlei Überlegungen keine Rolle. Selbst das weiter entfernte Haltenbergstetten wurde von ihnen absichtlich geplündert und gebrandschatzt. Eine Maßnahme, die einem genauen Kalkül entsprang, denn mit dieser unmenschlichen Taktik der verbrannten Erde sollten den Kaiserlichen auch jegliche Nachschubmöglichkeiten verbaut werden. Auf die bedauernswerten Bewohner der verwüsteten Bauernhäuser wurde keinerlei Rücksicht genommen. Die Truppe des Feldmarschalls Tilly schien sich nämlich, wie die Späher übereinstimmend berichteten, in einem erbärmlichen Zustand zu befinden. Also galt es, sie noch weiter auszuhungern und damit entscheidend zu schwächen.

Dann plötzlich hatten die Rothenburger Hegereiter einen vagabundierenden Soldaten aufgegriffen, der offenbar aus dem Heerhaufen von Tillys engstem Verbündeten, des Generals Pappenheim, entflohen war. Am Spitaltor hatten sie den Mann vom Pferd gebunden und ihn ganz bewusst genötigt, sich den weiteren Weg zu Fuß durch die Stadt bis hoch zum Marktplatz zu schleppen. Eine fürchterliche Gestalt. Mit einem wirren Blick aus fieberglänzenden Augen war der Landsknecht mehr durch die Gasse getorkelt, als gelaufen. Christoph war es während seiner Arbeit vor der Rossmühle gelungen, den bedauernswerten Menschen aus nächster Nähe zu sehen. „Ich sage es dir: Der Kerl hat gestunken wie ein alter Ziegenbock!" Christoph rümpfte angewidert die Nase, als er Roswitha später von dieser seltsamen Szenerie berichtete. „Aber irgendwie tat er mir auch leid. Es war ein einfacher Soldat oder Landsknecht, dem es ganz offensichtlich in den vergangenen Wochen nicht sonderlich gut ergangen ist. Deshalb ist er ja wohl auch desertiert. Der arme Tropf: wenn ihn Pappenheims Soldaten erwischen, dann werden sie ihn einen Kopf kürzer machen. Und jetzt, nachdem ihn die Hegereiter aufgegriffen haben, jetzt wird er hier in der Stadt ausgestellt wie ein Tanzbär und zu allem Übel zuvor noch barfuß durch die Gassen gejagt, damit ihn auch der hinterletzte Pöbel begaffen und bespucken kann. Ein einfacher Soldat! Nur weil er der katholischen Armee angehört – oder vielmehr angehört hat. Wer weiß, unter welchen Umständen er überhaupt unter die Soldaten geraten ist. Wenn das nicht maßlos übertrieben ist, wie sie ihn nun traktieren..." Christoph schüttelte mitleidsvoll den Kopf, bevor er seinen Satz zu Ende brachte. „...wenn das nur kein schlechtes Vorzeichen ist. Diese ganze Aufregung, diese Erbarmungslosigkeit... Roswitha? Was ist mit dir? Roswitha!"

Erschrocken stockte Christoph, als er die Tränen bemerkte, die plötzlich über die Wangen seiner Freundin rannen. Ein hemmungsloses Schluchzen drang aus Roswithas Kehle.

„Roswitha. Was ist denn nur?" Christoph konnte sich diesen unvermittelten Stimmungsumschwung nicht erklären. Hatte er etwas Falsches gesagt? Aber was? „Komm, sag schon, Roswitha. Was ist mit dir?"

Aus tränenverschleierten Augen sah das Mädchen hoch. „Ach Christoph, es ist schon in Ordnung", beschrieb sie eine gleichermaßen entschuldigende wie hoffnungslose Handbewegung. „Es ist... es ist nur so, dass ich... dass ich an meinen armen Matthias habe denken müssen, als du das von dem gefangenen katholischen Soldaten erzählt hast. Genauso ist es ja meinem Bruder ergangen. Den fragt auch kein Mensch, ob es ihm passt, mit dieser Armee zu marschieren – oder mit der anderen. Ich weiß ja nicht einmal genau, bei welchen er ist. Falls er...", wieder geriet sie ins Stocken, während sie tapfer versuchte, sich mit dem Handrücken weitere Tränen aus den Augen zu wischen, „... falls er überhaupt noch am Leben ist."

\*

In der Tat steigerte sich die Sorge bei den Rothenburger Bürgern im Hinblick auf die weitere Entwicklung der Dinge allmählich ins schier Unerträgliche. Eine Sorge, die den Rat der Stadt unablässig umtrieb. Denn immer wahrscheinlicher erschien es, dass sich die geballte Wut der gedemütigten katholischen Seite auf die Stadt an der Tauber konzentrieren würde. Unter anderem deshalb, weil Rothenburg den Schweden in seinen Mauern sichere Unterkunft gewährte. Ob dies nun aus freien Stücken geschehen war oder ob man nicht eher dem Zwang der Umstände hatte folgen müssen, das dürfte für gnadenlose Wüteriche vom Schlage eines Tilly oder Pappenheim nicht die mindeste Rolle spielen. Angesichts der geradezu katastrophalen Zustände in den katholischen Reihen brauchte es keinen großen Anlass mehr, damit sich die Kaiserlichen, getrieben vom Mut der Verzweiflung mit Gewalt all das holen würden, was sie brauchten. Egal, wie viele Opfer es auch kosten würde. Lieber ein Ende im Kugelhagel, als elendiglich an Hunger und Kälte zu verrecken. So lautete doch einer der Wahlsprüche bei den Landsknechten. Ja, sie würden sich all das holen, was ihnen auf dem Land durch die vorangegangenen Brandschatzungen entgangen war. Auch wenn sie zuvor viele Dörfer selbst vernichtet hatten. Das alles spielte bei ihnen nun keinerlei Rolle mehr. Sie hatten Hunger. Litten unter der Kälte. Und wussten um die schier unerschöpflichen Weinvorräte, die in den Kellern einer so vermögenden Reichsstadt wie Rothenburg ob der Tauber lagerten.

Als sei dieses Szenario nicht schon besorgniserregend genug, war bei den Erörterungen im inneren Rat der Stadt plötzlich eine erschreckende Fragestellung im Raum gestanden. Die Frage, ob nicht sogar die doch mit Rothenburg verbündeten Schweden ein doppeltes Spiel betrieben. Gut möglich, dass ausgerechnet diese vermeintlichen Bundesgenossen die Stadt Rothenburg nur als ein Bauernopfer betrachteten, wodurch sie Tilly genau hierher locken wollten. Eventuell war es ihr Kalkül, dass sich Tilly zunächst ausschließlich auf die Eroberung von Rothenburg konzentrierte, womit seinem Gegner, dem Schwedenkönig, die Möglichkeit gegeben war, in aller Sorgfalt weitere Truppen zusammenzuziehen, um Tilly am Ende dann einkreisen oder in die Zange nehmen zu können. Und all das ausgerechnet zu Lasten der Stadt Rothenburg! Doch selbst wenn diese schlimme Befürchtung zutraf: was sollte man dagegen unternehmen? Was konnte man angesichts dieser von allen Seiten bedrängten Lage denn tun?

Sich gegen die Schweden zu wenden und ausschließlich auf eine durch nichts bewiesene Vermutung hin Proteste zu formulieren, wäre nicht nur völlig sinnlos, sondern darüber hinaus auch höchst schädlich. Denn die Schweden durften sich nun einmal als die eigentlichen Herren von Rothenburg fühlen. Selbst wenn sich deren Hauptmann Ußlar in diesen Tagen mit einem Großteil seiner Männer aus der Stadt verabschiedet hatte, um weiter entfernt neue Kriegsbeute zu erobern. Er schien die Lage als dermaßen unbedenklich einzuschätzen, dass es ihm offenbar ausreichte, nur noch ein ziemlich bescheidenes Kommando unter seinem Rittmeister Konrad von Rinkenberg in der Stadt zu wissen. Was einerseits für die Stadt nicht von Nachteil sein musste, denn immerhin handelte es sich bei Rinkenberg sogar um einen gebürtigen Rothenburger, der aus einer angesehenen Familie der Stadt stammte. Er würde Rothenburg also mit Sicherheit beschützen und nicht den Kaiserlichen in die Hände spielen – auch nicht aus taktischem Kalkül heraus. Darauf konnte man sich absolut verlassen. Dachte man... Hoffte man... Andererseits: mit einer dermaßen kleinen Truppe die Stadt gegen den möglichen Angriff einer ganzen Streitmacht verteidigen zu wollen, das erschien selbst den größten Optimisten als nicht nur kühnes, sondern absolut sinnloses Unterfangen.

So blieb dem Rat von Rothenburg also auch am Ende dieser stundenlangen und aufgeregten Erörterungen nichts anderes, als weiter die Hoffnung zu pflegen, es möge alles schon nicht so kommen, wie es die schlimmsten Szenarien befürchten ließen. Und wenigstens befanden sich die gewaltigen Verteidigungsanlagen der Stadt in einem hervorragenden Zustand. Man würde sich nicht so schnell verrückt machen lassen. Sondern fest darauf vertrauen, dass die jahrhundertealte, stolze Stadt auch diese Herausforderung bestehen würde. Wie schon so oft. Ja, darauf würde man vertrauen. Und beten.

Noch nicht einmal der Morgen war nach dem Ende dieser Zusammenkunft verstrichen, da war es schon wieder zu Ende mit der demonstrativen Gelassenheit, die der Bürgermeister und die Räte doch so zuversichtlich an den Tag zu legen gedachten, um den Menschen in der Stadt das Gefühl der Sicherheit zurückzugeben und sie dadurch zumindest einigermaßen zu beruhigen. Aber wie aus dem Nichts heraus waren plötzlich zwei Kundschafter erschienen, die entgegen aller Gepflogenheit im gestreckten Galopp durch die Gassen in Richtung Marktplatz jagten und allein durch diese rücksichtslose Eile demonstrierten, dass sie offensichtlich ernsteste Nachrichten brachten. Ohne sich auch nur im Mindesten um die von ihnen umgestürzten Marktkörbe zu kümmern, aus denen mit lautem Gackern aufgescheuchte Hühner entwichen, schwangen sie sich von den Pferden und eilten die Treppen hoch, vorbei an den hier postierten Wachen direkt ins Rathaus, wo sich gleich nach ihrer Ankunft auch schon wieder die Ratsherren einfanden. Mit wehenden Mänteln und zutiefst erschrockenen Mienen waren die ansonsten so sehr auf äußere Würde und Erhabenheit bedachten Ratsherren zur neuerlichen Sondersitzung des Rates gehastet. Etwas Bedrohliches musste geschehen sein. Kein Wunder, dass die Leute in hellen Scharen zum Rathaus strömten, wo sich die geschicktesten von ihnen an den steinernen Brüstungen hochhievten und an den Fenstern dem Verlauf der Sitzung lauschten. Merkwürdig dass sie von den Wachen nicht daran gehindert wurden – oder dass kein zorniger Ratsherr im Fenster erschien und sie zum sofortigen Verschwinden aufforderte. So wie das sonst der Fall war. Also ein zusätzliches und überdeutliches Indiz für den offenkundigen Ernst der anscheinend urplötzlich dramatisch zugespitzten Lage. Stockend berichteten die Beobachter der atemlos lauschenden Menge zu ihren Füßen, worum es bei der Krisensitzung ging. Aus der Gegend um Aub waren die Kundschafter mit üblen Botschaften hergekommen. Dort hatte sich innerhalb kürzester Zeit ein offenbar riesiges Heer der Katholischen Liga gesammelt. Ein Heerhaufen, der nun direkt auf Rothenburg zurückte. Zu allem Überfluss anscheinend hatte sich Feldmarschall Tilly persönlich an die Spitze seines Heeres gestellt. Allen Gerüchten über seine noch immer nicht verheilten Wunden zum Trotz! Von wegen, er sei entscheidend geschlagen!

Die Wahrheit sah anders aus: nicht nur, dass es ihm gelungen war, seine nach der Schlacht von Leipzig versprengten Truppen wieder zu sammeln. Nein, in der Zwischenzeit hatte er seine Streitmacht auch mit den Truppen des Herzogs Karl von Lothringen vereinen können. Was bedeutete, dass er damit schlagartig über zusätzliche 15.000 Mann verfügte. Womit er jetzt insgesamt nahezu 60.000 Soldaten kommandierte. Auf diese niemals für möglich gehaltene Anzahl beliefen sich die Schätzungen. Durchaus realistische Schätzungen im Übrigen. Eine furchterregende Streitmacht.

Tilly selbst sah sich durch die riesige Zahl an Soldaten jedoch vor ein ganz anderes Problem gestellt, als es nur den Sieg in einer Schlacht betraf. Seine Vorräte waren bedrohlich knapp geworden und das teilweise zerstörte Land konnte eine solch riesige Armee keinesfalls verpflegen. Gerade deshalb galt seine Stoßrichtung nunmehr zunächst den großen wohl proviantierten Reichsstädten. Städten wie Rothenburg!

Die Bestie von Magdeburg! Im Anmarsch auf Rothenburg!

Ganz besonders schlimme Kunde von den Geschehnissen, die sich in den vergangenen Tagen im Umland Rothenburgs zugetragen hatten, war aus dem nur wenige Meilen entfernten Burgbernheim herübergedrungen. Zunächst hatte der Großteil von Tillys Heerscharen die alte Reichsstadt Windsheim im Handstreich genommen und schwer geplündert. In allen Gassen und in jedem Haus hatten die Soldaten ausgelassene Gelage gefeiert. Es war eine derartig gewaltige Anzahl von Landsknechten in die Stadt gedrungen, dass es für die nachrückenden Truppen, die unter dem Kommando Pappenheims standen und ebenfalls begierig auf Plünderungen sannen, kein Hereinkommen mehr gab. Und so war der enttäuschte Haufen weiter in Richtung Süden gezogen. Wehe der erstbesten Ortschaft, die auf ihrem Durchzugsweg lag. Es war Burgbernheim! Schon morgens in der Frühe ging der Sturm los, so tapfer sich die Bürger und ihre Helfer aus den umliegenden Dörfern auch zur Wehr setzten. Die Übermacht der Angreifer war einfach zu groß gewesen. Als der Ort nicht mehr zu halten war, flüchteten sich viele Bürger in die Kirche, doch auch dort stellten ihnen die Soldaten noch nach. Einen Tag und eine Nacht dauerte das Wüten, dann zog das Heer wieder ab. Jetzt hieß die Marschrichtung Rothenburg.

In dem schwer geprüften Burgbernheim jedoch würde es Jahre dauern, bis die schlimmsten Folgen der Plünderung beseitigt waren. Wenn überhaupt... Und immer wieder mussten sich die Menschen während ihrer Aufbauarbeit mit neuerlichen Truppendurchzügen und Beschlagnahmungen auseinandersetzen. Noch Tage nach dem Abzug von Pappenheims Landsknechten fanden sie auf den Äckern und in den halb zerstörten Häusern die zerstümmelten Leichen ihrer einstigen Mitbürger, sowie zahlreiche schwer verletzte Männer und Frauen, die ganz langsam und unter unmenschlichen Qualen ihr Leben aushauchten. So war beispielsweise einer Bauersfrau, die schützend ihr kleines Kind in den Armen gehalten hatte, von einem Soldaten einfach der Kiefer weggeschossen worden. Aus purer Lust an Tod und Zerstörung. Ganze neun Tage hatte sich die Frau auf dem Sterbelager quälen müssen, bis der Tod sie endlich erlöste.

Selbst der Pfarrer war bei dem Überfall schwer verletzt worden. Ein Soldat hatte ihm mit dem Säbel in den Kopf gehauen. Vier Wochen währte das Martyrium des Pfarrers und wie so viele andere Opfer der Gewalt hatte auch er ohne Klang und Sang in aller Hast auf dem Friedhof begraben werden müssen.

Ein tragisches Schicksal war auch der einstmals reichsten Bäuerin von Burgbernheim zuteil geworden. Von grenzenloser Panik beim Überfall der Landsknechte getrieben, war sie in den nahen Wald geflüchtet und hatte sich dort trotz der Kälte mehr als eine Woche lang versteckt. Sie ernährte sich von Eicheln, Wurzeln und Schlehen, aus lauter Durst leckte sie den Tau von den Blättern. Erst nach sieben Tagen fand man sie. Zu spät. Wenige Tage darauf war sie infolge von Entkräftung und Unterkühlung gestorben.

Wahrhaft elende Schicksale, die nun also auch den Rothenburger Bürgern drohten!

Sämtliche Nachrichten der Kundschafter sprachen dieselbe eindeutige Sprache: der fürchterliche Tilly befand sich im direkten Anmarsch auf Rothenburg. Nichts und niemand schien ihn mehr aufhalten zu können.

Wie ein Lauffeuer sprach sich die Schreckenskunde in der gesamten Stadt herum. Was war in dieser Situation zu tun? Sollte man Tilly am besten freiwillig die Stadttore öffnen, ihn samt seinen Soldaten verköstigen und womöglich noch mit Geld und Ausrüstung versorgen? Eine

Forderung, die er mit absoluter Sicherheit stellen würde. Eine Maßnahme, die jedoch den sicheren Ruin von Rothenburg zur Folge hätte!

Was blieb aber sonst? Was würde im Falle einer Weigerung geschehen? Würde der berüchtigte Feldmarschall in seinem gnadenlosen Zorn beschließen, die Stadt nicht nur zu belagern, sondern zu erstürmen? Um anschließend in Rothenburg genauso zu wüten wie in Magdeburg? Magdeburg! Allein der Name der zerstörten Stadt genügte, um den Ratsherren das Blut in den Adern gefrieren zu lassen. Eine fürchterliche Lage, in die man da geraten war!

Während dieser Sitzung kam ein weiterer Bote angaloppiert. Diesmal handelte es sich um einen schwedischen Reiter. Der brachte die Kunde von einer abgefangenen Botschaft des Feldmarschalls Tilly an seinen Herrn, den Kurfürsten Maximilian von Bayern. In einem Hinterhalt hatten sie den Boten abgefangen und verfügten damit nun über neueste Erkenntnisse von der Situation seitens der Kaiserlichen. Ärgerlich zwar, dass sich ein zweiter Bote hatte absetzen können, der von dem umsichtigen Tilly aufgrund der unsicheren Lage in den Landstrichen, die er zu durchreiten hatte, wohlweislich mit noch einmal genau derselben Kundschaft versehen worden war. Immerhin wusste man nun durch diesen Brief, dass der Zustand von Tillys Truppen tatsächlich so ernst war, wie man es immer vermutet hatte. Tilly selbst führte in dem Schreiben große Klage darüber und beschrieb auch die nicht minder erbärmliche Situation der Soldaten des Herzogs Karl von Lothringen, mit dem er sich ja zusammengeschlossen hatte. Unter anderem stellte er darin wortwörtlich fest: „...indem nun die armen Soldaten so übel bekleidet, nackt und bloß sind, und auch wegen fehlenden Proviants haben Hunger und Kummer leiden müssen. Dazu hat sich böses Wetter eingestellt und dermaßen überhand genommen, dass die Regimenter gleichsam wie der Schnee zergehen und die gesamte Armee dadurch dermaßen abnimmt, sodass es keine sinnvolle Lösung darstellt, hier weiter auszuharren. Deswegen bin ich mit den Generälen des Herzogs von Lothringen und anderen wichtigen Befehlshabern des kaiserlichen und katholischen Bundesheeres übereingekommen, die gesamte Streitmacht weiter heraufzuführen und dabei Mittel und Wege zu suchen, wie die Leute wieder unter Obdach gebracht, bekleidet, mit Essen versehen und schließlich wieder zu Kräften gebracht werden können, um uns vor weiterem Schaden so gut als irgend möglich zu schützen."

Eine Zeitlang herrschte bedrücktes Schweigen, nachdem die abgefangene Botschaft verlesen worden war. Denn zwei Vermutungen standen damit als Tatsache fest: der riesige Heerhaufen, der sich auf die Stadt zuwälzte und die verzweifelte Lage, in der sich Tillys Leute befanden. Ein Zustand, der sie zum Äußersten treiben würde.

Schließlich räusperte sich Bürgermeister Johann Bezold trocken, worauf sich aller Augen voll banger Hoffnung auf ihn richteten. Ernst blickte er von einem zum anderen in die Runde der vollzählig versammelten Ratsherren. Der stattliche Mann, der sein 50. Lebensjahr gerade vollendet hatte, strich sich mit der Rechten über das schütter gewordene, silbergraue Haar, dann atmete er tief durch, wie um die Bedeutung seiner nachfolgenden Sätze zusätzlich hervorzuheben.

„Sie haben nichts mehr zu verlieren. Machen wir uns also auf das Schlimmste gefasst. Sie werden gegen uns anstürmen mit der Wut ihrer Verzweiflung. Wir werden nicht die geringste Möglichkeit haben, sie zurückzuhalten. Wer ist also der Meinung, dass wir ihnen die Stadttore freiwillig öffnen sollten?"

Gerade eben hatte Bezolds Vorgänger, der Altbürgermeister und Ratsherr Georg Nusch die Hand gehoben, um den Argumenten des Bürgermeisters ganz offenkundig beizupflichten, da erhob sich ein tumultartiger Aufruhr im Ratssaal: „Das ist Verrat!"

„Feigheit!"

„Niemals werden wir die Katholischen in die Stadt lassen!"

„Tillys angebliche Streitmacht besteht in Wahrheit aus nackten Soldaten – und davor sollen uns die Knie schlottern? Niemals!"

Schließlich meldete sich auch der Kommandant der schwedischen Einheit in Rothenburg, Rittmeister Konrad von Rinkenberg, zu Wort. Mit vor dem Oberkörper verschränkten Armen stand er da und reckte sein Kinn voll stolzer Entschlossenheit in die Höhe, als er mit fester Stimme zu sprechen begann: „Ich bin selbst ein stolzer Sohn dieser großen Stadt Rothenburg ob der Tauber. Und diese stolze, altehrwürdige Freie Reichsstadt ist Mitglied eines Bündnisses. Der Protestantischen Union vergangener Tage genauso wie dem „Leipziger Schluss". Das darf man nie vergessen. Die Treue zu diesem Bündnis, die auch ihr doch bei eurer Ehre beschworen habt, muss auch in Krisenzeiten ihre Gültigkeit besitzen. Gerade in Krisenzeiten. Wir müssen unseren Freunden zu Hilfe kommen, wenn sie in Bedrängnis geraten, so wie diese Freunde nun uns in dieser Lage beistehen werden. Wir müssen ausharren, bis die Hilfe von den Truppen des schwedischen Königs Gustav Adolf eintrifft. Und sie wird eintreffen, das garantiere ich euch. Jetzt einfach die Stadt zu übergeben, wenn gerade einmal der erste Pulverdampf zu sehen ist, das ist pure Feigheit. Es darf nicht sein. Denn wozu sonst ist der heilige Pakt geschlossen worden? Um in der Not einig zusammenzustehen. Wenn wir nicht einmal das beherzigen, dann ist unsere ganze Sache nichts wert. Dann hätte die Feigheit gesiegt. Die Feigheit! Niemals! Niemals werde ich meine Vaterstadt kampflos einem Haufen nackter und verwahrloster Landsknechte preisgeben. Es wäre... Hochverrat. Und auf Hochverrat steht", er blickte bedeutsam in die Runde und fixierte anschließend den aschfahlen Bürgermeister, der ihm dennoch mutig standhielt, mit einem stechenden Blick, „... auf Feigheit steht die Todesstrafe! Jawohl, die Todesstrafe!", schleuderte er Bezold mitten ins Gesicht. Es war eine eindeutige Kampfansage des kommandierenden Offiziers der in der Stadt liegenden Schweden, die tatsächlich zu allem entschlossen schienen. Auch zu einer gewaltsamen Konfrontation mit dem Bürgermeister.

Schlagartig machte sich unter den Befürwortern der kampflosen Übergabe Ernüchterung breit. Sowohl Bürgermeister Bezold, als auch sein Vorgänger Nusch senkten die Köpfe. Ohne einen endgültigen Entschluss in die eine oder andere Richtung gefasst zu haben, gingen die Räte wortlos und in ernste Gedanken versunken, auseinander. Noch immer gab es Anlass, zumindest einen Funken Hoffnung zu bewahren. Vielleicht... vielleicht ging der bittere Kelch doch noch auf wundersame Weise an Rothenburg vorüber. Die Kirchen von Rothenburg waren tagtäglich gefüllt mit Menschen, wie niemals zuvor.

Am darauffolgenden Tag erreichte ein persönlicher Brief des Feldmarschalls Tilly die Stadt. Auf der Stelle versammelte sich der Rat zu einer neuerlichen Sondersitzung. „Wenns nicht so ernst wäre, dann könnte man denen empfehlen, ihre Betten am liebsten gleich im Ratssaal aufzuschlagen", witzelte einer der Marktleute, der durch die vorwurfsvollen Blicke, die er mit dieser Bemerkung auf sich lenkte, jedoch unverzüglich zum Schweigen gebracht wurde. Die Nachricht von einem Schreiben, das Tilly direkt an den Rat von Rothenburg gerichtet hatte, verbreitete sich in Windeseile in allen Straßen, Gassen und Winkeln. Die Leute ließen alle Arbeit einfach stehen und liegen, wo sie gerade waren.

Eine riesige Menschenmenge versammelte sich auf dem Marktplatz und wartete voller Ungeduld auf Informationen, was der Inhalt von Tillys Schreiben sein mochte und worüber genau jetzt im Rat debattiert wurde.

Drinnen im Rathaus war man sich der sensationellen Entwicklung durchaus bewusst, die man mit diesem Brief in Händen hielt: der große und mächtige Feldmarschall des Kaisers erbat von Rat und Bürgermeister der Stadt Rothenburg die Öffnung der Stadttore, um anschließend Quartier für sich und seine Männer beziehen zu können.

„Er bittet!"

„Hört euch das nur an!"

„Er fordert nicht! Er bittet uns!"

Unkontrollierter Jubel war ausgebrochen, kaum dass der Ratsschreiber zum Ende von Tillys Brief gekommen war. Genauso überrascht wie erleichtert nahmen es die Ratsherren zur Kenntnis: „Tilly als Bittsteller!"

Doch Bürgermeister Johann Bezold dämpfte mit seiner folgenden Ansprache die ausbrechende Euphorie gleich wieder. „Lassen wir uns nur nicht blenden von diesen frommen Bitten! Was wird Graf Tilly denn machen, wenn wir seiner angeblichen Bitte nicht Folge leisten? Glaubt etwa auch nur einer hier, dass er dann voller Bedauern über das abgelehnte Quartier einfach weiterziehen wird? In der stillen Hoffnung, dass sein Heer in einer anderen Stadt Aufnahme finde? Nie und nimmer wird es so kommen!"

Auch Georg Nusch pflichtete dem Bürgermeister mit ernster Miene bei: „In Wirklichkeit besteht kein Grund zum Jubel. Ganz im Gegenteil sogar. Denn jetzt sitzen wir in der Zwickmühle. Was wir auch tun werden, es kann nichts Gutes für unsere Stadt bedeuten."

Er hatte den letzten Satz noch nicht einmal vollendet, da war schon der Rittmeister Rinkenberg wütend in die Höhe geschossen und schleuderte ihm seine Verachtung ins Gesicht: „Nichts Gutes sollen wir beschließen können? Die lutherische Sache zu verteidigen, nennt ihr nichts Gutes zu tun? Das ist ja ungeheuerlich!"

„Aber – ich wiederhole mich: wir sind als Freie Reichsstadt auch dem Kaiser verpflichtet. Ihm haben wir den Treueeid geschworen. Ein Eid, der sich im selben Maße auch auf die Abgesandten des Kaisers bezieht." Nusch schluckte einmal trocken, bevor er dann mutig fortfuhr. „Sich also auch auf Tilly bezieht."

„Auf Tilly!" Zornesröte überzog Rinkenbergs Miene. „Ein Mann, der Tausende von toten Protestanten auf dem Gewissen hat. Ein Ungeheuer, das die Stadt Magdeburg dem Erdboden gleich gemacht hat! Bedenkt doch, was ihr da gesagt habt! Eine Öffnung unserer Stadt für solche Leute! Niemals!"

Doch Nusch vertrat trotz aller Unmutsäußerungen, die nun von den verschiedensten Seiten auf ihn niederprasselten, weiterhin beharrlich seinen Standpunkt. „Aber unsere Kräfte sind zu schwach zu einer dauerhaften und verlässlichen Gegenwehr. Tilly marschiert mit einer erdrückenden Übermacht auf uns zu!"

„Das kann uns doch einerlei sein", rief nun ein anderer ungehalten dazwischen. „Unsere Stadtmauer ist in einem guten Zustand. Sie wird nicht gleich beim ersten Ansturm von halbverhungerten Landsknechten zusammenfallen."

„Außerdem haben wir Vorräte mehr als genug, um den Winter gut zu überstehen", mischte sich ein weiteres Ratsmitglied in die Debatte. „Während die dann da draußen vor unseren Toren an Hunger sterben. Eben weil sie nichts zu fressen haben. In diesem Zustand, in dem sie sich befinden, wie wir durch Tillys Brief aus erster Hand ja wissen, werden sie selbst als Belagerer diesen Winter nicht überleben."

„Aber...." Mit wachsender Verzweiflung bemühten sich Bezold und Nusch, gegen diese sich mehr und mehr durchsetzende Überzeugung anzugehen. Vergebens. „Wenn..."

„Nichts ist mehr mit wenn und aber, jetzt muss gehandelt werden!"

In diesem Augenblick flog die Tür des Ratssaales auf und donnerte mit einem lauten Knall gegen die Wand. Ein weiterer Späher eilte in den Versammlungsraum. Er brachte schlimme Nachrichten. Dieses Mal ging es um den Ort Gemmhagen bei Leuzendorf. Dort hatten die Kaiserlichen gehaust wie die Berserker, berichtete der Mann mit Tränen in den Augen. „Sie haben sich alles genommen. Das sei die Rache an denen, die ihnen damals vor vier Jahren einen mutigen Empfang bereitet hätten." Zu jener Zeit war eine Nachhut von Tillys Heer, hauptsächlich leicht verwundete Landsknechte, Marketenderinnen, Köche und sogar Kinder in das Dorf eingefallen. Schon am frühen Abend waren sie samt und sonders stark betrunken gewesen. Daraufhin hatten die Einwohner von Gemmhagen ihre Nachbarn aus den umliegenden Dörfern zu Hilfe gerufen. Mit Prügeln bewaffnet hatten sie die betrunkenen Soldaten samt ihrer nicht minder schwankenden Horde in einem engen Gässchen zusammengetrieben und die praktisch wehrlosen Kriegsleute niedergeknüppelt. Manche Landsknechte waren dabei sogar erschlagen worden. Am Ende hatten sie einen der Jugendlichen und ein Marketenderweib nackt ausgezogen und durchs Dorf getrieben, während die übel zugerichteten Landsknechte ihr Heil in der sofortigen Flucht suchten.

„Und jetzt sind sie also wieder gekommen: mit einer gewaltigen Verstärkung. Sie haben ganz absichtlich den Umweg über Gemmhagen genommen. Weil sie sich an die damalige Schmach natürlich ganz genau erinnert haben. Jetzt haben sie üble Rache dafür genommen", berichtete der um seine Fassung ringende Mann weiter. „Den Schulmeister, der mit ihnen verhandeln wollte, haben sie gleich erschlagen wie einen räudigen Hund. Frauen und Männern sind Daumenschrauben angelegt worden, womit sie gestehen sollten, wer damals alles mit dabei war. Man hat sie gequält bis aufs Blut. Einem haben sie Schießpulver ins Ohr geschüttet und es dann angezündet. Kinder wurden einfach von den Müttern weggerissen und mitgenommen. Manche haben sie dann im Wald einfach ausgesetzt, die haben wir dann gefunden. Aber viele von den Kindern sind noch immer vermisst. Wahrscheinlich werden sie jetzt zum Sklavendienst bei den Marketendern gezwungen!"

Mit wildentschlossener Miene erhob sich Konrad von Rinkenberg und hob warnend den Zeigefinger in die Höhe. „Da seht ihr nun, wes Geistes Kind sie sind. Diebe, Räuber und Mörder. Eine Bande, der sich die Stadt nicht öffnen wird. Auf gar keinen Fall. Wir sind stark genug, ihnen zu widerstehen und wir werden ihnen Widerstand entgegenbringen. Das ist in diesen ernsten Zeiten unsere heilige Pflicht und Schuldigkeit. Höre ich dagegen irgendwelchen Widerspruch?" Grimmig blickte er in die Runde.

Es gab keinen Widerspruch mehr. Im Gegenteil: kopfnickende Zustimmung, Hurrarufe, Beifall. Die Sache war endgültig entschieden. Betroffen senkten Bezold und Nusch ihre Köpfe. Sie waren überstimmt. Jede weitere Gegenrede war zwecklos.

„Nun denn", ein zufriedenes Lächeln zuckte um Rinkenbergs Mundwinkel, „dann gehen wir also die Sache tapfer an." Er wandte sich an Bezold und fixierte ihn mit einem strengen Blick. „Waltet eures Amtes, Bürgermeister. Diktiert Tilly eure und unsere unmissverständliche Antwort. Und dann... dann sollen sie ruhig kommen, wenn sie wollen. Sie werden uns für alle Fälle gerüstet finden."

Am selben Abend noch verkündete Bürgermeister Johann Bezold auf dem Rathausbalkon im Schein der Fackeln, die den regenverhangenen Marktplatz in ein gespenstisches Licht setzten, vor den dichtgedrängt stehenden Menschen den eindeutigen Beschluss des Rates der Stadt Rothenburg. Der Beschluss lautete, dass man das Begehren des kaiserlichen Feldhauptmannes Tilly, Einlass in die Stadt zu finden, abschlägig beschieden habe. Graf Tilly sei in Rothenburg nicht willkommen. Auch von den möglichen Konsequenzen und von den Maßnahmen der Stadt, diesen Konsequenzen mutig zu begegnen, war die

Rede. Schon am kommenden Tag, dem 29. Oktober, hatten sich alle ledigen Burschen deshalb in der alten Burg einzufinden und ihre Musketen in Empfang zu nehmen. Auch die übrige Bürgerschaft wurde aufgefordert, sich zu bewaffnen. Sämtliche Männer, die über eine Rüstung verfügten, hatten diese zu inspizieren und für den Notfall funktionsfähig bereitzuhalten. Sobald der entsprechende Befehl erteilt würde, müssten sie den Harnisch anlegen und unverzüglich die ihnen zugewiesene Stellung beziehen. Alles, was in der Lage sei, Gewehre zu tragen, solle sich bewaffnen. Selbst die älteren Schüler der Lateinschule.

Die schon in den vergangenen Tagen sicherheitshalber zur eventuellen Brandbekämpfung angeheuerten durchziehenden Handwerksgesellen wurden nun tatsächlich auf ihre Pflichten vorbereitet, Brände zu löschen, falls während einer Belagerung Brände ausbrechen sollten. Die Schanzbauern wurden angewiesen, die vorhandenen Erdwälle und Gräben noch einmal deutlich zu erhöhen beziehungsweise zu vertiefen, sowie neue Gräben auszuheben. Dies alles, um einer möglichen Angriffswelle schon weit vor den steinernen Rothenburger Stadtmauern den entscheidenden ersten Schwung zu nehmen. Eine nicht nur schwere, sondern momentan auch besonders gefährliche Arbeit, bei der die Schanzbauern von eigens dafür abgestellten berittenen Reisigen der Stadt bewacht wurden, um sie vor den Überfällen marodierender Reitertrupps zu schützen. Doch so gefährlich diese Schanzarbeiten auch sein mochten, sie dienten in ganz besonderem Maße dem Wohle der Stadt. Denn wer wollte Rothenburg jetzt noch überrennen, nachdem auch die Wälle und die Gräben zusätzlich ausgebaut worden waren. Jeder Angreifer musste lebensmüde sein, mit solchen und ähnlichen Aussprüchen machten sich die Leute Mut. Es war eine willkommene Abwechslung in dieser dennoch von nackter Furcht beherrschten Zeit.

Tief in Gedanken versunken verrichtete Roswitha ihre Arbeit, als Christoph sie am Ärmel zupfte. Seinem missbilligenden Kopfschütteln nach, hatte er schon einmal versucht, sie auf seine Frage aufmerksam zu machen. Doch anscheinend hatte sie es nicht gemerkt. „Ob du meinst, ich könne wohl auch helfen, habe ich dich gefragt."

„Wie... helfen?" Roswitha musterte ihn irritiert. „Was meinst du damit?"

„Ob ich auch bei den Schanzbauern helfen soll oder ob ich mich als Brandlöscher einweisen lassen soll. Wäre das jetzt nicht meine Pflicht und Schuldigkeit?"

„Du? Ein dreizehnjähriger Bursche?" Vielsagend tippte sich Roswitha mit dem Zeigefinger an die Stirn.

„Aber stark und mutig wie ein Vierzehnjähriger!" gab Christoph trotzig zurück.

Jetzt war es aber genug! Mit einer entschiedenen Handbewegung beendete Roswitha diese Überlegungen. „Nein, auf gar keinen Fall. Du bleibst hier, bei mir."

„Aber..."

„Nichts, aber", fiel sie ihm streng ins Wort. „Du bleibst bei mir. Du kannst ja mich beschützen. Damit hast du dann genug zu tun. Und jetzt komm. Wir gehen auch mit. In die Kirche. Das scheint mir heute das Beste, was wir nach diesem langen Tag noch tun können."

In allen Kirchen von Rothenburg wurden an diesem Abend Bitt-Gottesdienste abgehalten – mehr noch, als an den anderen Tagen. Und sämtliche Kirchen waren bis weit über den letzten Platz hinaus überfüllt. Geradezu flehentlich beschworen die Menschen in ihren Gebeten ihre Hoffnung, dass der fürchterliche Graf Tilly im letzten Moment doch noch einen großen Bogen um ihre Stadt machen und sie verschonen werde. Seit dem frühen Morgen hallte ein Rumoren und Lärmen durch die Stadt, wie es Roswitha und Christoph noch nie zuvor hier vernommen hatten. Wohin man auch blickte: Aufregung überall. Mit wichtigen Mienen eilten die Männer zur städtischen

Rüstkammer und schritten wenig später mit stolz geschulterten Gewehren und Spießen zurück. Bei manchen allerdings war trotz aller zur Schau gestellten Gelassenheit deutlich zu sehen, wie angespannt sie waren und wie inbrünstig sie die Hoffnung hegten, es würde nicht zum Äußersten kommen. Abschnitt für Abschnitt wurden nach der Bewaffnung dann kleine Trupps zusammengestellt und an dem von ihnen zu verteidigenden Platz an der Stadtmauer eingewiesen. Unter missmutigem Ächzen und ärgerlichen Flüchen schoben sie schwere Kanonen in die richtige Stellung. Zentnerweise wurden Pulvervorräte herbeigeschafft, der Vorrat an Kanonenkugeln aufgefüllt.

„Aber was soll das dort hinten?" Irritiert deutete Roswitha zur Johanniskirche hinüber, wo man riesige hölzerne Bottiche aufgestellt hatte, in die nun über lange Rohre Wasser vom Brunnen hineingeleitet wurde. Doch weil das Befüllen nur quälend langsam voranschritt, war zusätzlich noch eine stattliche Anzahl von Menschen damit beschäftigt, unablässig große Holzeimer mit Wasser heranzuschleppen. Eine mühsame Arbeit.

„Es ist so mühsam wie es wichtig ist", erklärte ihr der vor Anstrengung keuchende Mahlknecht, der die Frage als willkommene Gelegenheit für eine kurze Verschnaufpause nutzte. „Denn du weißt ja: die größte Gefahr für uns ist das Trinkwasser."

„Aber das Wasser fließt doch aus allen Brunnen. Das müsste doch reichen, um alle zu versorgen. Sogar noch die Schafherden."

„Das schon – solange es nicht vergiftet ist. Was aber wollen wir tun, falls der Feind unsere geheimen Brunnenstuben entdeckt und einen Giftanschlag darauf verübt? Dann wäre die Stadt innerhalb von zwei, drei Tagen reif für die Kapitulation." Der Mahlknecht streifte die bei diesen Worten erschaudernde Roswitha mit einem bedeutungsvollen Blick. „Wir können also nur beten, dass sie unsere Wasserversorgungsstellen nicht entdecken werden."

In der Tat handelte es sich dabei um ein besonders sorgsam gehütetes Geheimnis der Freien Reichsstadt – noch nicht einmal die Rothenburger Bürger selbst wussten um die genaue Lage der außerhalb der Stadtmauer liegenden Brunnen. Keiner durfte sie kennen. Mit Ausnahme von höchstens vier Leuten, die unter strengem Eid standen und die demnach selbst im Falle eines unbedachten Ausplauderns über den Ort dieser Brunnen ihr Leben sofort und ohne Gnade verwirkt hätten. Man munkelte zwar, dass sich in der Nähe des Dorfes Neusitz gleich zwei solcher Brunnen befänden, die mit Wasser von einem der Karrachseen oben auf der Frankenhöhe gespeist würden, aber Genaueres wusste keiner. Klar war nur, dass dieses Wasser, woher auch immer es nun tatsächlich kommen mochte, durch ein verborgenes Kanalsystem dann weiter in die Stadt geleitet wurde. Eine von mehreren Möglichkeiten, sich auch in Krisenzeiten mit dem überlebenswichtigen Wasser zu versorgen.

„Wenn wir nun zusätzlich in diesen hölzernen Bottichen Wasservorräte anlegen, dann können wir für den hoffentlich nie eintretenden Fall, dass sie unsere Brunnen tatsächlich entdecken und vergiften werden, wesentlich längere Zeit durchhalten. Vielleicht entscheidend viel länger."

„Aber..." Roswitha meinte zu spüren, wie ihrer Kehle allmählich trocken zu werden begann. „Das ist ja fürchterlich. Können denn Menschen so etwas tun?"

„Und ob", gab der Knecht zurück. „Man glaubt gar nicht, wozu die Menschen fähig sind, wenn Krieg herrscht. So ist das nun einmal. Das haben schon die Vorfahren leidvoll erfahren müssen und deswegen Vorsorge getroffen. Für alle Fälle eben."

„Und wie soll man merken, ob das Wasser vergiftet ist, oder nicht?"

Achselzuckend blies der Knecht die Backen auf, dann ließ er seinen Atem langsam durch die halb geöffneten Lippen strömen. „Das werden wohl manche erst merken, wenn es zu spät ist. Klar, die Fische, die unsere Wasserwächter zur Sicherheit im Brunnen halten, werden verenden, aber erst nach einiger Zeit, wenn sich das reine Wasser in ihrem Trog mit dem vergifteten Wasser vermischt. Wahrscheinlich sind da die ersten schon gestorben, wenn sie das Wasser direkt aus der Zuleitung genommen haben. Aber die meisten werden dann immerhin gewarnt sein, wenn die Fische mit dem Bauch nach oben schwimmen. Und dann kommen die Bottiche zum Einsatz, die jetzt befüllt werden. Deshalb wird jetzt auch von der Bronnenmühle unten bei der Brücke soviel Wasser wie nur möglich hochgepumpt. Dieses Pumpwerk ist ein einziges Wunder. Es fördert das Wasser von der Tauber tatsächlich bis hoch zum Klingenturm. Das Dumme daran ist eben nur, dass die Bronnenmühle außerhalb der Stadtmauer liegt. Sie wird eines der ersten Ziele sein, das die Angreifer besetzen – und dann ist es aus mit der Wasserförderung. Übrigens lassen sie auch dort oben im Klingenturm immer ein paar Fische im Wasser schwimmen. Für den Fall, dass es unbemerkt unten in der Mühle zu einem Anschlag gekommen ist. Damit könnten sie sofort reagieren und die Versorgung mit diesem Wasser einstellen. Ein Grund mehr, weshalb unsere Vorfahren die Wasserversorgung in weiser Voraussicht auf verschiedene Beine gestellt haben."

Spätestens seit dieser kurzen Unterhaltung konnte Roswitha die Gefahr beinahe schon körperlich spüren, die sich der Stadt unaufhaltsam näherte. Das Trinkwasser! Es war in der Tat die entscheidende Schwachstelle einer Stadt – mochte diese Stadt auch noch so stark mit Mauern und Türmen bewehrt sein. Man konnte nur hoffen, dass all die Vorsorgemaßnahmen dann auch wirklich reibungslos funktionierten, wenn der Fall der Fälle eintraf. Und hoffentlich würde der Feind die geheimen Brunnen der Trinkwasserversorgung nicht so rasch entdecken.

„Hast du verstanden, was ich dich gefragt habe?" Irritiert sah sich Roswitha um und erkannte hinter sich den kopfschüttelnden Christoph, der ihr anscheinend eben eine Frage gestellt hatte. Entschuldigend hob sie die Hände. „Nein, tut mir leid. Irgendwie war ich mit meinen Gedanken gerade ganz woanders."

„Das habe ich gemerkt", brummelte Christoph missmutig. „Ich habe dich gefragt, ob du glaubst, dass Tilly mit seinen Leuten die Stadt erobern kann und dann womöglich alles zerstören wird?"

Roswitha bemühte sich um eine zuversichtliche Miene. „So wehrhaft, wie die Stadt ist? Das glaube ich nicht, dass ihm das gelingt. Ich denke, Rothenburg ist selbst für einige Tausend Soldaten unmöglich zu erobern. Schau doch einmal wie dick die Mauern sind, wie hoch und massig die Türme, erst recht die gewaltigen Bastionen..."

In der Tat schien es ihr schwer vorstellbar, dass es einem Angreifer wirklich gelingen könnte, die Stadt zu erobern. Allein die Lage auf einem Bergsporn über dem tief eingeschnittenen Taubertal machte einen Angriff überhaupt nur von zwei Seiten her möglich. Am wahrscheinlichsten dürfte ein Angriff von Osten her erfolgen, wo sich die weitgezogene Ebene direkt auf die Stadt hin erstreckte. Doch aus eben diesem Grund hatten die vorausschauenden Erbauer die Stadtmauer Rothenburgs am sogenannten Spitaltor mit einem mächtigen Bollwerk gesichert. Und selbst wenn der Feind dieses erste Bollwerk überwunden haben sollte, baute sich vor ihm in einem versetzten Winkel eine nicht minder mächtige zweite Bastion auf. Und nach dieser auch noch eine Dritte. „Da, schau!" Sie wies mit dem ausgestreckten Arm die Spitalgasse hinunter. „Wie will er denn eine solche Bastion überwinden? Er müsste verrückt sein, wenn er sich darauf einließe. Das dauert, wenn überhaupt, ewig. Das ist mit einem einzigen Angriff ganz sicher nicht getan. Aber eine lange Belagerung kann Tilly nicht riskieren. Dafür ist das Wetter viel zu schlecht und der Zustand seiner Soldaten soll ja geradezu erbärmlich sein. Nein Christoph, es wird schon alles gut gehen!" Im Gegensatz zu ihrer an den Tag gelegten Zuversicht war sich Roswitha jedoch ganz und gar nicht sicher, wie es wohl sein würde, wenn da mit einem Mal Zehntausende von Soldaten gleichzeitig gegen die Rothenburger Stadttore anrennen würden. Aber das Leben in der Stadt wurde ohnehin längst beherrscht von Angst und Furcht. Da musste man nicht noch zusätzliche Bedenken schüren.

Sie war regelrecht mit Händen zu greifen, die Nervosität, die immer mehr in Gewalttätigkeiten umschlug und den Gang der weiteren Verteidigungsvorbereitungen allmählich empfindlich zu stören drohte. Da halfen nur äußerste Strenge und Disziplin. Wieder und wieder ließen die Beauftragten des Rates die Bürger zu Übungen antreten. Einerseits, um sie damit von den ernsten Gedanken abzulenken, die manch einen im Zustand lähmender Angst gefangen hielten, andererseits um sichergehen zu können, dass im Notfall wirklich jeder Handgriff verlässlich saß. Ob die Feuereimer am richtigen Platz und der geforderten Anzahl bereitstanden. Ob sich die Musketen in einwandfreiem Zustand befanden. Ob sich alle Scharniere der Rüstung problemlos bewegen ließen und nicht eingerostet waren. Wie schnell es der jeweilige Rüstungsträger schaffte, den Harnisch anzulegen. Ob jedem seine Aufgabe klar war, die er bei einem Angriff zu erfüllen hatte. Wieder und wieder wurde es durchexerziert. Besonders die schwedischen Soldaten taten sich in dieser Hinsicht hervor und marschierten mit grimmiger Entschlossenheit von Haus zu Haus, von Kanone zu Kanone, von Bastion zu Bastion. Und an allem und jedem hatten sie etwas auszusetzen.

\*

Es schien nur noch eine Frage der Zeit, bis es zu den ersten handgreiflichen Auseinandersetzungen kommen würde. Doch dann war schlagartig alles vorbei! Die Befürchtung verwandelte sich zur Gewissheit: Tilly würde angreifen! Koste es, was es wolle: die Kaiserlichen würden sich mit Waffengewalt den Zutritt nach Rothenburg verschaffen.

Beinahe im Minutentakt sprengten jetzt Kundschafter auf völlig erschöpften Pferden heran und meldeten mit sich überschlagender Stimme die neuesten Entwicklungen: von Külsheim war Tilly tatsächlich mit dem Hauptteil seiner Truppen über Windsheim gezogen und näherte sich der Stadt nun Schritt für Schritt. Schon konnte man meinen, aus nordöstlicher Richtung ein gewaltiges Brummen und Rumoren hören zu können und wenig später waren sie genau dort im Nordosten erstmals vom Galgentor aus, vom Rathausturm und schließlich sogar von der Stadtmauer zu erblicken: Tillys Soldaten! Ein einziger riesiger Lindwurm, der sich langsam aber unaufhaltsam auf die Stadt zuwälzte. Allein dieser Anblick, verbunden mit der neuesten Information, es solle sich bei dem Heerhaufen um nahezu 60.000 Mann handeln, ließ die Menschen angstvoll erzittern. So weit das Auge auch reichte, bis hin zum Horizont, war kein Land, kein Baum, kein Strauch mehr zu erkennen, sondern nur noch Soldaten und ihre Pferde. Dahinter die blitzenden Lanzen des Fußvolkes, das Dröhnen der Trommeln, die Freudenschreie der ausgehungerten Landsknechte, als sie die Stadt ihrer Begierde, in der sie sich reichliche Beute erhofften, jetzt erstmals zu Gesicht bekamen.

Selbst wenn Rothenburg sich bereitgefunden hätte, Tilly freiwillig die Tore zu öffnen: wie sollte man eine solch gewaltige Armee verpflegen? Welche ungeheuren Lasten brachte dieser Haufen über jede Stadt, ja sogar über jeden Landstrich? Und selbst wenn die Zahl von geschätzten 60.000 Mann übertrieben sein mochte – genau vermochte es keiner zu sagen – handelte es sich ohne jeden Zweifel um mehrere Zehntausend Waffenträger. Man brauchte ja nur die feststehende Zahl von 15.000 lothringischen Soldaten zu den allermindestens 15.000 dazuzählen, über die Tilly auf alle Fälle verfügte, und schon war man bei einer erschreckenden Summe angelangt. Eine gigantische Anzahl von Waffenträgern näherte sich den zu Tode erschrockenen Rothenburgern. Wehe diesem Land, durch das sie zogen. Egal, ob die Stadt dem Ansturm würde widerstehen können oder nicht – das Umland war Tillys Leuten schutzlos preisgegeben und verwüstet. Die Lebensadern von Rothenburg. Auf Jahre hinaus würde allein dieser Truppendurchzug mit all seinen Plünderungen und Brandschatzungen die Stadt empfindlich belasten.

Und mittlerweile war auch den größten Optimisten überdeutlich vor Augen geführt, dass es beileibe nicht so einfach sein würde, die Stadt zu halten, wie es Rinkenberg den Rothenburgern bislang vorgespiegelt hatte. Als viel zu erdrückend groß erwies sich die Übermacht der zwar stark verwahrlosten, aber dennoch kampferprobten Soldaten. Niemals hatte man sich eine einigermaßen zutreffende Vorstellung gemacht, wie gewaltig sich eine Streitmacht von solchen Ausmaßen präsentierte. Dazu gesellte sich die bittere Erkenntnis, dass die Angreifer mit dem Mut der Verzweiflung gegen die Stadt anstürmen würden. Denn sie hatten nichts mehr zu verlieren außer ihrem Leben: ein Leben, das sie aber auch dann verlieren würden, wenn es ihnen nicht gelang, die Stadt zu besetzen.

„Da steht er!" Aufgeregt deutete der am ganzen Körper zitternde Turmwächter nach vorne, direkt an die Spitze des Heerhaufens, in dem man nun schon einzelne Gesichter ausmachen konnte. Tatsächlich. Ganz vorne war der Feldmarschall zu erkennen. Unübersehbar. Markant. So, wie man ihn von Zeichnungen und aus Beschreibungen kannte. Gerade hatte er sein Pferd gezügelt und schien im Begriff zu sein, sich persönlich einen umfassenden Eindruck von der Stadt und ihren Schwachstellen zu verschaffen. Eine Maßnahme, die er sich grundsätzlich selbst vorbehält. Egal, was seine Späher und ortserfahrenen

Kundschafter, ja selbst seine hochrangigen Offiziere, ihm berichteten. Der eigene Augenschein war ihm wichtig. Egal, welch hohes Alter er inzwischen erreicht hatte. Tilly! Ein eisiger Schauder zog sich über den Rücken der Rothenburger Stadtverteidiger, als sie ihn unzweifelhaft als den gefürchteten Feldhauptmann des Kaisers erkennen mussten! Mitten unter seinen Offizieren saß er da auf seinem Ross, ganz und gar unverwechselbar, dieser hagere Alte mit seinen schlohweißen Haaren, das er im Gegensatz zu den meisten seiner Offiziere ganz kurzgeschnitten unter seinem breitkrempigen Hut trug.

Über 70 Jahre alt war der Mann, aber nach wie vor ungebeugt: aufrecht und kerzengerade. Einem Racheengel gleich drückte er nun den Rücken durch und präsentierte seinen jubelnden Soldaten mit blank gezogenem Säbel die vor ihnen liegende Stadt. Die Stadt, die sie erobern würden, koste es, was es wolle!

Noch aber war es nicht zu einem direkten Angriff gekommen. Zunächst galt es für Tillys Armee, die Kanonen in Stellung zu bringen, das Lager zu beziehen und sich für den bevorstehenden Waffengang, so es denn tatsächlich so weit kommen musste, zu rüsten. Dasselbe galt in umgekehrter Hinsicht natürlich auch für die nunmehr belagerte Stadt.

„Was noch zu tun ist?" Voller Spannung verfolgte die heimlich lauschende Roswitha das Gespräch, das der Müller von der Rossmühle und einer der städtischen Verwalter für die benachbarte Zehntscheune miteinander führten.

„Im Grund kann es losgehen, so sehr ich gehofft hatte, dieser Kelch würde doch noch an uns vorübergehen. Wir sind bestens gerüstet für eine Belagerung."

„Andererseits – es sollte nicht mehrere Wochen andauern", hörte sie die Stimme des Fruchtkastenverwalters.

„Aber wieso denn? Du sagst doch selbst, dass Vorräte in Hülle und Fülle vorhanden seien. Die Fischkisten gut gefüllt, die Schweine, Rinder, samt den Schafherden in der Stadt. So sehr das auch zum Himmel stinkt, wir werden eine Zeitlang durchhalten können. Im Gegensatz zu Tillys Leuten."

„Genau das ist ja meine Hauptsorge. Tilly weiß das auch, dass er über viel zu wenig Proviant verfügt, um sich eine lange Belagerung leisten zu können. Dazu der bald einsetzende Winter, jetzt schon die Nässe und die Kälte, die einem in alle Poren kriecht. Das werden die Landsknechte in ihren jämmerlichen Zelten nicht lange aushalten. Und deshalb wird sie der Hunger in einen wütenden Ansturm auf uns zutreiben! Denk daran: die Verzweiflung ist ein Gegner, den du nicht besiegen kannst!"

„Aber wir haben keine Wahl: denn wenn wir sie in die Stadt lassen, dann sind bald wir diejenigen, die nichts mehr zu essen haben werden."

In der Tat: es war eine verzwickte Situation, der sich Rothenburg ausgesetzt sah. Was auch immer die nächsten Tage bringen mochten: es konnte nichts Gutes sein.

Wieder ertönte ein Ausruf, der dieses Mal vom Beobachtungsposten an der Spitalbastei erfolgt war. Einer der Wächter hatte in den Reihen des sich nun in südliche Richtung ausbreitenden Heerhaufens einen Offizier entdeckt, der ihm von einem früheren Durchzug her nur allzu bekannt war. Ein Mann, auf dessen Anwesenheit man herzlich gerne verzichtet hätte, auch wenn es durchaus naheliegend war, dass gerade er hier auftauchte. In ziemlicher Nähe des Stammsitzes seiner Familie. Bei dem Mann handelte es sich um niemand anderen als um Pappenheim. Der berüchtigte Schrammhans! Einer von Tillys wichtigsten Offizieren – und überdies bekanntlich einer der Hauptverantwortlichen bei der Zerstörung von Magdeburg. Ihm wurde mittlerweile zugeschrieben, dass er es gewesen war, der persönlich den Sturmbefehl für die dann folgende Katastrophe erteilt hatte, wenngleich auch

mit der ausdrücklichen Billigung des Feldmarschalls Tilly.
„Pappenheim ist es!" Wie ein Lauffeuer breitete sich die Schreckensmeldung über die Bürger der angstzerfressenen Stadt.

Klar! Sie alle kannten ihn beziehungsweise den ihm vorauseilenden mörderischen Ruf. Mehr, als es ihnen lieb war. Gottfried Heinrich zu Pappenheim, nicht ohne Grund der „Schrammhans" genannt! Er war nicht weit von hier beheimatet, in der Gegend um die mittlere Altmühl. Eigentlich aus der protestantischen Glaubensrichtung stammend, doch in jungen Jahren war er zum katholischen Bekenntnis konvertiert. „Das sind immer die Schlimmsten, die Konvertiten!", hieß es jetzt, nicht ohne Grund, überall in der Stadt.

Wenngleich Pappenheim bei seinem damaligen Übertritt wohl nicht aus religiöser Überzeugung, sondern aus politischem Kalkül gehandelt hatte.

Ein Mensch, der sich mit seinen 37 Lebensjahren im besten Mannesalter befand. Also in demselben Alter wie auch sein erbitterter Gegenspieler, der Schwedenkönig Gustav Adolf. Innerhalb kürzester Zeit war der ziemlich unbedeutende Landadelige Pappenheim aufgestiegen in höchste Armeeränge, bis zum kaiserlichen Feldmarschall hatte er es gebracht.

„Und mittlerweile darf er sich sogar Reichsgraf nennen, während er nebenbei gewissenlos seine eigene Heimat Mittelfranken zerstört."

„Klar. Er geht schon deshalb besonders brutal ans Werk, weil er davon ablenken will, dass er hier in Franken als Protestant geboren worden ist."

„Und woher stammt dieser Beiname Schrammhans?"

„Das ist doch klar: wegen seiner vielen Verletzungen, die er allesamt überlebt hat."

„Und die ihn noch unnachgiebiger gemacht haben, als er ohnehin schon war!"

Seit dem Beginn der Abenddämmerung sah sich die gesamte Stadt von den feindlichen Truppen restlos umzingelt. Soldaten, wohin das Auge reichte. Bis weit ins Hinterland hinein standen sie, in mehreren Formationen gestaffelt, sogar hintereinander. Dementsprechend musste man sich auf eine beständig anbrandende Angriffswelle nach der anderen gefasst machen. Pausenlos feuerten die Verteidiger seit gut einer Stunde mit ihren Kanonen und Musketen auf alles, was sich der Stadt auf Schussdistanz näherte. Noch hielt man die Angreifer damit in Schach. Wenn überhaupt schon von einem richtigen Angriff ausgegangen werden konnte und es sich nicht nur um ein wenig bedeutendes Vorgeplänkel handelte. Doch egal, wie viele der vorrückenden Landsknechte auch getroffen zu Boden sanken, beständig rückten weitere Angreifer nach. Gerade so, als handele es sich um einen vielköpfigen Drachen. Kaum war diesem ein Haupt abgehauen, wuchsen sofort zwei neue Köpfe nach. Es war zum Verzweifeln! Und spätestens jetzt war auch dem letzten Verteidiger klar: es wurde wirklich ernst! Es ging um Leben oder Tod – um Sein oder Untergang.

Und kaum war diese Erkenntnis verdaut worden, da mussten die Rothenburger Strategen zu ihrem maßlosen Erschrecken auch schon bemerken, dass sie sich im Hinblick auf die Stoßrichtung des Angriffs völlig verkalkuliert hatten. Auf das Spitaltor würde Tilly sein Hauptaugenmerk richten und mit größter Wucht dagegen anrennen, denn dieses Tor, so massiv es mit seinen drei gewaltigen Bastionen auch verstärkt war, lag an der schwächsten Seite der ganzen Stadt. Direkt von der Ebene aus konnten die anstürmenden Heerscharen am leichtesten agieren.

Doch die Vermutung ging völlig fehl. Von einigen wenigen gezielten Ablenkmanövern abgesehen, richtete Tilly sein Augenmerk von Beginn an auf das Galgentor. Eigentlich kein Wunder, denn sein Ratgeber Pappenheim, der sich bekanntlich in der Stadt bestens auskannte, wusste nur allzu genau um die Tatsache, dass das Galgentor die schwächste Seite der Verteidigung darstellte. Trotz der überfluteten Wiesen, die man eigens zum Schutz des Tores angelegt hatte. In früheren Jahren war man der Meinung gewesen, diese Maßnahme reiche völlig aus. Eine zusätzliche (überdies sündhaft teure) Verstärkung des Galgentors schien niemandem geboten. Eine grobe Fehleinschätzung, wie sich nun im Nachhinein herausstellte. Denn die Angreifer gingen absolut planmäßig gegen diese schwächste Seite vor, in dem sie sich mit hölzernen Planken über das sumpfige Gelände behalfen und mit einer Unzahl ihrer Leute sofort darangingen, in regelmäßigen Abständen Entwässerungsgräben auszuheben, in denen das Wasser innerhalb erschreckend kurzer Zeit aus den Wiesen abfloss. Nach wie vor war der Anmarsch über diese Seite zwar eine matschige Angelegenheit, aber auf Dauer war dem nicht enden wollenden Ansturm kein Einhalt zu gebieten. Zumal die Kanonen der Angreifer weit außerhalb der überfluteten Wiesen in Stellung gebracht worden waren, die dank ihrer enormen Reichweite die Kugeln dennoch direkt in die Stadt abfeuern konnten, wo sie zahlreiche Schäden verursachten.

Kaum waren die Pulverdämpfe dieser ersten Schusswechsel mitsamt der untergehenden Sonne verzogen, da löste sich aus den Reihen der Angreifer eine kleine berittene Formation von Offizieren, die sich durch eine mitgeführte weiße Fahne zu erkennen gaben. Direkt vor dem Eingang des Galgentores verharrten die Reiter und verlangten in einem ultimativen Tonfall, der an keinerlei Diskussionen denken ließ, das sofortige Erscheinen des Bürgermeisters.

Johann Bezold blieb keine Wahl. Kurz darauf wurde ein Fenster im unteren Teil des Turmes geöffnet und der Bürgermeister präsentierte sich den Unterhändlern mit einem stolzen, Unbeugsamkeit verheißenden Blick, in Wahrheit aber voller Bangen gespannt darauf, welche Bedingungen diese zu vermelden hatten. Tillys Botschaft war unmissverständlich: es handele sich um seine letzte Aufforderung, Rothenburg auf Gnade und Ungnade zu übergeben. „So und nicht anders verlangt es Johann Tserclaes Tilly, der Generalfeldmarschall des Kaisers, des obersten Lehensherrn seiner Reichsstadt Rothenburg vom Rat der Stadt unter deren Bürgermeister Johann Bezold!", lauteten die letzten Worte des Unterhändlers, der in Wahrheit gar kein Unterhändler war, sondern ein Herold, der seinen Auftrag damit erledigt hatte.

Ernüchtert über die Kompromisslosigkeit dieser Botschaft signalisierte Bezold mit einer Handbewegung seine Bitte, die Unterhändler möchten sich kurz gedulden, bis er sich beraten hätte, dann zog er sich wieder ins Innere des Turmes zurück. Ein kurzer Blickwechsel mit seinem Vorgänger Georg Nusch genügte ihm, um zu wissen, wie auch dieser den Ernst der Lage einschätzte. „Also, was auch immer dann mit uns geschehen wird: ich wäre dafür", murmelte er mit belegter Stimme.
Johann Bezold nickte zustimmend: „Besser jetzt, als später. Bevor wir unnötige Opfer zu beklagen haben. Denn so oder so: wir werden sie nicht aufhalten können..."
Er hatte den Satz noch nicht beendet, da fuhr ihm der schwedische Rittmeister Rinkenberg sofort dazwischen. „Nichts wird gemacht. Gar nichts! Auf Gnade und Ungnade die Stadt zu übergeben, das kommt keinesfalls in Frage. Jetzt ist es endgültig zu spät dafür!"
Auch die übrigen Räte, die sich mit dem Bürgermeister im Galgentor versammelt hatten, stimmten der Auffassung Rinkenbergs, wenngleich mit angstvollem Kopfnicken zu. „Es ist zu spät. Jetzt kommt eine Übergabe nicht mehr in Frage!"
„ Wir haben ihn schon viel zu sehr erzürnt!"
„Auf Gnade oder Ungnade: das heißt ja, dass wir uns willenlos in seine Hände begeben sollen..."
„...auf Gedeih und Verderb..."

„...und er kann dann mit uns machen, was ihm geradeso in den Sinn kommt!"

„Niemals!"

„Lieber sterbe ich im Kugelhagel, als nach dem Gutdünken dieses Katholiken!"

Wieder wechselten Bezold und Nusch einen kurzen, resignierten Blick. Die weitaus überwiegende Mehrheit des Rates war gegen ihren Vorschlag. Als Bürgermeister hatte er sich dieser Mehrheit zu beugen. „Nun denn: es sei, wie ihr es mir aufgetragen habt!"

Bezold wandte sich um und atmete einmal tief durch. Dann straffte er die Schultern und schritt zum Fenster, wo es nun galt, einen entschiedenen Eindruck auf die Unterhändler zu machen und dem eindeutigen Wunsch des Rates somit Folge zu leisten. So schwer es ihm auch fiel. Er durfte sich nicht das mindeste Zögern und Zaudern anmerken lassen. Und so schmetterte er, der davon offenbar durchaus überraschten Abordnung mit klaren, knappen Worten herunter, dass Tilly von der Stadt Rothenburg sowie all ihren zum Kampf bereiten Bürgern keinerlei Entgegenkommen zu erwarten habe. Er Tilly, solle sich davonscheren. „Rothenburg wird von uns notfalls bis zum letzten Blutstropfen verteidigt werden."

Grußlos nahmen die Unterhändler diese Botschaft entgegen, wendeten auf der Stelle ihre Pferde und galoppierten eilig zurück, um ihrem Feldherren Tilly diese ungeheuerliche Botschaft zu überbringen.

Spätestens jetzt war die Konfrontation unausweichlich. Johann Bezold spürte sein Herz bis zum Hals schlagen und schickte ein stummes Stoßgebet zum Himmel. Sie würden untergehen, das stand für ihn fest. Wenn Tilly dann wenigstens die Frauen und die Kinder verschonen würde. Wenigstens sie.

Alle männlichen Bürger, die im Augenblick nicht an einer bestimmten Verteidigungsposition auf der Stadtmauer gebraucht wurden, waren nun angewiesen, sich unverzüglich auf dem Marktplatz einzufinden. Dort ergriff Rinkenberg vom Rathausbalkon herunter sofort das Wort und forderte sie mit eindringlichen Worten auf, sich wehrhaft zu zeigen und grundsätzlich auf jede Bewegung zu feuern, die erkennbar war, um damit den Feind nachhaltig zu beeindrucken.

Ausgerechnet jetzt meldete sich ein lautstarker Zwischenrufer aus der Masse der Menschen zu Wort. „Das ist doch lächerlich – angesichts dieser Überlegenheit da draußen. Ich erschieße einen – falls ich ihn überhaupt treffe – und an seiner Stelle stehen sofort zwei neue da. Und außerdem wird unsere Munition auch nicht für ewige Zeiten reichen! So sieht es doch in Wahrheit aus!"

Rinkenbergs Miene verfinsterte sich düster. „Wer wagt es, solche feigen Reden zu führen? Unsere Munition wird ausreichen, so wahr ich hier stehe. Wir sind bestens gerüstet. Unsere Mauern sind stark. Das kann jeder selbst mit eigenen Augen sehen. Und darüber hinaus: was wollt ihr denn mit einer solchen üblen Gegenrede bezwecken. Wollt ihr etwa die Übergabe? Eine Übergabe auf Gnade oder Ungnade! Nein: es bleibt uns keine Wahl, als unsere Stadt mutig zu verteidigen. Wo ein Wille ist, da ist auch ein Weg! Und den Willen, den haben wir! Es geht um Rothenburg! Um unsere Stadt und um die Zukunft unserer Kinder! Rothenburg!"

So lautstark das vielstimmige Echo des von Rinkenberg provozierten Jubels auch über den Marktplatz schallte, den meisten Rothenburgern war dennoch nicht wohl in ihrer Haut.

Aber in der Tat, darin stimmten sie mit Rinkenberg überein: sie hatten keine andere Wahl. Sie mussten Rothenburg verteidigen. Und sei es, mit ihrem Leben. Die Dinge waren viel zu weit fortgeschritten, um sie noch einmal im Sinne der Stadt positiv beeinflussen zu können. Es war zu spät. Wieder waren die Kirchen an diesem Abend mit betenden Menschen hoffnungslos überfüllt. Und keinem schien es dazuhingeraten, sich zum Schlafen niederzulegen. Wach zu bleiben war das Gebot der Stunde. Denn jederzeit konnte der entscheidende Angriff erfolgen. Sogar mitten in der Nacht. Auch das war dem alten Fuchs Tilly durchaus zuzutrauen. Eine ausweglose Situation des Ausgeliefertseins: niemand wusste, wann genau, an welcher Stelle er wirklich losschlagen würde. Ob es sich nur um eine Finte handelte, mit der sie ihre Kräfte an der falschen Stelle konzentrieren sollten, oder ob es sich doch um den finalen Vorstoß handeln würde.

Unendlich zog die Nacht sich hin. Nur einzelne Schüsse drangen hin und wieder durch die Dunkelheit und ließen die vom Schlaf dennoch übermannten Bürger immer wieder erschrocken auffahren. Und dann – ohne irgendeine Vorwarnung – war es passiert: tatsächlich noch im Morgengrauen begann Tilly den Angriff auf Rothenburg. Mit voller Wucht. Ohne lange zu fackeln. Ungerührt, in immer neuen Angriffswellen schickte er das Fußvolk des Herzogs von Lothringen dabei direkt in den Tod. Zweimal schon war es ihnen gelungen, bis auf den ersten Verteidigungswall zu klettern, nachdem sie die erst in jüngster Zeit neu ausgehobenen und verstärkten vorderen Schanzen einfach überrannt hatten. Egal, wie viele Opfer dies gekostet haben mochte. Ihr Nachschub in Gestalt von weiteren Soldaten schien unerschöpflich. Mit äußerster Mühe war es den unablässig feuernden Verteidigern gelungen, den Angriff doch noch zurückzuschlagen. Es mussten bereits Hunderte von Toten sein und die Zahl der verwundeten Lothringer dürfte mindestens bei Tausend liegen.

Nicht einmal ein dermaßen unerbittlicher Stratege wie Tilly durfte doch diese ungeheure Zahl an Opfern einfach hinnehmen! Das konnte doch nicht sein! Waren das noch Menschen, die ihresgleichen einfach kalt in Tod und Verderben rennen ließen und über deren Leichen hinweg, die mittlerweile selbst die Gräben auffüllten, weiter auf

Rothenburg zustürmten. Immerhin war es den Angreifern bislang nirgendwo gelungen, auch nur eine einzige Sturmleiter direkt an die Stadtmauer heranzuschieben. Kein Angreifer hatte es geschafft, sich auch nur in deren Nähe zu wagen. Alle waren sie durch die Kugeln der Rothenburger Scharfschützen gnadenlos niedergestreckt worden. Und so keimte mitten im Entsetzen über das Blutbad ganz zaghaft die erste Hoffnung: womöglich hielt das altehrwürdige Rothenburg dem Angriff also dennoch stand? Irgendwann würden Mut und Kraft der Angreifer erlahmen müssen.

Plötzlich erschütterte eine gewaltige Explosion den Südwesten der Stadt. Ausgerechnet im Bereich der Klingenbastei musste es geschehen sein. Die Klingenbastei! „Um Gottes Willen!" Dort war der Pulvervorrat der Stadt gelagert! Dazu befand sich hier einer der wichtigsten Wasserspeicher. Es durfte nicht sein!

Doch genauso war es. Der gesamte Pulvervorrat, den sie hier als Nachschub gelagert hatten, war in die Luft geflogen, die Bastei selbst teilweise zerstört und in hellen Flammen stehend. Das Wasser ausgelaufen, die Stadtmauer in diesem Abschnitt innerhalb eines einzigen Wimpernschlags schwer in Mitleidenschaft gezogen! Eine schrecklich gähnende Wunde mitten im Fleisch von Rothenburg!

Und weiter häufte sich jetzt Schreckensmeldung an Schreckensmeldung. Am Spitaltor riefen sie verzweifelt nach Munitionsnachschub für die Musketen. Bald würde das Pulver zu Ende sein. Doch den Nachschub vom Klingentor gab es nicht mehr.

„Wir brauchen aber Pulver! Dringend!"

„Dann nehmt es halt von anderen Stellen!"

„Rasch jetzt! Und: Feuer!"

Noch immer schlugen die Flammen meterhoch aus der zerstörten Klingenbastei. „Alle Löschtrupps auf der Stelle zum Klingentor!"

Gerade hier an dieser Stelle erschien es am dringlichsten, das Feuer zu löschen. Sie mussten es schaffen, unbedingt. Noch bevor das schwere dicke Eichentor, das an einigen Stellen bereits verdächtig zu qualmen begann, endgültig ein Raub der Flammen zu werden drohte. Denn sonst.... sonst war alles vorbei.

„Es muss gelingen!" Selbst der Basteikommandant reihte sich jetzt in die Löschkette ein.

Das Tor selbst war stark genug gewesen, dass es sogar die gewaltige Explosion nahezu unbeschadet überstanden hatte. Eimer um Eimer mit Löschwasser wanderte durch die Hände der unermüdlichen Männer. Und tatsächlich: sie schienen Erfolg vermelden zu können. Das Tor würde standhalten, sie würden die Flammen in den Griff bekommen.

Gott sei Dank.

Ein hektischer Ratsbote jagte durch die Gasse. „Die Männer am Galgentor brauchen dringend Pulver für die Mörser!"

„Wir haben keines mehr. Schnell, zur Spitalbastei, die sollen es mit den anderen teilen!"

„Aber von dort komme ich doch gerade! Denen geht es demnächst selber aus!" Panik flackerte in den Augen des Mannes auf. Was sollten sie nur tun: die in der Klingenbastei explodierte Munition fehlte an allen Ecken und Enden! Verzweifelte Soldaten brüllten sich inzwischen die abstrusesten Befehle zu, die sie doch gleichwohl nicht mehr erfüllen konnten. Lange würden die Verteidiger nicht mehr standhalten können.

Es war am späten Nachmittag desselben Tages, als sich der Rat der Stadt Rothenburg bis auf zwei Verwundete, die auf der Stadtmauer von feindlichen Gewehrkugeln getroffen worden waren, am Galgentor versammelte. Schon aus weiter Entfernung konnten jene Rothenburger, die mit der Verteidigung dieses Abschnitts betraut waren, an den betroffenen Mienen der Männer erkennen, wie ernst die Lage nun auch von den Ratsmitgliedern selbst eingeschätzt wurde. Sogar der ansonsten so forsche Rinkenberg breitete nur noch in einer hilflosen Geste die Arme aus.

Bürgermeister Johann Bezold, der sich mit aschfahler Miene vor seinen Ratsherren aufgebaut hatte, schüttelte nur kurz den Kopf, um dann mit fester Stimme nur zwei, drei knappe Sätze zu formulieren: „Es ist vorbei. Die Stadt wird übergeben, die Tore werden geöffnet. Wir haben keine andere Wahl mehr!" Ein schreckliches Fazit, auf das für die Dauer eines Herzschlages atemlose Stille einkehrte. Doch mit dem nächsten Musketenschuss, der die Schreckensstarre brutal zerriss, begannen die Leute zu weinen und bitterlich zu schluchzen. Selbst gestandenen Mannsbildern fiel das Gewehr einfach aus den Händen, andere rannten, von wilder Panik ergriffen, einfach davon.

Neben Bürgermeister Bezold kletterte nun der Pfarrer von der Jakobskirche auf einer an der Stadtmauer lehnenden Leiter drei Sprossen hinauf, um sich dann für alle erkennbar, Gehör zu verschaffen. „Lasset uns beten!", rief er laut über die Köpfe der unter ihm versammelten Menschen hinweg. Augenblicklich verstummten die Schreie und das Wehklagen. Alle Rothenburger falteten die Hände zum kurzen Gebet, das mit den Worten des Pfarrers endete: „Und damit legen wir nun unser Schicksal in Gottes Hand. Lasst uns zum Abschluss gemeinsam das Lied unseres großen Reformators Dr. Martin Luther anstimmen: ‚Erhalt uns Herr bei deinem Wort'. Ein Lied, das heute vielleicht ein letztes Mal in unserer Stadt erklingen wird!"

Bittere Tränen strömten ungehindert über die Wangen der Menschen, während sie mit Inbrunst sangen. Und regungslos blieben sie einfach stehen, als das letzte Wort des Liedes verklungen war, bis sich aus dem Hintergrund die alarmierten Schreie der verzweifelten Verteidiger der Stadtmauer in die unwirkliche Stille mischten.

Noch einmal hob Bürgermeister Bezold die rechte Hand: „Und nun soll es geschehen. In Gottes Namen befehle ich, das Schießen sofort einzustellen. Bei Strafe an Leib und Leben verlange ich: Keiner verfeuert mehr einen einzigen Schuss. Genug ist genug!"

Er winkte einen Ratsdiener herbei, der auf dieses Zeichen hin einem der Stadtsoldaten ein weißes Betttuch überreichte, der es voller Anspannung zitternd ergriff.

„Gott befohlen!" Nach einem weiteren Wink des Bürgermeisters stieg der Soldat mit eiligen Schritten in den Turm. Kurze Zeit später warf er das Betttuch durch eine der Fensteröffnungen am Galgentor. Ein deutliches Zeichen der bedingungslosen Kapitulation der unterlegenen Stadt, zu dem ein auf dem Wehrgang postierter schwedischer Trompeter das Signal zur Übergabe blies. Im selben Moment schwang der seitliche Flügel des Galgentors auf. Die Stadt war damit den Kaiserlichen geöffnet.

In wilder Hast wichen die Bürger von dem nunmehr preisgegebenen Tor zurück, von dem aus sie einen erschreckenden Blick auf die riesige Schar der jubelnden Angreifer erhascht hatten. Wie ihnen geheißen, legten sie ihre Rüstungen und Waffen auf dem Marktplatz ab und eilten in ihre Häuser, die sie sorgsam verschlossen – in dem einen oder anderen Fall sogar sicherheitshalber verbarrikadierten. In der vagen Hoffnung, damit ein mögliches Eindringen der Kaiserlichen verhindern zu können.

Kurz danach herrschte Totenstille in der Stadt, nur unterbrochen vom vereinzelten Wehklagen eines vor Angst halb wahnsinnig gewordenen Bürgers, dem Blöken der durstigen Schafe und dem Wiehern der durch die vorangegangene Kanonade übernervösen Pferde.

Ein Vorab-Kommando Tillys betrat nun durch die seitliche Türe des Galgentors die Stadt. Vorsichtig zunächst setzten sie Schritt für Schritt und hielten dabei engen Kontakt, denn noch schien ihnen die Lage unsicher. Offenbar rechneten sie damit, jederzeit in einen Hinterhalt zu geraten, zu rasch war die Kapitulation Rothenburgs erfolgt, um nicht vielleicht doch eine dahinter versteckte Finte befürchten zu müssen. Doch in der Stadt ließ sich keine Menschenseele blicken. Mit Ausnahme der Ratsherren, die sich in angespannter Eile zur Beratung ins Rathaus zurückgezogen hatten, schien die Stadt wie ausgestorben.

Umso mehr fuhr den Soldaten der Schreck in die Glieder, als urplötzlich ein lauter Jubelruf ertönte: „Der König ist im Anmarsch! Hurra!"

Und ein weiterer Ruf hallte durch die Gassen: „Gustav Adolf kommt uns zu Hilfe. Er lässt uns nicht im Stich!"

Als habe die totgeglaubte Stadt nur auf dieses Stichwort gewartet, pflanzte sich ein mit Worten kaum zu beschreibendes Aufatmen von Haus zu Haus und sogar aus dem Rathaus waren Hurrarufe zu vernehmen. Ein gutes Dutzend der schwedischen Soldaten stürmten aus dem Gebäude und stand gerade eben im Begriff, die erst kurz zuvor niedergelegten Waffen wieder zu ergreifen, während der eine oder andere von ihnen, ein schrilles Wutgeheul ausstieß und sich mit bloßen Fäusten auf die von dieser Entwicklung völlig überraschten Kaiserlichen stürzte. Ein wüstes Gerangel war die Folge. Die Lage schien außer Kontrolle zu geraten. Nur einer behielt in diesem unbeschreiblichen Wirrwar die Übersicht. Es war Johann Bezold, der Bürgermeister. „Wo soll der König gesehen worden sein?", stellte er die Wächter des Rathausturms streng zur Rede.

Doch keiner der Beobachter vermochte ihm eine Antwort zu geben. „Von uns ist der Ruf nicht gekommen. Wohin das Auge reicht, sehen wir nur kaiserliche Soldaten."

„Ich habe es mir beinahe gedacht", schüttelte Bezold resigniert den Kopf. Dann aber richtete er sich kerzengerade auf und marschierte mit festen Schritten auf den Rathausbalkon, wobei ihm auf sein Geheiß hin zwei der Rothenburger Stadtsoldaten folgten. „Blast das Signal!", befahl er ihnen knapp, als sie an der Brüstung des Balkons angelangt waren. Zwei laute Hornstöße erschallten in das Handgemenge vor ihren Füßen hinein und die verbissen miteinander ringenden Männer hielten für einen überraschten Augenblick lang inne. „Hört auf. Sofort!", schleuderte ihnen Bezold mit Donnerstimme seine Weisung entgegen. „Es ist nichts. Der schwedische König ist nicht im Anmarsch. Ich befehle euch, auf der Stelle die Waffen wieder niederzulegen und alle Feindseligkeiten zu beenden!"

Wie gelähmt ließen die Männer daraufhin ihre Arme sinken, während die Waffen einfach aus ihren Händen klirrend zu Boden fielen. Sie waren einer Täuschung aufgesessen. Nur allzu bereitwillig hatten sie sich vom letzten Funken ihrer Hoffnung zu dieser unbedachten Handlung treiben lassen, die leicht in einer Katastrophe hätte enden können. Denn die Hoffnung hatte getrogen. Niemand war ihnen zu Hilfe gekommen. Es war aus. Tilly war der neue Herr von Rothenburg.

Es ging allmählich gegen Mitternacht zu. Jetzt erst hatte sich die kaiserliche Vorhut zu der Überzeugung durchgerungen, dass man keiner Finte aufgesessen war und dass ihnen innerhalb der Mauern von Rothenburg keine Gefahr mehr drohte. Diese Meldung hatten sie ihrem Feldmarschall überbracht und kurze Zeit später waren nun auch die letzten Formalitäten im Hinblick auf den Verlauf der Öffnung aller Stadttore erledigt. Zuerst war das Galgentor an der Reihe. Mit einem unheilverkündenden Quietschen, das den Torwächtern durch Mark und Bein fuhr, schwangen die Flügel des Tores nach innen auf. Die vollständige Einnahme von Rothenburg hatte begonnen. Ein nicht mehr umkehrbarer Prozess. Rothenburg war in Feindeshand geraten.

Ein bitteres Lachen drang aus Johann Bezolds Kehle, der von der Brüstung des Rathausbalkons aus, die eindringende Heerschar beobachtete. „Die Würfel sind gefallen, würde unser großer Vorgänger, der Bürgermeister Toppler jetzt wohl sagen." Dabei spielte er auf das Wappen dieses Mannes an, auf dem zwei Würfel abgebildet waren. In der Tat galt jener Heinrich Toppler als bedeutendster Bürgermeister, den die Stadt jemals hervorgebracht hatte, ja sogar als größter Sohn der jahrhundertealten Stadt. Denn der im Jahre 1408 unter merkwürdigen Umständen im Verlies seines eigenen Rathauses gestorbene Toppler war der eigentliche Begründer des Rothenburger Aufstiegs. Der Vater der Landwehr sozusagen. Auf seine umsichtige Initiative hin war dieses respektable Staatsgebiet geformt worden, das längst als eigentliche Lebensader von Rothenburg bezeichnet werden durfte. „Und wir, seine Nachfahren, haben nun alles verspielt! Die elf Augen auf den Würfeln in seinem Wappen sind von einem zwölften übertrumpft worden. Wir haben das Erbe Heinrich Topplers zerstört! Gott sei unserer Seele gnädig."

Es war kaum noch mit anzusehen, wie sich der nicht enden wollende Strom der kaiserlichen Soldaten in die Straßen und Gassen von Rothenburg ergoss. Und nirgendwo hielten sie sich lange mit Reden oder gar Bitten auf. Die vorsorglich versperrten Türen der Häuser wurden von ihnen einfach mit Äxten und Morgensternen zertrümmert, falls die Bewohner auch nur einen Augenblick gezögert hatten, als der Befehl zur sofortigen Öffnung der Haustür zum Fenster hochgebrüllt worden war. Es kam genau so, wie sie es befürchtet hatten. Überall in der Stadt erhob sich ein bitterliches Heulen und Wehklagen, schrill hallten die Schreie der übel malträtierten Bürger durch die engen Gassen und warfen ein unerträgliches Echo über die gepeinigte Stadt. Am allerschlimmsten hausten die kroatischen Landsknechte. Ohne jegliche Rücksichtnahme griffen sie sich alles, was ihnen in den Sinn kam. Zerstörungswut um der schieren Zerstörung willen. Wehe den Bürgern, die um Milde baten: sie wurden von den rohen Gesellen einfach auf die Straße geworfen. Und ihren wild um sich schlagenden, verzweifelt in den Armen der Kroaten zappelnden Kindern, ob klein oder groß, ging es ganz genauso. Ein besonderes Vergnügen schien es diesen Berserkern zu bereiten, wenn eines der Kinder dabei mit dem Gesicht direkt im tiefen Morast der Gasse gelandet war. Anstelle von Mitleid mit den unschuldigen Mädchen und Jungen stießen sie ein höhnisches Gelächter aus und wandten sich ihrem nächsten Opfer zu. Innerhalb kürzester Zeit waren die Häuser übel verwüstet und nicht minder schlimm sah es in den Kellern aus, in denen fürchterliche Saufgelage stattfanden.

Noch in derselben Nacht erfolgte im Sitzungssaal des Rathauses die formelle Übergabe der Stadt. Der verblüffend einfach gekleidete, aber allein durch seine Erscheinung unübersehbare Feldmarschall Tilly zeigte sich bei diesem Anlass von Beginn an wütend und aufgebracht über die widerspenstigen Rothenburger, die es doch tatsächlich gewagt hatten, seine ursprüngliche Bitte auf Öffnung der Stadt einfach abzulehnen. Ein ungeheuerlicher Vorgang in Tillys Augen. Mit wenigen Worten machte er den zu Tode erschrockenen Stadträten deutlich, wie er dieses Vorgehen bewertete. „Es ist Verrat am Reich, dessen ihr euch schuldig gemacht habt. Zu allem Übel zum wiederholten Mal. Denn schon vor Jahren habt ihr euch von unserer (und euerer!) Majestät, dem Kaiser, einfach abgewandt und habt euch auf die Seite der verräterischen Union geschlagen! Es ist ein todeswürdiges Vergehen, darüber seid ihr euch hoffentlich im Klaren!" Mit einem durchdringenden, stechenden Blick maß er die erschaudernden Ratsherren. Einen nach dem anderen. Und noch ungnädiger zeigte sich sein treuester Begleiter, der Graf von Pappenheim. Immerhin habe er mit seinen Leuten doch schon einmal in der meineidigen Stadt gelegen und bei seinem Abzug eindeutige Anweisungen in Bezug auf die Bündnisverpflichtungen Rothenburgs hinterlassen. Doch kaum sei er abgezogen, da habe man sämtliche seiner Befehle einfach in den Wind geschlagen und das gesetzlose Treiben gegen ihre Majestät, den Kaiser, von Neuem begonnen. Rasch war Pappenheim zu seinem Fazit gekommen: bei Rothenburg handele es sich eindeutig um eine Stadt, der man niemals würde trauen können. Noch nicht einmal der Kaiser, der rechtmäßige Herrscher im Heiligen Römischen Reich und oberster Herr der Freien Reichsstadt, könne sich auf die Treue dieser Untertanen verlassen. Eine eindeutige Feststellung, auf die es nur eine einzige Antwort geben könne: man dürfe in diesem Falle nicht lange fackeln, sondern habe das treulose Nest so rasch wie möglich zu magdeburgisieren. Die Rothenburger hätten keinerlei Gnade verdient.

Magdeburgisieren! Wie ein Fanal schwang der fürchterliche Begriff über der besetzten Stadt. Feuer, Tod und Zerstörung würden über sie kommen. Denn es gab nicht den mindesten Hauch eines Hoffnungsschimmers für das dem Tod geweihten Rothenburg.

Doch noch hatte Tilly seinen Daumen nicht gesenkt. Noch also gab es eine Galgenfrist. Sicherlich nicht aus Gründen des Mitleids, sondern vielmehr dem Kalkül des Feldherren entspringend, seinen Männern erst einmal einige Tage zur Erholung zu gönnen. Denn für den Fall, dass Rothenburg gleich auf der Stelle zerstört würde, wären sie zum sofortigen Weiterzug gezwungen. Das aber wollte er seinen erschöpften Soldaten nicht zumuten.

\*

Der nächste Vormittag. Der 31. Oktober 1631. Ausgerechnet der Reformationstag. Ein Datum, das die katholischen Eroberer natürlich mit ganz besonderer Häme begehen würden.

Auch in der doch erst vor wenigen Wochen auf das Sorgfältigste wieder hergerichteten Rossmühle hatten die

Soldaten übel gehaust. Als die beiden Mahlknechte versucht hatten, sie von der mutwilligen Zerstörung des großen Mahlwerks abzuhalten, da waren sie samt einer Magd, die ihnen zu Hilfe eilen wollte, einfach totgeschlagen worden. Im hintersten Winkel der Mühle hatten sich Roswitha und Christoph versteckt, Gott sei Dank weit genug entfernt vom üblen Geschehen, hatten sie die Nacht unbehelligt überstanden. Gleich beim ersten Morgengrauen hatte sich Roswitha ein Herz gefasst und war an der nun nicht mehr bewachten, teilweise in Trümmern liegenden Stadtmauer entlanggeschlichen. Denn die ganze Nacht über hatte sie trotz aller Angst gleichzeitig auch die Neugierde umgetrieben. Unbedingt wollte sie, alle Warnungen des fassungslosen Christoph in den Wind schlagend, den berüchtigten Kriegsherren Tilly mit eigenen Augen sehen. Weshalb auch immer. „Aus Neugier. Ja!" Es war so und sie gab es auch unumwunden zu. Sie würde es Christoph nie erklären können, wie man sich aus purer Neugier heraus dermaßen in Gefahr begeben konnte. Er würde es nie verstehen. Und ehrlich gesagt, war es natürlich tollkühn. Darin musste sie Christoph innerlich beipflichten. Doch offen zugeben würde sie das genauso wenig, wie sie gewillt war, diesen sonderbaren Antrieb zu unterdrücken. Sie musste ihn zu Gesicht bekommen: den personifizierten Schrecken des Krieges. Tilly! Der für alles Leid verantwortlich war, das auch ihr widerfahren war. Ihr und vielen Tausend weiteren Menschen.

Sie schlug die westliche Richtung ein, die sie zur Jakobskirche führen würde. Es war nur ein Gefühl, aber es sagte ihr, dass sie den Feldherren dort vermutlich aus nächster Nähe würde sehen können.

Mit äußerster Vorsicht bewegte sich Roswitha vorwärts. Immer wieder gelang es ihr erst im allerletzten Augenblick, sich in eine Nische zu ducken, wenn urplötzlich torkelnde Landsknechte um die Ecke bogen. Während einer dieser brandgefährlichen Situationen war ihr dabei in der Klingengasse an der Wand einer gegenüberliegenden Backstube ein Spruch ins Auge gefallen, dessen Inhalt ihr nun wie bitterer Hohn entgegenstach: „Du findest für den Leib, das Brot in diesem Haus. Das Brot für deine Seele, teilt Gottes Wort dir aus." Mühsam hatte sie es geschafft, die Worte zu entziffern, denn als eines der wenigen Kinder aus Gerolfingen war sie einigermaßen des Lesens mächtig. Die Mutter hatte es ihr einst geduldig beigebracht – vor undenkbar langer Zeit, wie es Roswitha inzwischen schien. Voller Bitterkeit war sie sich über den Sinn dieses Spruches bewusst geworden, während sie solange in der Nische kauerte, bis auch der letzte sturzbetrunkene Soldat an ihr vorbeigewankt war.

„Gottes Wort!" Und ausgerechnet heute, in dieser ausweglosen Situation stand ihr jetzt dieser Spruch vor Augen. Am Reformationstag!

Und da stand er plötzlich vor der Jakobskirche, umringt von seinen grinsenden und teilweise wohl alles andere als nüchternen Offizieren: Tilly! Unverkennbar Tilly. Der alte, stolze Mann mit seinem stoppelkurzen weißen Haar. Der Wüterich. Aber... er lachte!

Was gab es denn da zu lachen?

Ach so: soeben stand er im Begriff, die besiegten Protestanten ein weiteres Mal zu demütigen. „So, so. Der Reformationstag soll heute sein." Er wandte sich zu seinen Offizieren. „Da können wir wieder einmal sehen, wie fortschrittlich sie doch sind, die Protestanten. Sie zählen erst den 31. Oktober, während wir uns bereits am 10. November befinden. Womit wieder einmal bewiesen ist, dass sie weit hinter uns zurück sind. Selbst beim Kalender!" Ein lautstarkes Gelächter unter den kaiserlich-katholischen Offizieren war die Folge.

Roswitha begriff sofort, worauf der Feldmarschall anspielte, nämlich auf die in der Tat sonderbare Eigentümlichkeit, dass zwischen Katholiken und Protestanten unterschiedliche Zeitrechnungen herrschten. Denn in der katholischen Kirche war im Jahr 1582 durch Papst Gregor XIII. eine Kalenderreform zustande gekommen. Man hatte dabei zwischen dem 14. Oktober und dem 25. Oktober 1582 einfach 10 Tage übersprungen, um damit jene Unregelmäßigkeiten in der Zeitrechnung auszugleichen, die sich im Laufe der Jahrhunderte ergeben hatten. Doch die Protestanten weigerten sich, diese „katholische" Zählweise zu übernehmen. Deshalb existierten seitdem zwei Kalender im Reich nebeneinander. Eine seltsame Gepflogenheit, die eben nun dazu geführt hatte, dass laut Rothenburger Zeitrechnung erst der 31. Oktober angebrochen war. Der Reformationstag.

Eine geradezu tragische Überschneidung, auch wenn es sich um einen puren Zufall handelte. Ein Zufall, der den Eroberern jetzt natürlich ein ganz besonderes Vergnügen bereitete.

„So. Und wo ist er denn, euer großer Schwedenkönig", baute sich der unsägliche Pappenheim höhnisch vor dem aschfahlen, betroffen zurückweichenden Bürgermeister auf. „Der angebliche Erretter seiner evangelischen Ketzer? Ha – ausgerechnet am sogenannten Reformationstag ist weit und breit nichts von ihm zu sehen! Ein wunderbarer Tag, denn kein anderer Tag eignet sich besser dazu, um auch dieses protestantische Rebellennest Rothenburg zu magdeburgisieren! Zu „rothenburgisieren", wie es dann künftig heißen wird." Der Schrammhans ließ ein schallendes Gelächter ertönen und sah dabei seinen Feldmarschall mit erwartungsvoller Miene an.

„Ja", nickte dieser, während er sich mit der rechten Hand bedächtig über die weißen Haarstoppeln strich. So fürchterlich sein Ruf auch war, der Tilly auf Schritt und Tritt begleitete, irgendwie erschien Roswitha der stolze alte Mann dennoch alles andere als ein rasender Wüterich. Während Pappenheims finsterer Rede hatte er einmal mit einem kurzen ungehaltenen Nicken auf taumelnde Landsknechte gedeutet und allein mit dieser Bewegung einen seiner Offiziere damit bewogen, die im Alkoholrausch benebelten Soldaten, die nicht mehr wahrnahmen, wie ihnen geschah, rasch ergreifen und fortschleppen zu lassen. „Gesindel!", zischte es böse zwischen seinen Lippen.

Diese Szene freilich passte genau in das Bild, das von Tilly gezeichnet wurde. Denn der stolze, vornehme Herr konnte es offenbar nicht ertragen, wenn irgendwelche rohen Akte oder ein ungebührliches und disziplinloses Benehmen direkt vor seinen eigenen Augen stattfanden. Diese unschönen Begleiterscheinungen von Krieg und Eroberung überließ er den anderen. Er selbst jedoch wollte damit nichts zu schaffen haben.

Matthias! Schlagartig wurde sich Roswitha bewusst, welcher Antrieb sie hierher geführt nach. Nicht nur die Neugierde. Sondern vor allem die Sehnsucht. Die Sehnsucht nach Matthias. Was war nur aus ihm geworden. Vor wenigen Tagen hatte er Geburtstag gehabt. Hatte sein 12. Lebensjahr begonnen. Lebensjahr?! Wenn er überhaupt noch am Leben war!

Tränen stiegen in ihre Augen. Natürlich war von Matthias hier nirgendwo etwas zu sehen. Wie auch. Im direkten Umkreis dieser vornehmen Herren. Wenn, dann hatte sie ihn in einem anderen Truppenteil zu suchen. Aber vielleicht war sie ihm momentan dennoch so nahe, wie schon seit Monaten nicht mehr. Gut möglich, dass er sich in der Stadt oder ganz in deren Nähe befand. Wenn... Nein, nicht diesen hemmenden Gedanken weiterdenken. Er war noch am Leben. Etwas anderes durfte sie einfach nicht denken. Mit aller gebotenen Vorsicht würde sie Erkundigungen einholen. Von Truppenteil zu Truppenteil. Irgendwo musste er doch sein. Und vielleicht... vielleicht würde er sie ebenfalls suchen? Kaum wahrscheinlich zwar, denn woher sollte er wissen, dass sich seine Schwester hier aufhielt? Egal. Ganz vorsichtig würde sie es angehen, mit solchen Soldaten Kontakt aufzunehmen, die vertrauenswürdig schienen. Denn selbst unter den Soldaten meinte sie Gesichtszüge zu entdecken, die auf eine mildere Wesensart hindeuteten. Nicht alle konnten Unholde sein. Deshalb würde sie es wagen. Sobald sich die Gelegenheit dazu bot.

In diesem Moment setzte sich die Gruppe in Bewegung. Mit hoch erhobenem Haupt betrat Graf Johann Tserclaes Tilly an einem der wichtigsten Festtage der Protestanten die Jakobskirche. Den Hort der evangelischen Verschwörung, wie sein Begleiter Pappenheim böse zischte. Das Gotteshaus, das einst eine katholische Kirche gewesen war! Bis zur Reformation.

„Was hat dieses hier zu bedeuten? Dieses Wappen in Form von zwei Würfeln?", deutete Tilly streng zum in der Kirche aufgestellten Grabmal des Bürgermeisters Heinrich Toppler hinüber.

Johann Bezold schluckte trocken, bevor er zu seiner Erklärung ansetzte, dass es sich um das Grab des bedeutendsten Sohnes der Stadt handele, der vor allem mit dem Deutschen König Wenzel eine enge Bekanntschaft gepflegt habe. Bezold berichtete ferner von der Einrichtung der Landwehr genauso wie von der Tatsache, dass Toppler als einer der reichsten Männer seiner Zeit gegolten habe und deshalb sein Ende im Rathausverlies als umso tragischer erachtet werde.

„Soso, im eigenen Rathaus habt ihr ihn also verrecken lassen!" Grob packte Pappenheim den Rothenburger Bürgermeister am Kragen. „Ratten! Allesamt! Ein ähnliches Schicksal wird auch dir beschieden sein, Verräter. Und außerdem hast du nur die Hälfte der Wahrheit erzählt: dass sich euer Toppler mit dem abgesetzten Wenzel auch noch gegen den rechtmäßigen Deutschen König Ruprecht verschworen hat. Der Bürger als Edelmann, der sich offen und unverschämt gegen einen König gestellt hat. Die Stadtbürger! Es ist immerzu dasselbe: kaum gibt man ihnen die Gnade der Freiheit, schon lehnen sie sich gegen Gott und gegen die von ihm gegebene heilige Ordnung auf. Gegen alles und alle ziehen sie zu Felde: gegen den Papst, gegen unseren Kaiser, gegen die Könige! Und zu allem Überfluss bringt diese durch und durch verdorbene Schlangenbrut dann auch noch ihren eigenen Anführer um."

Auch Tilly nickte nachdenklich. Die scharfe Anklage schien sich bei ihm verfangen zu haben. „Und obwohl er damals noch unter dem rechten Glauben stand, haben sie ihn geopfert. In der Tat: mir scheint, der Stachel des Verrats sitzt tief in dieser Stadt. Nur durch Feuer und Schwert wird es zu beseitigen sein!"

Pappenheims Wangen glühten vor Erregung. „Genau. Ausräuchern muss man es, das ganze giftige Nest! Wie Magdeburg und alle seine Ketzer. Die nunmehr längst im heiligen Feuer schmoren, wofür ihre Seelen uns ewig dankbar sein mögen. Denn vom Teufel werden sie in der Hölle zu besseren Menschen gesotten. Welch unverdienter Gefallen, den wir ihnen damit getan haben!" Er stieß ein hämisches Lachen aus und klatschte unternehmungslustig in die Hände. „Wo sind denn nun eure ach so tapferen Protestanten geblieben? Was sind sie, die Bündnispartner aus eurem Verräterpakt?"

Die Rothenburger Ratsherren senkten betroffen die Köpfe. Noch nie zuvor waren sie dermaßen bloßgestellt worden.

Dann ging es zurück zum Rathaus. Dort hatten die Offiziere ihre übernächtigten Männer auf dem Marktplatz antreten lassen und warteten auf weitere Befehle. So sehr ihnen der überreich konsumierte Wein immer noch in den Knochen steckte, so erwartungsvoll verfolgten die Landsknechte dennoch jede Bewegung auf der Rathaustreppe, wo zu Füßen von Tilly und Pappenheim der gesamte Rat der eroberten Stadt sowie Bürgermeister Johann Bezold voller Sorge auf den weiteren Gang der

Dinge zu warten hatte. Tillys finstere Miene verhieß nichts Gutes, zumindest in den Augen der Rothenburger. In den Reihen der Soldaten hingegen konnten es viele kaum noch erwarten, bis endlich der Befehl zur vollständigen Plünderung und dem anschließenden Niederbrennen des widerspenstigen Protestantennestes erfolgt wäre. „Was gibt es denn da noch zu zögern? Von mir aus könnte es schon längst losgehen!" Solche und ähnliche Äußerungen machten rasch die Runde.

In diesem Moment ertönte ein Hornsignal von der Treppe: gleich würde sich der Feldmarschall also an seine Männer wenden. Doch Tilly schien anderes im Sinn zu haben. Anstatt mit seiner Ansprache zu beginnen, deutete er mit einem Kopfnicken zu dem erschaudernden Bürgermeister Bezold hinüber, der daraufhin von vier kaiserlichen Soldaten aus Tillys Leibwache brutal ergriffen und von der Treppe weg ins Rathaus hineingezerrt wurde.

„Ein vorzüglicher Beschluss", hörte man den Schrammhans zufrieden kichern, der seinem Vorgesetzten demonstrativen Beifall spendete. „Er soll im selben Gefängnis sein mickriges Leben beschließen, wo auch schon sein großer Vorgänger, dieser Toppler, umgekommen ist. Das Rathausverlies: wahrhaftig, ein Schicksalsort der Bürgermeister von Rothenburg. Immerhin sind sie dort unten schon etwas näher an der Hölle und können sich allmählich..."

Ein missmutiges Knurren von Tilly genügte, um selbst den groben Pappenheim verstummen zu lassen. Mit schmerzverzerrter Miene hatte sich der Feldmarschall an die linke Schulter gegriffen und dabei einen unterdrückten Fluch ausgestoßen. „Es muss eine der beiden Verwundungen aus der Schlacht bei Breitenfeld sein", hörte man die Leute tuscheln. „Es ist unglaublich, welch eisernen Willen er an den Tag legt. Dass er selbst mit einer solchen Wunde und in seinem hohen Alter dennoch den Befehl nicht eine Minute lang aus den Händen gibt. Wehe dem, gegen den sein Zorn sich richtet. Gott sei der Seele unseres armen Bürgermeisters gnädig!" Während die kaiserlichen Soldaten mit wachsender Ungeduld auf die Freigabe der Plünderung warteten, nahmen die Dinge plötzlich eine überraschende Wendung. Ein neuerliches Hornsignal ertönte, wonach ein Herold mit knappen Worten die Bürgerschaft anwies, sich unverzüglich in den Ratssaal zu begeben. Dort hätten sie nun als Zeugen des sofort beginnenden Gerichtsverfahrens gegen ihre Ratsherren zu erscheinen.

Ein Gerichtsverfahren! Den Ausgang dieser Scheinverhandlung konnte man sich denken! Es war eine fürchterliche Situation! Andererseits: noch immer war der Befehl zur Plünderung und zum anschließenden Niederbrennen der Stadt nicht erfolgt. Noch durfte man die Hoffnung nicht gänzlich fahren lassen...

Im Ratssaal bemühte sich der Altbürgermeister Georg Nusch als Wortführer seiner Ratskollegen mit wachsender Verzweiflung, den kaiserlichen Heerführer zu besänftigen. Ein von vornherein zum Scheitern verurteiltes Unterfangen, denn Tilly, dessen Schmerzen allem Anschein nach etwas zurückgegangen waren, wurde während seiner scharfen Anklagerede fortwährend von dem hasserfüllten Pappenheim sekundiert. Es sei an der Zeit, an den meineidigen Ratsherren ein Exempel zu statuieren", brüllte der Schrammhans seinen Gefangenen lautstark in die aschfahlen Gesichter. „Man muss sie zum Tode verurteilen und an ihren eigenen Galgen dort draußen aufknüpfen. Sie haben ihr Leben verwirkt, denn sie sind schuld am Tod und an der Verwundung von so vielen unserer tapferen Soldaten! Machen wir ein Ende mit den Freundlichkeiten und schreiten wir nun rasch zur Tat!"

Es war überdeutlich: kein einziges Argument der Rothenburger würde bei Tilly auf fruchtbaren Boden fallen. Dafür sorgte schon Pappenheim. In seiner Not trat Georg Nusch einen weiteren Schritt nach vorne und ließ sich direkt vor Graf Tilly auf die Knie fallen. Er faltete die

Hände und richtete einen letzten, flehentlichen Appell an den neuen Herrn von Rothenburg. „Seht mich an. Ich erniedrige mich vor euch", stieß er mit rauer Stimme hervor. „Ich tue es um meiner Stadt willen. Und um das Leben meiner Mitbürger. Nehmt meinetwegen mich, wenn ihr meint, ein Strafgericht über uns verhängen zu müssen. Nehmt von mir aus, was ihr wollt, an unserem Vermögen, an den Vorräten, an all unserem Besitz. Aber nehmt unseren Bürgern nicht das Leben. Verschont die Stadt und vor allem: verschont die unschuldigen Kinder dieser Stadt. Was brächte euch diese Zerstörung an Nutzen und Gewinn? Der Winter wird in Kürze kommen, es ist kalt und mit der Gesundheit eurer Soldaten steht es nicht zum Besten. Lasst die Häuser stehen und schafft damit die Möglichkeit, eure Männer darin zu pflegen. Gönnt ihnen diese Erholungspause, die nur möglich sein kann, wenn ihr die Stadt nicht in Schutt und Asche legt. Nehmt, wie gesagt, mich und macht mit mir, was ihr wollt. Stellvertretend für all die anderen mögt ihr mich richten. Aber lasst den anderen das Leben!"

Viele der Rothenburger Bürger hatten erschrocken die Hände vor das Gesicht geschlagen, als sie den ehemaligen Bürgermeister reden hörten. Georg Nusch wollte sich für sie alle opfern! Während Pappenheim die Rede mit finsterer Miene verfolgt hatte und offenbar im Begriff stand, eine scharfe Entgegnung zu formulieren, schien Tilly nachdenklich geworden zu sein. Mit einer knappen Handbewegung brachte er den Schrammhans zum Schweigen. Langsam erhob er sich und schritt einige Male an der Querseite des Saales auf und ab. Eine unerträgliche Spannung herrschte in dem dicht mit Menschen gefüllten Raum. Schließlich schien der Feldmarschall einen Entschluss gefasst zu haben: er hielt inne und stützte sich auf die hohe Lehne des Bürgermeisterstuhls. Dann nahm er den immer noch knieenden Nusch ernst in sein Visier und... nickte!

Die regungslos dastehenden Rothenburger vermeinten, einer Sinnestäuschung aufgesessen zu sein. Ihr Atem stockte. Konnte es wirklich wahr sein? Hatte der strenge alte Mann tatsächlich genickt? Ja, es war wohl so gewesen, denn Tilly nickte ein weiteres Mal. Schien er also gewillt, auf das uneigennützige Angebot des tapferen Nusch einzugehen? Reichte ihm dieses eine Menschenleben, das stellvertretend für alle anderen geopfert würde. Rettete Nusch mit seinem eigenen Tod also die gesamte Stadt und ihre Bürger? Sie alle?

„Du willst also, dass Gnade vor Recht ergeht. Nun..."

„Das würde ihm so passen!", warf Pappenheim in diesem Moment wütend dazwischen. Er hatte einfach nicht mehr an sich halten können und sogar seinen eigenen Feldherrn mitten in dessen Rede unterbrochen. Eine Ungeheuerlichkeit. Doch Pappenheim schien zu spüren, dass sich Nuschs Argumente tatsächlich bei dem hin und her schwankenden Tilly verfangen hatten. Voller Verzweiflung richteten sich die Blicke der im Ratssaal versammelten Bürger auf den greisen Feldmarschall. Ein einziges Wort nur...

So unziemlich Pappenheims Dazwischengehen auch gewesen sein mochte, es hatte anscheinend genügt, um Tilly noch einmal ins Grübeln verfallen zu lassen.

Doch jetzt kam den Rothenburgern der Zufall zu Hilfe, ein Zufall, den sie später als Wunder bezeichnen würden. Als Geschenk des Himmels. Denn genau in diesem alles entscheidenden Augenblick, in dem die Stadt zwischen Leben und Verderben schwebte, in dem selbst eine einzige falsche Bewegung die Katastrophe auslösen konnte, ertönte von draußen, vom Marktplatz her, plötzlich ein Kinderlied. Irritiert hob Tilly seinen Kopf und schritt zum Fenster, wo sich unter ihm, auf dem Marktplatz ein rührendes Bild darbot. Direkt vor der Reihe der missmutig dreinschauenden Soldaten hatte sich eine beinahe hundertköpfige Kinderschar aufgebaut und sang ein Lied. Ein

Lied! Ein harmloses, unschuldiges Kinderliedchen. Eine unbeschreibliche Szene. Wer auch immer die Kinder hierher geführt und sie zum Singen ermuntert hatte, es spielte keine Rolle. Einzig und allein die Tatsache zählte, dass die Kinder hier waren, dass sie ihr Lied sangen – mittlerweile schon zum zweiten Mal – und dass dieses einfache Lied seine Wirkung nicht verfehlte.

Roswitha, die zwischen zwei Metzgergesellen gequetscht hinter einem der Pfeiler des Fleischhauses direkt am Marktplatz stand, in unmittelbarer Nähe des Georgsbrunnens also, würde diesen dramatischen Augenblick niemals in ihrem Leben vergessen, in dem die Entscheidung fiel. Eine Entscheidung zwischen Leben und Tod. Auch für sie selbst. Es stand auf Messers Schneide.

Doch dann war das Wunder geschehen. Auf die harte Miene des alten Feldmarschalls schlich sich ein Lächeln und mit huldvoll erhobener Hand grüßte er vom Fenster des Ratssaales aus die Schar der singenden Kinder. Tilly hatte sich erweichen lassen! Das selbstlose mutige Vorgehen des Altbürgermeisters Nusch in Verbindung mit dieser anrührenden Szene der singenden Kinder hatten das Wunder vollbracht. Rothenburg und seine Bürger waren gerettet!

Erste lautstarke Missfallensäußerungen unter den auf dem Marktplatz angetretenen Landsknechten ertönten. Doch mit unnachgiebiger Strenge hielten die Offiziere ihre Männer in Schach. Denn noch war lediglich die Kunde bis zu ihnen durchgedrungen, dass der Feldmarschall die Stadt nicht magdeburgisieren werde. Noch gab es also die Hoffnung auf üppige Beute in den Häusern.

Während also auf dem Marktplatz Tillys Offiziere alle Hände voll zu tun hatten, dass es bei ihren enttäuschten Soldaten nicht zu überstürzten Trotzreaktionen kam, diktierte der Feldmarschall oben im Ratssaal bereits die Bedingungen, die Rothenburg um den Preis seiner Errettung zu zahlen hatte. Dieser Preis war freilich enorm. Es waren unglaubliche Forderungen, die von der Stadt zu erfüllen waren: die Zahlung von 20.000 Gulden in klingender Münze, die gesamten in der Stadt vorhandenen Tuchvorräte, 3000 Paar Schuhe, Vieh, Waffen und vieles mehr. Ein nahezu unerfüllbarer Forderungskatalog. Doch es war nichts zu machen, es handelte sich um den einzigen Ausweg, mit dem man eine ansonsten immer noch drohende Plünderung würde vermeiden können.

Irgendwie würden sie es schaffen. Dessen war sich auch Georg Nusch sicher, der von Tilly ebenfalls begnadigt worden war – sehr zum Verdruss des Schrammhans, dem nun noch nicht einmal das Vergnügen zuteil wurde, wenigstens einen der Rothenburger Ratsherren am Galgen baumeln zu sehen! Und es war wiederum Nusch, der seine Ratsmitglieder darin beschwor, auch die anderen Bedingungen zu akzeptieren, so unerfüllbar sie auch klingen mochten. Denn ein respektabler Teil der kaiserlichen Truppen würde in der Stadt verbleiben. Die Männer sollten sich von ihren Krankheiten und den erlittenen Strapazen erholen. Und zusätzlich das Territorium der Rotenburger Landwehr gegen schwedische Truppen sichern. Wie auch immer man eine Zahl von über Tausend Soldaten versorgen sollte, nachdem nahezu alle Vorräte der Stadt als Proviant für die abziehenden Eroberer zur Verfügung gestellt werden mussten. Egal wie, man würde es schon schaffen. Dieser Haltung des Altbürgermeisters schlossen sich am Ende auch die letzten Zweifler an. Welche andere Möglichkeit wäre ihnen auch geblieben.

Kaum war der Kontrakt also unterzeichnet, da meldete sich der nach wie vor verdrossene Pappenheim zu Wort. „Aber bevor wir abziehen müssen, wird diese elende Stadt doch hoffentlich ein Festmahl zu unseren Ehren ausrichten! Aus Dankbarkeit unserem Feldmarschall und seiner unendlichen Gnade und als Verbeugung vor ihrer Majestät, dem Kaiser, dem obersten Gebieter seiner Stadt

Rothenburg ob der Tauber." Auch Tilly war dieser Meinung gewesen: es konnte wahrlich nichts schaden, die Rothenburger Räte ein weiteres Mal um sich zu versammeln und ihnen mit dem Festmahl, das sie auf eigene Kosten auszurichten hatten, klar und deutlich vor Augen zu führen, auf welcher Seite sich eine Freie Reichsstadt zu befinden hatte.

Natürlich war zu diesem Anlass nun auch Bürgermeister Johann Bezold wieder aus dem Kerker befreit worden. Es handelte sich natürlich um eine ganz bewusste weitere Demütigung, wie er so mit zerfetzter Kleidung und blutigen Schrammen im dreckbüberzogenen Gesicht von Pappenheims Landsknechten in den Ratssaal geführt wurde. Und dennoch spiegelte sich Erleichterung auf der Miene des geschundenen Mannes, als er mit eigenen Augen nun zu sehen bekam, wie Tilly gerade seine Unterschrift unter die Urkunde setzte, die den Plünderungsverzicht für den Fall besiegelte, dass Rothenburg seine zuvor vereinbarten Verpflichtungen erfüllen würde.

Rasch machte die Kunde von dieser Vereinbarung die Runde unter den Soldaten. In Windeseile drang der Plünderungsverzicht nach unten zum Marktplatz, von dem empörte Schreie und das Geräusch von Waffengeklirr bis in den Ratssaal hochdrangen. Wieder trat Tilly ans Fenster und musste sehen, wie seine Offiziere jetzt tatsächlich in ernste Handgreiflichkeiten mit den zutiefst verärgerten Landsknechten verstrickt wurden. Es bedurfte nur noch eines Funkens und das Pulverfass der Unzufriedenheit würde in einer wilden Meuterei explodieren.

„Ruhe!", brüllte Tilly mit Donnerstimme aus dem Fenster. Der Mann verfügte trotz seines Alters noch immer über eine gewaltige Lautstärke. Und über einen schneidenden Tonfall, der keinerlei Widerspruch duldete. Dieses eine Kommando hatte genügt, um die Rangeleien schlagartig erstarren zu lassen. Grimmig ließ der Feldmarschall seinen Blick über die Truppe schweifen. „Wer wagt es, sich meinen Anordnungen zu widersetzen? Was soll dieses ungehörige Benehmen?"

Keinem schien zunächst der Sinn danach zu stehen, dem einem biblischen Racheengel gleich, am Fenster verharrenden Tilly eine Antwort zu geben. Da plötzlich gab es Bewegung in der Menge und ein junger Fähnrich schob sich mit zwei weiteren Soldaten und einem an den Händen gefesselten Mann durch die Menge: „Wir haben ihn beim Plündern erwischt! Was soll mit ihm geschehen?"

„Was hat er gemacht?"

„Er hat in einem Haus das ganze Geschmeide gestohlen!"

Mit allerlei Verrenkungen versuchte der Gefangene, die Hände seiner Bewacher, die ihn fest an den Oberarmen gepackt hielten, abzuschütteln. Doch es gelang ihm nicht. Und so verlegte er sich mit weinerlicher Stimme auf den Versuch einer Rechtfertigung: „Herr, es ist so gew..."

„Schafft ihn auf der Stelle fort und erteilt ihm zwanzig Stockstreiche!", war Tilly dem Mann einfach dazwischen gefahren.

„Aber Herr..." Erstaunlicherweise hatte es ein anderer Landsknecht gewagt, seinem Feldmarschall zu widersprechen. Allem Anschein nach war er mit dem auf frischer Tat ertappten Plünderer befreundet. Doch auch ihm fuhr Tilly gnadenlos in die Parade.

„Und diesem da auch!", deutete er auf den erschrocken zusammenzuckenden Verteidiger.

„Ich sage es euch allen nur ein einziges Mal: Befehl ist Befehl. Und meinen Befehlen habt ihr zu gehorchen. Widerspruchslos! Es geht unserem Herrn, dem Kaiser, um größere Ziele als um die Zerstörung dieser armseligen Stadt, die uns nun in anderer Form weitaus nützlicher sein kann. Als Erholungslager und als Nachschubort für unsere Verpflegung. Später dann, nachdem wir den endgültigen Sieg über unsere Feinde errungen haben, dann werden alle meine Männer reiche Beute machen. Das sei hier und heute mein Versprechen an euch. Jetzt aber gilt es, die Kräfte zu konzentrieren. Esst und trinkt soviel ihr wollt und was ihr vertragen könnt. Heute ist ein Feiertag. Doch die Stadt selbst, die lasst ihr, wie sie ist. Schlagt euch also nun die Wänste voll. Denn morgen ist ein anderer Tag!"

Unter dem ausgelassenen Jubel seiner Soldaten, die Tilly mit dieser streng vorgetragenen Rede wieder ganz auf seiner Seite wusste, zog sich der Feldmarschall vom Fenster zurück. Das Festmahl im Kaisersaal konnte beginnen.

Doch schon unmittelbar vor dem ersten Gang kam es zu einem Zwischenfall, der den versammelten Rothenburger Ratsherren überdeutlich demonstrierte, dass sie nicht mehr waren, als wehrlose Gefangene in den Händen der kaiserlichen Offiziere, die sie in diesem seltsamen Gastmahl zu bewirten hatten.

Kaum hatten die Küchenknechte damit begonnen, die ersten Speisen hereinzutragen, da war mit zorngeröteter Miene der unselige Schrammhans (wer sonst!) aus dem Saal gepoltert und direkt in die Küche gestürmt. Brutal hatte er einen der vor Angst schlotternden Köche am Kragen gepackt, hinter sich her in den Saal geschleift und dabei auf den verängstigen Mann eingeschrieen: „Wo ist der Vorkoster? Für wie dumm haltet ihr uns eigentlich? Ihr habt das Essen vergiftet und wir sollen daran zugrunde gehen! Für wie blöde hältst du uns eigentlich? Wo also ist der Vorkoster?"

Von einer panischen Todesangst ergriffen hatte der Koch seine Hände vor das Gesicht geschlagen und begann bitterlich zu weinen. „Ich weiß es nicht, Herr. Es ist nicht meine Schuld. Ich bin doch nur der Koch. Habt Erbarmen mit mir, Herr!"

„Soso! Du feige Ratte meinst also, du könntest die Augen verschließen und uns von anderen klammheimlich vergiften lassen!"

„Nein, Herr, bitte: vergebt mir. Gnade!"

„Eine elende Kreatur!" Mit einem angewiderten Gesichtsausdruck löste Pappenheim unvermittelt seinen

Griff, sodass der Mann einfach zu Boden stürzte. Sicherheitshalber blieb er dort regungslos einfach liegen. Inzwischen hatte sich der Schrammhans einem der leichenblassen Küchenhelfer zugewandt und ihn angedonnert: „Höre, was ich dir befehle. Ich sage es nur ein einziges Mal! Auf der Stelle werdet ihr mir nun zwei Rothenburger bringen, die all diese Speisen vorkosten werden. Hast du das verstanden?" Der Küchenhelfer nickte hastig und stürmte aus dem Saal.

Kaum war der Junge verschwunden, da drang Pappenheims Stimme von Neuem laut durch den Saal: „Halt. Wir machen es anders. Ich habe mich entschieden! Wir nehmen als Vorkoster zwei der edlen Männer aus dem Rat dieser gastlichen Stadt. Dann werden wir ja sehen..."

Es handelte sich um eine unglaubliche Demütigung für den ehrenwerten Rat der altehrwürdigen Freien Reichsstadt Rothenburg. Höchstwahrscheinlich in voller Absicht ausgeführt. Denn es war mehr als unwahrscheinlich, dass sich die Rothenburger getraut hätten, einen Anschlag auf Tilly zu verüben. Aber dennoch: es war und blieb eine ärgerliche Tatsache, dass sie den Vorkoster, der bei solchen heiklen Gastmahlen ansonsten stets zugegen war, vergessen hatten. Somit hatten sie Pappenheims ehrenrühriger Attacke aus eigenem Verschulden Tür und Tor geöffnet.

Nun denn, es blieb ihnen keine andere Wahl, als auch diese Demütigung einfach hinunterzuschlucken. Im wahrsten Sinn des Wortes. Und so tat auch Johann Bezold gut daran, seinen Protest für sich zu behalten, nachdem er den warnenden Blick bemerkte, mit dem ihn sein enger Freund Georg Nusch bedachte. Schließlich war die Gefahr für Rothenburg noch längst nicht völlig gebannt. Man befand sich in einer Situation, die durchaus mit einer brennenden Lunte über einem Pulverfass verglichen werden konnte: ein einziger winziger Funke und die Katastrophe wäre unabwendbar. Erst, wenn der letzte kaiserliche Landsknecht die Stadt verlassen hatte, würde man aufatmen können. Aber bis zu diesem Ziel war noch ein langes und gefährliches Wegstück zu bewältigen.

„Der da!" Mit weit ausgestrecktem Arm hatte der Schrammhans, der anscheinend noch immer nicht gewillt war, endlich Ruhe zu geben, auf einen Mann aus dem äußeren Rat gedeutet, der daraufhin wie vom Donner gerührt in sich zusammensackte. Und es ging weiter: wie angekündigt, suchte Pappenheim sich ein zweites Opfer aus der Reihe der Ratsmitglieder: „Und dieser da auch!" Wieder traf es ein Mitglied des äußeren Rates! Der Mann hob abwehrend die Hände vor seine Brust und begann laut zu zetern: „Verschont mich, Herr. Bitte. Denkt an meine arme Frau und an meine unmündigen Kinder. Wovon sollen die leben, wenn ihr Vater nicht mehr für sie sorgen kann. Um der Seele meiner Kinder willen, Herr, verschont mich..." Mit aschfahler Miene sank der Mann vor Pappenheim auf den Boden und streckte flehend die Hände aus. „Bitte, Herr..."

Es war ein fürchterliches Schauspiel. Eine entwürdigende Szenerie. Und das mitten im Festsaal der stolzen Freien Reichsstadt Rothenburg ob der Tauber. Eine Demütigung, die keines der anwesenden Ratsmitglieder zeitlebens vergessen würde.

Wie Peitschenhiebe hallten die jammervollen Bitten ihres Kollegen in den Ohren der anderen Ratsmitglieder wider. „Herr, verschont mich! Bitte Herr, bei allem, was euch heilig ist, ver..."

Die Miene des Wüterichs verfinsterte sich: „Schluss jetzt mit diesem erbärmlichen Gezeter!" Er packte den am ganzen Körper zitternden Ratsherren grob bei den Haaren und zerrte ihn zur festlich gedeckten Tafel hinüber, wo auf sein kurzes Kopfnicken hin ein verschüchterter Küchengehilfe heranstolperte, der eine Schüssel mit einem dampfend heißen Brei vorsichtig auf der Tischplatte abstellte, um sofort darauf hinter der Sicherheit der wuchtigen Küchentüre zu verschwinden.

„Und jetzt, friss!", schleuderte der Feldhauptmann dem jämmerlich heulenden Mann seinen unmissverständlichen Befehl entgegen. Doch nichts geschah. Gefangen in einer Mischung aus Angst und lähmendem Entsetzen war der Mann unfähig, sich zu rühren.

„Du sollst fressen, sage ich!", bellte Pappenheim von Neuem.

Vergeblich.

Voller Wut zuckte Pappenheims Hand an den kurzen Säbel und es schien den zu Tode erschrockenen Beobachtern gerade so, als wolle er die Waffe tatsächlich ziehen und sie womöglich auch zur Geltung bringen. Bei dem als überaus jähzornig geltenden Schrammhans musste man immer mit dem Schlimmsten rechnen. In diesem kritischen Moment fasste sich Bürgermeister Bezold ein Herz und machte zwei rasche Schritte zu der Tafel hinüber, wo er nach dem erstbesten Löffel griff, den er in die Hand bekommen konnte und ihn voll grimmiger Entschlossenheit in den heißen Brei tauchte.

„Ich mache es an seiner Stelle", verkündete er dem überraschten Pappenheim.

Ohne weiteres Zögern schob er sich den Löffel mit dem Brei in den Mund. Mit demonstrativer Langsamkeit bewegte er den Brei mehrmals in seinem Gaumen, dann schluckte er ihn hinunter. Und noch ein zweites Mal.

„So – das wäre es dann also wohl gewesen!" Mit weit ausgebreiteten Armen baute sich Bezold nun vor dem kaiserlichen Feldhauptmann auf und musterte sein Gegenüber mit einem herausfordernden, stolzen Blick. „Wie ihr seht: ich habe die Einnahme des Breies überlebt. Ihr braucht also nicht weiter Furcht um euer Leben zu hegen. Seid völlig unbesorgt euer Gnaden und vertraut auf meinen persönlichen Schutz als unser Gast und auf mein gerade abgelegtes Zeugnis."

Pappenheim erging es nicht anders wie den übrigen Anwesenden, die nahe genug bei den beiden Männern standen, um Bezold ganz genau verstanden zu haben: jeder von ihnen vermeinte, sich verhört zu haben.

Die Zeitspanne von drei Herzschlägen verstrich, ohne dass in dem vollbesetzten Raum auch nur das geringste Geräusch zu vernehmen war. Wie ein unheilvolles Menetekel schwang das Echo der Worte des Bürgermeisters durch den Kaisersaal. Die zornesrote Miene des Pappenheimers war schlagartig einem leichenblassen Ton gewichen, als er sich der Ungeheuerlichkeit des soeben Gehörten allmählich bewusst zu werden schien. Was hatte dieser elende Wicht gemeint: er, der Feldhauptmann Pappenheim, dem im ganzen Reich der Ruf von Mut, Heldentum und Unbesiegbarkeit vorauseilte, er dürfe sich ganz ohne Furcht in den Schutz dieses Wurmes begeben! Dessen Stadt doch nichts anderes war, als ein Spielball in den Händen ihrer Eroberer! Ein einziger kurzer Wink von ihm – und Rothenburg würde für alle Zeiten in Schutt und Asche versinken!

Selbst Altbürgermeister Georg Nusch und die übrigen Mitglieder des Rates spürten ihr Herz bis zum Hals hinauf pochen. So ungeheuerlich die Provokation des für seine Grobheiten ja weiß Gott berüchtigten Schrammhans auch ausgefallen sein mochte, schien es keinem von ihnen angemessen, den kaiserlichen Feldhauptmann mit derart kühnen Worten herauszufordern. Wie leicht konnte ein einziger unbedachter Satz tatsächlich die Existenz der ganzen Stadt vernichten.

„Du... du...", dem fassungslosen Pappenheim, dem eine solch furchtlose Gegenrede offenbar schon lange nicht mehr widerfahren war, fehlten vor Wut und Verblüffung immer noch die Worte. Nur mühsam schien er sich wieder zu fangen. „Du..."

„Es ist genug!"

Überrascht fuhren die Köpfe der Kontrahenten herum, wo sie sich von dem unwirschen Blick Tillys gemustert sahen. „Es reicht jetzt", zischte der alte Mann mit einem eiskalten Unterton in seiner Stimme. Da war sie wieder kurz aufgeflackert, die schneidend scharfe Autorität des greisen Haudegens, von deren kompromissloser Durchsetzungswucht die Kriegsparteien im ganzen Reich voller Respekt zu berichten wussten. Und zwar Feind wie Freund gleichermaßen. Ein einziger Satz des schon zu seinen Lebzeiten zur gefürchteten Legende gewordenen Tilly hatte gereicht, um selbst den berüchtigten Schrammhans Pappenheim sofort zur Räson zu bringen!

„Ich habe keine Lust mehr auf irgendwelche Händel. Schon gar nicht vor meinen Augen. Ihr wisst genau, wie leid ich es bin, solcherlei primitive Raufereien mit ansehen zu müssen. Das mögen die Gepflogenheiten des Volkes in der Gosse sein – aber nicht diejenigen eines kaiserlichen Feldhauptmanns. Schluss jetzt! Ich habe Hunger! Man möge beginnen!" Ohne sich im Geringsten um die beschämte Miene seines wichtigsten Offiziers zu scheren, klatschte Tilly zweimal laut in die Hände. Das Zeichen für die Küche, dass das Festmahl für die Eroberer von Rothenburg nun auf der Stelle zu beginnen hatte.

Dennoch ging das Mahl nicht ungestört vonstatten. Denn inzwischen war draußen auf dem Marktplatz offenbar das Züchtigungskommando für den Plünderer und dessen Helfer angetreten. Dabei waren die übrigen Soldaten angehalten, dieser Bestrafung beizuwohnen. Aus disziplinarischen Gründen, wie man sich leicht denken konnte. Denn trotz allem sorgte die ihnen von Tilly persönlich verwehrte Plünderung der Stadt in ihren Reihen nach wie vor für enormen Verdruss.

Nun denn, Befehl war zwar Befehl, da war nichts zu machen. Sie würden sich andernorts dafür umso schadloser halten. Soviel stand für die rauen Gesellen aber fest. Mochte der große Tilly noch so angewidert dreinschauen, wenn es um das althergebrachte Recht der Plünderung durch einen braven Landsknecht ging. Der hochwohlgeborene Herr hatte gut lachen: er verfügte bekanntlich über eine genügende Anzahl von üppig ausgestatteten Besitzungen, um seinen Lebensabend in Saus und Braus verbringen zu können. Im Gegensatz zu seinen beinahe mittellosen Soldaten.

Zischend peitschten die Stockstreiche durch die kalte Nachtluft und drangen bis hoch in den Kaisersaal. Nur am Zucken seiner rechten Augenbraue ließ sich ableiten, welchen Verdruss allein das Geräusch dem disziplinierten Tilly bereitete. Und dennoch musste diese Strafe sein.

Dem harten Aufklatschen der langen Weidenrute auf den nackten Hinterteilen der Malefikanten folgte ein schmerzvoller Aufschrei. Immer wieder. Immer lauter. Immer gequälter. Bis die Schreie schließlich nur noch in einem halb erstickten Wimmern mündeten. Die missmutige Unruhe, die sich auch unter denjenigen Soldaten ausbreitete, die nicht auf dem Marktplatz hatten antreten müssen, war deutlich zu hören. Sogar zwischen den einfachen Waffenträgern und ihren direkten Vorgesetzten kam es zu höchst erregten Diskussionen. Und dennoch traute sich keiner, den Befehl zu unterlaufen oder sich zu irgendwelchen Rachehandlungen an den Rothenburgern hinreißen zu lassen. Denn Disziplin war in Tillys Truppen das absolut oberste Gebot. Ein Gebot, das ihnen im Nachhinein betrachtet schon zu manchem Sieg in einer auf des Messers Schneide stehenden Schlacht verholfen hatte.

Und so fügten sich die Landsknechte am Ende doch, wenngleich zähneknirschend, in das sowieso Unvermeidliche. Immerhin sollte es nun ein ordentliches Gelage geben. Nicht weniger üppig, aber dafür zum Glück längst nicht so vornehm, wie im benachbarten Rathaus, ging es jetzt im großen Fleischhaus neben dem Georgsbrunnen zu. In allen Geschossen hatten sich inzwischen Soldaten eingefunden und feierten ausgelassen bis spät in die Nacht. Auch Roswitha war mit der Zubereitung des Essens für die anscheinend unersättlichen Mägen beschäftigt gewesen. Sie hatte beim Braten der zahlreichen Schweine, Hammel und Rinder mitgeholfen, die über großen Feuern vor dem Haus auf gewaltigen Spießen hingen. Bis weit nach Mitternacht dauerte das Gelage, das, wie nicht anders zu erwarten, in eine wüste Sauferei ausartete. Erst lange, nachdem die allermeisten der Zecher von Alkohol und Schlaf übermannt von den Stühlen gesunken waren und sich in einem ohnmachtsähnlichen Zustand befanden, traute sich Roswitha, ihr Vorhaben auszuführen.

Vorsichtig bewegte sie sich zwischen den auf dem Boden liegenden Gestalten hindurch, von denen die wenigsten einen vertrauenswürdigen Eindruck auf sie machten. Schließlich aber vermeinte Roswitha, zwei Gesichter entdeckt zu haben, die ihr sympathisch schienen. Dazu waren diese beiden Männer in dem ganzen wilden Trubel einigermaßen nüchtern geblieben. Auch wenn sie sich nach diesem langen Tag jetzt müde mit ihren Köpfen gegen die Wand lehnten. Roswitha räusperte sich vorsichtig. Trotz allem konnte man ja nicht wissen...

Sie wagte ein weiteres Räuspern, als sie bemerkte, wie nun der Ältere seinen Blick auf sie heftete. „Kannst du mich verstehen?"

Ein amüsiertes Lächeln huschte über das wettergegerbte, von tiefen Furchen zernarbte Gesicht des Mannes. „Wieso soll ich dich denn nicht verstehen. Schließlich bin ich ein deutscher Bauer – zumindest bin ich einmal einer gewesen..." Er hielt inne und schien an etwas zu denken, das ihn traurig stimmte. Wie um diese Traurigkeit zu verwischen, fuhr er sich jetzt über die Augen und betrachtete sie neugierig. „Was willst du denn von uns, Mädchen?", fragte er mit einem warmen Tonfall.

Roswitha schluckte trocken. „Ich suche meinen Bruder. Ist er vielleicht bei euch?"

Wieder breitete sich ein Lächeln über die müden Züge des Soldaten. „Woher soll ich das wissen? Wieso soll dein Bruder bei uns sein? Ist er deinen Eltern entwischt, weil er lieber Soldat werden wollte?" "Nein, nein." Roswitha schüttelte betrübt den Kopf. Erst jetzt begannen ihr die Gefühle bewusst zu werden, die sie dazu bewegt hatten, sich hierher zu begeben und ihre Fragen zu stellen. Vorher war keine Zeit dafür gewesen und deshalb sah sie sich auf das doch von ihr begonnene Gespräch im Grunde genommen gar nicht vorbereitet. „Man hat ihn einfach mitgenommen." Urplötzlich waren Tränen in ihr aufgestiegen und sie war nicht imstande, die Tränen zurückzuhalten. Sie rannen ihr einfach aus den Augen, über die Wangen. Erschrocken zog der Soldat sie an sich heran. Mit seiner schwieligen Hand fuhr er ihr zärtlich über das blonde Haar. Er ließ ihr Zeit, um sich wieder einigermaßen zu beruhigen. Erst dann stellte er noch einmal seine Frage. „Also, sag schon: was ist mit deinem Bruder?"

„Sie haben ihn mitgenommen. Vor mehr als einem halben Jahr. Vermutlich waren es bayerische Soldaten oder Landsknechte. Also auch Kaiserliche, so wie du. Seitdem ist er verschwunden. Und seitdem suche ich ihn. Denn er ist doch erst zwölf Jahre alt!" Wieder gelang es ihr nicht, die Tränen zurückzuhalten und wieder ließ der Mann ihr genügend Zeit, bis sie sich gefangen hatte.

„Soso. Zwölf Jahre alt...." Nachdenklich wiegte er den Kopf. „Das ist nicht weiter ungewöhnlich. Da habe ich schon viele gesehen, die sogar noch um einiges jünger sind. Allerdings nicht bei uns, sondern bei den Marketendern. Wir Soldaten können diese Kinder noch nicht gebrauchen. Wenn einer stark und groß gewachsen ist. Mit dreizehn dann vielleicht. Aber den Marketendern können sie natürlich eine ganze Menge an Arbeit abnehmen. Dort solltest du suchen."

„Das will ich ja auch. Nur sind die Marketender noch draußen vor der Stadt und es hat keinen Zweck, jetzt dort hinauszugehen. Das ist im Augenblick viel zu gefährlich. Und deshalb... deshalb dachte ich..." „Da hast du schon richtig gedacht", kam der Soldat einem neuerlichen Weinkrampf mit seiner schnellen Antwort zuvor. „Es hätte ja sein können. Und wer weiß... In diesen zerrissenen Zeiten scheint mir allmählich alles möglich. Ich will also einmal die Augen offen halten, wenn ich morgen meine Runde mache. Und wer weiß, wenn wir Glück haben, gehören er und auch ich zu denen, die sich einige Wochen hier in Rothenburg ausruhen dürfen. Na ja, wir werden sehen... Auf alle Fälle werde ich mich also umsehen und die anderen nach seinem Namen fragen. Wie heißt er denn überhaupt?"

Roswitha fühlte, wie allein durch diese Frage neuer Mut in ihr erwachte. Noch war es nicht zu spät. „Er heißt Matthias. Matthias Friedrich Himmelein."

„So! Himmelein! Fürwahr ein schöner Name. Soweit der Himmel auch in diesen Zeiten von uns entfernt ist! Und er ist zwölf, hast du gesagt?"

Das Mädchen nickte eifrig. „Ja, genau. Erst kürzlich hat er Geburtstag gehabt."

„So jung noch", flüsterte der Mann. „Wie all die anderen auch. So jung sie sind, so viel haben diese jungen Augen schon sehen müssen." Er atmete tief durch. „Und welche Farbe haben seine Augen?"

„Sie sind blau. Und sein Haar ist rötlich."

„Rötliches Haar. Das fällt ja auf. Inmitten der ganzen dunkelhaarigen Kroaten und meinen struppigen Spießgesellen. Also wie gesagt: ich werde meine Augen aufhalten. Gut möglich allerdings, dass ich ihm erst später begegnen werde. Was soll ich ihm dann sagen?"

„Ganz einfach: dass ich in Rothenburg bin, dass ich ihn seither gesucht habe und dass ich, solange ich hier bleiben darf, in Rothenburg auf ihn warte. Oder... oder dass er nicht nach Gerolfingen gehen soll, nicht in unser Heimatdorf, denn das haben sie zerstört. Er soll zu unseren Großeltern gehen. Nach Aufkirchen. Sie werden ihn nicht abweisen, das hat mir der Großvater selbst versprochen. Sag ihm das so. Und er soll dann rasch Nachricht geben, damit ich nachkommen kann." Wie ein Wasserfall sprudelten die Worte nur so aus Roswithas Mund heraus. Endlich! Endlich schien sich eine Spur legen zu lassen. Ein Weg zu Matthias. Im Grunde genommen nicht mehr, als ein vages Gefühl. Aber dennoch... Irgendwie war ganz plötzlich die Hoffnung zu ihr zurückgekehrt. Es würde sich alles zum Guten wenden. Dessen war sich Roswitha mit einem Mal wieder sicher. Ein wunderbares Gefühl, denn es brachte ihr neuen Mut und neue Kraft. Sie konnte es dringend gebrauchen. „Dir ist aber schon bewusst, dass es weder einfach sein wird, deinem Matthias tatsächlich zu begegnen und erst recht nicht, ihn dann von den Marketendern weg zu bekommen. Denn die Marketender betrachten solche Kinder als ihr Eigentum. Schließlich haben sie dafür auch einiges bezahlen müssen!"

Roswitha nickte achselzuckend und starrte ausdruckslos auf die Wand gegenüber.

„Nun mach dir mal keine Sorge, Mädchen. Ich verspreche dir doch, ich werde es versuchen. Und wenn ich deinen Bruder tatsächlich finden sollte, dann werde ich ihn auch frei bekommen. Wobei ich danach auch noch jemanden finden müsste, dem ich ihn anvertrauen kann. Denn ich muss ja mit der Truppe weiterziehen. Wohin es geht, liegt nicht in meiner Entscheidung. Das bestimmen einzig und allein die großen Kriegsherren. Aber ich denke, auch diese Schwierigkeit würden wir meistern können."

Inzwischen war der Morgen angebrochen. Roswitha bemerkte es erst, als eine matte Helligkeit zögernd durch die Ritzen der geschlossenen Fensterläden drang. Augenblicklich erhob sie sich. „Du meine Güte! Es ist bereits hell draußen. Ich muss zurück zu meiner Arbeit in die Mühle. Egal, wie es um die Stadt auch stehen mag: ich muss auf alle Fälle weiter meine Arbeit machen, das hat mir der Müller von Anfang an in aller Strenge eingeschärft."

„Nun denn, dann geh zurück zu deiner Arbeit", nickte der Soldat ihr müde zu. „Ich will versuchen, hier noch ein Weilchen zu dösen, bevor auch ich dann zu meiner Einheit muss. Wie gesagt, ich verspreche dir, ich werde meine Augen aufhalten."

„Vielen Dank!" In einer impulsiven Geste drückte Roswitha dem Soldaten einen Kuss auf die stoppelige Wange. Gerade, als sie schon im Begriff stand, den Raum zu verlassen, da hielt sie nochmals inne. „Jetzt habe ich doch noch zwei Fragen: wie heißt du eigentlich?"

„Mein Name ist Andreas. Ich bin der Andreas vom Steinackerhof. Vielmehr, ich war das einmal", setzte der Mann bitter hinzu. „Denn der alte Andreas ist schon lange gestorben. Mittlerweile bin ich zum Andreas von... vom kaiserlichen General Pappenheim geworden. Einer von den Pappenheimern halt." Man konnte ihm förmlich ansehen, wie ihn diese harmlose Frage aus der Bahn geworfen hatte und wie er nun emsig bemüht war, den bitteren Kloß hinunterzuschlucken, der ihm anscheinend das Sprechen schwer machte. Wieder räusperte er sich trocken. „Und deine zweite Frage?"

Angesichts der seltsamen Reaktion, die der Mann vorhin gezeigt hatte, fühlte sich nun auch Roswitha unbehaglich. Dennoch stellte sie die Frage. „Weshalb...", sie sah ihm offen in die Augen. „Ich meine, ich würde gerne wissen... wissen, weshalb du das für mich machen willst."

Ein wässriges Schimmern trat in seine Augen. Gleich würde ihn die Rührung übermannen. „Ich... ich habe selbst einmal einen Bauernhof bewirtschaftet. Einen ganz kleinen zwar nur, aber immerhin nicht als Leibeigener, sondern nur als zehntpflichtiger Bauer in der Nähe von Landsberg. Und so bescheiden dieses Leben auch war, es hätte gereicht, für mich und meine Familie. Doch dann sind vor vielen Jahren erst die bayrischen Soldaten durchgezogen und haben im Umkreis ziemlich gehaust, aber das wäre bald schon wieder in Vergessenheit geraten, wenn sie nicht zu allem Übel in ihrem Schlepptau die Seuche mitgebracht hätten. Die Krankheit hat mir dann alles genommen. Meine Frau und die beiden Kinder. Neben dem Haus habe ich sie begraben. Dann bin ich in die Schänke gegangen. Am übernächsten Morgen erst bin ich wieder zu mir gekommen und war plötzlich mitten unter den Soldaten. Es war die Truppe des Obristen Pappenheim. Sie haben mir erzählt, dass ich im volltrunkenen Zustand bei ihnen unterschrieben hätte. Beziehungsweise, denn wer von uns kann schon schreiben, hätte ich den Eid nachgesprochen, den sie mir vorgesagt haben. Und damit hatte ich mich zu ihnen verpflichtet. Nun denn! Was sollte es schon bedeuten." Er zuckte traurig mit den Achseln. „Ich habe seitdem schließlich keine Zukunft mehr. Die Familie ist tot, mein Leben ist sinnlos geworden. So sind also die Soldaten meine Familie geworden und ich bin mit ihnen gezogen, ohne zu wissen, woher und wohin. Ich habe mich betäubt, um zu vergessen. Bis heute. Bis jetzt. Als plötzlich du vor mir erschienen bist und mich mit deinen Fragen an mein früheres Leben erinnert hast." Ungeniert wischte er sich eine Träne von der Wange.

Am liebsten wäre Roswitha dem traurigen Mann um den Hals gefallen. Erst im letzten Moment besann sie sich eines Besseren. „Darf ich dich wohl noch einmal besuchen kommen, Andreas? Solange du mit den Soldaten noch in der Stadt bist?"

„Ja, mein Kind", Andreas nickte dankbar. „Das darfst du. Wenn du mir versprichst, dabei vorsichtig zu sein. Denn unter meinesgleichen gibt es die übelsten Gestalten. Vergiss das bitte nie und sei beständig auf der Hut."

\*

Während der nun folgenden Tage war die Stadt beherrscht von dem schier unmöglich scheinenden Bemühen, all die immensen Forderungen zu erfüllen, die Tilly den

Rothenburgern auferlegt hatte. Im Gegenzug für die Verschonung ihrer Stadt. Sämtliche Bürger waren aufgerufen, ihr Vermögen auf das Rathaus zu bringen, und wehe dem, der dabei nicht ehrlich zu Werke ging. Denn immerhin ging es um nichts anderes, als um das Wohl der Stadt. Man würde gnadenlos gegen jeden vorgehen, der versuchte, sein Scherflein anderweitig ins Trockene zu bringen, das hatte Bürgermeister Bezold durch die Stadtknechte gleich zusammen mit der Aufforderung verkünden lassen, sich so rasch wie möglich auf dem Rathaus einzufinden. Je schneller es vonstatten ging, desto eher bestand Aussicht auf einen Abzug von Tillys Hauptstreitmacht.

Und so wuchs der Berg aus purem Gold, aus Gold- und Silbermünzen, Geschmeide, Edelsteinen, Ketten und anderen Kostbarkeiten, die sie auf dem Boden des Kaisersaals ausbreiteten, bald schon beträchtlich in die Höhe, sogar die Schützenkette des Schützenkönigs befand sich darunter. Ein beachtliches Stück, das alleine auf einen Wert von 400 Gulden taxiert werden durfte!

Doch immer noch war es zu wenig. Noch immer war die gewaltige Forderung nach 20.000 Gulden nicht erfüllt. Man würde zum Äußersten gehen müssen.

Zu allem Überfluss mischten sich schlechte Nachrichten aus Detwang in die erste Erleichterung über die wundersame Verschonung der Stadt. Denn die Einwohner des unterhalb von Rothenburg gelegenen Ortes sahen sich nicht mehr imstande, auch nur einen Bruchteil der vom Rothenburger Rat geforderten Summe aufzubringen. Und wieder war dabei Pappenheim mit im Spiel. Dort in Detwang hatte der berüchtigte Schrammhans mit seinen Offizieren Quartier genommen. Wie man es nicht anders von ihm gewohnt war, hauste er besonders schlimm. Pappenheim nämlich hatte den Detwangern alle einigermaßen wertvoll scheinenden Ketten und Ringe bereits abnehmen und in seine eigene Kriegskasse stecken lassen. Natürlich machten auch dementsprechende Gerüchte ihre

Runde, wonach so mancher Bürger seine Barschaft samt dem Geschmeide rechtzeitig vor den anrückenden Truppen gut versteckt hatte und auch jetzt, nach der gnädig gewährten Verschonung der Stadt nicht willens war, wirklich alles herzugeben. Sowohl bei den Siegern, als auch bei den Verlierern herrschte dadurch oft schwerer Verdruss, wenn der eine oder andere Bürger, dessen Vermögen deutlich höher eingeschätzt worden war, nur einen Bruchteil des geschätzten Silbers auf das Rathaus brachte. Immer wieder war es Bürgermeister Bezold, der die Leute daraufhin streng zur Rede stellte und sie mit klaren Worten darauf hinwies, wie groß der Schaden sei, den sie mit ihrer betrügerischen Art an der Stadt und an den anderen Bürgern anrichteten, die nun mit dem Rest ihres Vermögens den Ausgleich besorgen mussten. Selbst den Stadtphysikus Bernhard Sieber hatte Bezold in Verdacht, gegen das Gemeinwohl zu handeln, indem er den größten Teil seiner Wertgegenstände einfach versteckt hatte und allen Ernstes behauptete, nicht mehr als das zu besitzen, was er gerade ins Rathaus getragen hatte. Ein scharfer Wortwechsel war die Folge gewesen, doch Sieber war bei seiner Behauptung geblieben. Bezold hatte daraufhin von den Stadtknechten sogar das Haus des Arztes am Kapellenplatz durchsuchen lassen, doch die Männer waren nicht fündig geworden. Zu allem Übel hatte Pappenheim Kenntnis von der Auseinandersetzung bekommen. Und er zeigte sich dementsprechend ungnädig: ohne lange zu fackeln, ließ er Sieber einfach von seinen Soldaten ergreifen und gab mit einem lässigen Wink zu verstehen, dass es ihnen gestattet sei, den Ort des Goldverstecks jetzt eben mit der Kraft ihrer Fäuste aus dem alten Mann herauszuklopfen. Doch trotz der brutalen Hiebe, mit denen sie den armen Sieber traktierten, wollte der das Versteck nicht preisgeben. Zu seinem guten Glück war schon der vierte Hieb dermaßen heftig ausgefallen, dass der Arzt in einer gnädigen Ohnmacht versank und man den bewusstlosen Physikus auf einer Trage in sein Haus zurückschaffen musste, während Pappenheim und seine Männer sich fluchend einem anderen Delinquenten zuwandten. Das Vermögen des Bernhard Sieber war somit unangetastet geblieben. Doch der alte Arzt hätte wohl besser daran getan, das Versteck preiszugeben, denn von den Folgen der brutalen Schläge durch die kaiserlichen Soldaten erholte er sich nie mehr. Nur vier Wochen danach, am 28. November 1631, verstarb er.

Immer drängender entwickelten sich die Probleme in der besetzten Stadt, in die sich zu allem Überfluss auch noch zahlreiche Bewohner der umliegenden Dörfer geflüchtet hatten. Orte, die von Tillys riesigem Heerhaufen einfach überrollt worden waren und deren Existenz damit schlagartig geendet hatte. Denn wie die sprichwörtlichen biblischen Heuschrecken war die nicht enden wollende Zahl von hungrigen Soldaten über sie hergefallen und hatte alles mit sich gerissen, was nicht fest in der Erde verankert war. Die zahlreichen Feuersbrünste sorgten anschließend dafür, auch den letzten Rest an Zukunftshoffnung in Qualm und Flammen ersticken zu lassen. So groß war die Not auf dem Land, dass die wenigen überlebenden Bauern Dutzende von kleinen Kindern in die Stadt gebracht hatten. Kinder, deren Eltern bei einem Überfall ums Leben gekommen waren und die draußen kein Mensch mehr versorgen konnte oder wollte. So fielen die bedauernswerten Kleinen nun der Obhut des Armenkastens in Rothenburg anheim. Und genauso die Alten. Pflegefälle. Narren. Verrückte. Doch wie sollte Rothenburg nun auch noch diese Herausforderung bewältigen können? Auch die Kassen des Armenspitals waren leer, die Vorräte gingen zur Neige und immer noch wuchs die Zahl der Flüchtlinge, die bei Nacht und Nebel an den ungesicherten, halb zerstörten Toren in die Stadt geschleust wurden.

Als wäre dies alles nicht mehr als genug, waren in der Zwischenzeit zu allem Übel auch noch zahlreiche Krankheiten in Rothenburg ausgebrochen. Die meisten davon waren im Gefolge der Soldaten in die Stadt geschleppt worden. Am schlimmsten wütete die sogenannte ungarische Krankheit, die sich zunächst durch starkes Kopfweh bemerkbar machte, dem dann Ausschläge, heftiges Fieber und Durchfall folgten, bis die Kranken in einen pestähnlichen Zustand verfielen. Ein furchtbarer Gestank lag über der Stadt, in der es nun Tag für Tag mindestens zehn Tote zu begraben galt.

Mehrmals hatte Roswitha in der Zwischenzeit den alten Soldaten besucht, der ihr seine Mithilfe bei der Suche nach Matthias angeboten hatte. Auch am heutigen Tag, um die Mittagszeit, schaffte sie es, sich kurz von ihrer Arbeit in der Rossmühle davonzustehlen und in das Lager der „pappenheimischen" Soldaten zu gelangen. Dort kannte sie sich inzwischen einigermaßen aus, genauso wie die Männer dieses Mädchen erkannten, das aus welchen Gründen auch immer ausgerechnet ihren alten, etwas verschrobenen Kameraden Andreas besuchte. Sie fand ihn nicht am gewohnten Platz. Wo war Andreas nur? Ansonsten hielt er sich immer in der Nähe des Brunnens auf. Nicht so heute. „Wo ist denn der Andreas?" Was war das für ein merkwürdiges Schulterzucken, mit dem der Angesprochene reagierte und sie mit knappen Worten in eines der benachbarten Gebäude wies. Tatsächlich, da war er. Beziehungsweise: dort lag Andreas. Doch wie sah er nur aus?! Eine leichenblasse Haut, Schweißtropfen auf der Stirn und dazu dieses Zittern, das unablässig durch seinen ausgezehrten Körper lief. Erschrocken schlug Roswitha die Hand vor den Mund. „Andreas! Um Gottes Willen: was ist denn mit dir?"

Der kranke Soldat wandte seinen Kopf und musterte sie mit fiebrig glänzenden Augen. Er schien geraume Zeit zu benötigen, um Roswitha überhaupt zu erkennen. Dann endlich stahl sich der Anflug eines Lächelns in seine gequälte Miene. „Roswitha! Das ist schön, dich noch einmal zu sehen! Jetzt hat auch mich die Krankheit erwischt", flüsterte er mit beinahe ersterbender Stimme. „Komm mir bitte nicht zu nahe. Nicht, dass ich dich noch anstecke."

„Aber nein! Andreas! Das darf nicht sein!" Ohne auf seine warnenden Worte zu achten, bückte sich Roswitha zu dem Todkranken herunter und betupfte mit dem Zipfel ihres Ärmels seine schweißnasse Stirn. „Das wird schon wieder werden, Andreas. Du wirst schon sehen. Alles wird gut."

Doch der alte Andreas schüttelte nur traurig seinen Kopf. „Nein, Roswitha. Machen wir uns nichts vor: es geht zu Ende mit mir. Ich spüre es." Mühevoll nestelte er einen Lederriemen auf, den er um den Hals trug und an dem ein kleines silbernes Amulett befestigt war. Endlich hatte er es geschafft. Erschöpft ließ er sich auf das Lager zurückfallen und schloss für einen Moment die Lider. Dann fixierte er seine Besucherin mit einem eindringlichen Blick aus seinen ersterbenden Augen. Ein Blick, wie sie ihn noch nie zuvor in ihrem Leben verspürt hatte.

„Hör mir genau zu, Roswitha. Ich schenke dir jetzt diesen Talisman. In der Hoffnung, er möge dir mehr Glück bringen als mir. Als uns. Denn meine Frau hat ihn immer getragen. Er soll eine Blume darstellen. Eine Rose. Vielleicht passt sie doch besser zu dir und deinem Namen. Vielleicht weißt du besser als ich, wie man damit umgehen muss, um das Glück zu finden, das mir in meinem Leben nicht beschieden war."

Er öffnete seine Hand und legte ihr die silberne kleine Blume mit dem Lederriemen auf den Schoß. „Trage sie, wenn du magst. Und denke dann ab und zu an mich, wenn du den Talisman berührst." Wieder atmete er mühevoll und stieß dabei einen gequälten Seufzer aus, geradeso, als fiele ihm nun schon das Atemholen schwer.

„Danke", murmelte Roswitha leise, während sie verzweifelt darum bemüht war, die Tränen zurückzuhalten, die in ihre Augen gestiegen waren. „Ich werde dich nie vergessen. Aber... du darfst nicht sterben. Nicht schon jetzt."

Ein schwaches Lächeln zuckte um die Lippen des Kranken. „Ach, Roswitha. Jedes Leben geht irgendwann einmal zu Ende. Heute hat also nun meine Stunde geschlagen. Was habe ich denn noch vom Leben zu erwarten? Nichts mehr. Deshalb sterbe ich leicht. Denn ich folge damit meiner Familie nach. Ich denke, es ist ein besseres Los, als Landsknecht zu sein." Mehr und mehr geriet er bei seinen Worten ins Stocken. „Wasser", flüsterte er heiser. Roswitha nahm den Krug, der neben seinem Lager stand und reichte ihn zu Andreas hinüber. Doch der Kranke war zu schwach, um ihn zu ergreifen. Er schaffte es nicht einmal mehr, seinen Oberkörper aufzurichten. Das Mädchen, dem es beinahe das Herz zerriss, schob ihn behutsam hoch und führte den Krug an seinen Mund. Mit kleinen Schlucken ließ Andreas das Wasser in seine Kehle rinnen. „Das tut gut." Mit einem leichten Kopfnicken deutete er an, dass er genügend getrunken habe, dann ließ er sich kraftlos zurücksinken. „Danke. Ich hätte dir ja noch so viel zu erzählen... Aber daraus wird wohl nichts mehr werden." Wieder schloss der alte Landsknecht seine Augen. Immer flacher wurden seine mühevollen Atemzüge. Es war nicht mehr zu verkennen: das Leben zog sich nun rasch aus seinem geschwächten Körper zurück. Bald schon würde er einfach wegdämmern. Stumm und in einer dumpfen Trauer versunken hockte Roswitha neben dem Lager ihres todkranken Freundes. So nahe waren sie sich gewesen, ohne sich näher gekannt zu haben. Und mit seiner Hilfe, dessen war sie sich völlig sicher, wäre es auch gelungen, Matthias ausfindig zu machen. Doch wieder hatte es das Schicksal anders gewollt. Warum nur? In diesem Augenblick spürte sie eine Regung des Sterbenden, der es zum letzten Mal schaffte, die Lider zu öffnen. Sein fiebriger Blick begann sie zu suchen. Rasch beugte sich Roswitha über ihn. Ein Lächeln huschte über seine gequälten

Züge, als Andreas sie erkannte und mit kaum noch wahrnehmbarer Stimme zu sprechen begann: „Lebe wohl, mein Kind. Ich wünsche dir eine glückliche Zukunft, wann immer sie dir auch beschieden sein wird. Dir und deinem Bruder. Bete für mich und für meine Seele, so wie ich nun in meiner letzten Lebensstunde für dich beten will...." Seine letzten Worte erstarben in einem unverständlichen Stöhnen und Seufzen, dann sank sein Kopf kraftlos zur Seite, der Blick seiner Augen wurde starr. Es war vorbei. Andreas, der unglückliche Soldat aus Landsberg war gestorben.

Endlich! Anderthalb Wochen nach Einnahme der Stadt, ganz genau am 11. November alter Zeitrechnung, rückte schon am frühen Morgen ein großer Teil des kaiserlichen Heeres aus Rothenburg ab. Mit seinem Feldmarschall Tilly persönlich an der Spitze. Der alte Haudegen hatte sich in den vergangenen Tagen zusehends von den Folgen seiner Verwundung erholt und trachtete nun darauf, auch das restliche Mittelfranken zu erobern. Die Witterung schien ihm günstig für dieses Vorhaben. Denn der Regen hatte endlich aufgehört und am Morgen waren die Straßen mit einem leichten Frost überzogen. Keine schlechten Voraussetzungen für seine Truppe, um rasch voranzukommen. Solange sich der Winter noch nicht eingestellt hatte, würde er seinen Vormarsch fortsetzen. Selbst jetzt noch, wo es doch schon Mitte November war. Damit hatten die anderen ganz sicher nicht gerechnet. Sie hatten sich, wie man hörte, längst in ihr Winterlager zurückgezogen. Nun denn: umso rascher würde es Tilly gelingen, den Feind zu stellen. Und womöglich zu überrumpeln. Er fieberte diesem alles entscheidenden Kräftemessen mit seinem verhassten Gegenspieler, dem Schwedenkönig Gustav Adolf, regelrecht entgegen. Die Scharte von Leipzig musste ausgewetzt werden. Vorher würde Tilly keinesfalls zur Ruhe kommen. Und danach würde man weitersehen...

Es war wie ein übermächtiger Drang, der schlagartig wieder in Roswitha erwacht war. Der dringliche Wunsch, endlich aufzubrechen. Nicht länger ließ sich die Sehnsucht nach Matthias zurückdrängen. Gerade jetzt, nach all den glücklich überstandenen Lebensgefahren. Trotz des Todes von Andreas, der ihr eine entscheidende Hilfe hätte sein können, spürte Roswitha mit allen Fasern ihres Herzens, dass sie Matthias so nahe war, wie niemals zuvor seit dem Überfall. Eine Gelegenheit, wie sie sich so schnell nicht mehr bieten würde. Unbedingt musste sie Tilly und vor allem dessen Tross verfolgen. Schon Andreas hatte ihr gegenüber angedeutet, was sie in den Kreisen der Landsknechte vermuteten, nämlich dass sich ihr oberster Feldherr bald schon mit den restlichen Teilen seiner Armee vereinigen wolle. Wahrscheinlich in der Ansbacher Gegend. Genaueres hatten selbst die Landsknechte nicht gewusst und im Grunde genommen war es denen auch einerlei: Krieg war Krieg. Egal wann. Egal wo. Sie hatten nur den Kampf auszufechten, Mann gegen Mann, Landsknecht gegen Landsknecht. Das war ihre Bestimmung. Taktik und Kalkül, das war die Sache der Kriegsherren und der Offiziere. Dennoch – auch Andreas hatte diese Möglichkeit durchaus gesehen – war es sehr wahrscheinlich, dass der andere Teil von Tillys Heer längst in der Nähe von Ansbach lagerte, denn gegen diese alte Residenz eines schon seit der Reformation protestantisch ausgerichteten Fürstenhauses richtete sich sein Grimm schon lange. Gut möglich, dass bei diesen Truppen auch ihr Bruder zu finden war. Die starken Truppenkonzentrationen, die sich zwei Tagesmärsche entfernt, im Osten zusammenballten, waren auch in Rothenburg das Tagesgespräch. Irgendwo dort musste die Entscheidung fallen.

Und alle, wirklich alle, hatten Roswitha den eindringlichen Rat gegeben, um Himmels Willen nicht etwa auf den Gedanken zu verfallen, sich ausgerechnet jetzt in Richtung Ansbach aufzumachen. Es sei schlichtweg lebensgefährlich. Doch längst war ihre Entscheidung gefallen. Egal was kommen mochte, der Drang, endlich Matthias wiedersehen zu wollen, war stärker als jede Warnung und jede Gefahr.

Am späten Nachmittag war es deshalb zu einem heftigen Wortwechsel zwischen Roswitha und Christoph gekommen. Kopfschüttelnd hielt ihr Christoph die Sinnlosigkeit ihres Vorhabens vor. Es war zum Verzweifeln: egal, wie bestimmt sie Christoph gegenüber auch auftrat, er wollte sie einfach nicht verstehen. Schlimmer noch, er setzte offenbar alles daran, Roswitha ihr Vorhaben auszureden. Wollte er sie etwa nicht begleiten? Wo sie doch seit viel mehr als einem halben Jahr alle Gefahren gemeinsam gemeistert hatten. Und wo er doch zu Beginn ihrer Bekanntschaft geradezu flehentlich darum gebeten hatte, mit ihr ziehen zu dürfen. Egal wohin. Egal, welche Gefahr damit verbunden war. Und jetzt? Jetzt plötzlich sprach er davon, es sei ihm zu gefährlich. Er habe Angst vor den Soldaten. Zweimal seien sie mit knapper Not entwischt, auf ein drittes Mal wolle er es nicht ankommen lassen. Zweimal hätte er das Schicksal schon herausgefordert, aber irgendwann würde ihm das Glück nicht mehr hold sein. „Und dann werden sie mich mitnehmen. Genauso wie deinen Bruder. Das kannst du doch nicht wollen. Oder?"

Unglücklich hatte Roswitha den Kopf geschüttelt.

„Und wohin sollen wir denn auch gehen? Etwa mitten zwischen den Fronten durchspazieren? Was soll das bringen? Jetzt, wo wir hier doch endlich eine Bleibe gefunden haben. Ich mag die Arbeit hier."

Ärger stieg in ihr auf. Was sollte das alles? Er wusste doch, dass sie nicht anders konnte. Dass sie nicht eher zur Ruhe kommen würde, bis sie Matthias gefunden hatte. „Hast du etwa Angst?", schleudert sie ihm spöttisch entgegen. Doch mit dieser Reaktion hatte sie nicht gerechnet. „Ja, ich habe Angst. Richtige Angst!" Ganz unvermittelt waren Tränen in Christophs Augen geschossen. Und er schämte sich seiner Tränen nicht. „Ja, ich gebe es zu, dass ich Angst habe. Deshalb kann ich einfach nicht mehr weiter."

„Aber... aber Christoph!" Fassungslos starrte sie auf Christophs tränennasse Wangen.

„Bleib halt da. Zusammen mit mir." Ein flehentlicher Ausdruck war in seine Augen getreten. „Nein! Das geht nicht!" Entschieden ballte Roswitha ihre Fäuste.

„Dann musst du eben alleine gehen!"

„Alleine?" Roswitha meinte, sich verhört zu haben. Ungläubig starrte sie in Christophs Gesicht, dessen Züge sich schlagartig verhärtet hatten. „Alleine? Heißt das etwa, dass du..."

Christoph wandte sich rasch ab. Dennoch bemerkte sie dieses verräterische Funkeln in seinen Augen. „Es heißt wie es heißt", stieß Christoph, vor Aufregung keuchend, mühsam hervor. „Wenn du unbedingt fort willst von hier, dann... dann musst du eben alleine gehen. Ich jedenfalls... ich werde hier bleiben!" Trotzig stampfte Christoph mit dem linken Fuß auf dem Boden auf.

Also doch! Roswitha schien es, als würden ihre Eingeweide von einer scharfen Klinge durchtrennt. „Aber..." Niemals hatte sie bislang überhaupt auch nur einen Gedanken daran verschwendet, dass Christoph nicht mit ihr weiterziehen würde, wenn sie die Suche fortsetzte. Nach so vielen Erlebnissen, die sie gemeinsam gemeistert hatten. Längst hatten sie sich doch daran gewöhnt, ihre nächsten Schritte auf dem Weg gemeinsam zu planen und einvernehmlich zu handeln. Es war ihnen zur schieren Selbstverständlichkeit geworden! Niemals waren sie sich uneins gewesen. Und jetzt das! Nicht im Entferntesten hätte sie daran zu denken gewagt, dass Christoph, ihr treuer Begleiter, sie im Stich lassen könnte. Wie denn auch?!

„Christoph! Ich muss aber weiter – und das weißt du ganz genau. Ich möchte meinen Bruder wiederfinden und ich werde ihn wiederfinden. Das stand von Anfang an fest und an diesem Ziel hat sich nicht das Geringste geändert. Du hast es immer gewusst..."

„Aber das ist doch Wahnsinn! In dieser unsicheren Zeit!" Christoph drehte sich wieder in Roswithas Richtung zurück und tippte sich mit der flachen Hand mehrmals vielsagend gegen die Stirn. „Die Dinge haben sich doch viel mehr zugespitzt, als man es erwarten konnte. Du kannst das Schicksal nicht ewig herausfordern. Nicht jetzt, nicht mitten zwischen zwei feindlichen Heeren, die demnächst zusammenstoßen werden. Später einmal. Vielleicht. Später halt..."

„Später!" Roswitha spuckte das Wort förmlich vor Christophs Füße. „Später, später, später! Wie viel Zeit soll denn noch verstreichen? Bis es endgültig zu spät sein wird. Ich kann nicht mehr warten. Die Soldaten sind fort und ich habe, mehrfach sogar, eindeutige Hinweise erhalten, wo ich meinen Bruder vielleicht doch noch finden kann."

„Vielleicht doch noch finden kann...", echote Christoph spöttisch.

Es war zum Verzweifeln! Wollte Christoph tatsächlich in Kauf nehmen, dass sie ohne ihn weiterzog. Wollte er sie wirklich allein lassen? Müde massierte Roswitha mit Daumen und Zeigefinger ihre schmerzende Stirn. Noch einmal überlegen. Das war sie sich und Christoph schuldig. Und der gemeinsam verbrachten Zeit mit all den überstandenen Gefahren. Sollte sie also vielleicht doch... Nein! Schlagartig war Roswitha zu ihrem unumstößlichen Entschluss gekommen. „Es ist wie es ist. Wenn du also hier bleiben willst, dann tue es. Ich jedenfalls, ich muss weiterziehen. Dann jetzt eben alleine. Schließlich habe ich meine Suche allein begonnen, so kann ich sie nun auch allein fortsetzen."

Christoph wurde bei diesen Worten aschfahl. „Also wirklich... Du bleibst wirklich dabei?"

„Ja, wirklich!", bekräftigte Roswitha und bemühte sich darum, ihre Stimme betont kraftvoll klingen zu lassen, auch wenn sie dabei ihr Herz bis hoch zum Hals heftig pochen spürte. „Es muss sein!" Sie machte einen letzten Versuch, ihn doch noch auf ihre Seite zu ziehen. Es war eine Art letzter Trumpf, den sie jetzt aus dem Ärmel zog. „Und was ist dann mit dir? Du kannst doch nicht hier bleiben. Das weißt du genau. Denn die Belagerung und der Großteil der Einquartierung sind vorüber. Sie werden die Rossmühle also bald wieder still legen. Und dann musst du sowieso aus der Stadt. Sie können dich nicht mehr gebrauchen. So wurde es uns doch gleich bei der Ankunft damals erklärt. Du hast gar keine andere Wahl, als die Stadt zu verlassen. Und deshalb kannst du doch jetzt mit mir weiterziehen."

„Nein, nein." Der Junge schüttelte unglücklich seinen Kopf, während ein verlegenes Lächeln um seine Lippen zuckte. „Ich kann bleiben, ich habe mich schon danach erkundigt..."

„Du hast... was?!", fiel ihm Roswitha brüsk ins Wort. „Du hast also hinter meinem Rücken schon Ausschau gehalten nach einer Stelle?"

„Langsam!", versuchte er sie mit wie zur Entschuldigung erhobenen Händen zu beschwichtigen. „Es ist so: der Rossmüller wird demnächst eine neue Arbeit übernehmen und so ist er neulich mit mir ins Gespräch gekommen. Ja, doch. So war es. Der Müller selbst hat mich gefragt. Nicht umgekehrt. Denn sie brauchen jetzt jede Hand, die gut mit anfassen kann, um die ganzen Zerstörungen wieder zu beseitigen. Zwar nicht in der Rossmühle, da hast du recht. Aber in der Bronnenmühle, denn da unten haben die Kaiserlichen, vor allem die Pappenheimer, furchtbar gehaust. Und die Bronnenmühle mit ihrem Wasserpumpwerk ist den Rothenburgern ja ganz besonders wichtig. Zwei Knechte und eine Magd von der Bronnenmühle sind tot – deshalb also könnten sie uns gut gebrauchen, haben sie gesagt. Dass wir die Arbeit nicht scheuen, das haben sie ja sehen können. Und deshalb bieten sie uns an, zu bleiben. Uns beiden, Roswitha. Dir und mir. Verstehst du?" Roswitha atmete tief durch. Quälende Gedanken jagten durch ihren Kopf. Es war ein verlockendes Angebot, keine Frage. Und Christoph hatte sie nicht verraten. Sondern auch an sie gedacht. Sie beide konnten bleiben, falls sie das Angebot annahmen. Eine Gelegenheit, die so schnell nicht wieder kommen würde. In keiner anderen Stadt. Nicht in dieser kriegszerrissenen Zeit. Es war zu schön, um wahr zu sein. Und es war schade. So schade. „Es geht nicht, Christoph. Erst muss ich doch den Matthias finden."

„Roswitha! Bitte! Komm endlich zur Vernunft!"

„Es geht nicht!"

„Aber... aber ich ... ich kann nicht fort", heftig atmend rang Christoph um die richtigen Worte, „endlich habe ich eine Heimstatt gefunden. Mich", er klopfte mit der Faust zweimal auf seine Brust. „Mich hat jemand gefragt, ob ich bleiben will. Verstehst du, Roswitha, mich, den ewig unwillkommenen Burschen. Den Waisenjungen aus Feuchtwangen. Ob katholisch oder evangelisch, selbst danach haben sie nicht gefragt. Und es ist mir ja auch egal, welche Lieder ich in der Kirche singen soll. Wichtig ist nur, dass ich plötzlich etwas wert bin. Dass sie mir angeboten haben, hier arbeiten zu dürfen. Dass ich in Rothenburg endlich eine Bleibe gefunden habe. Roswitha! Versteh mich doch, ich kann nicht..."

Das Mädchen schluckte schwer. „Ich verstehe dich ja. Natürlich. Und ich gönne es dir auch von Herzen. Nun denn", in einer hilflosen Geste breitete sie die Arme aus und versuchte, ein wie auch immer geartetes Lächeln zustande zu bekommen. „Dann werde ich also alleine weitergehen. Wir sollten uns deswegen nicht böse sein. Ich dir nicht und du mir nicht. Es ist halt einfach das Beste so."

Christoph stampfte heftig mit seinem Fuß auf dem Boden auf und machte dabei einen letzten, geradezu verzweifelt wirkenden Versuch, sie doch noch umzustimmen.

„Nein! Bleib! Du darfst nicht gehen!"

„Doch", widersprach ihm Roswitha auf der Stelle. „Ich muss!"

Ein Zittern durchlief seinen schmalen Körper. Weinend schlug er die Hände vor das Gesicht und schluchzte bitterlich. Es war herzzerreißend. So hatte Roswitha ihren treuen Begleiter noch nie gesehen.

Langsam streckte sie den Arm aus und zog den weiterhin jämmerlich schniefenden Buben zärtlich an sich heran. Sie umgriff ihn an den Schultern und streichelte behutsam über sein dichtes dunkles Haar, um ihn zu trösten. Jetzt konnte auch sie die Tränen nicht mehr unterdrücken. „Es hilft alles nichts. Ich muss einfach weiter. Ich kann nicht anders, Christoph."

Eng umschlungen standen sie so auf dem Mühlacker, unfähig, sich voneinander zu lösen. Keiner traute sich, diesen ersten Schritt zu tun. Denn beide wussten nur allzu genau: es wäre der endgültige. „Es ist kalt", murmelte Christoph schließlich. „Lass uns dort zur Bank hinübergehen und uns mit der Pferdedecke zudecken."

Roswitha nickte zustimmend, während sich die beiden langsam zur steinernen Bank an der Außenseite der Rossmühle begaben. „Lange werde ich aber nicht mehr bleiben können", flüsterte sie leise. „Da schau, die Abenddämmerung hat bereits eingesetzt und…" Sie schluckte schwer, während die Rührung sie wiederum zu überwältigen drohte „…und morgen sollte ich nämlich schon in aller Frühe losziehen."

Anstelle einer Antwort nahm Christoph die schwere Pferdedecke und wickelte sie sorgfältig um ihren dünnen Körper. Ganz eng kuschelten sie sich aneinander, während die verlöschenden Strahlen der untergehenden Sonne ein letztes fahles Licht über das Dach der Rossmühle mit ihren Schlafaugen warfen. Wie seltsam diese Luken geradeeben wirkten. Im letzten Sonnenlicht erschien es ihnen gerade so, als würden auch die Dachöffnungen nun allmählich die Augen schließen. Die Sonne verschwand hinter der Stadtmauer – rasch breitete sich Dunkelheit über die erschöpfte Stadt. Lange saßen sie so da. Eng umschlungen, mit dem Rücken an die feuchtkalte Mauer gelehnt. Doch sie spürten die Kälte nicht. Stumm verharrten sie auf der Bank, jeder in seinen eigenen traurigen Gedanken gefangen. Wenige Stunden nur noch, dann würde die Zeit des Abschieds kommen. Womöglich für immer.

Das Geräusch eines gegen die Stalltür pochenden Pferdes ließ Roswitha hochschrecken. Unsicher blinzelte sie in die Dunkelheit hinein und versuchte gleichzeitig sich zu orientieren. Doch nach wie vor herrschte finsterste Nacht. Es mussten Wolken aufgezogen sein, da weder der Mond noch das ferne Blinken der Sterne am Himmel auszumachen waren. Unmöglich, auch nur die geringste Kleinigkeit erkennen zu können. Trotz der Kälte mussten sie also irgendwann eingeschlafen sein. Roswitha fröstelte und massierte sich die klammen Finger. Christoph schien nichts zu spüren. Nach seinen tiefen, langen Atemzügen zu urteilen, war er in einen guten Schlaf gefallen. Vielleicht war es am besten so. Denn damit bliebe ihnen der Moment des endgültigen Abschiednehmens erspart. Ganz vorsichtig erhob sich das Mädchen und bettete ihren weiterhin friedlich schlafenden Gefährten ganz sachte auf die steinerne Bank. Langsam zog sie das Ende ihrer Hälfte der Pferdedecke über Christophs ausgemergelten Leib. Dann beugte sie sich zu dem Jungen hinunter und hauchte ein letztes Mal einen liebevollen Kuss auf seine Wange.

Sie spürte, wie ein zentnerschwerer Stein auf ihren Magen drückte. Nein, sie durfte es nicht zulassen. Sich nur nicht gehen lassen jetzt. Denn sonst... sonst gelänge es ihr tatsächlich nicht mehr, den Abschied zu überstehen. Er hatte ja recht, Christoph. Wohin sollte sie denn gehen? Wie um alles in der Welt wollte sie ihren Bruder finden? Und vor allen Dingen: wo genau? Durfte sie den kleinen

Christoph einfach hier zurücklassen. So froh, wie er war, künftig in der Bronnenmühle endlich eine Bleibe zu finden. Dennoch war er allein. Er hatte keinen anderen Freund, außer ihr. Außer Roswitha. Und sie? Wen hatte sie denn – außer Christoph, der ihr in den vergangenen Monaten so ans Herz gewachsen war. Fast schon wie der eigene Bruder. Ein Bruder...

Wieder schluckte sie mühsam.

Vielleicht... wäre es doch klüger und auf alle Fälle auch besser...

Hätte nicht in diesem Augenblick ein weiterer donnernder Hufschlag gegen die Stalltür diese bleierne Stille zerrissen, gefolgt vom ärgerlichen Schimpfen eines Rossknechts – Roswitha wäre vermutlich da geblieben. Doch die mürrischen Flüche und Drohungen, mit denen der Knecht das anscheinend ungeduldige Pferd bedachte, hatten das Mädchen rasch wieder zur Besinnung gebracht. Sie richtete sich kerzengerade auf und drückte voller Entschlossenheit den Rücken durch. „Es geht nicht anders. Es muss eben einfach sein!", murmelte sie heiser, während sie jetzt die ersten Konturen am östlichen Teil der Stadtmauer erkennen konnte. Folglich hatte eben die Morgendämmerung eingesetzt. Ganz zaghaft schob ein schmales hellgraues Band die dunkle Schwärze der Nacht vom Himmel in Richtung Westen.

„...was muss einfach sein?", klang es dumpf unter der Pferdedecke hervor.

Roswitha zuckte schmerzlich zusammen. Christoph! Der Lärm schien also auch ihn geweckt zu haben. „Nichts", flüsterte sie und versuchte, einen fürsorglichen Ton in ihre Stimme zu legen. „Es ist nichts. Schlaf ruhig weiter."

Doch Christoph hatte offenbar begriffen. Abrupt fuhr der Junge hoch und musterte die vor ihm stehende Roswitha, die im Dämmerlicht nur schemenhaft wahrzunehmen war, aus erschrockenen Augen. „Ist es... musst du..." Immer wieder geriet er ins Stocken, denn nur allzu deutlich war er sich über das, was nun kommen würde, im Klaren. „Du gehst jetzt also..."

Ein Satz, der Roswitha beinahe das Herz zerriss. „Ja Christoph. Ich gehe jetzt. Lebe wohl! Ich wünsche dir ein gutes Leben und...", sie wandte sich ab, um seinen traurigen Anblick nicht länger ertragen zu müssen. „...und ich freue mich schon heute auf ein glückliches Wiedersehen mit dir... Wenn wir dann alle drei zusammenfinden: du, Christoph, mein Bruder Matthias und auch ich. Unser Herrgott möge dich beschützen bis zu diesem schönen Tag. Lebe wohl, Christoph."

Mit festem Schritt marschierte sie davon. Nur nicht mehr umdrehen jetzt. Es hatte so weh getan, Christophs Namen ein letztes Mal auszusprechen. Nur weiter, rasch, bloß nicht mehr umdrehen. So schroff dem armen Jungen ihr Verhalten auch erscheinen mochte. Irgendwann, das schwor sie sich in diesem bitteren Augenblick, irgendwann würde sie wieder nach Rothenburg kommen. Auf alle Fälle. Irgendwann würden sie sich wiedersehen. Vereint zu einer glücklichen Familie. So wie es damals in Gerolfingen gewesen war. Als das Leben in dem kleinen Dorf am Hesselberg noch nicht vom Krieg zerstört war. Es schien ihr, als sei seitdem eine unvorstellbar lange Zeit vergangen. Als handele es sich nur noch um einen fernen, längst verblassenden Traum.

Aber eines Tages würde sie Christoph wiedersehen und in ihre Arme schließen. Das war kein frommer Wunschtraum. Es war Roswithas fester Wille!

*

Selbst für eine Stadt wie Rothenburg, in der es jetzt galt, vom frühen Morgen bis spät in die Nacht hinein am Wiederaufbau der beschädigten Türme und Stadtmauerabschnitte zu arbeiten, um danach zügig die Reparatur der Wohnhäuser und Vorratsspeicher anzugehen, war es noch ungewöhnlich zeitig am Tag, als Roswitha am Spitaltor eintraf. Es handelte sich, wie sie in Erfahrung gebracht hatte, um das einzige der vier Rothenburger Stadttore, dessen Seiteneinlass in diesen unsicheren Zeiten schon beim ersten Licht des Tages geöffnet wurde. Diesen Weg würde sie nehmen und sich in östliche Richtung halten, dort, wo gerade die Sonne aufgegangen war. Vielleicht hatte sie Glück und würde bald auf einen barmherzigen Fuhrmann treffen, der sie einige Meilen weit auf seiner Kutsche mitfahren ließe. Und sei es auch nur deswegen, um sich die Zeit der öden Reise wenigstens für zwei, drei Stunden im Gespräch mit einer dankbaren Mitreisenden abwechslungsreicher zu gestalten.

„Donnerwetter, Mädchen, wer hat dich denn so zeitig aus dem Lager geworfen. Du bist heute morgen die Erste, die mir über den Weg läuft!", staunte der Torwächter nicht schlecht, als er Roswitha erblickte, kaum dass er den letzten der massiven Riegel aus ihren Lagern entfernt hatte, mit denen die Tür sicher versperrt war. „Hast wohl ein bisschen Ärger gehabt, so wie du daherkommst", kommentierte er den Anblick des Mädchens mit ihren rotgeweinten Augen und tränennassen Wangen genauso erstaunt wie mitleidslos. Der Mann hatte in seinem Leben bereits so viele Abschiedsszenen an diesem Tor miterleben müssen, dass ihn Tränen schon lange nicht mehr berührten. Noch nicht einmal die Tränen eines jungen Mädchens wie der 14-jährigen Roswitha Himmelein.

„Danke", murmelte die nur, während sie sich rasch an dem ungeschlachten Kerl vorbeischob, der ihr ungeniert hinterherstarrte. Der Torwächter zuckte gleichgültig mit den Schultern. „Wirst schon wissen, in welch gefährliches Gebiet du dich aus freien Stücken hineinbegibst. Gott befohlen also und auf Wiedersehen."

Gleich nachdem sie das Spitaltor hinter sich gelassen hatte, sah sie im Osten schon den Kirchturm des Dorfes

Neusitz aufragen. Von hier aus würde sie den Anstieg beginnen, der sie weiter hoch auf die Frankenhöhe führen sollte. Auf der Hochebene dort, beim Karrachsee, würde sie am Wachturm vorbei das Gebiet der Rothenburger Landwehr verlassen. Danach müsste es in dem wasserreichen, oft sumpfigen Gelände weitergehen in die Orte Colmberg, Lehrberg und schließlich nach Ansbach, der Residenzstadt der Markgrafen von Brandenburg-Ansbach.

Immer wieder war sie schon zu Beginn ihrer Reise Menschen mit einem seltsam stierenden, ja sogar dumpfen Blick begegnet. Armselige Gestalten, denen die zerlumpte Kleidung in Fetzen vom Körper hing. Kein schöner Anblick, genauso wenig wie die zahlreichen zerstörten Gehöfte, die ihren Weg säumten.

Hufgetrappel. Roswitha sah sich um und bemerkte, wie sich ihr einer der Rothenburger Hegereiter näherte. Bei diesen Hegereitern handelte es sich um gut bewaffnete Männer, die im Auftrag der Stadt Rothenburg dafür Sorge zu tragen hatten, dass sich die Landwehr, also der mit einem tiefen Graben, Palisaden und Dornenbüschen versehene Schutzwall um das Rothenburger Staatsgebiet immer in einem einwandfreien Zustand befand. Wehe dem, den die Hegereiter dabei erwischten, wenn er sich ohne Erlaubnis an dieser Landwehr zu schaffen machte. Die Rothenburger hatten also die Hegereiter wieder losgeschickt! Und diese hatten alle Hände voll zu tun. Denn auch die Landwehr war ja von den kaiserlichen Truppen schwer in Mitleidenschaft gezogen worden. Sogar der mächtige Landturm bei Lichtel wies starke Schäden auf und musste genauso ausgebessert werden, wie viele der Tore, Holzpfähle und Erdwälle. Die Hegereiter sollten diese Arbeiten beaufsichtigen und gleichzeitig darauf achten, dass sich nicht mehr Gesindel als üblich durch die nun zahlreichen, klaffenden Lücken der einstmals undurchdringlichen Landwehr drückte. Direkt vor dem Mädchen zügelte der Hegereiter sein Pferd und betrachtete sie mit einem skeptischen Blick. „Wohin um alles in der Welt willst denn du?"

Roswitha sah dem Mann bei ihrer Antwort unerschrocken direkt in die Augen. „Ich will nach Ansbach."

Der Reiter stutzte und runzelte die Stirn. „Das wird schwierig werden. Dort drüben braut sich gerade so einiges zusammen. Denn Tilly versucht offenbar, den jungen Markgrafen davonzujagen und damit den schwedischen König so zu reizen, dass er es auf einen offenen Schlagabtausch ankommen lässt. Ich rate dir dringend, dich von Ansbach fern zu halten. Mach einen großen Bogen darum oder gehe lieber gleich in eine andere Stadt. Feuchtwangen dürfte im Augenblick wesentlich sicherer sein, als ausgerechnet Ansbach."

Doch Roswitha schüttelte nur entschlossen ihren Kopf. „Nein, nein. Ich weiß schon, was ich tue. Ich werde nach Ansbach gehen."

„Dann kann ich dir auch nicht helfen. Sage nur keiner, ich hätte dich nicht gewarnt. Gott mit dir, Mädchen!" Er tippte sich mit dem Zeigefinger grüßend an die Hutkrempe, dann schnalzte er mit der Zunge und trabte rasch davon.

Wenig später kam es zu einer ganz ähnlichen Begegnung. Roswitha, deren Füße allmählich schon zu schmerzen begannen, vor allem das im vergangenen Frühjahr gebrochene Bein, hatte sich an den Wegrand gesetzt und war gerade damit beschäftigt, ihre durchnässten Fußlappen neu zu wickeln, als ein Fuhrwerk neben ihr zum Stehen kam. „Na Mädchen. Es ist schon ganz schön beschwerlich, um diese Jahreszeit voranzukommen. Vor allem dann, wenn man nicht auf Schusters Rappen unterwegs ist, sondern nur auf Mutters Lappen", deutete der Kutscher lachend auf die schmutzigen Fußlappen, mit denen sich Roswitha wie so viele andere arme Leute auch, eben mehr schlecht als recht behelfen musste, wenn das Geld nicht für richtige Lederschuhe reichte. Woher hätte sie es auch nehmen sollen. Die Münze, die ihr der Kaufmann

Schmieder aus Dinkelsbühl beim Abschied geschenkt hatte, wollte sie nicht angreifen. Denn diese sollte irgendwann einmal den Grundstock bilden, wenn es darum ging, das zerstörte Bauernhaus der Eltern wieder aufzubauen. Vielleicht aber wäre es doch sinnvoller gewesen, wenn sie wenigstens ein Paar gebrauchte Schuhe erworben hätte, denn die Schmerzen an ihren aufgeweichten und darüber hinaus eiskalten Füssen, an denen sich schon die erste Blase gebildet hatte, waren beinahe unerträglich. Deshalb hatte sie die Fußlappen nun mit Moos gepolstert, was ihr zumindest für einige Meilen eine gewisse Erleichterung verschaffen würde.

Der Fuhrmann musterte sie neugierig. „Willst du mir ein Weilchen Gesellschaft leisten?", zwinkerte er anzüglich zu Roswitha hinunter.

„Wenn du mich dafür nach Ansbach bringst?" Sie konnte getrost auf den kecken Wortwechsel eingehen, denn die Antwort des Fuhrmanns glaubte sie bereits zu kennen. Und tatsächlich: „Nach Ansbach! Unmöglich, um Gottes willen! Es wäre unser Verderben!"

„Dann bring mich wenigstens nach Lehrberg!", ließ sie nicht locker. Immerhin konnte sie damit in Erfahrung bringen, wie weit sie allerhöchstens gehen konnte, um sich nicht schon am ersten Tag ihrer Reise in unmittelbare Gefahr zu begeben."

„Lehrberg!" Der Kutscher machte eine abwehrende Handbewegung. „Das kannst du dir ganz genauso aus dem Sinn schlagen. Dort bringen sie sich nämlich gerade in Position, um von dort aus mit ihren Kanonen auf Ansbach vorzurücken. Du solltest sogar schon um Colmberg einen großen Bogen machen. Denn Tilly hat einen Teil seiner Leute dort zurückgelassen, um die Burg der Hohenzollern zu belagern und irgendwann auch zu stürmen. Den Markt unten haben sie, wie ich gehört habe, übel zugerichtet. Kehre also um, wenn Dir dein Leben lieb ist. Komm hoch zu mir auf den Kutschbock." Einladend streckte der Mann seine Rechte aus, doch Roswitha wehrte mit einer kurzen Handbewegung ab.

„Das geht nicht, ich muss weiter, koste es was es wolle."
„Aber nicht nach Ansbach, lass es dir geraten sein."
„Zumindest in die Nähe."
Einer dermaßen halsstarrigen Person war der Fuhrmann schon lange nicht mehr begegnet! „Das ist kein Spiel, Mädchen. Es kann dich leicht das Leben kosten", redete er ihr nachdrücklich in das Gewissen.

„Ich muss aber in diese Richtung. Unbedingt."
„Nun denn", der Fuhrknecht zuckte bedauernd mit den Schultern. „Wenn du also unbedingt meinst, in dein Verderben rennen zu müssen, oder vielmehr zu humpeln", nickte er mit dem Kinn auf Roswithas Füße hinunter, die nun wieder in den frisch gewickelten und mit Moos ausgepolsterten Lappen steckten, „dann halte dich wenigstens in Richtung auf Leutershausen zu. Und nimm auf gar keinen Fall den direkten Weg. Gott mit dir."

Nun gut, diesem durchaus vernünftig klingenden Rat würde sie folgen. Tapfer schluckte sie die widerstreitenden Gefühle in sich hinunter und beschloss, dem Angebot des Kutschers nicht zu folgen. Kopfschüttelnd setzte dieser sein Fuhrwerk wieder in Bewegung. Wie konnte man nur mit offenen Augen direkt in sein Verderben gehen!

Roswitha griff nach einem langen Haselnussast, der neben ihr auf dem Boden lag. Er schien ihr als brauchbarer Gehstock zu taugen. So konnte sie immerhin die Last zugunsten ihrer schmerzenden Füße etwas besser verteilen, wenngleich es dadurch langsamer voranging. Auch der Hinweis, sie möge die großen Straßen meiden, schien ihr nach all den Warnungen, die sie in kurzer Zeit hatte hören müssen, durchaus bedenkenswert. Denn es waren ja gerade diese großen breiten Straßen, die zwangsläufig von den mit Proviant und sonstigem Nachschub schwer beladenen Versorgungsfuhrwerken benutzt wurden. Kein anderer Weg war dafür geeignet. Kein Wunder also, dass sich auch allerlei diebisches Gesindel sowie plündernde Landsknechtehorden dementsprechend zahlreich an solchen Straßen herumtrieb. In erster Linie natürlich dort, wo die Passage durch dichten Wald führte und den Angreifern einen natürlichen Schutz vor frühzeitiger Entdeckung bot. Noch gefährlicher aber waren die Steigungs- und Gefällstrecken, wo sich die Fuhrwerke nur noch im Schneckentempo den Berg herauf- oder herunterquälten.

Ja, doch. Die Warnung des Kutschers sollte sie schon ernst nehmen. Sie tat gut daran, sich über schmale Pfade weiter nach Osten zu bewegen. Vielleicht sogar nun erst einmal nach Südosten, in Richtung Leutershausen. Blinder Eifer schadet nur. Ein Spruch, den sie seit ihrer Kindheit kannte. Selten war ihr der Sinn dieses Satzes deutlicher bewusst geworden, als in diesen Tagen.

Die Abenddämmerung hatte schon eingesetzt, als Roswitha eine elende, feuchte Strohhütte betrat, die knappe zwei Meilen vor Leutershausen am Waldrand lag. Vielleicht ließ man sie hier übernachten. Seltsam, eine Türe war nicht mehr vorhanden, lediglich ein schmutziges Tuch bedeckte den Eingang. Drinnen schlug ihr ein fürchterlicher Gestank entgegen. Doch sie hatte keine Wahl: lieber die Nacht in einer stinkenden Hütte verbringen, als im Freien, wo man auf sich allein gestellt, nie sicher sein konnte, welches Gesindel und welche Art von wilden Tiere sich herumtrieb. „Hallo? Ist da jemand?" Sie erhielt keine Antwort und im Dunkel der Hütte war nicht das Geringste zu erkennen. „Ist niemand da?" Irgendwie schien es ihr, als müsse sich dennoch ein Mensch hier drinnen befinden. Es war nur so ein Gefühl...

„Ich bin alleine. Ihr braucht keine Angst zu haben. Ich bin nur ein einsames Mädchen von vierzehn Jahren und suche eine Unterkunft für diese Nacht."

Plötzlich begann sich im hintersten Winkel der Hütte etwas zu rühren. „Komm nach draußen", gebot ihr eine heisere Stimme.

Roswitha kam der Aufforderung nach und trat über die Schwelle hinaus ins Freie, wo der Tag nun rasch zu Ende ging. Kaum stand sie wieder auf der Wiese, da erschien eine abgerissene, über und über mit Schmutz verkrustete Gestalt in der Tür, die mit ängstlichen Blicken hinausspähte. Eine zweite, nicht minder jammervolle Gestalt baute sich hinter dem ersten Mann auf. Auch dieser zweite Mann ließ seinen Blick voller Misstrauen erst über Roswitha und dann über das ganze Gelände bis an den Waldsaum wandern. Dann endlich schienen sich die beiden überzeugt zu haben, dass wirklich keine Gefahr drohte und dass es sich bei der Besucherin tatsächlich nur um eine Reisende handelte, die für diese Nacht ein Dach über dem Kopf begehrte. Mehr nicht. „Komm rein! Schnell!", winkte sie der Erste nun hastig zurück in die Hütte. „Nicht dass dich sonst womöglich noch einer sieht da draußen. Man kann nie wissen!"

Bei den beiden elenden Gestalten handelte es sich um zwei mit knapper Not vor ihren Häschern geflohene Soldaten der Truppen des Markgrafen. Beide stammten ursprünglich aus Lentersheim, einem ebenfalls am Hesselberg gelegenen Dorf. Schon vor vielen Jahren waren sie in die Armee des Markgrafen eingetreten und nun hatten sie sich bei den längst schon ausgebrochenen, erbitterten Kämpfen um die vorgeschobenen Verteidigungsposten rund um Ansbach, üble Verwundungen zugezogen. Das Allerschlimmste dabei: von ihren, überstürzt die Flucht ergreifenden Kameraden, waren sie einfach auf dem Feld zurückgelassen worden. Mit äußerster Mühe hatten sie es jedoch geschafft, den Spürhunden der kaiserlichen Eroberer bislang zu entgehen. Eine von Tag zu Tag schwieriger werdende Aufgabe, denn Tilly ließ inzwischen bereits jedes Haus, jede Hütte und jeden Wald nach entflohenen gegnerischen Soldaten durchkämmen.

„Hoffentlich kommt heute keiner mehr, wir haben ja selbst beinahe nichts mehr zu essen. Beeren gibt es schon keine mehr, und die Bucheckern, die wir gesammelt haben, machen einen hungrigen Magen niemals satt."

Zitternd und frierend kauerten sie in einer Ecke der dem Zerfall preisgegebenen Hütte. Bald schon war sich Roswitha darüber klar geworden, wo der grässliche Gestank herrührte, der immer noch hier drinnen herrschte und der ihr beinahe den Atem nahm. Er rührte von den Wunden der beiden Soldaten her, die sich ganz offenkundig eitrig entzündet hatten. Die beiden würden nicht mehr lange zu leben haben. Es sei denn sie schafften es, einen erfahrenen Wundarzt aus den eigenen Reihen zu finden, der ihnen die verfaulenden Gliedmaßen rasch abschnitt. Es dürfte ihre einzige Überlebenschance darstellen, wenngleich das weitere Leben als Kriegskrüppel, das sie dann zu fristen hätten, keinerlei lebenswerte Perspektive mehr bot. Es wäre eine erbärmliche Existenz. Manchmal sogar, so zumindest schien es Roswitha, war in einem solchen Fall der Tod noch vorzuziehen.

„Da! Was war das!" Auch Roswitha hatte von draußen ein Geräusch knackender Äste vernommen.

„Um Gottes willen. Sie kommen. Sie sind uns gefolgt. Und jetzt werden sie uns holen." Der Mann schlotterte vor Angst.

„Sei ruhig!", zischte ihm sein Kamerad wütend entgegen. „Mit deinem Gejammer lockst du sie ja geradezu an."

Angestrengt lauschten sie in die Dunkelheit hinaus. Doch es war nichts mehr zu hören. Nachdem eine geraume Zeit in völliger Stille verstrichen war, fasste sich Roswitha endlich ein Herz, kroch auf allen vieren zum Eingang und spähte vorsichtig aus der Hütte hinaus. Doch nicht einmal schemenhaft war auch nur die geringste Bewegung zu erkennen oder zu erlauschen. „Es wird wohl ein wildes Tier gewesen sein."

Erleichtert ließ der eine Luft durch die Lippen strömen, während der andere Roswitha leise beipflichtete. „Schon möglich. Wir sollten zusehen, dass wir den Eingang mit

Latten versperren. Denn seitdem die alte Ordnung bei uns zerstört ist und man sich nicht mehr sicher fühlen kann im Land, seitdem hat auch die Zahl der Wölfe wieder zugenommen. Sie trauen sich wieder direkt bis an die Häuser heran."

Während der Nacht war Roswitha immer wieder vom schmerzhaften Stöhnen der verwundeten Soldaten erwacht und hatte dann, so müde sie auch war, nur noch schwer in den Schlaf zurückgefunden. Kein Wunder, denn was sie von den beiden den Krieg betreffend an Neuigkeiten zu hören bekommen hatte, war alles andere als beruhigend.
Ansbach hatte schon vor drei Tagen kapituliert. Schloss und Stadt waren verwüstet.
Doch nicht nur Ansbach: seit Wochen hausten Tillys Vorauskommandos bereits in Leutershausen. Die Stadt war seitdem nicht wiederzuerkennen. Leutershausen! Um ein Haar wäre die ahnungslose Roswitha dorthin gegangen und dann den außer Rand und Band geratenen katholischen Landsknechten in die Hände gefallen. Nicht auszudenken!
Selbst im ehemaligen Kloster Heilsbronn hatten Tillys Leute übel gehaust und dabei noch nicht einmal vor den Gräbern im Heilsbronner Münster haltgemacht. Sie hatten die Grablegungen der Burggrafen von Nürnberg und der Markgrafen von Ansbach geschändet! „Das ist ja unfassbar! Ist ihnen denn gar nichts heilig?"
Ein ganz besonderes Vergnügen schien es ihnen bereitet zu haben, das Grab des vor nicht allzu langer Zeit verstorbenen Markgrafen Joachim Ernst, des verhassten Mitbegründers und Generals der Protestantischen Union, zu verwüsten. Es war noch nicht einmal völlig fertiggestellt und schon war es total zerstört! Wahrhaftig eine Ungeheuerlichkeit, wenn man sich nun schon an den Toten rächte.
„Nun denn", hatte Roswitha auf ihren empörten Kommentar hin von einem der Soldaten zur Antwort be-

kommen. „Auch wenn ich selbst zur Armee des Markgrafen gehöre, so kann ich deswegen keine Träne vergießen. Jetzt hat es eben auch einmal den Adel erwischt."

„Was soll das denn heißen?!"

„Der Adel ist es doch, der uns diese Kriege bringt. Kriege, deren Folgen wir dann zu erleiden haben. Jetzt hat eben auch einmal der Adel sein Fett abbekommen. So gesehen ist es nur gerecht!"

„Welche Gerechtigkeit, Gräber von Toten zu verwüsten!"

„Ach was: tot oder lebendig – bald werden wir alle begraben sein. Das jüngste Gericht naht und dann Gnade uns Gott, alle zusammen. Aber vor allem wird es dort den Adel treffen. Zumindest dann, wenn es doch noch eine Gerechtigkeit gibt. Wenigstens im Jenseits werden sie für ihre Sünden bezahlen müssen."

„Das ist doch das übliche Geschwätz der katholischen Kirche und ihrer Ablasshändler. Damit wollten sie die Menschen auf das Jenseits vertrösten. Doch Luthers Botschaft ist eine ganz andere."

Der Soldat ließ ein unwirsches Brummen ertönen. „Und wohin hat uns diese Botschaft geführt? Zu Elend, Mord und Totschlag."

„Es geht Martin Luther aber um Gerechtigkeit!"

„Gerechtigkeit!" Sie konnte die Verachtung, die aus seinen Worten sprach, beinahe spüren. „Nirgendwo auf dieser Erde gibt es Gerechtigkeit."

Nach einer langen bedrückten Pause, in dem jeder von ihnen seinen eigenen schweren Gedanken gefolgt war, hatte sich Roswitha bei den Soldaten nach ihrer Einschätzung erkundigt. Wohin es ihrer Meinung nach am gefahrlosesten für sie sei, sich aufgrund dieser neuen Lage nun zu wenden. In kurzen Sätzen hatte sie den beiden ihre Beweggründe geschildert, während sie innerlich ihren eigenen Entschluss verfluchte, aus dem sicheren Rothenburg aufgebrochen zu sein. Wie recht doch Christoph mit seiner Einschätzung behalten hatte, dass sie sich nur in akute Lebensgefahr begeben würde. Und Matthias würde sie dennoch nicht finden. Nicht in dieser zugespitzten Situation. Eines war ihr bei der Antwort der Soldaten, die in ihrer Einschätzung völlig übereinstimmten, voller Schrecken klar geworden: ein Zurück nach Rothenburg konnte es für sie nicht geben. Denn der Ring nach Westen hatte sich geschlossen. Tilly hatte den in diese Richtung fliehenden Soldaten des Markgrafen mittlerweile den Weg versperrt. Sie könne wahrlich von Glück sagen, dass sie nicht schon am Nachmittag einem der Landsknechtehaufen in die Hände gefallen sei!

„Feuchtwangen."

Roswitha hatte gespürt, wie sich ihr Herzschlag plötzlich beschleunigte. Allein als sie den Namen der Stadt vernommen hatte. Feuchtwangen! Denn die Stadt lag nur noch eine gute Tagesstrecke entfernt von ihrem Heimatdorf am Hesselberg.

„...und wenn dein Bruder also tatsächlich bei diesem Truppenteil sein sollte, dann wird er jetzt die letzte Möglichkeit zur Flucht wahrnehmen, bevor es sonst noch weiter in Richtung Osten geht. Hier kennt er sich ja aus. Da wird er sich besser durchschlagen können, als in jeder anderen Gegend, in die er mit den Kaiserlichen bisher hat gehen müssen."

„Also meinst du, ich solle versuchen, erst einmal Feuchtwangen zu erreichen. Und von dort dann weiter, möglichst von Süden her, zurück nach Gerolfingen?"

„Ja. Das scheint mir am sinnvollsten. Wenn es ihm gelingt, zu fliehen, dann wird er dorthin gehen. Du allein kannst ihm dabei nicht helfen. Du kannst nur in Gerolfingen auf ihn warten. Aber wie gesagt, nimm um Gottes Willen keinen anderen Weg als den über Feuchtwangen. Er scheint mir noch am sichersten von allen zu sein. Aber auch dort nur die schmalen Pfade, auf gar keinen Fall die großen Straßen."

Nach dieser unruhigen Nacht mit all ihren sich überstürzenden Gedanken, Hoffnungen und Sehnsüchten war Roswitha im ersten Morgengrauen aufgestanden und hatte sich von den beiden kranken Soldaten verabschiedet, deren Zustand sich in den vergangenen Stunden dramatisch verschlechtert hatte. Wenn nicht noch ein Wunder geschah, dann würden sie hier in dieser elenden Hütte sterben. Hoffentlich versanken sie in einer gnädigen Ohnmacht, bevor die Schmerzen unerträglich wurden. Sie jedoch konnte nicht hier bleiben und ihnen das Sterben leichter machen. Denn mit jeder weiteren Verzögerung würde sie sich selbst in ernste Lebensgefahr bringen. Nein, sie durfte jetzt nicht länger an die beiden Sterbenden denken. Sie musste die bedauernswerten Männer einfach in ihrem Elend zurücklassen. Zuerst musste sie an sich selbst denken und ihr eigenes Leben in Sicherheit bringen. So lautete das furchtbare Gesetz des Krieges.

Der Weg nach Feuchtwangen! Der angeblich sichere Weg. Es sollte sich als eine völlig falsche Einschätzung herausstellen.

*

Fassungslos starrte Roswitha auf die Schneise der Verwüstung, die Tillys Soldaten direkt um die Stadt Feuchtwangen gezogen hatten. Vor allem die Galgenhöhe über Feuchtwangen. Ein grässlicher Anblick! Von den Vögeln bestialisch zugerichtete Leichen der Gehängten, die längst in Fetzen gerissen immer noch an den Stricken baumelten. Die armen Menschen! Schon vor mehreren Tagen waren sie gehängt worden, doch keiner hatte sich bisher getraut, sie vom Strick zu schneiden, geschweige denn, ihnen ein christliches Begräbnis zuteil werden zu lassen. Welcher angeblichen Todsünde mochten sich die Ärmsten schuldig gemacht haben? Wahrlich, ein Menschenleben war nichts mehr wert in dieser von Gewalt zerrissenen, schrecklichen Zeit.

Es war der 10. November 1631 evangelischer Zeitrechnung gewesen. Das Datum, das zum Schicksalstag für Feuchtwangen wurde. Zahllose Häuser waren durch eine riesige Feuersbrunst vernichtet worden. Noch zwei Tage danach, als Roswitha in Feuchtwangen angelangt war, drang ein beißender, dunkler Qualm aus den armseligen Trümmern der zerstörten Häuser. Direkt vor einer dieser Ruinen wäre sie beinahe über einen Menschen gestolpert, der mit einer grässlichen blutverkrusteten Kopfwunde einfach auf der Straße lag. Genau an dieser Stelle schien der entkräftete Mann zusammengebrochen zu sein. Er konnte dabei von Glück sagen, dass er noch nicht von den Hufen eines Pferdes oder von den Rädern eines Fuhrwerks überfahren worden war. So sehr es Roswitha vorwärtsdrängte, so konnte sie ihn auf keinen Fall liegen lassen. Sie musste ihn weg von der Straße bekommen. In eines der wenigen Häuser schaffen, deren Dach noch einigermaßen unversehrt war. Aber wer sollte ihr dabei helfen, den schweren Mann, der keinerlei Regung von sich gab, dorthin zu schleppen. Nun denn, dann musste sie es eben alleine bewerkstelligen. Was sich aufgrund ihrer wundgescheuerten Füße freilich als unmöglich herausstellte. Dann aber sollte sie es zumindest schaffen, den Mann mit dem Rücken an die intakte Hauswand zu lehnen. Wie sich Roswitha nach Kräften mühte, den Schwerverletzten von der dreckigen Straße zu ziehen, vermeinte sie plötzlich ein Stöhnen aus seiner Kehle zu vernehmen. Tatsächlich! Jetzt schlug der Mann mühevoll die Augen auf und streifte sie mit einem matten Blick, zu dem sich kurze Zeit später sogar ein gequältes Lächeln gesellte. „Gib dir keine Mühe, mein Kind", es war mehr ein heiseres Flüstern, das kaum wahrnehmbar an ihre Ohren drang. „Es ist... zu spät. Deine Mühe ist vergeblich, denn ich werde bald sterben. Schau lieber zu, dass wenigstens du weiterkommst, mein Kind, und lass mich hier liegen. Es ist bald vorbei, ich spüre es."

Welch unglaubliche Rede! Doch plötzlich stutzte sie. Diese Stimme..., die ihr irgendwie bekannt schien. Sie musste sich das Blut wegdenken, das sein Gesicht entstellte. Ja, richtig. Es war ein Bauer, den sie kannte. Nein, kein Bauer, eher ein Händler... Einer von Weiltingen. In früheren Jahren hatte sie den Mann öfter gesehen, denn er war auch nach Gerolfingen gekommen, zum Hof der Eltern. Klar, er hatte ja mit Vieh gehandelt. Dieser Mann mit dem seltsam klingenden Namen. Wie hieß er noch mal? Zi... Zirri... Cyriakus. Genau. Cyriakus der Viehhändler. „Cyriakus, was haben sie mit dir gemacht?"

Überrascht schlug er noch einmal die Augen auf. „Du kennst mich?"

„Ja sicher. Ich komme aus Gerolfingen, und dort auf dem Himmeleinhof habe ich dich oft bei meinen Eltern gesehen."

„Gerolfingen!" Wieder spielte ein kraftloses Lächeln um seine Mundwinkel.

„Cyriakus. Wie kommst du hierher – und was ist passiert?"

Mit rasch schwächer werdender Stimme erzählte Cyriakus, der Viehhändler aus Weiltingen, wie er sich geschäftlich in der vermeintlichen Sicherheit der Stadt Feuchtwangen aufgehalten habe und wie sich dann schlagartig der Ring um Feuchtwangen zusammengezogen hatte. Keiner konnte mehr heraus, sie alle waren plötzlich in der Stadt gefangen gewesen. Es hatte nur wenige Stunden gedauert, bis die Stadt von der erdrückenden Übermacht ihrer kaiserlich-katholischen Gegenspieler erstürmt worden war. Und wie sie dann in den Straßen und Gassen von Feuchtwangen hausten. Wie sie, im Gegensatz zu Rothenburg, die Stadt plünderten. Wahrscheinlich aus eben diesem Grund. Um sich für die entgangene Plünderung von Rothenburg schadlos zu halten. Alles, was nicht niet- und nagelfest war, hatten sie geraubt: Gold und Silber, Münzen: die Rede war von über zehntausend Gulden.

Sämtliche Getreidevorräte waren in ihre Hände gefallen, dazu 18 Ochsen, 22 Kühe, 25 Pferde, über 200 Schafe. Geraubt. Und selbst vor kirchlichen Messgegenständen hatten sie nicht haltgemacht. Den Feuchtwanger Pfarrer, der sich verzweifelt gegen die Plünderung seiner Kirche zur Wehr gesetzt hatte, den hatten sie ergriffen, gefesselt und an den Sattel eines Pferdes gebunden, mit bloßen Füßen hinter sich her durch die Straßen geschleift. Bis auf die Knochen waren die Fersen dabei blutig aufgescheuert. Er würde nie mehr richtig laufen können.

„Einen zweiten, der seinem Pfarrer zu Hilfe kommen wollte, den Diakon Flösser, haben sie geraitelt."

„Geraitelt? Was bedeutet das?" Sicher nichts Gutes, aber dieses Wort hatte Roswitha bislang noch nie gehört.

Der sterbenskranke Mann schloss erschöpft die Augen: „Das heißt, dass sie ihm einen Strick um den Kopf gelegt und so lange zugezogen haben, bis ihm alle Gefäße im Schädel geplatzt sind. Das sind furchtbare Höllenqualen. Aber er hat es wenigstens hinter sich. Genauso wie ich. Während die anderen einem qualvollen langsamen Ende entgegensehen müssen: die Getreidespeicher sind leer. Sie werden einfach verhungern, denn was die Kroaten, die am schlimmsten von allen gewütet haben, nicht wegschleppen konnten, das haben sie einfach verbrannt. Und Wasser gibt es auch keines mehr in der Stadt, denn sie haben die Brunnen mit Mist verschmutzt, sodass man nicht mehr daraus trinken kann. Es sind keine Menschen mehr, die so etwas tun!" Ein leichtes Zittern durchwogte seinen Körper: Cyriakus, der Viehhändler war tot.

Wenig später hatte Roswitha noch einmal eine fürchterliche Begegnung zu verkraften. Es war mehr, als die Seele einer Jugendlichen verkraften konnte, was da auf sie einstürmte. Aber wer wollte sich in diesen Zeiten um die Befindlichkeiten eines 14-jährigen Mädchens scheren? Eine elende Kreatur hatte plötzlich ihren Weg gekreuzt: auf seinen Ellbogen war der offensichtlich noch recht junge Mann durch den knöcheltiefen Straßendreck gekrochen. Was war nur mit ihm passiert? Es handele sich um einen Reiter, der anscheinend kürzlich vom Pferd gefallen sei und seitdem seine Füße nicht mehr bewegen könne. Man könne nichts für den Mann tun. Schon gar nicht in dieser furchtbaren Lage, in der sich die Stadt befände, hatte ihr einer der eilig vorbeihastenden Feuchtwanger knapp zu verstehen gegeben, als sie ihn gebeten hatte, dem armen Menschen aufzuhelfen. „Es geht gerade vielen so wie diesem da. Was sollen wir mit ihm machen. Noch nicht einmal verköstigen können wir ihn. Wenn er Glück hat, dann findet er auf der Straße Abfälle, die er sich noch in den Mund schieben kann. Mehr kann er nicht erwarten. So leid es mir auch tut!" Damit war er einfach weitergegangen, ohne sich um den vor ihm im Dreck liegenden, hilfsbedürftigen Mann weiter zu scheren.

Jeder hatte mit sich selbst genug zu tun.

„Ich will nicht mehr leben", hatte der Gelähmte keuchend hervorgestoßen und den nächsten, der mit allen Anzeichen des Ekels einfach über ihn weggestiegen war, verzweifelt angefleht, er möge ihn doch bitte erschießen, um seiner Qual ein rasches Ende zu bereiten.

Doch einem rechten Christenmenschen sei solches Tun strikt verwehrt, hatte er daraufhin zur Antwort bekommen. Und wer wolle sich schon versündigen und Hand an einen Mitmenschen legen? Eine Antwort, die angesichts der unzähligen Opfer des Überfalls auf Feuchtwangen geradezu höhnisch in seinen Ohren klang.

Es war Roswitha unmöglich, einfach weiterzugehen, so wie es die anderen taten. Sie fasste den Gelähmten unter den Achseln und zog ihn von der Straße. „Ich bringe dich ins Spital, dort müssen sie dich aufnehmen", versicherte sie dem armen Kerl, während sie all ihre Kräfte zusammennahm, um den Jungen dann durch die Stadt bis ins Spital zu ziehen. Irgendwie würde sie es schaffen. Immer wieder hielt sie erschöpft keuchend inne, so ungeheuer groß und mühevoll war diese Anstrengung für das selbst so geschwächte Mädchen. Er sei ein Bursche aus dem Dorf Büchelberg bei Leutershausen, setzte ihr der Junge bei einer dieser erschöpften Verschnaufpausen unter Tränen auseinander. Gerade einmal 17 Jahre alt. Am allerschlimmsten schien Roswitha die Tatsache, dass er sich im Kopf als völlig klar erwies. Geistig war der Junge absolut normal. Es waren ja nur die Beine, die ihm den Dienst versagten. Bei vollem Bewusstsein einem langsamen, sicheren Tod ins Auge blicken zu müssen... es war eine fürchterliche Vorstellung.

Als sie es endlich bis zum Spital geschafft hatte, schlug ihr eiskalte Ablehnung entgegen. Man sei längst hoffnungslos überfüllt. Und zwar mit Menschen, bei denen eventuell eine größere Aussicht bestand, sie mit dem Leben davonzubringen. Im Interesse der anderen Patienten sehe er sich gezwungen, die Kranken zu sortieren, so grässlich und brutal sich das auch darstellen möge, hatte ihr der Wundarzt schroff auseinandergesetzt, als sie an die Tür des Spitals geklopft und um Aufnahme für den Gelähmten gebeten hatte. Er sei ein Pflegefall für alle Zeiten, deshalb müsse man sich erst einmal um diejenigen kümmern, die später ihr Leben wieder aus eigener Kraft in die Hände nehmen könnten.

So logisch diese nüchterne Analyse auch klingen mochte, Roswitha konnte eine solche Denkweise dennoch nicht akzeptieren. Und so hatte sie den gelähmten Jungen einfach behutsam an die Wand des Flures gelegt, ohne dabei auf die Proteste des Medicus zu hören. Mit einer hastigen Verabschiedung auf den Lippen hatte sie sich rasch davongemacht. Sie konnte sich schon denken, was spätestens am nächsten Tag mit dem armen Kerl geschehen würde. Sie würden ihn einfach wieder auf die Straße legen. Obwohl er dort nicht lange überleben konnte! Unmöglich, dass er in diesem Zustand den Dezember überleben würde. Wenn ihm das Glück hold war, so zynisch dieser

Gedanke auch scheinen mochte, dann würde der Junge schon irgendwann demnächst in einer eiskalten Novembernacht erfrieren. „Gott sei seiner armen Seele gnädig", murmelte Roswitha traurig. Wie hatten sich die Menschen nur in dieser Zeit verwandelt. In einer Zeit, in der sich jeder selbst der Nächste war. „Herr im Himmel: erbarme dich unser!"

Die Lage in Feuchtwangen war katastrophal. Für die meisten der Überlebenden galt es nun, sich so schnell wie möglich in anderen Städten und Dörfern um eine Aufnahme zu bemühen. Zumindest über die Winterzeit, die sie unmöglich in ihren zerstörten Häusern verbringen konnten. Und diese Häuser jetzt um diese Jahreszeit zu reparieren, war schon aufgrund der geraubten Pferde und Rinder, der beschlagnahmten Werkzeuge und dem dramatischen Mangel an Nahrungsmitteln ein absolut aussichtsloses Unterfangen. Vielen Bürgern wäre in diesem Winter der Tod sicher gewesen, wenn sie nicht Aufnahme in der Nachbarstadt Dinkelsbühl gefunden hätten. Ausgerechnet Dinkelsbühl! Die Stadt, mit der die Feuchtwanger eine seit Jahrhunderten schwelende Feindschaft verband. Vor unvordenklichen Zeiten hatten die Dinkelsbühler Feuchtwangen in Schutt und Asche gelegt, man hatte es ihnen nie vergessen. Und dennoch sahen sich die Bürger in ihrer Not gezwungen, dort um eine gnädige Aufnahme zu betteln. Ihre Stadt war am Ende, anders konnte man es nicht nennen. Und die Dörfer ringsum befanden sich zumeist in demselben jammervollen Zustand.

Auch Roswitha schien es das Beste, sich erst einmal nach Dinkelsbühl zu orientieren. Für sie wäre es ein leichtes, in die Stadt zu gelangen. Nach ihrem Dienstjahr in der Stadtmühle kannte sie die geheimen Schleichwege natürlich ganz genau, auf denen man ohne die Erlaubnis der Torwächter hinein- und auch wieder herauskommen konnte. Und in Dinkelsbühl gab es genügend Möglichkeiten für sie, sich dort einige Tage aufzuhalten. Neue Kraft sammeln, denn der lange Fußmarsch hatte sie doch weitaus stärker angestrengt, als sie das für möglich gehalten hätte. Das gebrochene Bein dürfte sie für den Rest ihres Lebens beim Laufen ziemlich beeinträchtigen. Daran gab es nichts zu deuteln. Vermutlich war der Bruch nicht richtig zusammengewachsen oder sie hatte das Bein einfach viel zu früh belastet. Wahrscheinlich war beides zutreffend. Doch was sollte man machen. So war es nun eben.

Vorsichtig schlich sie sich gleich im ersten Morgengrauen in der Nähe des Segringer Tors in die Stadt. Am Rathaus vorbei, in Richtung Weinmarkt. Angesichts dieser frühen Stunde herrschte in Dinkelsbühl ein erstaunlich reges Treiben. So viele Leute waren doch sonst nicht schon um diese Tageszeit auf den Straßen. Es war ein regelrechter Menschenauflauf, der unaufhaltsam am Weinmarkt vorbei, der Spitalkirche zustrebte.

Natürlich! Der Pranger! Dort schien man am heutigen Morgen wieder einmal ein besonderes Schauspiel zu veranstalten, das sich offenbar niemand entgehen lassen wollte. Eine willkommene Abwechslung in dieser sorgenzerfurchten Zeit. Rund um die Strafstätte hatte sich bereits eine stattliche Anzahl von Menschen eingefunden, die voller Neugier eine angebliche Kindstöterin begafften. Gerade eben hatte der Henker, die mit schweren Ketten an Armen und Beinen gefesselte Frau hierhergeschleppt, und entsprechend dem Beschluss des Dinkelsbühler Rates am Pranger zur Schau gestellt. Als abstoßendes Spektakel hatte Roswitha solche Strafaktionen schon als kleines Mädchen empfunden. Wie konnte man einen Menschen einfach zur Schau stellen und ihn damit dem geifernden Hohn und Spott der unvermeidlichen Gaffer in dieser entwürdigenden Art und Weise preisgeben. Als wäre die Todesstrafe weiß Gott nicht Sühne genug. Ja, die Todesstrafe, denn die Frau würde auf alle Fälle hingerichtet werden. Das stand längst fest. Aber musste man sie dann zuvor auch noch dermaßen vorführen? Eine Art von Barbarei, die freilich jahrhundertealten Gepflogenheiten entsprach, das musste sich Roswitha eingestehen. So tief die Abscheu in ihr auch sitzen mochte, für den absichtlich herbeigeführten Tod eines neugeborenen Kindes konnte es keine andere Strafe geben. Egal, wie groß die Seelenqualen der Frau auch gewesen sein mochten, völlig unbeachtet die Umstände, die überhaupt zu der ungewollten Schwangerschaft des höchstens 16 Jahre alten Mädchens geführt haben mochten. Ja, im Grunde genommen war es ein Mädchen, das hier am Pranger stand, keine erwachsene Frau. Eine Jugendliche, gerade einmal zwei Jahre älter als die bei diesem Gedanken erschaudernde Roswitha. Doch Kindstöterin war Kindstöterin – egal wie alt die Mörderin auch sein mochte. Auf die Tötung eines Kindes stand die Todesstrafe. Eine wahrhaft abstruse Situation! Denn während man sich innerhalb der Stadtmauern von Dinkelsbühl offenbar also peinlich genau an die althergebrachten Gesetze hielt, an Recht und Ordnung, tobten draußen im Land Unrecht, Mord und Totschlag. Als habe es nicht schon mehr als genug Opfer in dieser sinnverlorenen elenden Zeit gegeben, betrieb der Henker von Dinkelsbühl auf ausdrückliches Geheiß des Rates weiterhin sein grausiges Handwerk.

Eine weitere bittere Feststellung schlich sich in Roswithas Denken: wer konnte schon sagen, wie viel Leid und Tränen die Frau ihrem neugeborenen Kind erspart hatte, als sie es gleich nach der Geburt mit einem Kissen erstickt und in die Wörnitz geworfen hatte. Denn wie viele Kinder waren in den vergangenen Jahren durch mordende Landsknechtehaufen ums Leben gekommen? Wie viel Tausend unschuldiger Opfer hatte es gegeben? Opfer, deren Tod von keinem Richter jemals gesühnt worden war. Während sich der Krieg nur dem Gesetz des Unrechts unterwarf, in dem es keinen Platz für Sühne gab, war das

Schicksal dieses armen Mädchens besiegelt. Roswitha fuhr sich müde über die Augen: wem konnten solche Erkenntnisse schon nützen? Niemandem. Schon gar nicht der armen Frau da drüben am Pranger, die sich mit wirr zerzausten Haaren an das rostige Gitter des Eisenkäfigs lehnte und von den üblen Beschimpfungen, die ihr die Leute geifernd entgegenschleuderten nicht das Geringste wahrzunehmen schien. Hoffentlich war es so.

Roswitha schüttelte traurig ihren Kopf, während sie ihre Schritte wieder beschleunigte: nur rasch fort von dieser Stätte des Grauens und der himmelschreienden Ungerechtigkeit. Sie konnte der Frau nicht helfen. Niemand konnte es mehr. Folglich tat sie gut daran, sich auf ihr eigentliches Vorhaben zu konzentrieren. Sie sollte sich nun so schnell wie möglich eine Unterkunft suchen. Der Zeitpunkt war günstig, denn die Aufmerksamkeit der Dinkelsbühler Bürger konzentrierte sich momentan auf das Geschehen am Pranger. Sie würde also nicht auffallen. Und wenn sie sich in dieser Bleibe, die sie ganz sicher finden würde, einige Tage erholt hatte, dann konnte sie endlich ihr eigentliches Vorhaben weiter voranbringen, das sie in all dem Chaos der vergangenen Tage beinahe aus den Augen verloren hätte: die Suche nach Matthias. Allmählich schien es selbst ihr ein aussichtsloses Unterfangen, denn die Ereignisse hatten sich ja geradezu überschlagen. Die Spur, die sie schon beinahe glaubte, gefunden zu haben, war wieder im Nichts verschwunden. Falls Matthias überhaupt noch am Leben war. Roswitha zuckte erschrocken zusammen, als sich dieser Gedanke ganz plötzlich in ihr Bewusstsein drängte. Nein, sie durfte so etwas noch nicht einmal denken.

Einen Unterschlupf in einer der Scheunen des Kaufmanns Johann Schmieder zu bekommen, war ihr tatsächlich nicht schwer gefallen. Die Mägde kannten sie noch vom Frühjahr her, als sie im Haus des Kaufmanns gepflegt worden war. Aus welchem Grund auch immer, es schien ihr nicht ratsam, Schmieder selbst um Aufnahme zu bitten. Sie wollte den Mann, der sich schon einmal als ihr Retter erwiesen hatte, in keinerlei Schwierigkeiten bringen, falls je entdeckt wurde, dass heimlich eine unerwünschte Person in Schmieders Haus beherbergt wurde. Falls man sie jedoch in der Scheune entdeckte, konnte sie sich immer noch irgendwie herausreden, dass sie ohne Wissen des Kaufmanns hier eingedrungen war. Dankbar nahm sie den Brei entgegen, den ihr die Mägde zweimal am Tag in das Versteck brachten. Es tat so gut, endlich wieder einmal eine einigermaßen warme Speise zu sich nehmen zu können.

Auch mit den Mägden erörterte sie natürlich, wie sich die Lage momentan darstellte und wie sie wohl weiter vorgehen sollte. Denn die Mägde hatten im Haus des Kaufmanns natürlich so manches Gespräch aufgeschnappt, bei dem es in erster Linie um die Einschätzung der Gefahren ging, die den gut beladenen Fuhrwerken in der Gegend um Dinkelsbühl drohen konnten. Johann Schmieder wurde wie die anderen Kaufleute auch vom Rat der Stadt regelmäßig mit den neuesten Erkenntnissen versorgt. Eine Maßnahme, die den vitalen Interessen von Dinkelsbühl entsprach, denn die Stadt lebte vom Handel und vom Austausch der verschiedensten Waren. Und dennoch: die Nachrichten, die im Rathaus eingetroffen waren, ergaben kein klares Bild über die momentane Lage. Nur so viel: nach wie vor schien es angesichts der zahlreichen, direkt durch das Land um den Hesselberg ziehenden Truppen alles andere als ratsam, irgendwelche Handelszüge zusammenzustellen. Mit absoluter Sicherheit würden sie den Plünderern direkt in die Arme laufen. Und selbst wenn man ihnen einen massiven Begleitschutz zur Seite stellen würde: gegen die enorme Stärke der einzelnen Heerhaufen wären sie hoffnungslos unterlegen.

Ein mächtiger Glockenschlag ließ den Heuboden erzittern. Und noch einer. Es waren die Glocken vom Georgsmünster, die den Abend einläuteten. Ein dröhnender Klang, der heute merkwürdig bedrohlich in ihren Ohren widerhallte. Als kündigte der dumpfe Glockenschlag das nahende Unheil an. Ach was: es konnten höchstens ihre überreizten Nerven sein, die ihr die Sinne verwirrten.

Kein Wunder, denn die letzten Nachrichten, mit denen sie von den Kaufmannsmägden versorgt worden war, boten nicht den geringsten Anlass, sich sorglos zur Nachtruhe zu betten.

Erst am gestrigen Tag, so hatten sie berichtet, sei der Pfarrer von Dambach in die Stadt gekommen. In seiner abgerissenen Kleidung und seinem blutverkrusteten Gesicht, in dem ein struppiger weißgrauer Vollbart wucherte, hatte er offenbar einen dermaßen abstoßenden Anblick geboten, dass sich die Stadtknechte am Wörnitztor zunächst geweigert hatten, den Mann überhaupt in die Stadt zu lassen. Doch dann hatte man ihn endlich als den Pfarrer von Dambach erkannt. Wenig später berichtete er den entgeistert lauschenden Dinkelsbühler Ratsherren, weshalb er sich in diesem jämmerlichen Zustand befand. Unzählige Dörfer rund um den Hesselberg samt ihren Kirchen seien innerhalb weniger Tage von der unersättlichen Zerstörungswut der außer Rand und Band geratenen Soldateska zerstört worden. So auch sein Dorf Dambach: dort war die Kirche, in deren Innenraum sich viele Dorfbewohner in ihrer Not geflüchtet hatten, von den betrunkenen Landsknechten einfach abgebrannt worden. Mit knapper Not hatte es der Pfarrer im Gegensatz zu den meisten anderen seiner Leidensgenossen geschafft, sich irgendwie aus den Flammen zu retten und zu entkommen. Dambach, Ehingen, Lentersheim, Röckingen, Opfenried. Nach welchem Ort man sich auch erkundigte: überall im Land hatten Elend und Zerstörung Einzug gehalten.

Als einer der schlimmsten Wüteriche habe sich ein rotblonder Kerl erwiesen, der mit seinem Säbel wie ein Berserker unter den wehrlosen Bauern gehaust habe. Roswitha war es bei dieser Beschreibung, als müsse ihr Herzschlag aussetzen. Ein rotblonder Soldat! Du meine Güte! Rotblonde Haare. Rotblond wie... Matthias. Matthias. Nein, bitte nicht Matthias. Das konnte nicht sein! Es durfte nicht sein!

„Wie kann ein Mann in seinem Alter sich nur so benehmen?! Hat er keine eigenen Kinder? Denkt er nicht daran, wie schrecklich es wäre, wenn seine eigene Familie solchen Angriffen zum Opfer fiele?"

Nur undeutlich drangen die Worte ins Bewusstsein der von einer erschrockenen Panik geschüttelten Roswitha. Dennoch stutzte sie. Wie hatte die Magd gerade den Dambacher Pfarrer zitiert? „In seinem Alter?" War also die Rede von Kindern und einer Familie gewesen?

„Wie alt war der Mann?", unterbrach sie den Bericht mit einer barschen Frage.

Die Magd blinzelte überrascht. Welche Rolle spielte denn das Alter eines solchen Wüterichs? „Nun, es war die Rede von einem rotblonden Mann. Aber der Pfarrer hat dann ja hinzugefügt, wie man sich als älterer Mann, der doch wohl auch eine Familie hat, Frauen und Kindern gegenüber nur so brutal zeigen kann. Also dürfte dieser Kerl gut und gerne dreißig Jahre alt sein, wenn nicht schon Anfang Vierzig, würde ich vermuten..."

„In den Vierzigern!", wiederholte Roswitha rasch. „Dann kann er es nicht gewesen sein!"

„Wer kann was nicht gewesen sein?"

Doch die verwunderte Magd erhielt keine Antwort. Erleichtert atmete Roswitha tief durch, dann warf sie einen dankbaren Blick zum Fenster hinaus auf den grauen Novemberhimmel, der ihr plötzlich dennoch strahlend blau erschien. „Gott sei Dank! Er war es nicht! Sie haben es nicht geschafft, eine Bestie aus ihm zu machen. Nicht aus meinem Bruder." Wie hatte sie sich nur zu einem solchen Gedanken hinreißen lassen können! Wie konnte sie glauben, dass Matthias, ihr eigener Bruder, imstande wäre, solche Gräueltaten zu begehen. Niemals! Welch eine entsetzliche Wirrnis hatte sich also längst in ihre Gedankenwelt geschlichen. „. Nie wieder würde sie in Zusammenhang mit Matthias etwas Ähnliches auch nur in Ansätzen denken. Nie wieder.

Spätestens nach dem schockierenden Bericht des Dambacher Pfarrers stand für Roswitha jedoch fest, dass es tatsächlich keinerlei Sinn machte, eine Spur ihres Bruders direkt am Hesselberg weiterzuverfolgen. Denn so unvermittelt, wie die plündernden Truppen auch über das Land gekommen waren, so schlagartig waren sie anscheinend auch wieder verschwunden. Sie schienen, so wurde gemunkelt, den Weg nach Norden marschiert zu sein. Die weiteren Vermutungen besagten, dass sich die vereinzelten Heerhaufen dort allmählich wieder zu sammeln begannen. Die Soldaten des evangelischen Bündnisses schienen sich gerade irgendwo am Oberlauf der Tauber mit dem Schwedenheer zu vereinen und aus demselben Grund setzten jetzt ihre kaiserlich-katholischen Gegner alles daran, den Feind dort gleich während seiner Neuformierung zu stellen und zu schlagen. Von dieser Warte aus betrachtet, schien es Roswitha sinnvoller, sich nun doch wieder nach Rothenburg aufzumachen. Nach Norden eben. Gut möglich, dass hier die nächsten Scharmützel des Krieges geschlagen würden.

Für Roswitha hieß es also nun, die Stadt schnellstmöglich zu verlassen. Denn die Reise nach Rothenburg würde einige Zeit in Anspruch nehmen. So kurz die eigentliche Distanz zwischen den beiden Städten auch sein mochte, so bescheiden würde die Wegstrecke ausfallen, die sie aufgrund ihres lädierten Beines und erst recht aus Gründen der gebotenen Vorsicht am Tag zurücklegen konnte. Denn überall lauerte die Gefahr. Gerade auch wieder auf den großen Straßen, die sich in unsichere Todesfallen verwandelt hatten. Überall war von diesen Durchzügen marodierender Soldaten zu hören, die in ihrem Gefolge übles Raubgesindel nach sich zogen, das diesen Zustand der zusammengebrochenen Ordnung schamlos auszunutzen verstand.

Einigermaßen in Sicherheit würde sie sich deshalb erst dann fühlen können, wenn sie sich innerhalb der Rothenburger Landwehr befände. So rasch wie irgend möglich wollte sie versuchen, dorthin zu gelangen. Am besten über Michelbach, wo es für die Bauern einen einfachen Durchschlupf durch die Landhege gab. Aus guten Gründen wollte sie dabei einen großen Bogen um Feuchtwangen schlagen. Immer an der Wörnitz entlang würde sie die erste Hälfte des Weges führen. Doch schon kurz nach ihrer Ankunft, in einem Dorf mit der Bezeichnung Larrieden, stieß Roswitha auf unüberwindbare Hindernisse. Zwischen Tribur und Mosbach triebe sich ein Fähnlein von Landsknechten, das hier aufgrund des plötzlichen Wintereinbruchs mit seinen schweren Geschützen einfach stecken geblieben war, hatten ihr die Dorfbewohner als eindringliche Warnung entgegengehalten.

Der Winter! Schlagartig war er gekommen. Tagelang rieselte der Schnee in dicken Flocken vom Himmel und machte das Land und vor allem die Wege unpassierbar. Mindestens einen halben Meter hoch lag der Schnee. Es war unmöglich, weiter in Richtung Norden zu gelangen. Roswitha hatte von Glück sagen können, dass sie überhaupt bis nach Larrieden vorgedrungen war. Aber weiter würde es in absehbarer Zeit auf keinen Fall gehen.

Zu allem Überfluss hatte nach dem Schnee eine fürchterliche Kälte Einzug gehalten, die das Land in ihrem eiskalten Griff erstarren ließ. Kein Wunder, dass sich Roswitha eine schlimme Erkältung eingefangen hatte: die durchweichten Fußlappen, ihre vom Schnee bedeckte, klitschnasse Kleidung und die klirrende Kälte hatten ihr übel mitgespielt. Ein schlimmer Husten ließ sie nur noch mühsam vorankommen, der von ihrer Stirn perlende

Schweiß war ein deutliches Anzeichen dafür, dass sich jetzt auch noch das Fieber dazugesellte. Jeder Schritt bereitete ihr unerträgliche Schmerzen. Kein Wunder, denn die nassen Fußlappen waren aufgrund der klirrenden Kälte längst zu harten Eisklumpen steifgefroren. Höchstwahrscheinlich waren es Erfrierungen an den Zehen, die diese höllischen Schmerzen verursachten. Ausgerechnet am gesunden Bein. Auch das noch! Doch trotz aller Warnungen, trotz aller Schmerzen musste sie weiter. Kein Argument schien ihr gewichtig genug, um sie hier in Larrieden ausruhen zu lassen. Für einige Tage ausruhen und wieder zu Kräften kommen. Nein, darauf durfte sie sich nicht einlassen. Keinesfalls. So verlockend es ihr auch scheinen mochte. Es war der letzte Gedanke, den sie an diesem Tag in ihrem Bewusstsein bewegte. Dann brach sie mitten auf der Straße einfach zusammen.

Erst spät am Nachmittag des folgenden Tages erwachte Roswitha wieder aus ihrer Ohnmacht. Allem Anschein nach hatte man sie auf ein Strohlager gebettet. Mit sorgenvoller Miene saß eine ältere Frau, anscheinend eine Magd, neben ihr am Lager und musterte sie mit einem forschenden Blick. „Na, bist du endlich wieder unter den Lebenden?"
„Was... Was ist passiert."
„Du bist ohnmächtig geworden. Einfach mitten auf der Straße zusammengeklappt. Dann haben wir dich hierher in die Mühle gebracht und den Bader geholt. Der hat dann schnell festgestellt, was dir fehlt. Du hast dir am rechten Bein zwei Zehen erfroren. Er hatte keine andere Wahl und musste sie abschneiden. Nicht doch! Sei unbesorgt!" Geistesgegenwärtig hatte sie die Magd mit sanfter Gewalt wieder auf das Lager gedrückt, als Roswitha nach dieser Mitteilung erschrocken hochfahren und ihr verletztes Bein betrachten wollte. „Du kannst da sowieso nichts sehen. Der Fuß ist dick verbunden. Sei froh, dass du ohnmächtig warst, so hast du die Schmerzen nicht ge-

spürt. Und du musst dir wirklich keine Gedanken machen, so wie der Bader vermutet, wird wohl kein Wundbrand einsetzen. Wir haben dich rechtzeitig in die Fittiche genommen. Es ist auch nur der obere Teil der Zehen, du wirst also bald wieder laufen können. Beinahe so, als sei nichts gewesen. So gesehen hast du noch gewaltiges Glück im Unglück gehabt. So – und nun mach den Mund weit auf und dann schnell schlucken."

Die Magd hielt ihr einen hölzernen Löffel an den Mund, in dem sich eine undefinierbare bräunliche Flüssigkeit befand. Ein strenger Geruch zog in Roswithas Nase.

Das Mädchen verzog angewidert das Gesicht. „Was soll das denn sein?"

„Es ist eine Medizin, die dich vor weiteren Schmerzen bewahren soll. Unser Bader, der auch ein gutes Kräuterwissen besitzt, hat den Trank selbst zubereitet. Er wird dir helfen, noch eine Weile zu schlafen. Es ist das Beste, was du machen kannst. Und wenn du morgen aufwachst, dann werden die schlimmsten Wundschmerzen schon vorüber sein. Also, Mund auf und rasch hinunterschlucken!"

Die Stimme der Magd duldete keinen Widerspruch. Gehorsam ließ sich Roswitha den Löffel mit der ekelhaften Flüssigkeit in den Mund schieben. Es schmeckte grässlich. „Schlucken habe ich gesagt!", befahl die Magd mit einem barschen Tonfall. „Auf geht's!" Die laute Stimme und der widerliche Geschmack... Es war das Letzte, was Roswitha wahrnahm, bevor sie in einen tiefen langen Schlummer fiel.

Erst zwei weitere Tage später war sie wieder in der Lage, einen klaren Gedanken zu fassen. Jetzt erfuhr sie auch endlich, wo sie sich befand. In der Larrieder Mühle. Sie hätte es wahrlich schlechter treffen können. Denn sie kannte den Müller und der Müller kannte Roswitha. Von ihrer Arbeit in der Dinkelsbühler Stadtmühle her.

Sie würde rasch genesen, denn in der Mühle war man zum Glück bestens versorgt mit Heilkräutern und entzündungshemmenden Tinkturen jeder Art. In spätestens einer Woche könne man versuchen, sie vorsichtig wieder auf die Beine zu stellen. Auf keinen Fall sei es jedoch geraten, Larrieden in den nächsten Wochen zu verlassen, redete ihr der Müller eindringlich ins Gewissen. Nicht solange der strenge Winter das Land fest in seinem Griff behielt. Und erst recht nicht, solange sich die nach wie vor bei Mosbach feststeckenden Landsknechte in der Gegend herumtrieben. So gesehen, war schon das Leben in Larrieden gefährlich genug. Man musste sich nicht unnötig in noch größere Gefahr begeben. „Und außerdem kannst du solange bleiben, wie du willst. Sobald du wieder richtig bei Kräften bist, solltest du natürlich mithelfen und die Mägde bei der Arbeit unterstützen. Das ist für dich ja kein Problem, nicht wahr", grinste der Müller ihr freundlich ins Gesicht. „Denn wer es bei meinem Kollegen, dem Stadtmüller von Dinkelsbühl ein ganzes Jahr lang ausgehalten hat, der weiß genau, was Arbeiten bedeutet."

So verbrachte Roswitha die nächsten Wochen und Monate also in der Larrieder Mühle. Eine Zeit, in der sie trotz der reichlich vorhandenen Arbeit, allmählich wieder zu Kräften kam.

\*

1632
Endlich – um die Mitte des Monats Januar gab es eine gute Nachricht aus Rothenburg: Auch der letzte Rest von Tillys Truppen sei aus der Stadt abgezogen. Ein Bote aus Rothenburg, der dem Stadtrat der benachbarten Reichsstadt Dinkelsbühl diese wichtige Nachricht zu überbringen hatte, war zu einer kurzen Verschnaufpause für sich und sein Pferd in der Larrieder Mühle eingetroffen und hatte seinen atemlos lauschenden Zuhörern geschildert, wie dieser Abzug in den vergangenen Tagen vonstatten gegangen war.

Die Erleichterung über das vollständige Verschwinden der kaiserlichen Soldaten war dem Mann zwar deutlich anzuhören, aber andererseits befand sich die einst so wehrhafte Stadt in einem erbärmlichen Zustand. Alle greifbaren Waffen hatten Tillys Leute beschlagnahmt. Nur wenige Dutzend Musketen und Mörser waren in den vom Rat heimlich angelegten Verstecken unentdeckt geblieben. Auch die gesamten restlichen Pulvervorräte samt dem Blei hatten sie mitgenommen. Und darüber hinaus hatte der Bürgermeister im Namen seiner Stadt feierlich versprechen müssen, niemals mehr schwedische Truppen oder irgendwelche anderen protestantischen Kriegsparteien durch die Tore zu lassen – wie auch immer so etwas im konkreten Fall dann geschehen sollte. Was nämlich, wenn sich eine ähnlich erdrückende Übermacht auf Rothenburg zuwälzte, wie es vor Monaten bei Tillys Heerhaufen der Fall gewesen war? Und damals hatte sich die Stadt noch wesentlich schlagkräftiger präsentiert, als jetzt, nach der wochenlangen Einquartierung, den zahlreichen beschädigten Häusern, der immer noch als Ruine in den Himmel ragenden, explodierten Klingenbastei. Von den geplünderten Vorratsspeichern, die requirierten Waffen und den gähnend leeren Stadtkassen ganz zu schweigen. Dennoch: der Bürgermeister war auf die Forderung eingegangen und hatte sein Versprechen feierlich bekräftigt. Was war ihm auch anderes übrig geblieben? Es war der einzige Weg, um die lästigen Besatzer endlich wieder aus der Stadt zu bekommen.

Es war eine sonderbare Stimmung, die sich nach dem Abzug der letzten kaiserlichen Landsknechte in Rothenburg breitmachte. Selbst wenn der Morast oft bis in Kniehöhe die Straßen und Gassen bedeckte und einen unerträglichen Gestank verströmte, selbst wenn Seuchen und Unterernährung die Rothenburger Bevölkerung nicht nur dezimiert sondern auch beträchtlich geschwächt hatten, gab es wenigstens wieder Platz in der bisher mit Soldaten hoffnungslos überfüllten Stadt. Dankgottesdienste wurden abgehalten. So groß das Leid auch gewesen sein mochte:

man hatte überlebt. Jetzt endlich durfte man wieder an die Zukunft denken. Mehr noch: es gab wieder eine Zukunft! Voller Inbrunst sangen sie das Lied, das den Protestanten überall im Reich über die schwere Zeit geholfen hatte. Ein Lied, das einst aus der Feder des großen Reformators Martin Luther geflossen war. „Erhalt uns Herr bei deinem Wort und steure deiner Feinde Mord, die Jesum Christum deinen Sohn, wollen stürzen von Deinem Thron."

Kaum hatte der Rothenburger Bote diese Strophen zitiert, da waren wie auf ein unsichtbares Zeichen hin der Müller von Larrieden mit seinem gesamten Gesinde in dieses Lied eingefallen. Gerade so, als hätten sie nur auf diese Zeilen und die darin enthaltene frohe Botschaft gewartet: „Beweis Dein Macht, Herr Jesu Christ, der Du Herr aller Herren bist, beschirm Dein arme Christenheit, da sie Dich lob in Ewigkeit. Gott, heilger Geist, Du Tröster wert, gib Deim Volk ein Sinn auf Erd steh uns bei in der letzten Not geleit uns ins Leben aus dem Tod!" Ein zweites Mal hatten sie dann das Lied gesungen. Mit noch mehr Inbrunst. Voller Dankbarkeit und Hoffnung. Lange war es danach still geblieben im Raum. Keiner wollte es sein, der die Magie dieses eigenartigen Augenblicks mit einem Geräusch zerstören würde. Endlich, das meinten sie an diesem Tag alle in einem unbestimmten Empfinden zu verspüren, endlich hatte sich das Blatt gewendet. Selbst eine derartige Heimsuchung wie der kaiserlich-katholische Oberbefehlshaber Graf Tilly war von ihnen gewichen.

Doch wie es Roswitha in diesen Zeiten nicht anders gewohnt war, legte sich bald schon der erste Schatten über die neu erwachten Friedenshoffnungen. Es war eine Nachricht aus der Stadt Leutershausen gewesen, die für neue Unruhe sorgte. Sie besagte, dass der schwedische Oberst Dietrich von Sperreuth dort sein Hauptquartier aufgeschlagen habe. Eine Meldung, die zunächst für befriedigte Mienen gesorgt hatte, denn immerhin handelte es sich bei Sperreuth und seinen Leute um Verbündete. Um eine Unterabteilung des schwedischen Heeres von Gustav Adolf, des „Löwen aus Mitternacht", den die Protestanten mit Fug und Recht als ihren Retter in der Not betrachteten.

So weit, so gut. Jedoch: die Freude über das Erscheinen der Schweden bei Leutershausen währte nur kurz. Denn bald schon hatte sich herumgesprochen, weshalb Sperreuth nicht weiter in Richtung Süden zog, sondern sich in Leutershausen einrichtete. „Er will erst einmal sein Mütchen an Dinkelsbühl kühlen!", hieß es plötzlich. Weshalb denn ausgerechnet Dinkelsbühl? Die Freie Reichsstadt stand der Sache der Protestanten doch keineswegs feindselig gegenüber. Sondern verhielt sich aus guten Gründen eher neutral. Schließlich war Dinkelsbühl zu jenen wenigen Städten zu rechnen, in denen auf eine strikte Parität beider Konfessionen geachtet wurde. Eine von beiden Kriegsparteien anerkannte Tatsache. Deshalb war Dinkelsbühl bislang auch nie bedroht worden, sah man von Überfällen auf ihre Handelszüge oder gelegentlichen Proviantforderungen einzelner Truppenteile einmal ab. Aber nun war plötzlich alles ganz anders: die Rede war von einem ganz konkreten Ultimatum, das der Schwedenoberst an den Rat der Reichsstadt Dinkelsbühl gerichtet hatte. Worum ging es dem Schweden? Was um alles in der Welt bezweckte er?

Nach langem Überlegen und vielen Gesprächen mit den tief besorgten Bauern aus der Gegend hatte der Müller von Larrieden schließlich begriffen, was sich hinter dieser sonderbaren Feindseligkeit zu verbergen schien. „Ein friedliches Zusammenleben beider Konfessionen ist diesen fanatischen Kriegsherren längst zum Dorn im Auge geworden. Auf der einen Seite genauso wie auf der anderen Seite. Sie wollen jetzt die Entscheidung herbeiführen. Entweder – oder. Darum geht es. Ein Miteinander darf es plötzlich nicht mehr geben. Überall soll reiner Tisch gemacht werden, wie sie das nennen. Auch – oder vielmehr gerade – in Dinkelsbühl. Der alte Pakt ist außer Kraft gesetzt. Kein noch so heiliger Eid, kein einziger, auf ewige Zeiten geschlossener Pakt, hat heutzutage mehr Bestand. Und weil nach Meinung der Schweden die katholische Partei in Dinkelsbühl die Regentschaft übernommen hat, will Sperreuth den Spieß nun umdrehen."

Tatsächlich war der Dinkelsbühler Bürgermeister von einem Abgesandten der Schweden ultimativ zur bedingungslosen Übergabe seiner Stadt aufgefordert worden. Um ihrer Forderung Nachdruck zu verleihen, hatten die Schweden bereits einen dichten Belagerungsring rund um die Stadt gezogen. Und somit auch die Kontrolle über alle Handelswege übernommen. Das auf eine solche Entwicklung völlig unvorbereitete Dinkelsbühl sollte ausgehungert werden. Wenn nicht sogar Schlimmeres drohte.

Dennoch lehnte der Bürgermeister in Übereinstimmung mit dem Rat seiner Stadt die Forderung kategorisch ab. Weshalb auch sollte man auf ein dermaßen unverschämtes Ansinnen eingehen. Ein armseliges Häuflein, das schon bald von Tillys gewaltiger Streitmacht einfach hinweggefegt werden würde, gaben sich die Bürger der bedrohten Stadt, Protestanten wie Katholiken gleichermaßen bemüht zuversichtlich, während ihnen in Wahrheit die Sorge um die Zukunft längst den Hals abschnürte.

Sowohl im Rat der Stadt als auch bei den einflussreichen Kaufleuten war es zu erregten Diskussionen gekommen. In erster Linie auf Seiten der Protestanten. Denn die hatten ja nichts zu befürchten. Ganz im Gegenteil. Es waren schließlich die protestantischen Schweden, die gefordert hatten, alle Katholiken aus ihren Ämtern zu jagen. Aber so verlockend dieses Angebot auch scheinen mochte und so heftig man darüber auch gestritten hatte, am Ende siegte die Einsicht, dass man besser bei der bewährten Praxis des friedlichen Miteinander bleiben solle. So misstrauisch sie sich in der Vergangenheit oft beäugt hatten:

in dieser Frage wollten sie zusammenstehen. Gerade in Zeiten der Not galt es, klar und deutlich Einigkeit zu demonstrieren. Denn beide Seiten profitierten seit vielen Jahren gut voneinander. Was aber, wenn die Stadt ihre Neutralität preisgab und nur noch auf einer Seite stand? Dann zöge dies doch eine sofortige Bedrohung von der anderen Seite nach sich. Und am Ende waren dann womöglich beide Parteien die Leidtragenden. Schon aus diesem Grund war weiterhin strikte Neutralität geboten. Man musste allen Forderungen der Schweden unbedingt widerstehen.

Forderungen wie diese, dass die katholischen Ratsherren von Dinkelsbühl auf der Stelle abzusetzen und durch Protestanten zu ersetzen seien.

Auf keinen Fall würde er also der Aufforderung nach einer Öffnung der Stadt nachkommen, hatte der Bürgermeister dem Emissär der Schweden klipp und klar zur Antwort gegeben.

Vielleicht durfte man es ja wirklich als ein gutes Zeichen deuten, dass sich in diesem Jahr eine niemals zuvor erlebte Anzahl von Störchen auf den Dächern der Stadt niedergelassen und viele neue ihrer riesigen Nester gebaut hatte. Diese Störche seien ein Symbol für Glück und Frieden. So sagten es die Alten. Hoffentlich behielten sie recht.

Damit verstrich auch das letzte Ultimatum der Schweden wirkungslos. Der Obrist Sperreuth sei außer sich vor Wut und Zorn gewesen, als man ihm die Nachricht überbrachte, dass keine der schwedischen Drohung, kein noch so deutlicher Hinweis auf eine bittere Vergeltung in Dinkelsbühl irgendeine Wirkung hervorgerufen hatte. Zumindest nicht in den offiziellen Stellungnahmen der Stadt. Sage hinterher keiner, er habe die Dinkelsbühler nicht nachdrücklich gewarnt, so ließ Sperreuth damit auf Flugblättern und zusätzlichen Boten überall im Land verbreiten. Er habe getan, was er als seine Pflicht betrachtet habe. Jetzt aber sei es zu spät.

Und so machte eine Schreckenskunde nach der anderen die Runde in der belagerten Stadt. Es sei durchaus möglich, so mussten die fassungslosen Dinkelsbühler plötzlich vernehmen, dass ihre widerspenstige Stadt schon bald ein ähnliches Schicksal erleiden werde, wie im vorigen Jahr Magdeburg – nur dass das Zerstörungswerk dieses Mal von der anderen, der protestantischen Seite aus betrieben würde. Mit genau denselben fürchterlichen Folgen. Die Zukunft von Dinkelsbühl war Vergangenheit!

Voller Sorge hatte man auch in der Larrieder Mühle die immer neuen Nachrichten vernommen, die von dieser Zuspitzung der Ereignisse berichteten. Umso größer war die Erleichterung, als sich schon kurz nach Beginn des Monats Mai die Kunde verbreitete, Dinkelsbühl sei auf geradezu wundersame Weise doch von der Zerstörung verschont geblieben. Zwar hatten die Schweden tatsächlich am 1. Mai ihre Drohung wahrgemacht und die Stadt besetzt. In einer riesigen Anzahl waren sie plötzlich vor den Stadttoren gestanden und im Angesicht dieser erdrückenden Übermacht war dem Bürgermeister und seinen Ratsherren nichts anderes übrig geblieben, als ihre Stadt auf Gnade und Ungnade zu öffnen. Zu verhandeln hatte es in der nun dramatisch zugespitzten Situation nichts mehr gegeben und jeglicher Widerstand wäre völlig sinnlos gewesen. Also war die Stadt von den Schweden besetzt worden. Dietrich von Sperreuth war der neue Herr von Dinkelsbühl! Der Letzte! Denn nach seinem Abzug würde die Stadt in Flammen aufgehen.

Was jedoch innerhalb des folgenden Tages geschehen war, kam einem Wunder gleich. Man konnte es nicht anders nennen. Denn entgegen aller zuvor ausgestoßenen Drohungen, ja sogar entgegen den bereits gefassten Beschlüssen Sperreuths, blieb die Stadt nahezu unversehrt. Genauso, wie es im Herbst des vergangenen Jahres bei Rothenburg der Fall gewesen war.

Zunächst freilich hatte es ganz danach ausgesehen, als setzte der schwedische Obrist sein fürchterliches Vorhaben sofort in die Tat um. In seiner barschen, unnachgiebigen Art hatte Sperreuth unmittelbar nach dem Einmarsch dafür gesorgt, dass sämtliche katholischen Räte, die sich hier versammelt hatten, aus dem Rathaus geworfen wurden.

Und irgendwann danach geschah das Wunder. In rascher Folge hatte er weitere Verfügungen erlassen, zum Beispiel wurde von Sperreuth angeordnet, dass die Katholiken unverzüglich die Schlüssel aus der von ihnen genutzten St. Georgs-Kirche hatten hergeben müssen. Ausschließlich evangelische Gottesdienste dürften künftig in dieser wichtigsten Kirche der Stadt noch stattfinden. Dabei handelte es sich zwar um einen klaren Rechtsbruch, doch das Leben und die körperliche Unverschrtheit der Dinkelsbühler waren damit nicht bedroht. Und so ließ man es ohne jeden Protest nur allzu bereitwillig geschehen. Denn es war ja ein Wunder, das sich ereignet hatte. Ein Wunder, das man sich auch nach dem Abzug der Schweden nicht richtig erklären konnte. Was wohl genau der Anlass für Sperreuth gewesen war, seinen grimmigen Entschluss am Ende doch nicht in die Tat umzusetzen. Weshalb also Dinkelsbühl von Plünderung und Brand verschont geblieben war. Letzten Endes aber war es den Bürgern von Dinkelsbühl einerlei. Hauptsache, sie waren mit dem Leben davongekommen. Und ihre Stadt war nicht in Schutt und Asche untergegangen. Das war schließlich am wichtigsten. Nichts anderes zählte.

Viele Jahre später sollte dann eine rührende Geschichte die Runde machen. Die Geschichte von der Lore, der Tochter des Turmwächters, die ihre Stadt mit einer mutigen Initiative vor dem Untergang gerettet hatte. An der Spitze einer riesigen Kinderschar sei sie direkt vor Dietrich von Sperreuth gezogen und habe allein durch den Anblick der unschuldigen Kinder das Herz des ansonsten so unbarmherzigen Haudegens erweicht. Womöglich auch deshalb, weil er sich dadurch an sein eigenes kleines Töchterchen erinnert habe, das wenige Wochen vor der Einnahme von Dinkelsbühl gestorben war.

Soweit die sagenhafte Erzählung: Tatsache war und blieb jedoch, dass die Stadt auf wirklich wundersame Art und Weise verschont geblieben war. Die wahren Gründe blieben für immer im Dunkeln, genauso wie zuvor bei der nicht minder wundersamen Errettung von Rothenburg. Und vielleicht spielte auch im Falle Dinkelsbühl dasselbe Kalkül eine Rolle, nämlich dass man besser daran tat, die Stadt zu erhalten und damit als Stützpunkt für Notzeiten für die eigenen Zwecke nutzen zu können. Gut möglich, dass es im Land um Dinkelsbühl zu dem schon lange erwarteten Zusammentreffen mit den Kaiserlichen käme. Dann aber konnte ihnen nur eine intakte Stadt mit gut funktionierenden Verteidigungsanlagen als strategischer Stützpunkt dienen. Gut möglich, dass man hinter dieser Überlegung den eigentlichen Grund für die nicht erfolgte Brandschatzung der Stadt zu suchen hatte.

Dinkelsbühl war gerettet – und hatte dennoch ebenso wie Rothenburg gewaltig unter der kurzfristigen Besetzung und ihren Folgen schwer zu leiden. Sperreuth hatte der Stadt schwere Kriegslasten auferlegt und Forderungen gestellt, die kaum zu bewältigen waren. Mit äußerster Mühe hatte man es schließlich aber dennoch geschafft und die Schweden waren daraufhin abgezogen.

Kaum war jedoch die erste Euphorie nach dem Abzug der Schweden verflogen, da machte sich schon wieder eine deprimierende Ernüchterung breit. Denn im Stundentakt trafen Nachrichten von fürchterlichen Verwüstungen ein, die von den abrückenden Schweden begangen worden waren. Wiederum eine ganz ähnliche Situation wie man sie vor nicht allzu langer Zeit im Land um Rothenburg erleben musste. Nur dass es jetzt die Protestanten waren, die wie die Vandalen hausten. Dazu noch ausgerechnet in zumeist evangelischen Dörfern. Vermutlich war es dem

Verdruss der Landsknechte zuzuschreiben, die sich in Dinkelsbühl fette Beute erhofft hatten. Jetzt hatten es die weitgehend schutzlosen Dörfer auszubaden, an denen sich die Berserker schadlos hielten. Oft genug handelte es sich dabei um nichts anderes, als um die pure Lust an der Zerstörung! Oder wie sollte man sich anders erklären, dass sie beispielsweise in Illenschwang die gerade erst bestellten Felder verwüstet hatten. Eine Freveltat, die niemandem nützen konnte: den Landsknechten genauso wenig wie den Dorfbewohnern, die sich nun jedoch auf einen harten Winter einzustellen hatten.

Doch bald schon wurde die Kunde von den außer Rand und Band geratenen Schweden von einer geradezu sensationellen Nachricht überlagert, die sich wie ein Lauffeuer im Land herumsprach. Selbst inmitten der schwer zerstörten Dörfer brach ausgelassener Jubel aus, als es hieß, dass Tilly, der gefürchtete kaiserliche Feldmarschall, am 15. April bei Rain am Lech entscheidend geschlagen worden war. Und nicht nur das: durch eine Kanonenkugel am Oberschenkel schwer verwundet, hatte man ihn nach Ingolstadt schaffen müssen. Dort war er am 30. April 1632 an den Folgen seiner Verwundung gestorben. Es war schier unfassbar! Der Wüterich war tot! Der Schrecken aller Protestanten. Johann Tserclaes Tilly, der Führer der Katholischen Liga, der Zerstörer von Magdeburg, war gestorben. Endlich war ihm die gerechte Strafe zuteil geworden.

War das also nun der Sieg? Hatte König Gustav Adolf von Schweden damit die Sache der Protestanten gewonnen? War der lange Krieg zu Ende? In allen evangelischen Kirchen wurden die Glocken geläutet. Dankgottesdienste wurden abgehalten.

Es war vorbei. Gott sei Lob und Dank.

Der Krieg war gewonnen!

Trotz allem Jubel schlich sich bald schon die erste Skepsis in die Unterhaltungen der Leute. Denn viel zu lange befand man sich schon im Kriegszustand. Wie viele Kinder, die längst das Jugendalter erreicht hatten, kannten in ihrem Leben gar nichts anderes als den Krieg? Frieden war für sie ein Fremdwort.

„Was aber würde sein, wenn es den Kaiserlichen doch noch einmal gelänge, ihre Kräfte zu bündeln? Dann würden sie bittere Rache dafür nehmen, dass der Tod ihres Feldherren so ausgelassen bejubelt wurde."

Egal. Was die Leute auch mutmaßten. Keiner von ihnen hatte es in der Hand, den Gang der Dinge zu beeinflussen. Und so bedeutete der Tod des gefürchteten Feldherren für Roswitha lediglich den Beginn einer neuen Etappe auf ihrem langen Weg. Das Zeichen zum Aufbruch. In der Tat schien es ihr höchste Zeit, endlich weiterzuziehen. Eine schwierige Entscheidung stand ihr bevor. Denn wenn es so war, wie viele vermuteten, und die kaiserlichen Truppen im Begriff standen, sich aufzulösen, dann ergab sich eine sonderbare Lage. Auf das erste Hinhören klang es widersinnig: den Dörfern auf dem flachen Land drohten jetzt noch schlimmere Heimsuchungen, als das während des Krieges der Fall gewesen war. Denn die versprengten Trupps von Landsknechten, die das Land unsicher machten, waren im Gegensatz zu der relativen Ordnung, die selbst in einem 20.000 Mann starken Heerhaufen herrscht, in keiner Weise mehr zu kontrollieren. Gerade auch so kleine Orte wie Larrieden befanden sich damit in unmittelbarer Gefahr.

Am sinnvollsten erschien es Roswitha, sich rasch nach Rothenburg durchzuschlagen. Überhaupt war in den vergangenen Wochen der Drang, ihren Bruder suchen und finden zu müssen, mehr und mehr dem unbestimmten Gefühl gewichen, eine Getriebene zu sein. Vielleicht drängte sie es deshalb weiter, obwohl man sie in Larrieden gerne behalten hätte. Doch das ging nicht. Sie musste weiter. Ja, Rothenburg war gut. Denn wenn sie es schon nicht schaffte, Matthias wiederzufinden, dann würde sie in Rothenburg wenigstens Christoph wieder treffen. Ihren guten Gefährten, der während der ersten Etappe ihrer langen Reise ein treuer Begleiter gewesen war. Längst hatte sie bitter bereut, Christoph im Spätherbst des vergangenen Jahres einfach in Rothenburg zurückgelassen zu haben. Sie hätte besser daran getan, bei ihm zu bleiben. Manches wäre ihr so erspart geblieben.

Ach was! Unwillig ballte sie ihre Hände zu Fäusten. Welchen Sinn machte es, sich den Kopf über das „hätte, sollte und…" zu zerbrechen. Sie würde nach Rothenburg gehen. Und Christoph wiedersehen. Ein gutes Gefühl. Allein die Vorfreude auf eine baldige Begegnung mit ihm ließ sie rasch vorankommen und die Schmerzen vergessen, die sich dann und wann von den Zehen bis hoch in die Magengegend zogen.

Von Larrieden aus war Roswitha an der Wörnitz entlang beständig dem Lauf des kleinen Flusses gefolgt. Immer nach Norden, in Richtung auf die Frankenhöhe zu. Eine bessere Orientierungsmöglichkeit konnte es gar nicht geben, wenn man so wie sie es tat, vorsichtshalber die Wege und Straßen meiden wollte. In tausend Windungen schlängelte sich die von herrlichen gelben Seerosen bedeckte Wörnitz durch die blühende Mai-Landschaft. Gleichwohl blieb es Roswitha nicht verborgen, wie wenig Wasser das Flüsschen führte. Was eigentlich kein Wunder war, denn schon seit Wochen hatte es keinen Regen mehr gegeben. Dazu die sengende Hitze, die das Land schon vor der Mittagszeit in einen regelrechten Glutofen verwandelte.

Allmählich machten sich die Bauern schon Sorgen, denn wenn sich das Wetter nicht in absehbarer Zeit änderte, dann würde die aufgegangene Saat auf den Feldern einfach vertrocknen. Wo es doch schon wenig genug war, was in den Vorratsspeichern nach den verheerenden militärischen Heimsuchungen überhaupt zur Aussaat zur Verfügung gestanden hatte. Wehe, wenn nun auch noch die Saat verdorrte, dann würde es im Herbst zu einer ernsten Hungersnot kommen. Denn keine Stadt und kein Dorf verfügten mehr über die ansonsten so sorgsam gehüteten Getreidereserven für ein weiteres Jahr. Sie waren längst den Plünderungen zum Opfer gefallen.

Nicht mehr lang und die ersten Brunnen würden versiegen. Dazu die Wasserknappheit in den Flüssen. Roswitha hatte es ja in der Larrieder Mühle mit eigenen Augen sehen können, dieses spärlich fließende Rinnsal, mit dem sich kaum noch das große Mühlrad antreiben ließ. Nur träge bewegte sich das Wasserrad ächzend um seine Achse. Kein Wunder, dass es dieser Tage mehrfach zu heftigen Auseinandersetzungen zwischen dem lauthals fluchenden Müller und den Bauern gekommen war. Denn ausgerechnet die Bauern hatten ihn am Ende gezwungen, einen Teil des Wassers für die Bewässerung der umliegenden Felder abzuzweigen. Um das Maß für den Müller dann endgültig voll zu machen, war er dann von der Grundherrschaft auch noch angewiesen worden, einen weiteren Teil des Wassers nicht mehr durch seinen Mühlkanal zu leiten. Denn auch die untere Mühle, deren Kanal etwas weiter unten abzweigte, brauchte das Wasser genauso dringend.

Wasserknappheit. Drohende Hungersnot. Durch das Land streifende Banden. Auch das noch. Hoffentlich hatte der Herrgott bald ein Einsehen mit den schwer geprüften Menschen.

Dankbar atmete Roswitha auf, als sie knapp unterhalb des Schlosses von Schillingsfürst, dessen Vorposten sie nur am Rande gestreift hatte, am Horizont endlich die majestätische Silhouette von Rothenburg sah. Diese wehrhafte Reichsstadt, die von ferne betrachtet auf jeden Angreifer genauso respekteinflößend wie uneinnehmbar wirken musste. Vor allem die mächtigen Türme der Jakobskirche erstrahlten im milden Sonnenschein dieses Tages wie ein unerschütterliches Bollwerk des evangelischen Glaubens, das niemals aufhören würde zu existieren.

Selbst wenn Tilly die Stadt sozusagen im Handstreich erobert hatte: Tilly war tot. Rothenburg aber existierte nach wie vor!

Hier in Rothenburg würde sie also endlich wieder mit Christoph zusammentreffen, nach dem sie sich inzwischen beinahe genauso sehnte, wie nach ihrem Bruder Matthias. Sicher war Christoph noch am Leben. Wie? Christoph noch am Leben... Was für ein schauderhafter Gedanke hatte sich da schon wieder in ihre Seele geschlichen! Natürlich war er noch am Leben. Klar! Christoph! Wie konnte sie so etwas nur denken! Missmutig tippte sie sich gegen die Stirn. Rasch weiter! Das war das Beste. Mit weit ausladenden Schritten nahm sie den Rest des Weges unter ihre Füße.

Kurz nach der Ankunft in Rothenburg erlebte Roswitha jedoch eine bittere Enttäuschung. An diese Möglichkeit hatte sie nicht im Entferntesten gedacht! Es war ihr tatsächlich gelungen, unten in der Bronnenmühle Christoph zu finden. Doch in der Zwischenzeit hatten sich einige Veränderungen ergeben. Nicht nur im Hinblick auf Christophs Aussehen, der mittlerweile zu einem recht stattlichen, kräftigen Burschen gewachsen war. Da war nicht mehr viel zu sehen, von dem schüchternen, schmächtigen Kerl. Der kleine Junge von einst war zu einem selbstbewussten jungen Mann gereift. Und so war es eigentlich kein Wunder, dass es mittlerweile auch eine „Bekanntschaft" in seinem Leben gab.

Mit einem Mädchen namens Catharina aus der benachbarten Ludleinsmühle habe er sich angefreundet, gestand er Roswitha, während ihm eine leichte Schamröte ins Gesicht stieg. So sehr er sich ehrlich darüber freue, Roswitha gesund und wohlbehalten wiederzusehen: der Platz an seiner Seite sei nun von einem anderen Mädchen belegt. Eben von Catharina. Leider, hatte Christoph mit weit ausgebreiteten Armen und einem mitfühlenden Blick dazugesetzt. Ein Blick, der ihr einen schmerzhaften

Stich mitten ins Herz versetzte. Aber wie hatte sie nur etwas anderes erwarten können. Sie selbst war es doch gewesen, die Christoph einfach zurückgelassen hatte. Wie flehentlich hatte er sie damals beschworen, bei ihm zu bleiben. Aber sie war gegangen. Und jetzt... hatte sie gemeint, nach so langer Zeit einfach wieder auftauchen zu können, gerade so, als sei es erst gestern gewesen? Und alles wäre wieder so wie früher? Wie hatte sie nur so dumm sein können! So weltfremd. So... eigensüchtig. Und in genau demselben Maße so anlehnungsbedürftig. Wie schön wäre es gewesen, wenn sie und Christoph... Rasch wandte sie sich ab und ließ Christoph einfach stehen. Es war das Beste, was sie machen konnte. Denn ihre Tränen brauchte er nicht zu sehen. Und alles Weinen half ja auch nicht weiter. Nur fort von hier.

Aber wohin? Wer würde sie aufnehmen? In einer Stadt wie Rothenburg war es nicht so einfach, zu diesem Zeitpunkt, mitten im Mai, eine Arbeit zu bekommen. Und bleiben zu dürfen. Es gab nur eine Möglichkeit und die würde sie angehen. Die Rossmühle. Dort müsste man sie noch kennen. Wenn auch der junge Müller bekanntlich auf Geheiß des Rates die Bronnenmühle wieder herzurichten hatte, irgendjemand von früher würde sie hier schon noch kennen. Und falls die Mühle noch in Betrieb war, dann würde sie dort auch eine Arbeit bekommen. Zumindest eine Zeitlang. Wenn.. Wenig später war sie oben auf dem Mühlacker angelangt. Zu ihrer großen Erleichterung war schon von Weitem das Klappern der Mahlwerke an ihre Ohren gedrungen. Glücklicherweise also war die Rossmühle immer noch nicht stillgelegt worden. Und dafür gab es auch gute Gründe, denn nach wie vor befanden sich zahlreiche Taubermühlen in einem üblen Zustand. Manche waren nahezu ganz zerstört, andere – wie die Bronnenmühle – noch nicht vollständig wiederaufgebaut. Und aus diesem Grund hatte der Rat von Rothenburg beschlossen, die Rossmühle zunächst nach wie vor in Gang zu halten. So mühsam das Mahlgeschäft hier auch vonstatten ging, zumal seit der Besetzung der Stadt nur noch der halbe Pferdebesatz vorhanden war. Den anderen Teil hatten die im Januar abziehenden Soldaten einfach mitgenommen. Es war ein hartes Tagwerk für die wenigen Pferde und auch für die Knechte, die ihre müden Tiere wieder und wieder nur durch heftige Peitschenhiebe zum Weiterlaufen bewegen konnten. Doch da half kein Klagen: das Mahlwerk musste in Gang gehalten werden. Womöglich musste man, wenn die Tiere endgültig erschöpft waren, zur Not irgendwann einmal sogar Menschen einspannen.

Den kräftigen jungen Müller, der nun in der Bronnenmühle beschäftigt war, hätte man hier gut gebrauchen können. Doch oben in der Rossmühle war nur sein ziemlich gebrechlicher Vater zurückgeblieben, dem es große Mühe bereitete, beständig die Oberaufsicht über eine Handvoll mürrischer Knechte führen zu müssen.

Umso willkommener war Roswitha deshalb dem alten Müller. Natürlich könne sie für einige Wochen als Magd mithelfen. Zumindest so lange, bis die Mühlen unten an der Tauber wieder repariert waren und die Rossmühle in den Ruhezustand zurückversetzt werden würde.

Mitte Juni war der lang ersehnte Regen gekommen. Viel zu spät für die Frucht auf den ausgedörrten Feldern. So war schon jetzt, im erst allmählich beginnenden Sommer klar, dass sich die Menschen auf einen harten Winter einstellen mussten. Die wenigen versteckten Vorräte, über die man noch verfügte, würden sie gut einteilen müssen.

Die Zeit der Heimsuchungen war noch lange nicht zu Ende. Kaum waren die Soldaten abgezogen, da drohte jetzt eine Hungersnot. Es würde noch viele Jahre brauchen, bis die Dinge wieder im Lot waren. Dies immer unter der Voraussetzung, dass der Krieg nicht zurückkam.

Ein unheilvolles Menetekel, das beständig über den Menschen schwebte.

„Da schau: das sind die jungen Schwalben, die erst vor ein paar Wochen hier geschlüpft sind. Jetzt bauen sie schon Nester für ihre eigenen Jungen." Der alte Müller deutete hoch zum Dachtrauf der Rossmühle, wo eine beinahe unübersehbare Zahl von Schwalben unablässig damit beschäftigt war, neue Nester unter das Dach zu bauen. Neugierig folgte Roswitha seinem ausgestreckten Arm. Es war schon bewundernswert zu beobachten, wie elegant diese kleinen und anscheinend nimmermüden Vögel pfeilschnell durch die Abenddämmerung segelten.

„Immer geht es bei denen um die Zukunft. Ausschließlich um die Zukunft", nickte der Müller anerkennend. Er wandte sich um und musterte Roswitha mit einem eigenartigen Blick. „Auch wenn sie viele Nester erst im nächsten Frühjahr fertig haben werden, sie richten sich anscheinend nur nach vorne. Kein Krieg hält sie dabei auf. Es ist so schön, ihnen einfach zuzusehen. Es wird das letzte Mal für mich sein, deshalb genieße ich es ganz besonders. Denn im nächsten Frühjahr werde ich längst unter der Erde liegen."

Erschrocken zuckte Roswitha zusammen. „So etwas darfst du nicht sagen."

„Wenn es aber so ist!", ließ sich der Müller nicht beirren. „Man soll der Wahrheit ins Auge sehen, auch dann, wenn sie einem vielleicht nicht willkommen ist. Meine Zeit läuft ab. Ich fühle, dass mein Ende nahe ist. Nun ja. Ich habe weiß Gott viel erlebt. Viel Schönes früher – und viel Schlechtes in den vergangenen Jahren. Wer weiß, was in dieser sonderbaren Zeit noch auf die Stadt zukommen wird. Ehrlich gesagt, ich möchte eine neue Besetzung auch gar nicht mehr erleben müssen. Ich hoffe nur, dass du gut durch diese Zukunft kommen wirst. Dass du dein Glück finden wirst... und deinen armen Bruder", setzte er noch rasch dazu.

Eine ganze Weile standen sie stumm nebeneinander und genossen den Anblick der eleganten Flieger. „Das wäre schön, wenn wir einfach mit den Schwalben fliegen könnten...", nahm Roswitha schließlich den Gesprächsfaden wieder auf.

„...und von ihnen lernen würden, um wie viel besser es ist, friedlich nebeneinander seine Häuser zu bauen, als in einem immerwährenden Krieg alles zu zerstören, was man gerade erst aufgebaut hat", nickte der alte Müller bedächtig.

„Gibt es eigentlich inzwischen irgendwelche Neuigkeiten vom Rathaus? Was weiß man dort über die neuen Entwicklungen? Ich habe nämlich heute schon hören müssen, dass die Kaiserlichen sich noch lange nicht geschlagen geben. Selbst nach dem Tod von Tilly nicht. Stimmt das wirklich?", fragte Roswita den alten Müller.

„Es scheint so. Wobei offenbar noch niemand sagen kann, was das genau bedeuten wird. Obwohl es ernst zu nehmende Stimmen gibt, die befürchten, dass sich die Dinge ausgerechnet wieder einmal bei uns besonders kritisch zuspitzen."

Schon wenige Tage später zeichnete sich zum Entsetzen der Menschen tatsächlich ab, dass Franken auch weiterhin einer der zentralen Kriegsschauplätze bleiben würde. Ein böhmischer Adeliger, Albrecht Wenzel Eusebius von Waldstein, von seinen Leuten Wallenstein genannt, war anstelle von Tilly neuer Oberbefehlshaber der katholischen Armee geworden. Sein Hauptquartier hatte er in diesen Tagen bei Zirndorf aufgeschlagen. Tagtäglich, so berichteten es die Späher der Gegenseite, strömten weitere Landsknechte in sein Lager und bald schon würde sich wieder eine riesige Streitmacht formiert haben, die unter Wallensteins Kommando massiv gegen den Schwedenkönig Gustav Adolf angehen werde. Gegen ihn richtete sich längst die geballte Wut der kaiserlichen Partei. Den

Schweden nicht nur zu besiegen und seine Truppen aus dem Reich zu vertreiben, sondern Gustav Adolf zu vernichten, das war der klare Befehl, den Wallenstein direkt aus dem Mund des Kaisers erhalten hatte.

Überall streiften mittlerweile Wallensteins Rotten durch das Land. Der Feldherr hatte ihnen sogar freie Hand für Plünderungen gegeben. Anders als sein Vorgänger Tilly, dem solche rohen Gewaltakte im Grunde zuwider gewesen waren, hatte Wallenstein seinen Leuten freigestellt, sich zu bedienen, wo sie wollten. Neue Angst breitete sich aus. Denn mit den rohen Gesellen war nicht zu spaßen. Wohin sie auch kamen, sofort wurden die Getreidevorräte beschlagnahmt, das Vieh aus den Ställen getrieben und die Bauernhäuser in Brand gesteckt, falls deren Bewohner sich weigerten oder es oft genug einfach nicht schafften, die Landsknechte mit dem geforderten Proviant zu versorgen. Schließlich musste der beständig wachsende, gewaltige Heerhaufen tagtäglich verpflegt werden, was eine gewaltige Herausforderung für die Proviantmeister bedeutete. Insofern waren Wallensteins Leute angewiesen, nicht lange zu fackeln, und mit unnachgiebiger Strenge diejenigen auf der Stelle hart zu bestrafen, die sich weigerten, ihr Scherflein für die Versorgung der Armee beizusteuern.

Zu allem Überfluss durfte man nicht hoffen, nach einer einmal erfolgten Beschlagnahme dann künftig verschont zu bleiben, denn oft genug erschienen die Landsknechte schon wenige Wochen später wieder in den schwer heimgesuchten Dörfern und Städten. Es gab nur eine einzige Möglichkeit, diesen fortgesetzten Aderlass zu beenden. Und zwar durch den Erwerb von sogenannten „Salva Guardien". Dabei handelte es sich um eine Art immerwährenden Schutz gegen weitere Requirierungen, den man gegen teure Bezahlung erwerben konnte. Es war im Grunde genommen nur ein Stück Papier, auf dem das kaiserliche Wappen abgedruckt war und das zumeist an den

Eingangstüren der Häuser angeschlagen wurde. Ein solcher Schutzbrief war die einzig wirksame Versicherung, die es gegen weitere Beschlagnahmeaktionen geben konnte. Denn die Soldaten hatten klare Anweisung, keinerlei Feindseligkeiten zu begehen und von jedweder Requirierung abzusehen, wenn das Haus durch ein „Salva Guardia" geschützt war. Gerade die wallensteinischen Söldner waren emsig mit diesen Schutzbriefen durch die Lande gereist und hatten ihrem Kriegsherrn auf diesem Weg eine gewaltige Geldsumme überbringen können. Eine hoch willkommene Einnahme. Denn die Finanzen beider Seiten waren in dem nicht enden wollenden Krieg beträchtlich zusammengeschrumpft und so entfaltete das Mittel der „Salva Guardien" eine geradezu segensreiche Wirkung für die leeren Kriegskassen. Nur mithilfe von solchen „Salva Guardien" konnte man also weiteren Plünderungen entgehen. Selbst der Rat der Stadt Rothenburg, der doch kaum noch über eigene Finanzmittel verfügte, hatte sich nach heftigen Debatten dazu durchgerungen, einen solchen Schutzbrief um die unverschämt hohe Summe von sieben Gulden zu erwerben. Voller Zorn hatte mancher Ratsherr darauf hingewiesen, dass man damit doch seine eigenen Gegenspieler finanzierte, doch am Ende hatte sich im Rat die Hoffnung durchgesetzt, dass man durch dieses teure Stück Papier wenigstens von weiteren Beschlagnahmeaktionen befreit sei. Eine äußerst vage Hoffnung, aber es gab keine andere Möglichkeit, als zähneknirschend zu zahlen.

Es war gegen Ende August, als wieder einmal ein Bote in offizieller Mission durch die Rothenburger Gassen hoch zum Rathaus preschte. Das konnte nichts Gutes bedeuten. Schon kurze Zeit später erfuhren die Rothenburger, die sich in großer Zahl mit sorgenvollen Mienen auf dem Marktplatz einfanden, welche Mitteilung der Reiter ihrem Bürgermeister übergeben hatte.

Die Schweden waren im Anmarsch! Und König Gustav Adolf persönlich befand sich an der Spitze seiner Truppen. Der glorreiche Sieger über Tilly: längst hatte er den Spieß wieder umgedreht. War vom Gejagten wieder zum Jäger geworden. Jetzt also jagte er Tillys Nachfolger Wallenstein vor sich her. Offenbar hatte er vor, den kaiserlichen Oberbefehlshaber direkt in seinem Zirndorfer Lager anzugreifen und niederzumachen. Ein tollkühnes Vorhaben, wie es schien.

Vorsorglich war Gustav Adolf darangegangen, das ganze Gebiet von Mittelfranken mit Teilen seiner Streitmacht zu besetzen, um die Katholischen auch nach ihrer Niederlage überall stellen zu können. Dieses Mal sollte es dem Gegner nirgendwo gelingen, sich in einen Unterschlupf zu flüchten und sich von dort aus neu zu formieren. Deshalb würde der Schwedenkönig auch eine Abteilung in Rothenburg stationieren.

War im ersten Moment nach dieser Bekanntgabe auch noch der eine oder andere Jubelruf ausgestoßen worden, so meldeten sich kurze Zeit später die ersten Skeptiker zu Wort. So verhasst ihnen allen ja die katholischen Besatzer auch gewesen waren und so inbrünstig sie in ihren Gebeten hofften, nie mehr eine solche Besetzung erleben zu müssen, bestand auch angesichts der neuen Entwicklung Anlass zu ernster Sorge. Denn immerhin hatte sich die Stadt ja im vergangenen Herbst den Kaiserlichen geöffnet. Gegen die eindeutige Verpflichtung, die man als Mitglied des evangelischen Bündnisses doch eingegangen war.

Mehr noch: Bürgermeister Bezold hatte Tilly gegenüber auf seinen Eid genommen, nie mehr protestantische Truppen in der Stadt zu beherbergen. Auch wenn dieses Versprechen unter Zwang zustande gekommen war: er hatte es im Namen seiner Stadt feierlich beeidet! Der Rat von Rothenburg steckte in einer fürchterlichen Zwickmühle. Öffneten sie die Tore freiwillig für die Schweden, dann würde irgendwann die Strafe der Kaiserlichen über sie kommen. Denn dieser Eid besaß auch weit über Tillys Tod hinaus seine Gültigkeit.

Was also war zu tun? Nach einer eilig einberufenen Ratssitzung war die Entscheidung gefallen, bei der sich freilich keiner der Ratsherren sonderlich wohl in seiner Haut gefühlt hatte. Die Tore würden geschlossen bleiben. Zwar waren die meisten Schäden an der Stadtmauer und den Türmen immer noch nicht vollständig beseitigt, von den fehlenden Kanonen und Musketen ganz zu schweigen, doch andererseits bestand Anlass zu der vagen Hoffnung, die Schweden hätten Besseres zu tun, als sich ausgerechnet vor Rothenburg zu einer lange andauernden Belagerung niederzulassen. Höchstwahrscheinlich würden sie so rasch wie möglich weiterziehen. Mit grimmigen Mienen zwar, aber das spielte dann keine Rolle mehr. Hauptsache, sie ließen die Stadt unversehrt.

Was aber, wenn sie eines Tages wieder kämen? Dann nämlich, wenn sie Wallenstein besiegt hatten? Manch einer vergaloppierte sich im Rahmen dieser hitzige Diskussion und ließ erkennen, dass eine schwedische Niederlage in diesem ganz speziellen Fall für Rothenburg vielleicht gar nicht so ungünstig käme.

Den eigenen Bundesgenossen eine Niederlage zu wünschen! Das grenzte schon beinahe an Gotteslästerung!

Welch seltsame Zeit, in der sich die Leute zu derart undenkbaren Gedanken hinreißen ließen.

Eine ausweglos scheinende Situation. Was auch immer die Stadt Rothenburg beschließen würde, immer gab es eine Seite, die man sich dadurch zum Feind machte.

Aber eine Entscheidung hatte bekanntlich fallen müssen. Und sie war gefallen.

Man würde die Schweden nicht hereinlassen.

Ende der Debatte!

*

Rothenburg, 2. September 1632. Es war geschehen, ohne dass man eine nennenswerte Gegenwehr hätte leisten können. Die Vorhut der schwedischen Truppen hatte die Stadt im Handstreich gestürmt.

Gleich nach dem Eintreffen der schwedischen Offiziere im Kaisersaal des Rathauses hatten der Bürgermeister und die vollständig versammelten Räte schwere Vorhaltungen der Schweden über sich ergehen lassen müssen.

Kein einziges Argument der Rothenburger war bei ihnen auf fruchtbaren Boden gefallen. Ein Eid, den man den längst in der Hölle schmorenden Tilly geleistet habe, zähle für die Schweden nicht. „Er war ein Katholik! Ausgerechnet ihm habt ihr einen Eid geschworen und uns, eure Bundesgenossen, die ihr Leben für unsere gemeinsame Sache riskieren, uns behandelt ihr dann als Feinde!"

Kurz danach waren sie von dem schwedischen Obristen barsch aus dem Rathaus gewiesen worden.

Während die Ratsherren bedrückt nach Hause eilten, verbreiteten sich derbe Sauflieder grölender Landsknechte in den Rothenburger Gassen. Wie eine Drohung hallte es in den Ohren der Bürger wider: „Kein schönrer Tod ist in der Welt, als wer vom Feind erschlagen auf grüner Heid im freien Feld."

Mit bangem Herzen sahen sie dem Tag der Ankunft des Schwedenkönigs in Rothenburg entgegen. Denn Gustav Adolf würde tatsächlich hierherkommen und die treulose Stadt zur Rechenschaft ziehen. Das war der unmissverständliche Kern der Anweisung gewesen, die ihnen von dem Obristen erteilt worden war. Sie hätten sich jederzeit zur sofortigen Verfügung zu halten. Keinem von ihnen war gestattet, sich außerhalb der Stadtmauer aufzuhalten. Sie waren Gefangene in der eigenen Stadt. Sobald der König seinen Gegenspieler Wallenstein ebenfalls wie dessen Vorgänger zur Hölle geschickt hatte, würden sie sich vor dem Löwen aus Mitternacht für ihr Handeln zu rechtfertigen haben.

Am 18. September traf zunächst die Königin von Schweden ein. Unter dem begeisterten Jubel der in Scharen aus den Häusern geströmten Rothenburgern wurde sie von ihrer stark bewaffneten Eskorte zum Rathaus geleitet. Alle waren gekommen, um die elegante junge Königin Maria Eleonora mit eigenen Augen sehen zu können und in nicht geringerem Maße galt das Interesse der Bürger auch ihrer sechsjährigen Tochter Christina. Doch der Königin schien der Sinn ganz und gar nicht nach dem Beifall der Massen zu stehen. Ohne sich auch nur im Geringsten um die neugierigen Leute zu kümmern, betrat die Königin das Rathaus, während ihre Delegation die kleine Schwedenprinzessin völlig vor den Blicken der maßlos enttäuschten Menschen abschirmte. Kein Wunder, dass die anfängliche Euphorie schnell einer gedämpften Stimmung gewichen war.

Wenn dieses barsche Verhalten nur kein schlechtes Omen war. Denn auch bei der offiziellen Begrüßung im Rathaus verhielt sich die Königin recht ungnädig. Noch nicht einmal mit dem Bürgermeister wechselte sie ein einziges Wort. Stumm und unbeteiligt nahm sie die Willkommensgrüße des Rates entgegen.

Dabei konnte es doch nicht an der deutschen Sprache liegen. Denn Königin Maria Eleonora war ja bekanntlich die Tochter eines deutschen Fürsten, des Kurfürsten von Brandenburg-Hohenzollern. Somit war sie sogar eine enge Verwandte der benachbarten Markgrafen von Ansbach. Dennoch war sie stumm geblieben. Ein ungewöhnliches Verhalten, selbst für eine Königin. Es sagte jedoch mehr über die bei den Schweden herrschende Stimmung aus, als tausend Worte.

Wehe den Rothenburgern, wenn der König demnächst persönlich in die Stadt kam, um den Bürgermeister und den Rat der Stadt zur Rechenschaft zu ziehen.

Stündlich wurde seine Ankunft erwartet. Dann endlich, am Spätnachmittag des 19. September ertönte ein lautes

Hornsignal. Aufgeregt spähten die Leute hoch zum Rathausturm, wo der Türmer mit weit ausgestrecktem Arm nach Osten in Richtung Ansbach deutete: es waren die Schweden. Und anhand der mitgeführten Fahnen und Banner war nun jeder Zweifel beseitigt: König Gustav Adolf würde noch vor Einbruch des Abends in Rothenburg eintreffen.

Würde er sich ähnlich verhalten, wie seine Frau? Oder hatte er den Rothenburgern inzwischen verziehen? Würde er ein Einsehen mit der Notlage haben, in der sich die Stadt befunden hatte?

Mit klopfenden Herzen säumten sie dicht an dicht gedrängt die Straßen und warfen einen ängstlichen Blick auf die Miene des Königs. Der Retter des Protestantismus, dem trotz seiner erst 38 Lebensjahre längst ein gewaltiger Ruf vorauseilte. Endlich war es ihnen vergönnt, diesen ruhmreichen Mann mit eigenen Augen sehen zu dürfen.

Doch der erste Eindruck ließ die Betrachter erschrocken zusammenzucken. Anstelle eines freundlich lächelnden, jugendlichen Helden ritt ein finster dreinblickender, hagerer Mann mit weißgrauem Spitzbart durch die Gassen, ohne auch nur ein einziges Mal die von weißen Handschuhen aus feinstem Kalbsleder geschützten Hände grüßend an den breitkrempigen Samthut zu legen. So, wie man es in Rothenburg seit alters her von befreundeten Regenten doch eigentlich gewohnt war, wenn diese durch das Spalier der jubelnden Rothenburger hoch zum Rathaus ritten.

Kaum war Gustav Adolf am Rathaus von seinem Pferd gestiegen, da setzte sich der Eindruck einer durch und durch feindseligen Stimmung bei den Schweden nahtlos fort. Noch nicht einmal für den Bürgermeister, der zusammen mit seinen Ratsherren auf der großen Treppe zum Empfang des Schwedenkönigs bereitstand, hatte er grüßend die Hand gehoben. Lediglich für seine kleine Tochter Christina, schien Gustav Adolf Augen zu haben. Er breitete weit die Arme aus und drückte das rasch herbeistürmendes jauchzende Kind fest an seine Brust. Dann hob er die kleine Prinzessin vor sich in die Höhe und vollführte mit seiner Tochter einige fröhliche Drehungen, ohne sich dabei im Geringsten um die unschlüssig auf der Treppe verharrenden Rothenburger Ratsherren zu scheren. Das Kind schien ihm eindeutig wichtiger, als die diplomatische Etikette. Sachte setzte Gustav Adolf die Kleine wieder auf den Boden, kauerte sich nieder und streichelte seiner Tochter zärtlich über das blonde Haar. Eine geraume Zeit verging, bis sich der König endlich erhob. Doch immer noch ließ er die Ratsversammlung warten. Jetzt wandte er sich seiner Frau, der Königin zu, die er ebenfalls liebevoll umarmte. Leise unterhielten sich die beiden in deutscher Sprache, dann erst richtete Gustav Adolf seine Aufmerksamkeit ganz langsam auf das Rothenburger Empfangskomitee, das er mit einem finsteren Gesichtsausdruck durchdringend musterte.

Ein kurzes energisches Handzeichen des Königs genügte und schon wurden dem erschrockenen Bürgermeister die auf einem roten Samtkissen dargebotenen Stadtschlüssel von einem der schwedischen Offiziere rücksichtslos aus den Händen gerissen. Mehr noch: der Offizier warf das Kissen samt den großen Schlüsseln einfach vor die Füße seines Königs. Eine ungeheuerliche Demütigung für die Stadt und ihre Repräsentanten, in der sich die ganze Verachtung widerspiegelte, die Gustav Adolf also offenbar für Rothenburg zu empfinden schien. Eine Handlungsweise, die von den Schweden im Vorfeld sicher ganz genau durchgesprochen worden war. In dieser Einschätzung war man sich bei einer späteren Analyse dieser Ereignisse einig. Denn ohne eine solche Vorabsprache hätte sich selbst ein hochrangiger schwedischer Offizier niemals getraut, seinem König die offiziellen Stadtschlüssel, deren feierliche Übergabe doch einen seit vielen Jahrhunderten geübten symbolischen Akt darstellte, einfach vor die Füße zu werfen.

Allein mit dieser rüden Brüskierung war auch die letzte Hoffnung verflogen, dass Gustav Adolfs Zorn womöglich inzwischen verraucht war.

Mit groben Stößen durch die Musketen der königlichen Leibwache bedeutete man den Ratsherren nun, dass ihre weitere Anwesenheit im Umfeld des Königs im Augenblick als unerwünscht angesehen werde und sie sich gefälligst auf der Stelle davonscheren sollte. Alle, bis auf die beiden eigens dafür abgestellten Kammerdiener, die den Ordonanzen jetzt die Zimmer zu zeigen hatten, die im Rathaus für den König und sein Gefolge hoffentlich zur vollkommenen Zufriedenheit der Gäste hergerichtet worden waren.

Mit vor Wut und Betroffenheit zitternden Lippen war der Bürgermeister zurück in sein Haus geeilt. Nie hätte er es für möglich gehalten, dass ein befreundeter Fürst eine derartige Demütigung vornehmen würde. Von wegen „Erretter der Protestanten"! Die Gegebenheiten schienen sich dramatisch verschoben zu haben. Wieder einmal. Denn in Wahrheit ging es doch längst nicht mehr um das reine Glaubensbekenntnis, sondern nur um Macht. Macht und Einfluss sowie – man sollte es nicht vergessen – auch um fette Beute. Seien es Gold und Geschmeide, seien es Ländereien und Besitzungen. Der König von Schweden würde über das Schicksal der Stadt entscheiden. Welche Unterschiede zur Einnahme Rothenburgs unter dem Katholiken Tilly konnte man angesichts dieser erschreckenden Lage der Dinge jetzt noch machen? Hier wie dort waren sie den Launen der Kriegsherren schutzlos ausgeliefert. Auf Gnade und Ungnade, wie der Spruch gemeinhin lautete. Das Wohl einer ganzen Stadt lag einzig und allein in den Händen eines einzigen Menschen. Konnte das im Sinne des Reformators Martin Luther sein? Eine Frage, die dem verzweifelten Bürgermeister im Augenblick genauso sinnlos wie berechtigt schien. Die düstere Gemütsverfassung von Gustav Adolf war das

Hauptproblem. Und dieser Missmut hatte einen einfachen Grund: denn entgegen seiner Hoffnungen hatte er Wallenstein in der Nähe von Nürnberg nicht besiegen können. Allein Nachrichten zufolge, die Rothenburg inzwischen erreicht hatte, war sogar eher das Gegenteil der Fall. Gustav Adolf war mit knapper Not am Rand einer Niederlage vorbeigeschrammt, diese Tatsache dürfte feststehen – auch wenn seine Gefolgsleute die Sache natürlich ganz anders darzustellen versuchten.

Wallensteins Truppen waren den Protestanten zahlenmäßig weit überlegen gewesen, weshalb Gustav Adolf bald den raschen Rückzug hatte antreten müssen. Einen angeblich geordneten Rückzug, der in Wahrheit eher einer Flucht geglichen hatte.

Kein Wunder, dass der König dementsprechend ungnädig gestimmt war.

Nicht minder seine finster dreinblickenden Soldaten, die offenbar aus allen Ländern der Erde stammten.

Voller Staunen hatte Roswitha, die hinter einer Hausecke verborgen, den Einzug der Truppe beobachtete, diese seltsamen Sprachen vernommen, die da an ihr Ohr gedrungen waren. So angestrengt sie auch gelauscht hatte, um das eine oder andere verständlich klingende Wort aufzuschnappen und womöglich gar zu verstehen, es war ihr nicht gelungen. Und überdies verfielen die vierschrötigen Waffenträger untereinander immer wieder in ein völlig unverständliches Kauderwelsch, das sie offenbar im tagtäglichen Umgang entwickelt hatten, um sich zumindest beim Essenfassen und beim Kampfeinsatz mit wenigen Worten verständigen zu können. Viele von ihnen stammten offenbar aus dem hohen Norden. Finnen, Lappländer und selbst Russen waren unter ihnen. Dazu mischten sich auch Iren in den wahrlich bunt gewürfelten Haufen. Iren? Das waren doch Katholiken! Wie sollte man sich diese Tatsache erklären? Da kämpften also tatsächlich katholische Iren in einer evangelischen Armee gegen ihre eigenen katholischen Glaubensbrüder! Unfassbar! Worauf konnte man in diesen kriegszerrissenen Zeiten schon noch bauen? Wenn nun also schon Katholiken gegeneinander kämpften, dann brauchte man sich auch nicht mehr darüber zu wundern, wenn sich der protestantische König Gustav Adolf an einer protestantischen Reichsstadt wie Rothenburg für die kurz zuvor erlittene Niederlage schadlos halten wollte.

Wie Gefangene wurden die Ratsherren nun von einer schwedischen Eskorte durch die eigene Stadt zum Rathaus geführt. Mit blank gezogenen Säbeln scheuchten sie das neugierige Volk dabei barsch zur Seite. Es hätte ihnen nicht das Geringste ausgemacht, den einen oder anderen dabei mit den messerscharfen Säbelklingen zu verletzten. Das war an ihren Mienen überdeutlich abzulesen. Denn immerhin nahte der entscheidende Zeitpunkt, der über Wohl und Wehe der abtrünnigen Stadt entscheiden würde. Es ging zum Strafgericht des Königs.

„Oh mein Gott!" Der Aufschrei einer ihr bislang unbekannten Frau dröhnte noch Stunden später in Roswithas Ohren. „Mein Mann! Mein armer Mann. Lasst mich sofort durch zu ihm. Gebt ihn frei! Er hat doch nichts verbrochen!" Verzweifelt boxte sich die Frau durch die Menge bis zu der Gefangeneneskorte, wo sie jedoch von den Fäusten der Bewacher grob zurückgestoßen wurde. Einer der brutalen Schläge traf direkt den Magen der qualvoll aufstöhnenden Frau. Sie geriet ins Taumeln. Hätte sich nicht die erschrockene Roswitha zufällig genau an dieser Stelle aufgehalten, die Frau wäre kraftlos einfach in den stinkenden Morast der Straße gesunken.

Roswitha also hatte den Sturz im letzten Moment noch verhindern können. Es brauchte freilich geraume Zeit, bis es der von den Faustschlägen beinahe Ohnmächtigen gelang, wieder richtig Atem zu holen und sich dann aus eigener Kraft auf den Beinen zu halten. Die Eskorte mit den gefangenen Ratsherren war in der Zwischenzeit längst um die Straßenecke gebogen und ihren Blicken somit entschwunden. „Mein Mann! Lieber Gott, was haben sie nur mit ihm vor! Ich muss weiter. Ihm nach. Ihm helfen und ihm zur Seite stehen. Lass mich los!" In neu erwachter Panik versuchte sie verzweifelt, sich aus Roswithas Griff zu winden.

„Du sollst mich loslassen, habe ich gesagt!", rief die Frau mit sich überschlagender Stimme.

Roswitha lockerte den Griff ihrer Hände. Was blieb ihr auch anderes übrig. Niemals durfte sie wagen, die Frau eines Ratsherren zu erzürnen. Denn wer war sie schon? Roswitha, ein dahergelaufenes Waisenmädchen aus irgendeinem Dorf am fernen Hesselberg. Eine Halbwüchsige, mutterseelenallein, die zu ihrem guten Glück in Rothenburg eine mildtätige Aufnahme gefunden hatte. Völlig egal, ob sie die Frau vor einem schlimmen Sturz bewahrt hatte oder nicht: sie hatte den Befehlen der hoch gestellten Dame unverzüglich Folge zu leisten.

Mitten in diese Überlegungen hinein, ertönte hinter ihr eine feste Stimme: „Lasst es gut sein, damit, Frau Styrzel. Seid froh, dass euch das Mädchen aufgefangen hat. Und sammelt euch und eure Gedanken jetzt erst einmal, bevor ihr unbedacht direkt in das Verderben rennt. Was wollt ihr denn als einzelne Frau ausrichten gegen diese zu allem entschlossenen Kriegsleute, die ihren Auftrag erfüllen werden, komme was da wolle."

Die Frau stutzte. Allem Anschein nach war ihr der Mann, zu dem diese Stimme gehörte, gut bekannt. Und offenbar war er von ähnlichem Stand wie der gefangene Ratsherr. Seiner vornehmen Kleidung nach zu urteilen ein Kaufmann. Eine Respektsperson also, deren Meinung in der Stadt etwas galt. Auch ohne einen Ratssitz zu bekleiden, was in der momentan herrschenden Lage als wahres Glück betrachtet werden durfte. „Aber... mein Mann! Was hat er denn getan? Ich muss es ihnen erklären, dass er keinen Verrat begangen hat. Sie dürfen ihm nichts antun. Ich muss es ihnen sagen!"

„Das wird nichts bringen. Sie werden euch noch nicht einmal verstehen. Denn sie sprechen unsere Sprache nicht."

„Dann müssen sie mich eben bis zum König durchlassen. Denn der ist ja des Deutschen mächtig. Ich muss es ihm ganz deutlich sagen, dass mein Mann unschuldig ist."

„Er wird nicht anders behandelt werden, als die anderen Ratsherren und der Bürgermeister. Sie werden keine Ausnahme machen."

„Aber... was ist dann? Sie können doch nicht alle hinrichten! Das dürfen sie nicht!"

„Beruhigt euch", es war erstaunlich, wie es dem Kaufmann gelang, die Frau des Ratsherren Styrzel tatsächlich zu beruhigen. „Niemand wird sterben. Sie alle haben doch nur ihre Pflicht im Interesse unserer Stadt erfüllt. Der schwedische König wird das schon zu würdigen wissen. Er wird sie anhören und er wird sie dann verstehen. Alles wird gut werden. Seid unbesorgt!"

Mittlerweile waren die Soldaten mit ihren Gefangenen bereits im großen Saal des Rathauses von Rothenburg eingetroffen, wo schon seit vielen Jahrhunderten die gute Gepflogenheit herrschte, dass der festlich gekleidete Bürgermeister der stolzen Freien Reichsstadt Rothenburg ob der Tauber sich die Ehre gab, die Gäste seiner Stadt feierlich willkommen zu heißen. Heute freilich war alles anders. Ganz anders: Mit grimmig funkelnden Augen schritt der Schwedenkönig, an der Reihe der vor ihm postierten Ratsherren samt dem Bürgermeister an deren Spitze, grußlos vorbei. Erst bei seinen vollzählig erschienenen Generälen machte er halt, räusperte sich kurz und reckte das Kinn mit dem bekannten Spitzbart nach oben, was den strengen Eindruck zusätzlich unterstrich. Unmittelbar darauf begann er seine anklagende Rede, die er den Räten in einem zwar perfekten, aber dennoch hart und rau klingenden Deutsch entgegenschleuderte: „So viele tapfere Städte und Bürgermeister habe ich gesehen, seit ich meinen Fuß erstmals auf deutschen Boden gesetzt haben. So viele Opfer für die Sache des wahren Glaubens sind gebracht worden. Nur durch diese Opferbereitschaft ist es uns gelungen, die Feinde in Schach zu halten und zurückzudrängen. Welche Opfer hat jedoch die Stadt Rothenburg gebracht? Keine. Sie hat sich dem Feind geöffnet, während man uns, den eigenen Bundesgenossen, den Zutritt verwehren wollte. Das ist nichts anderes als Verrat an der gemeinsamen Sache. Wie also soll ich nun mit euch Rothenburgern umgehen? Was soll ich mit euch machen?" Er unterbrach sich für eine kurze, bedeutungsvolle Pause. Dann fuhr er mit deutlich gesteigerter Lautstärke fort. „Ihr habt den Tod verdient! Alle zusammen!" In diesem Moment ertönte ein langgezogener qualvoller Seufzer. Einer der Ratsherren war in seinem blanken Entsetzen in Ohnmacht gefallen. Gustav Adolf musterte den am Boden liegenden Mann mit einem verächtlichen Blick. „Memmen! Aber ihr könnt von Glück sagen, dass ich zu einem anderen Entschluss gekommen bin. Denn was nützt es mir, euch tot am Galgen hängen zu sehen? Nicht das Geringste! Ich brauche euch noch – als für die Zukunft hoffentlich treuen Stützpunkt – und als nicht minder verlässliche Lieferanten. Wer weiß, wie lange der Krieg noch dauern wird. So will ich also am heutigen Tag Gnade vor Recht ergehen lassen. Ihr seid frei."

Die Ratsherren, von denen die meisten bereits mit ihrem Leben abgeschlossen hatten, falteten dankbar ihre Hände zum stillen Gebet. Sie waren noch einmal davongekommen. Gott sei Dank! Wenngleich es noch eine bittere Kehrseite der Medaille zu bestehen galt. Denn Gustav Adolf hatte ihm Gegenzug für die von ihm erteilte Gnade gewaltige Forderungen an die Stadt gestellt. Es handelte sich um eine ähnliche Größenordnung wie man sie vor einem knappen Jahr von Tilly auferlegt bekommen hatte.

Eine gigantische Herausforderung, an deren Ende die Stadt sich nun endgültig ihrer letzten finanziellen Mittel beraubt sah. Von den gähnend leeren Vorratsspeichern ganz zu schweigen.

Auch der tagtägliche Umgang zwischen den Rothenburgern und den schwedischen Besatzern verlief alles andere als reibungslos. Immer wieder kam es zu gewaltsamen Übergriffen der grobschlächtigen Gesellen, mit deren Disziplin es nicht zum Besten stand. Kein Wunder also, dass die Einwohner der gesamten Stadt erleichtert aufatmeten, als sich die Nachricht vom unmittelbar bevorstehenden Aufbruch des Schwedenkönigs in Windeseile durch alle Gassen verbreitete. Schon am nächsten Tag würde Gustav Adolf Rothenburg verlassen. Er brenne förmlich darauf, sickerte aus den Kreisen seiner Offiziere durch, Wallenstein zu stellen und zu schlagen, um damit endlich die Scharte von Zirndorf auszuwetzen, die seitdem schwer auf seinem Gemüt lag.

Endlich! Eine einzige Nacht noch, dann hätte man auch diese Heimsuchung mit knapper Not überstanden!

Aber diese Nacht hatte es wahrlich noch einmal in sich. Es kam zu einem gewaltigen Besäufnis der Schweden. Auf dem Viehmarkt hatten die Rothenburger auf Veranlassung der Besatzer einen riesigen Holzbottich aufstellen und diesen bis zum Rand mit ihrem besten Wein befüllen müssen. Zur Feier des Abzugs hatten sich sogar die ansonsten im Gegensatz zu ihren Kameraden so disziplinierten Wachsoldaten des Königs eingefunden. Wieder und immer wieder schöpften sie mit ihren Hüten den Wein aus dem Bottich und ließen ihn in ihre durstigen Kehlen rinnen. Die ausgelassene Feier geriet zu einem unglaublichen Gelage, das die lauthals grölenden Wachmannschaften an ihren hell lodernden Lagerfeuern veranstalteten! Bis weit in den frühen Morgen hinein.

Der Abzug an diesem Morgen, dem 20. September 1632, verlief diesen Umständen entsprechend. Bleiern, wie der Himmel über Rothenburg, schienen auch die Knochen der Soldaten, die sich unter Ächzen und Stöhnen schwerfällig erhoben. Nur mit Mühe gelang es den bedrohlich schwankenden Männern, sich einigermaßen auf den Beinen zu halten. Einer war plötzlich sogar wieder in die Knie gegangen und hatte sich mitten auf der Straße übergeben, direkt vor dem erschrocken aufwiehernden Pferd seines Fähnrichs. Eine Szene, bei der es normalerweise nicht unter einem guten Dutzend Peitschenhiebe abgegangen wäre. Doch am heutigen Morgen schienen sogar die Offiziere eher milde gestimmt und sahen großmütig über den erbärmlichen, alles andere als kampfbereiten Zustand ihrer Männer hinweg. Gut möglich, dass es aus demselben Grund geschah, der auch den Soldaten so gewaltig zu schaffen machte: die Unmenge an Wein war dafür verantwortlich, die in der vergangenen Nacht auch die Offiziere förmlich in sich hineingeschüttet hatten. Und so war es ein jämmerliches Bild, das die schwedischen Landsknechte darboten, als sie wenig später der Stadt endgültig den Rücken kehrten. Ein Morgen, der für das leergeräumte Rothenburg trotz allem ein Freudentag war.

„Wie sie in diesem Zustand die Kaiserlichen schlagen wollen, das wird mir für alle Zeiten ein Rätsel bleiben", murmelte Frieder, einer der Mahlknechte aus der Rossmühle, der gemeinsam mit Roswitha und einem weiteren Knecht von einer der sicheren Dachluken aus, den mehr oder minder geordneten Abzug des schwer verkaterten Haufens kopfschüttelnd verfolgte.

„Eigentlich kann es uns egal sein", gab ihm der andere verdrießlich zur Antwort. „Hauptsache, sie sind endlich weg und kommen nie mehr wieder. Denn besser als die Kaiserlichen haben sie sich auch nicht benommen. Es ist immer dasselbe: Gib einem Menschen eine Muskete und schon ist er nicht mehr derselbe Mensch, der noch vor wenigen Augenblicken vor dir gestanden hat. Plötzlich meinen sie, sozusagen an Gottes Stelle der Herr über Leben und Tod zu sein." „Der Herrgott – den haben sie doch unterwegs längst vergessen!"

„Eben! Das Kriegshandwerk hat seine ganz eigenen Gesetze. Wobei ich nicht weiß, wie man überhaupt von einem Handwerk sprechen kann, wenn es um das Töten von Menschen geht. Und von Recht und Gesetz kann bei einem solchen Gemetzel doch auch niemals die Rede sein. Steht nicht in der Heiligen Schrift: Du sollst nicht töten. Dennoch töten sie. Sogar im Namen des Herrn, den sie beständig im Munde führen, obwohl sie die zehn Gebote in ihrem Blutrausch hohnlachend mit den Füssen treten! Was aber kann unsereins als kleiner Knecht dagegen tun?"

„Nichts. Außer vielleicht beten, dass der Krieg künftig an uns vorüberziehen möge..."

„...und dass die Menschen irgendwann einmal aus den leidvollen Erfahrungen ihrer Geschichte lernen. Dass sie begreifen, dass es in Wahrheit in einem Krieg immer nur Besiegte gibt. Vor allem die Menschlichkeit. Wenn sie das endlich begreifen würden..."

„So weit wird es wohl niemals kommen", mischte sich nun auch Roswitha in das Gespräch. „Das sind nur Träume und Träume werden es auch immer bleiben. Und wenn ich dir noch einen gut gemeinten Rat geben darf: behalte diese Gedanken am besten für dich. Denn die hohen Herrschaften mögen solche Reden nicht!"

„Meine Träume kann mir keiner verbieten", gab der Knecht trotzig zurück. „Und meine Gedanken auch nicht. Denn die Gedanken sind frei!"

Insgeheim konnte Roswitha ein Schmunzeln nicht unterdrücken, als ihr mitten im Gespräch eine andere Behauptung Frieders in den Sinn kam, die sie schon gestern trotz der noch unsicheren Lage zum Lachen gebracht hatte. Den Satz hatte sie sich fest gemerkt. Es war ja wirklich eine amüsante Schlussfolgerung. Zusammen mit Frieder hatte sie, ebenfalls von der Dachluke der Mühle aus, einen betrunkenen Soldaten beobachtet, der schon am helllichten Tag nahezu besinnungslos durch die Spitalgasse getorkelt war.

„Da schau", hatte sie Frieder aufmerksam gemacht. „Da ist schon wieder so ein Kerl, dem nicht das geringste Gewissen schlägt. Nur rauben, saufen und morden haben sie im Sinn. Vor allem nach saufen steht ihnen der Sinn, man sieht es ja deutlich. Wobei es vermutlich schon kühn ist, bei einem solchen Burschen überhaupt von einem Sinn zu reden."

„Wo du recht hast, da hast du recht", pflichtete ihr Frieder bei. „Hauptsache, der Wanst ist voll. Sonst haben sie nichts im Kopf. Das ist Dummheit in ihrer reinsten Form."

„Der ideale Soldat. Nichts denken, nur draufhauen."

„Die Dummen! Beneidenswert... Es sind die glücklichsten Leute, die man sich denken kann."

„Wieso das denn?"

Ein breites Grinsen zog sich über Frieders Miene. „Weil sie so dumm sind, dass sie gar nicht merken, wie dumm sie sind!"

„Aha?" Roswitha begriff nicht, worauf der Knecht damit hinauswollte.

„Na, überleg doch mal: wenn sie tatsächlich bemerkten, wie dumm sie sind, dann müssten sie doch den ganzen Tag über mit verheulten Gesichtern herumlaufen. Aber eben deshalb weil sie so strohdumm sind, merken sie ja nicht einmal, wie dumm sie sind. Und deshalb torkeln sie weiter in aller Fröhlichkeit durch die Gassen, während wir, die wir doch vielleicht ein kleines bisschen schlauer sind als sie, ständig mit betrübten Mienen durch die Welt laufen müssen."

Eine wahrhaft verrückte Behauptung. Roswitha lachte laut auf. Jetzt hatte sie verstanden, was Frieder damit sagen wollte. „...eben deshalb, weil wir merken, was wir falsch machen, müssen wir traurig sein, während es die anderen nicht sein müssen, denn sie merken es in ihrer ganzen Dummheit ja noch nicht einmal."

„Genau, so ist es!", bekräftigte der Knecht kichernd und nickte mit dem Kinn in die Richtung des Soldaten hinunter, den der allzu reichlich genossene Alkohol mittlerweile in die Knie gezwungen hatte. Regungslos lag der Mann im Morast der aufgeweichten Gasse und streckte alle viere von sich. Frieder verzog angewidert seine Mundwinkel: „Na wunderbar, siehst du. Was glaubst du, wie der Kerl stinken wird, wenn er wieder zu sich kommt."

„Und erst, wie er dann aussehen wird. Total verdreckt und mit Schlamm überzogen. Ekelhaft."

„Er wird von seinem Fähnleinführer eine dementsprechende Abreibung erhalten, da bin ich mir sicher. Aber das wird ihm nicht sonderlich lange nachhängen, denn vor lauter Dummheit wird es mit dem Erinnerungsvermögen bei dem Kerl auch nicht allzu weit her sein. Hauptsache, die nächste Ration Branntwein ist gesichert!"

Lächelnd wiederholte Roswitha die neu gewonnene Erkenntnis. „Die Dummen sind die Glücklichsten, weil sie nicht merken, wie dumm sie sind." Eine herrliche Schlussfolgerung.

Die Kriegskosten der Freien Reichsstadt Rothenburg beliefen sich auf eine unglaubliche Summe. Eine Summe, die kein normaler Mensch mehr fassen konnte. Seit dem Ausbruch des Krieges, so hatte Ratsherr Georg Styrzel errechnet, hatten sie sich auf sage und schreibe zwölf Tonnen Gold angetürmt. Zwölf Tonnen. Unglaublich! Und dabei handelte es sich lediglich um die Kosten der Stadt. Die Landwehr war noch gar nicht mit eingerechnet. All die Plünderungen, Zerstörungen und Beschlagnahmungen in den umliegenden Dörfern. Ganz zu schweigen vom Schaden, den der mindere Ertrag auf den verwüsteten Feldern verursacht hatte.

Es würde lange dauern, unendlich lange, bis sich die Stadt davon erholen würde. Wenn überhaupt. Doch was halfen schon bittere Klagen? Es gab nur einen Weg: niemals zurück, nur nach vorne schauen. Allem Kummer zum Trotz. Es war die einzige Möglichkeit die ihnen blieb.

\*

Doch kaum waren die Schweden abgezogen, wurde die Stadt von einer anderen Geisel heimgesucht: die im vergangenen Jahr glücklich überwundene Pest flackerte plötzlich wieder auf!

Entsetzen ergriff die Menschen! In ihrer Panik schafften sie die ersten Kranken sofort aus der Stadt und brachten sie nach St. Leonhard. Also zum an der Straße nach Gebsattel gelegenen Siechenhaus. Obwohl diese Unterkunft doch eigentlich den Leprakranken vorbehalten war.

„Das könnt ihr doch nicht machen! Sie werden sich mit der Pest anstecken!"

„Was sollen wir denn sonst tun? Besser die Aussätzigen, als wir. Wir müssen es tun. Wir müssen die Pestkranken einfach so schnell wie möglich wegbekommen. Und auf der Straße können wir sie ja wohl auch nicht liegen lassen. Besser also, sie sterben im Siechenhaus. Das müssen auch die Aussätzigen verstehen, ob sie wollen oder nicht. Denn sie sind ja ohnehin längst dem Tod geweiht."

Ausgerechnet die Leprakranken! Diese armen Menschen, die aus der Stadt verbannt waren. In der Tat handelte es sich bei ihnen um Todgeweihte, deren Glieder bei lebendigem Leib verfaulten. Es war ein unendlich langes und am Ende meist qualvolles Dahinsiechen ohne jede Hoffnung auf Heilung.

Nur mit ihren Klappern bewehrt, war es ihnen gestattet, sich auf der Straße vor der Stadt aufzuhalten. Und sofort, wenn sich ihnen ein Gesunder näherte, hatten sie diese Klappern zu betätigen. Als Warnung vor ihrer Anwesenheit.

Es konnte jeden treffen, ob reich oder arm: Der Aussatz, die Lepra, die Geisel der Menschheit seit vielen Jahrhunderten.

Einmal war Roswitha zufällig Zeugin eines bedrückenden Geschehens geworden. Sie war gerade durch die Hafengasse gekommen, als sich plötzlich ein lautes Geschrei erhob. Direkt vor ihren Augen wurde eine bitterlich weinende, zirka dreißigjährige Frau von vier Stadtknechten gewaltsam aus ihrem Haus geschleift. So verzweifelt sie sich auch zur Wehr setzte, es gelang ihr nicht, sich aus den Griffen der mit merkwürdigen Umhängen vermummten Stadtknechte zu winden. Und die Männer handelten nach dem strikten Befehl, die Frau unter keinen Umständen wieder in ihr Haus zu lassen. Die Ärmste hatte sich mit der Lepra infiziert. Der Verdacht war in ihrer Nachbarschaft schon vor Tagen aufgekommen, bis man schließlich den für die Feststellung dieser Krankheit zuständigen Rothenburger Stadtphysicus Dr. Josaphat Weinlin alarmiert hatte. Schon bei seinem Eintreffen vor dem Wohnhaus der Frau war es zu einem harschen Wortwechsel gekommen. Der Physicus hatte seine Lepraschau erst abhalten können, nachdem die Tür des Hauses von den Stadtknechten gewaltsam eingetreten worden war. Das Ergebnis der Untersuchung war eindeutig: Aussatz. Ein Begriff, dessen bloße Erwähnung wie ein Todesurteil klang. Was es im Grunde genommen auch war. Egal wie die Ärmste gezetert, gebeten und gefleht hatte, wie sie bei allem was ihr heilig war, versprach, ihr Haus nie mehr zu verlassen, man möge sie aber bitte nicht ins Siechenhaus bringen. Auch wenn selbst dem Arzt Weinlin diese Szene schwer zu schaffen machte, gab es keine andere Wahl. Denn bei der Krankheit der Frau handelte sich nun einmal um Lepra. Bei Todesstrafe war es vom Rat der Stadt Rothenburg verboten, Aussätzige in der Stadt zu beherbergen oder zu verstecken – im wohlverstandenen Interesse der Gesunden. Und so war die Frau von den Stadtknechten eben mit Gewalt ins Siechenhaus geschafft worden, nachdem sie nicht freiwillig gehen wollte. Eine fürchterliche Szene, die Roswitha für immer im Gedächtnis bleiben würde. Und nun also brachten sie in ihrer Panik auch die Pestkranken dorthin. Nun ja, im Grunde genommen machte es keinen großen Unterschied, woran die Bewohner von St. Leonhard zugrunde gingen. So schrecklich der Gedanke auch immer sein mochte, es gab keinen anderen Ausweg in der von Hysterie ergriffenen Stadt. Kein Wunder, denn gerade die eng besiedelten Städte waren vom Ausbruch einer Seuche bekanntlich immer besonders hart betroffen.

Ausgerechnet die Pest!
Die nackte Angst ging um. Die Pfarrer wetterten auf ihren Kanzeln vom Strafgericht des Himmels, das endgültig über die Welt gekommen sei – und schürten mit diesen Predigten noch zusätzlich Angst und Panik unter den Rothenburgern. Kein Mensch wagte sich mehr auf die Gassen. Und auch den auswärtigen Bauern, Handwerkern und Fuhrleuten stand absolut nicht der Sinn danach, sich mit ihren Waren in die vermeintliche Todesfalle zu begeben. Wie ausgestorben präsentierte sich die Stadt in den ersten Tagen nach dem Ausbruch der Seuche.
Lediglich die in schwarze wallende Mäntel gehüllten, eigens dafür bestellten Pestärzte mit schauerlichen Pestmasken vor den Gesichtern huschten durch die Gassen. Diese Masken boten einen wahrhaft furchterregenden Anblick. Besonders in der Dämmerung wirkten sie mit ihren langen schwarzen Schläuchen, die verhindern sollten, dass die böse Luft bis in den Rachen des Arztes vordrang, wie Unheil bringende Todesvögel.
Der Dreck stand nach einem tagelangen Regen in den Gassen nicht mehr wie gewohnt knöchelhoch, sondern an manchen Stelle schon knietief. Selbst die Stege aus Holzplanken für die Fußgänger waren teilweise überdeckt mit Unrat. Kein Wunder, denn auch die dafür zuständigen Knechte verbargen sich lieber in ihren Unterkünften, als sich in den pestverseuchten Gassen der Stadt den Tod zu

holen. Gerade noch am Marktplatz ging es einigermaßen sauber zu. Dies war jedoch allein der Tatsache zu verdanken, dass dieser unterhalb des Rathauses gelegene Platz schräg nach Nordosten abfiel. So wurde der Unrat dort einfach weggespült, was sich jedoch in der Schmiedgasse am Plönlein dann, als umso schlimmeres Problem geradezu auftürmte und bestialisch zum Himmel stank. Ein idealer Tummelplatz für Ratten und das ganze übrige Ungeziefer, dem in diesen Tagen niemand wehrte.

Jetzt ging es einzig und allein um das nackte Leben. Überleben – bis die Pest wieder davongezogen war. Denn man hatte es in der Vergangenheit ja schon des öfteren erlebt: der schwarze Tod war genauso rasch wieder verschwunden, wie er blitzartig über das Land gekommen war. Die Frage war nur, wann die Seuche verschwinden würde. Und wer von ihnen dann noch am Leben sein würde.

Besonders schlimm war kürzlich auch die Stadt Feuchtwangen getroffen worden, wo man es über mehrere Wochen hinweg noch nicht einmal mehr geschafft hatte, die Toten zu begraben. Denn selbst die Totengräber waren zu Opfern des Schwarzen Todes geworden. In manchen Dörfern um Feuchtwangen lebten nur noch vier oder fünf Menschen. Völlig hilflos hatten sie mit ansehen müssen, wie sich ihre Väter, Mütter und Kinder im Todeskampf wanden. Und viele von ihnen waren anschließend ebenso von der eiskalten Faust des Todes ergriffen worden.

Auch in Rothenburg verging kein Tag, an dem nicht zehn, manchmal sogar zwölf Opfer der Seuche zu beklagen waren. Ein Herd der Krankheit schien dabei sonderbarerweise in der Galgengasse zu liegen. Es war der Bader Christoph Balthasar, der diesem Rätsel schließlich auf den Grund kam. Denn dort in der Gasse waren die Toten von ihren Angehörigen in den Gärten hinter den Häusern verscharrt worden. Eine streng verbotene Vorgehensweise, denn die verwesenden Leichen konnten zu einer lebensgefährlichen Verunreinigung des Trinkwassers führen. Aber wer sollte in dieser schweren Zeit die Kontrolle darüber übernehmen? Wer sollte Strafen aussprechen? Und dennoch, man musste einen solchen Todesmutigen unbedingt finden. Der Bader Balthasar hatte sich tatsächlich bereitgefunden, im Auftrag des Rates tagtäglich nach dem Mittagessen die Wohnhäuser zu inspizieren. Eine Aufgabe, bei deren bloßer Beschreibung Roswitha erschauderte. So hoch die Bezahlung auch war, die der Bader für diesen Dienst verlangte und tatsächlich erhielt, kein anderer unter den Bürgern der Stadt wollte mit ihm tauschen. Selbst für noch so viele Gulden nicht. Man stelle sich vor: in jedem Haus hatte er sich nach einem eventuellen Ausbruch der Krankheit zu erkundigen. Überall dort, wo ihm auf sein Klopfen hin nicht geöffnet und Auskunft erteilt wurde, weil alle Hausbewohner bereits am Schwarzen Tod gestorben waren, da musste er sich dann persönlich ins Innere dieser Häuser begeben, um hier möglicherweise weitere Opfer zu suchen und zu finden. All diese armen Menschen wurden anschließend von den Totengräbern und den Bettelvögten, die sich zur Erfüllung ihrer Aufgaben teilweise erst nach eindringlichen Strafandrohungen des Bürgermeisters bereitgefunden hatten, aus den Häusern gezogen, auf spezielle Karren geworfen und zu einem Massengrab auf den Gottesacker verbracht. Denn es war schlechterdings längst unmöglich, so vielen Toten ein einzelnes Begräbnis zu bereiten. Deshalb reichte es nur noch zu einer einzigen hastigen Leichenpredigt, die der Pfarrer für sämtliche Pestopfer und alle anderen Verstorbenen am Spätnachmittag zelebrierte. Sofort nach dieser würdelosen Zeremonie waren die wenigen Trauergäste mitsamt dem Pfarrer und den Totengräbern so schnell wie möglich wieder in ihre Häuser geeilt, um dort in der Hoffnung auszuharren, der finstere Sensenmann möge in der Nacht an ihrer Tür vorüberziehen und keinen Einlass in die Stube begehren.

Aber selbst in ihren Verstecken wurden sie von der Pest dahingerafft. Im Grunde genommen gab es keine Möglichkeit, sich vor dem schwarzen Tod zu schützen. Allerhöchstens die Flucht. Roswitha war nach einigen in Angst und Schrecken verbrachten Tagen im hintersten Winkel der Rossmühlenscheune dem dringenden Rat des alten Müllers gefolgt und hatte der pestverseuchten Stadt rasch den Rücken gekehrt. Irgendwo auf das Land solle sie sich flüchten. So schnell wie möglich müsse sie Rothenburg verlassen, hatte ihr der Alte mit eindringlichen Worten zu verstehen gegeben. Er selbst würde es nicht mehr schaffen. Sein Ende sei ohnehin nahe, aber ein junges Mädchen wie Roswitha, das seine ganze Zukunft noch vor sich habe, müsse sich jetzt rasch in Sicherheit bringen. Aber wohin sollte sie gehen? Das war die Frage, die sich ihr stellte, als sie wenig später am Spitaltor aus der Stadt geeilt war. Wer würde sie aufnehmen? Auf eine weite Reise war sie nicht vorbereitet.

Roswitha konnte insofern von Glück sagen, dass sie sich nach Osten gewandt hatte. Eigentlich nur deshalb, weil sie unbedingt vermeiden wollte, direkt an dem ihr unheimlichen Siechenhaus vorbeigehen zu müssen. Das aber wäre der Fall gewesen, wenn sie die südliche Richtung über Gebsattel eingeschlagen hätte. Und so war sie nur eine halbe Meile vor Rothenburg einem Mann auf einem Fuhrwerk begegnet, der neben ihr anhielt und sie lächelnd grüßte. „Ich kenne dich doch von der Rossmühle her, nicht wahr?"
Roswitha blinzelte überrascht und musterte den Mann genau. Ja, doch. Jetzt dämmerte es auch ihr: das war doch der Jeremias – oder hieß er eher Jakob? Egal. Jedenfalls erkannte sie den Mann wieder. Es war ein Bauer aus Neusitz, der des öfteren mit einer Fuhre in die Mühle gekommen war. „Willst du mit? Es geht allerdings nicht weit. Ich will zurück nach Neusitz und dort erst mal in der Schänke einkehren. So weit kannst du mitfahren."

Dankbar nahm Roswitha das freundliche Angebot an und kletterte zu dem Bauern hinauf auf den Kutschbock.

Wenig später waren sie vor der Schänke angelangt und Roswitha war der Aufforderung des Bauern gefolgt, sie in das Wirtshaus zu begleiten. Immerhin bestand so eine vage Hoffnung, dass die Wirtsleute vielleicht eine Helferin gebrauchen konnten. Als Bedienung, als Magd, egal als was. Sie würde jede Arbeit annehmen. Hauptsache, sie durfte einige Tage bleiben. Bis sich die Lage in Rothenburg hoffentlich wieder normalisiert hätte. „Du glaubst ja gar nicht, wie fröhlich es dort drinnen zugeht. Egal was draußen herum auch immer passiert", plapperte der Bauer fröhlich weiter, als sie sich auf den Eingang der Schänke zu bewegten. „Das tut manchmal wirklich gut, auch etwas Lustiges zu hören in diesen ernsten Zeiten. Das haben wir dem alten Heinrich zu verdanken. Dem alten Wirt. Der ist unglaublich zäh und immer noch gut beieinander, trotz seiner mehr als 60 Jahre, die er inzwischen schon auf dem Buckel hat. Der Kerl ist unglaublich, genauso wie sein Sohn, der Sebastian. Auch der ist kein Kind von Traurigkeit, obwohl der mit seinem Vater ständig im Streit liegt. Das scheint den beiden anscheinend irgendwie Spaß zu machen, diese ewige Streiterei. Und uns als Zuhörern natürlich auch", grinste der Bauer. „Übrigens, das ist schon respektabel, der Sebastian hat tatsächlich noch alle Zähne im Mund, obwohl er doch bereits 35 Jahre alt ist. Du wirst es selber sehen, denn er reißt vor jedem neuen Besucher sofort das Maul auf, um zu zeigen, was für ein toller Kerl er ist. Na ja, das ist ja auch schon beneidenswert, wenn man noch so richtig fest zubeißen kann. In diesem Alter."

Damit betraten sie den Schankraum.

Roswitha war das Glück hold. Auf alle Fälle könne sie für einige Tage hier in der Schänke bleiben, hatte ihr Sebastian, der junge Wirt, auf ihre Frage zur Antwort gegeben. Als Magd und als gleichzeitige Bedienung könne man sie gerade gut gebrauchen. Denn Apollonia, die alte Magd, sei vor Kurzem schwer an der Cholera erkrankt und folglich als Arbeitskraft nicht zu gebrauchen. Ob sich die Apollonia jemals wieder erholen würde, sei ziemlich unsicher und in ihrem Alter auch alles andere als wahrscheinlich. Vielleicht also könne Roswitha sogar auf Dauer bleiben.

In der Schänke von Neusitz verlebte das Mädchen eine gute Zeit. Die Leute waren nett zu ihr: die Gäste und die beiden Wirte gleichermaßen. Zwar zankten sich Vater und Sohn tatsächlich fortwährend, aber nur untereinander. Roswitha wurde von ihnen gut behandelt und bekam sogar genug zu essen. Endlich einmal musste sie keinen Hunger mehr spüren. Konnte sich morgens und am Abend richtig satt essen. Sogar unter zwei verschiedenen Sorten durfte sie wählen. Einmal in der Woche gab es Fleisch, an jedem zweiten Tag bekam sie ein Stück geräucherte Wurst. Wann hatte sie das zum letzten Mal erleben dürfen? Im Grunde genommen noch nie zuvor in ihrem Leben, denn auch auf dem kleinen Hof der Eltern in Gerolfingen war es bei Weitem bescheidener, ja ärmlicher, zugegangen. Doch, sie würde wirklich gerne sogar einige Monate hier verbringen. Das wäre schön. Hoffentlich. Sie schloss für einen Moment die Lider, um ihren Wunsch mit der vollen Kraft ihres Willens hoch zum Himmel zu schicken. Vielleicht meinte es der liebe Gott ja gut mit ihr und erhörte ihre Bitte.

Nur einen Wimpernschlag später schrak sie zusammen. Was waren das nur für eigensüchtige Gedanken! Wie rücksichtslos. Wie um alles in der Welt konnte sie ihre Hoffnung auf dem Elend eines anderen Menschen aufbauen? Denn nur durch den Tod oder durch eine andauernde Bettlägerigkeit der schwer kranken Apollonia würde sie deren Tätigkeit auf Dauer übernehmen können. Wie hatte sie sich nur zu einer dermaßen selbstsüchtigen Denkweise hinreißen lassen können? Nein, es durfte nicht sein. Man durfte es noch nicht einmal denken. Auch nicht in diesen barbarischen Kriegsjahren. Solche Gedanken waren ein untrügliches Anzeichen dafür, dass sich im Angesicht der tagtäglichen Gewalt allmählich das Herz und die Seele der Menschen verhärteten. Zum guten Glück war ihr die Ungeheuerlichkeit dieses Wunsches gerade noch bewusst geworden. Man musste beständig auf der Hut sein, um nicht selbst zu verrohen.

Sie sollte einfach dankbar sein, dass sie überhaupt einige Tage lang eine sichere Bleibe und eine gute Anstellung gefunden hatte. Außerdem gab es in der Neusitzer Schänke jederzeit interessante Dinge zu hören. Es waren spannende Gespräche, die Roswitha neugierig verfolgte, sofern dies die Arbeit ermöglichte. Auch wenn es manchmal Geschichten waren, die einem anschließend schwer zu schaffen machten. Wie diese, die am heutigen Spätnachmittag in der Schankstube erzählt wurde. Sie handelte vom Schicksal eines armen Wickelkinds, das kürzlich von einem Mann aus einem zur Stadt Windsheim gehörenden Dorf aufs Rathaus nach Rothenburg gebracht worden war. Der Säugling sei vor einigen Wochen von einer jungen, aus Rothenburg stammenden Frau, geboren worden. Die Mutter sei jedoch bei der Geburt des Mädchens gestorben. Die Frau habe zuvor noch behauptet, beim Kindsvater handele es sich um einen Soldaten, von dem sie jedoch nicht wisse, wo er sich befände und ob er überhaupt noch am Leben sei, ja nicht einmal seinen richtigen Namen kannte sie. Nur den Vornamen: Johann. Mehr nicht. Man habe sie das Kind gnadenhalber im Dorf gebären lassen, nun aber, nachdem die Frau verstorben war und er sie zu allem Überfluss auch noch auf eigene Kosten habe begraben müssen, wisse man nichts mit dem kleinen Mädchen anzufangen. Noch nicht einmal der Windsheimer Almosenpfleger habe ihm das Begräbnis bezahlen mögen, denn die Kasse sei aufgrund der Kriegszeiten leer. Unmöglich könne er das Kind nun auch noch bei sich in seiner Familie behalten, hatte der Mann gemeint. Dafür sei nun der Rat der Stadt Rothenburg zuständig. Er habe dem Mädchen den Namen Gerlinde gegeben, weil es an einem dunklen Februartag geboren worden war, dem Namenstag der Gerlinde. Wobei es sich zwar um eine Gepflogenheit der Katholiken handele, aber irgendeinen Namen hatte das Kind ja bekommen müssen. Gerlinde halt. Nein, man habe es noch nicht getauft, so gesehen könne man dem Säugling auch noch einen anderen Namen geben.

Die Freude der Rothenburger hatte sich in engen Grenzen gehalten. Denn auch die Großeltern der kleinen Gerlinde waren längst verstorben. Und so gab es also wieder eine Hungerleiderin mehr in der Stadt. Man ließ das Mädchen ins Armenhaus bringen – zweifelhaft, ob es dort sein erstes Lebensjahr überstehen würde. Manchmal schien ihnen der Tod in diesen Zeiten eher als Gnade für solch ein armseliges, kleines Geschöpf. Das Mädchen würde keine Zukunft haben. Nie. Eines von vielen Tausend gleich gearteten Schicksalen.

Gerlinde hatte nicht das Glück, das im vergangenen Monat einem anderen kleinen Waisenmädchen auf wundersame Weise zuteil geworden war. Auch an diese Begebenheit erinnerte nun einer der Bauern. Wie dieses Kind mit Namen Anna Katharina Zettel ebenfalls nach Rothenburg gebracht worden war. Deren Eltern, Apollonia Eckenberger und der Koch Israel Zettel, waren aufgrund der schlimmen Verhältnisse, die in Rothenburg seit der Besetzung durch Tilly herrschten, in die Stadt Frankfurt gezogen. Dort hatte Israel Zettel eine Anstellung gefunden. Kurz nach der Geburt ihres ersten Kindes waren beide an der Pest gestorben. Ein Mann aus Frankfurt hatte das kleine Mädchen daraufhin in einem Tragekorb auf den Rücken genommen und es bis nach Rothenburg gebracht. Ein Wunder, dass es den harten Transport überlebte. Und ein weiteres Wunder, dass es in diesem Fall noch die Eltern der verstorbenen Mutter gegeben hatte, die sich nun um ihre kleine Enkelin kümmerten. Ein seltener Glücksfall.

In diesem Moment wurde die Tür aufgerissen und ein offenkundig zorniger Bauer betrat die Gaststube. „Einen Becher Branntwein, aber schnell!" Grußlos zog er sich einen Stuhl heran und setzte sich zu den anderen.

„Was ist denn dir für eine Laus über die Leber gelaufen?", erkundigte sich der jüngere Wirt.

„Eine Laus?!", schnaubte der Mann, ein Bauer von einem Einzelgehöft in der Nähe des Karrachsees, verächtlich. „Eine ganze Horde! Soldaten. Landsknechte. Was weiß ich! Sie haben sich einfach auf meinem Hof eingenistet. Einquartiert, wie sie es nennen. Schon wieder. Trotz dieser teuren Salva guardien. Und ich kann sie jetzt durchfüttern!"

Der ebenfalls anwesende Pfarrer von Neusitz ergriff daraufhin das Wort und tippte sich dabei vieldeutig an die Stirn. „Was sind diese Schutzbriefe denn in Wirklichkeit? Es handelt sich dabei um eine andere Form von Ablassbriefen. Und ihr alle fallt nur allzu bereitwillig darauf herein – während sich eure Vorfahren völlig zurecht vor 100 Jahren im großen Bauernkrieg heftig gegen diesen Ablasshandel zur Wehr gesetzt haben!"

„Wie kannst du denn katholische Ablässe mit den Salva guardien vergleichen", schüttelte der Bauer erstaunt den Kopf.

„Eben, weil es im Grunde genommen dasselbe ist", gab der Pfarrer ruhig zurück. „Überleg doch einmal: beides kann man gegen bare Münze kaufen. Sicherheit gegen Geld. Einmal soll es die angebliche Sicherheit für das künftige Seelenheil sein, jetzt ist es die scheinbare Sicherheit vor Plünderungen. Wie wirksam das im einen Fall ist, das kannst du zwar nur vermuten. Im anderen Fall aber haben wir es gerade eben gehört. Es gibt keine Sicherheit gegen Geld. Diese Schutzbriefe sind in Wahrheit nur eine raffinierte Erfindung, um die Menschen gnadenlos auszunehmen. Zeig doch einem plündernden kaiserlichen Landsknecht einmal solch einen Brief. Der wird nur lachen und fröhlich weiterplündern. Denn der kann gar nicht lesen, was da drin geschrieben steht – genauso wenig wie du übrigens. Es könnten die unglaublichsten Dinge drinstehen, du aber, als einfacher Tor, musst glauben, was man dir vorgaukelt."

Dem wütenden Bauern, der in der Zwischenzeit seinen dritten Becher Branntwein hinuntergestürzt hatte, klappte die Kinnlade herunter. „Du... du meinst also..."

„Ich meine nicht: ich weiß." Der Pfarrer zuckte unglücklich mit den Achseln. „Das Schlimme daran ist, man kann nichts machen dagegen. Auch der Rat von Rothenburg, der sich ja selbst mit solchen Schutzbriefen versehen hat und nun allmählich begreift, wie sinnlos das war, auch dieser Rat ist machtlos."

„Der Rat von Rothenburg!" Wieder schien der Bauer in Rage zu geraten. „Was schert den Rat von Rothenburg schon die Mühsal eines kleinen Bauern?!" Er unterbrach sich, um einen weiteren Schluck aus seinem wieder gefüllten Branntweinbecher zu nehmen, dann fuhr der Bauer knurrend fort: „Es schert sie einen Dreck, wie es uns geht. Was sind wir denen schon wert? Nichts und wieder nichts. Weniger als ein herrschaftlicher Jagdhund. Und den Landsknechten ist unser Wohlergehen weiß Gott auch schnurzegal. Sie sind Diener des Krieges. Es geht ihnen nur darum, dass die Entlohnung stimmt. Der Glaube, pah, der ist denen allen egal – was immer sie auch daherreden!"

Der Pfarrer nickte unglücklich. „Da hast du leider recht. Obwohl ihr nicht vergessen dürft, auf welcher Seite der Feind dennoch zu finden ist", setzte er sicherheitshalber rasch dazu. Es konnte nicht schaden, ihnen wieder einmal klar und deutlich vor Augen zu führen, wie es bei den Katholiken zuging. „Habt ihr kürzlich die Geschichte gehört vom größten Gelehrten dieses Jahrhunderts und was ihm in diesem Jahr widerfahren ist?"

Die Bauern schüttelten ihre Köpfe und legten gleichzeitig eine bewusst gelangweilte Miene an den Tag. Sie hatten die Taktik des Pfarrers längst durchschaut. Er wollte sie also wieder einmal davor bewahren, vom rechten Weg abzuweichen. Oh je. Dennoch ließ sich der Geistliche nicht beirren. „Es ist ein Mann aus dem Italienischen mit dem Namen Galileo Galilei. Ein Wissenschaftler. Der hat behauptet, nein nicht behauptet, sondern bewiesen, dass die Erde sich um die Sonne dreht und damit hat er auch endgültig klargestellt, dass die Erde keine Scheibe ist, sondern eine Kugel. In der Schifffahrt hat sich das längst als richtig herausgestellt. Sonst wäre die Entdeckung von Amerika gar nicht möglich gewesen. Was man also längst schon weiß, hat dieser Galilei nun also wie gesagt bewiesen. Doch damit hat er sich im Widerspruch gegen die Lehre befunden, die in der Katholischen Kirche immer noch gilt. Die Erdenscheibe sei der Mittelpunkt des Universums und die Sonne zöge ihre Bahn um die Erde, so sagen sie es. Nach wie vor. Auch wenn es in Wirklichkeit genau umgekehrt ist. Dass sich also die Erde um die Sonne dreht. Sie haben den Mann vor die Inquisition gezerrt und verlangt, es müsse widerrufen werden. Das hat er dann schließlich auch getan, denn sonst hätten sie ihn getötet – als Ketzer wäre er bei lebendigem Leib verbrannt worden. So ist das bei den Katholischen!" Der Pfarrer machte eine kurze, bedeutungsvolle Pause, um den Inhalt seiner Rede zu unterstreichen. „Nach seiner Freilassung soll er dann aber geflüstert haben: Und sie bewegt sich doch!"

Der Bauer starrte dem Pfarrer mit verdrießlicher Miene in die Augen. „Na und? Was geht uns so eine Debatte an? Was nützt es mir, wenn ich weiß, dass sich die Erde angeblich um die Sonne dreht? Oder andersherum. Das kann uns doch einerlei sein. Denn was ändert sich dadurch für mich und mein Ochsengespann, wenn ich es hier draußen die Steige hoch in Richtung Colmberg bewegen muss? Es wird für meine Ochsen keinen Deut leichter, wenn ich ihnen ins Ohr flüstere, dass sich die Erde jetzt neuerdings um die Sonne dreht!" Ein wieherndes Gelächter erhob sich am Tisch. Das Gesicht des Pfarrers färbte sich rot vor Wut. „Banausen! Bauerntölpel!" Unter den spöttischen Blicken der übrigen Gäste stapfte er zornig aus der Schankstube und warf die Tür mit einem lauten Knall hinter sich ins Schloss.

„Die geistlichen Herren. Nie können sie einen Widerspruch ertragen", lächelte der Verursacher des Ärgers zufrieden. Der Triumph über den Pfarrer und der mittlerweile reichlich genossene Branntwein hatten ihn sichtlich besänftigt.

„Du hast schon recht", pflichtete der alte Wirt seinem Gast bei. „Sie schaffen es einfach nicht, auch andere Meinungen zu dulden. Meinungen genauso wenig, wie andere Glaubensrichtungen. Ich habe da einmal von einer sagenhaften Stadt in Spanien gehört. Toledo heißt die Stadt. Dort haben vor vielen Jahren anscheinend die Angehörigen verschiedenster Religionen, Araber, Christen und Juden tatsächlich in Frieden zusammengelebt. Und sie haben von diesem offenen Umgang miteinander sogar viele Vorteile gehabt. Der eine durfte das Wissen des anderen nutzen. Und alles ging lange Jahre gut. Über viele Generationen hinweg. Bis die Christen dann ganz Spanien zurückerobert haben. Und dabei eben auch in Toledo dieses friedliche Nebeneinander beendet haben. Ein regelrechtes Blutbad haben sie dort angerichtet. Denn dieses Zusammenleben war der Kirche ein Dorn im Auge. Es durfte nicht sein. Es durfte nur die eine Glaubensrichtung geben. Und deshalb hat man die Moslems dort genauso ausgerottet, wie im Süden von Frankreich die Katharer. Oder wie bei uns die Wiedertäufer..."

„Das verstehe wer will. Was juckt es mich denn, was mein Nachbar glaubt und welche Gebete er spricht. Hauptsache, er ist ein guter Mensch. Weshalb reicht das denn nicht? Weshalb soll ein Katholischer mein Feind sein? Das habe ich nie begriffen? Warum lassen sie uns nicht einfach friedlich zusammenleben? Ob evangelisch oder katholisch. Es gibt doch nur diesen einen Gott. Unseren Gott."

„Weil es um Macht geht", warf der alte Gastwirt bitter ein. „Immer nur um Macht und um Einfluss. Das sind ihre wahren Beweggründe, während sie unablässig den Namen Gottes auf ihren Lippen führen!"

„...und darin sind sich selbst die größten Gegner völlig gleich!", beendete der Sohn des alten Gastwirts mit seinem ernüchternden Fazit diese Unterhaltung.

\*

Am 16. November 1632 war es in Thüringen bei einem Ort namens Lützen zu einer fürchterlichen Schlacht gekommen. Aufgeregt liefen die Leute auf dem Platz vor dem Neusitzer Rathaus zusammen und ließen sich von einem völlig erschöpften Fuhrknecht aus Wachsenberg die Nachrichten über die neusten Kriegsereignisse schildern. Der Knecht hatte sich gerade in Ansbach aufgehalten, als dort plötzlich die Kunde von der Schlacht bei Lützen die Runde machte. Unmittelbar darauf hatte er sich auf ein Pferd geschwungen, sein Fuhrwerk der alleinigen Obhut des dortigen Rossknechts anvertraut und war hierher gepprescht, wo er seinen Bericht nunmehr mit vor Erregung krächzender Stimme unter das Volk streute.

Beunruhigende Neuigkeiten, die den Menschen das Blut in den Adern gefrieren ließen. Zu Beginn hatte es nach einem klaren Sieg der Schweden ausgesehen, denn es war König Gustav Adolf, diesem glänzenden Strategen, tatsächlich gelungen, seinen Gegner Wallenstein so frühzeitig in eine Schlacht zu treiben, dass dieser das Gefecht ohne die dringend benötigte Verstärkung durch Pappenheims Truppen hatte beginnen müssen. Bereits am frühen Nachmittag schien die Niederlage der Kaiserlichen unabwendbar, doch irgendwie war es dem tollkühnen Pappenheim noch gelungen, das Schlachtfeld rechtzeitig zu erreichen. Im buchstäblich letzten Augenblick hatte er ein dringendes Hilfeschreiben seines Feldherrn Wallenstein erhalten, worauf er mit seinen Leuten auf der Stelle umgekehrt war und nach einem wahren Gewaltritt dem schwer bedrängten kaiserlichen Heerführer zu Hilfe kam. Wieder einmal hatte der berühmt-berüchtigte Schrammhans seinem Namen dabei alle Ehre gemacht, in dem er sich ohne lange zu fackeln sofort mit wildem Todesmut in die schon verloren geglaubte Schlacht stürzte. Mit seiner geradezu fanatisch kämpfenden Truppe war es ihm tatsächlich gelungen, die Niederlage abzuwenden. Auch wenn er bereits eine Stunde nach seinem Eintreffen schwer verwundet worden war und schließlich sogar an der Verwundung starb, war es einzig und allein sein Verdienst, dass Wallensteins Armee nicht untergegangen war.

Viel schlimmer als die Tatsache, den schon sicher geglaubten Sieg nicht errungen zu haben, war für die Protestanten und hauptsächlich für die Schweden, jedoch eine andere Nachricht: König Gustav Adolf war gefallen!

Ein Aufschrei gellte durch die Menge. Voller Entsetzen schlugen die Menschen ihre Hände vor die Gesichter. Das konnte nicht wahr sein! Es durfte nicht sein!

„Was soll nun aus uns werden?"

Der Löwe aus Mitternacht war tot!

„Aber Pappenheim ist doch auch getötet worden!"

„Pappenheim ist nicht Gustav Adolf!"

„Das weiß ich auch! Aber dennoch..."

„Nichts dennoch: Gustav Adolf hat uns vor dem Untergang bewahrt. Er war der einzige, der es geschafft hat, die Protestanten unter seiner Fahne zu vereinen. Und jetzt ist er tot..." Erregte Diskussionen fanden statt. Doch so lange und so heftig sie auch debattierten, sie kamen zu keiner übereinstimmenden Einschätzung der durch den Tod des Schwedenkönigs entstandenen Lage.

Schließlich verschaffte sich einer der Männer mit durchdringender Stimme Gehör. Die Menge verstummte, als sie bemerkte, dass es sich um Balthasar Mecherlein handelte, der ihnen offenbar etwas zu sagen hatte. Balthasar war ein ehemaliger Landsknecht, der ursprünglich aus Schweinsdorf stammte und über die Jahre hinweg mit den Truppen der Protestantischen Union in die Kämpfe gezogen war. In zahlreichen Gefechten hatte er sich am ganzen Körper teilweise tiefe Stichwunden und Schussverletzungen zugezogen, sodass er aus diesem Grund seit einiger Zeit nicht mehr in der Lage war, weiterhin seinen Sold im Krieg zu verdienen. Immerhin war es ihm schließlich gelungen, in sein Heimatdorf zurückzukehren, wo dank eines silbernen Armreifs, den er bei der Eroberung irgendeiner Stadt erbeutet hatte, die nötigen Mittel für den Bau einer bescheidenen Hütte aufbringen konnte. Und sogar noch eine Kuh hatte er sich vom Rest des für den Armreif eingetauschten Geldes kaufen können. Den Analysen dieses erfahrenen Kriegsmannes hatten die Neusitzer schon immer mit großem Interesse gelauscht. Kein Wunder also, dass sie jetzt gespannt auf seine Einschätzung der Lage warteten.

„Ruhe! Gebt Ruhe! Wir wollen hören, was uns der Balthasar zu sagen hat."

Der alte Landsknecht räusperte sich vernehmlich, setzte eine wichtige Miene auf, hob das Kinn und blickte bedeutungsvoll über die Menge, bevor er mit seiner Rede begann. „Also gut, Pappenheim ist tot. Das ist nicht schlecht, denn er ist einer der übelsten Wüteriche gewesen. Den Schrammhans hat endlich die verdiente Kugel getroffen. Was nützt uns das? Nicht viel, weil es unsere Seite in der Tat noch viel schlimmer getroffen hat. König Gustav Adolf ist im Grunde genommen unersetzbar. Und dennoch muss es einen neuen Anführer der Protestanten geben. Es wird wohl Axel Oxenstierna sein, der Kanzler des toten Königs. Kein anderer kann es machen. So wird es kommen, so wahr ich hier stehe. Jetzt gilt es für die protestantische Seite, rasch Einigkeit, Tatkraft und Entschlossenheit zu zeigen. Deshalb muss Oxenstierna auch die Regentschaft über Schweden übernehmen, denn

Christina, die Tochter und Erbin des Königs, ist ja erst sechs Jahre alt. Das arme Mädchen. Doch um Mitleid mit dem Kind kann es uns jetzt nicht gehen. Es stellt sich einzig und allein die Frage, ob Oxenstierna wirklich in der Lage ist, seinen König Gustav Adolf würdig zu ersetzen, auf den wir doch all unsere Hoffnungen gesetzt hatten. Kann Oxenstierna, der ohne Frage ein loyaler und auch hervorragender zweiter Mann war, nun in die Fußstapfen des Königs treten? Kann man Gustav Adolf so einfach ersetzen? Werden ihm dieselben Kriegserfolge gelingen? Nun denn, man wird sehen. Die Lage ist", in einem Anflug von Verzweiflung hob Balthasar beide Hände in die Höhe, „die Lage ist genauso ungewiss wie eh und je. So furchtbar es klingt: es hat sich nichts zum Besseren gewendet. Allerdings", jetzt steigerte er seine Lautstärke, um das erregte Gemurmel das sich nun erhob, für sein abschließendes Fazit zu übertönen, „verschlechtert hat sich die Lage auch nicht. So seltsam dies klingt: auch nach der angeblichen Entscheidungsschlacht bei Lützen sind die Kräfteverhältnisse dieselben geblieben. Es bleibt uns nur, auf eine gute Zukunft zu hoffen – und zu beten. Beten für die Stärke von Oxenstierna, dem neuen Anführer der Protestanten. Hoffen wir zuversichtlich, dass er dieses Land vor seinen Feinden bewahren kann."

Damit verstummte Balthasar Mecherlein wieder. Nachdenklich und von tiefen Sorgen geplagt, standen die Menschen vor dem Rathaus und wussten sich nicht zu helfen. Im Grunde genommen waren sie auch nach der Rede des alten Landsknechts so schlau wie zuvor. Nur eine Erkenntnis hatte sich wieder einmal in all ihrer schrecklichen Konsequenz bestätigt: die Sinnlosigkeit des Krieges! Was hatte es der einen wie der anderen Seite genützt, dass allein in Lützen 5000 Menschen ihr Leben verloren hatten und unzählige weitere verwundet worden waren? Als Krüppel, Bettler und Hungerleider würden sie sich von nun an den Rest ihres Lebens durchschlagen müssen.

Viele Bauern schienen erhebliche Zweifel zu hegen, dass es dem Schwedenkanzler Oxenstierna gelingen könne, die eigensüchtigen protestantischen Fürsten nun unter seiner Führung weiter bei den Fahnen zu halten. Denn er verfügte bei Weitem nicht über dieselbe Strahlkraft, wie sie von seinem toten König ausgegangen war. Und selbst an Gustav Adolfs Rolle in diesem Krieg wurden die ersten Zweifel laut: wo war ein auf Dauer wirksamer Erfolg erzielt worden? Gut, zu Beginn seines Kriegseintritts hatte Gustav Adolf oben im Norden einige Siege erringen können. Später war er auch im Süden beim einen oder anderen Scharmützel siegreich geblieben. Tilly war dabei umgekommen. Na und? Auch Tillys Tod hatte dem Land keinen Frieden gebracht.

Irgendwann war es Roswitha zu viel geworden. Sie konnte es einfach nicht mehr ertragen: all die düsteren Vermutungen und Prophezeiungen, dazu die Angst, die sie auslösten und die Menschen beinahe irrsinnig machten. So war sie einfach davongegangen.

„Roswitha!", verwundert schaute sie sich um und blickte in das verwitterte Gesicht des alten Landsknechts Balthasar. Ein warmes Lächeln funkelte ihr aus seinen müden dunklen Augen entgegen. „Hast du es auch nicht mehr ausgehalten?", brummte er kopfschüttelnd. „Sie können reden, soviel sie wollen. Ihr Schicksal bekommen sie dennoch nicht in die eigenen Hände. Was auch immer sie an lautstarken Erkenntnissen zum Besten geben und damit ihre Nachbarn noch tiefer in Verzweiflung stürzen. Es ist in Wirklichkeit nichts anderes, als gingen sie laut pfeifend durch den dunklen Wald, um sich damit Mut zu machen."

„Aber es ist schon ein schlimmes Gefühl, zu wissen, dass man nichts machen kann."

„Hat man als einfacher Bauer jemals sein Schicksal selbst in die Hand nehmen können?"

Erstaunt sah Roswitha auf. Er hatte ja recht, der alte Landsknecht. „Na ja, wenn ich's recht bedenke nie..."

„Siehst du, so ist das schon immer gewesen", nickte Balthasar ernst. „Für unsereinen gab es nie etwas zu lachen. Deshalb würde ich auswandern, wenn ich noch so junge Knochen besäße, wie du. Weit fort von hier, in ein anderes Land, in dem es gerechter zugeht. Ich selbst bin dafür leider zu alt. Meine Tage sind gezählt. Ich werde von Glück sagen können, wenn ich eines Nachts friedlich einschlafen darf und einfach nicht mehr erwache. Es wäre ein schöner Tod. In der Hoffnung, dass der Herr auch einer armen Landsknechtsseele gnädig ist. Einfach einschlafen, nicht mehr aufwachen. Lieber würde ich für einen solchen Tod ein ganzes Jahr hergeben, als wenn ich durch die Hand eines Plünderers sterben müsste. Was in diesen Zeiten ja leider schnell passieren kann."

Roswitha hatte aufgehorcht. „Dieses Land, von dem du da gesprochen hast, wo soll das sein?"

Der Landsknecht grinste. „Habe ich dich also doch neugierig gemacht. Dieses Land... ich habe von ihm durch meine Kameraden gehört. Denn die kannten solche Leute, die tatsächlich schon in diesem Land gewesen sind. Amerika heißt es."

„Amerika!" Welch faszinierender Klang. „Ich habe schon gehört, dass es dieses Land geben soll. Mehr weiß ich aber nicht, nur dass es unendlich weit weg sein soll."

„So ist es", nickte Balthasar. „Unendlich weit weg. Aber genauso reich und staunenswert. Sie haben mir erzählt von rothäutigen Menschen mit Vogelfedern im Haar, man nennt sie Indianer. Sie haben unermessliche Schätze: Gold, Silber und Edelstein. Aber es gibt dort auch viele wilde Tiere. Zum Beispiel eine Eidechse, nur hundertmal größer und tausendmal gefräßiger. Ein sogenanntes Krokodil. Eine wahre Bestie, die sogar schon ganze Menschen verschlungen hat!" Schaudernd rieb sich Roswitha die Unterarme. Und dennoch blieb die Neugierde in ihr haften. Da war dieses eine Wort gewesen, das der alte Balthasar vorhin verwendet hatte.... Ja, genau:

Gerechter, hatte er gesagt. Es ginge dort in diesem Land gerechter zu. „Wie hast du das gemeint mit gerechter?"

„Gerechter?" Irritiert kniff der Mann die Brauen zusammen. „Was soll an einem Krokodil denn schon gerecht sein?"

„Nein, nicht das Kro... das Krok... nicht dieses Untier habe ich gemeint", wehrte Roswitha ab. „Ich meine dieses Land, von dem du sagst, es ginge dort gerechter zu als bei uns. Was hat es damit auf sich? Sind die Könige und die Kurfürsten dort anders zum Volk?"

„Die Kurfürsten und die Könige", lachte Balthasar laut auf. „Da gibt es gar keine Könige und auch sonst keinen Adel. Da gibt es nur das weite Land. Unendlich viel Platz und wenig Leute. Siedler nennen sie sich. Jeder, der dort hinübergeht, bekommt sogar ein Stück Land geschenkt, das er selbst bebauen darf, ohne dass er einem großen Herrn dann tributpflichtig ist. Da gibt es keinen Zehnten, den man zahlen muss, auch keine anderen Abgaben. Da gibt es nur Gleiche. Da ist keiner mehr wert als der andere."

Roswitha schüttelte entschieden ihren Kopf. „Das gibt es nicht. Das glaube ich nicht. Du willst mich nur auf den Arm nehmen. Es kann nicht sein. Unmöglich!"

„Es ist aber so. Es gibt dieses Land", beharrte Balthasar auf seiner Aussage. „Es ist mein voller Ernst: wenn ich jünger wäre und wenn mein Körper es noch erlauben würde, ich würde mich sofort aufmachen in dieses Land. Lieber heute als morgen."

„Amerika." Das Mädchen musterte den alten Landsknecht mit einem immer noch misstrauischen Blick. „Und du bindest mir also wirklich keinen Bären auf? Dort gibt es wirklich keinen Adel und keinen Zehnten? Du sagst tatsächlich die Wahrheit?"

„Ja, natürlich. Weshalb sollte ich dich denn belügen?"

„Weil... es klingt so unglaublich. Dass es ein Land geben soll, in dem alle Menschen gleich sind. Keine Kaiser und Könige..."

„...und nur einen einzigen Herrn."

„Also doch!" Enttäuschung lag in ihrer Stimme.

„Ja", lachte Balthasar, „aber ganz ohne diesen Herrn geht es nun mal nicht. Ich meine unseren Herrgott. Keinen weltlichen Herrn, sondern nur diesen einen im Himmel. Der für alle da ist. Sonst aber wirklich keinen."

Das Mädchen nickte anerkennend. „Dann muss es ja schön sein, in diesem Land leben zu dürfen..."

„Weshalb ich, wenn ich an deiner Stelle wäre, zusehen würde, schnell dorthin zu kommen. Ich würde mich erkundigen, wie das wohl vonstatten geht mit den Schiffen, die über das Meer nach Amerika fahren."

„Das machen doch nur die Männer", warf Roswitha ein.

„Von wegen. Da drüben brauchen sie ja auch Frauen. Da bist du also jederzeit willkommen. Ein so hübsches Mädchen, wie du es bist."

Roswitha errötete leicht, als sie den anerkennenden Blick bemerkte, mit dem der alte Landsknecht sie bedachte. „Na ja, selbst wenn ich wollte. Zuerst muss ich meinen Bruder suchen. Den Matthias. Du weißt ja..."

„Du suchst ihn also immer noch?" Balthasar schrak unglücklich zusammen, als er bemerkte, welche Wirkung seine unbedacht geäußerten Worte bei Roswitha hinterließen. Schlagartig war die Farbe aus ihren Wangen gewichen und ihre Lippen zitterten leicht, als sie die Gegenfrage stellte. „Du... du glaubst also auch nicht, dass... dass er..." Nein! Sie schaffte es einfach nicht, das furchtbare Wort in den Mund zu nehmen. Plötzlich rannen Tränen aus ihren Augen und liefen über ihre Wangen, ohne dass sich die ganz plötzlich von einer bitteren Woge der Verzweiflung ergriffene Roswitha in der Lage gesehen hätte, ihre Traurigkeit zu verbergen.

„Aber so habe ich das doch nicht gemeint." Der Alte machte einen Schritt auf das weinende Mädchen zu und drückte sie zärtlich an sich. „So meinte ich das wirklich nicht. Glaube mir. Ich habe damit nur sagen wollen, dass ich deine Kraft so erstaunlich finde. Mit welcher Beharrlichkeit du dich auf die Suche begeben hast. Und dass du nicht locker lässt. Egal, wie viel Zeit inzwischen schon verstrichen ist. Das habe ich nur gemeint. Glaubst du denn, du würdest ihn noch erkennen? Äußerlich und innerlich?" Das letzte Wort hatte Balthasar deutlich betont. Innerlich. Worauf aber wollte er damit hinaus? „Ich meine", fuhr er rasch fort, „dass sich dein Matthias womöglich gewaltig verändert haben wird. Nach einer so langen Zeit bei den Soldaten wird er nicht mehr derselbe sein, als den du ihn gekannt hast. Denke nur an all die Erlebnisse, die er in den vergangenen Monaten im Kriegsgetümmel wohl hat durchleben müssen. Durchleben und durchleiden. Aber", der alte Landsknecht musterte Roswitha mit einem mitfühlenden Blick, „das ist schließlich bei dir nicht anders. Ob du wolltest oder nicht: Auch du hast dich im Lauf der Zeit verändert. Das ist eben so im Leben. Es ist die Summe aller Erfahrungen, die wir gemacht haben. Und erleben müssen hast du ja schon viel mehr, als andere, die in deinem Alter sind. Es ist richtig, dass du dein Ziel niemals aus den Augen verloren hast. Wann immer du es erreichen wirst. Wichtig ist und bleibt, niemals den Glauben zu verlieren. In keinerlei Hinsicht."

*

1633

Der Krieg ging mit unverminderter Härte in sein 16. Jahr und wieder einmal war die Rede von einer in Bälde bevorstehenden endgültigen Entscheidung, auf die es jetzt ganz sicher hinauslaufe. Zum wievielten Mal behaupteten sie das? Wie oft hatte man schon hören müssen, der Sieg der Protestanten stehe unmittelbar bevor. Und was war dann geschehen? Der Krieg war weitergegangen.

Und es war kein Ende in Sicht. Denn seitdem sie im vergangenen Dezember ihre Winterlager bezogen hatten, waren die feindlichen Lager mit verbissener Entschlossenheit darangegangen, ihre Kräfte neu zu formieren. Und wieder hieß es, womöglich sei Mittelfranken bald wieder direkter Kriegsschauplatz. Höchstwahrscheinlich käme es hier zu dieser entscheidenden Schlacht. Kopfschüttelnd und verdrießlich hatten die Leute diese Kunde vernommen. Wem konnte man schon noch Glauben schenken? Nach 15 Jahren Krieg!

Doch einerlei, was die Leute denken mochten, auch in das Dorf Neusitz kam die Anordnung vom Rat der Stadt Rothenburg, sich bei den Ausbesserungsarbeiten an der Landhege zu beteiligen. Die Gräben sollten tiefer ausgehoben werden, die Wälle dagegen würden deutlich erhöht, neue Dornenbüsche müssten gepflanzt werden, die Tore verstärkt werden und ähnliches mehr. Frondienst. Schon wieder!
Kein Wunder, dass an diesem Abend nach Bekanntgabe der Fronarbeit eine gewaltige Missstimmung in der Schänke herrschte und die Männer mit harschen Worten ihrem Unmut Luft verschafften.
„Es ist immer dasselbe! Die Herrschaften befehlen und wir sollen die Arbeit dann machen!"
„Und das noch auf eigene Kosten!"
„Aber wenn es doch wieder zu einer Schlacht in unserer Nähe kommt. Dann ist es doch besser, wir haben die Landhege vorher verstärkt. Nicht, dass wieder jeder dahergelaufene Landsknechtehaufen über uns herfallen kann. So sehr mir dieser Frondienst auch gegen den Strich geht, was sollte man anderes tun, um sich gegen die Kriegsleute zu schützen?", wagte einer der Bauern einen zaghaften Einwand in die mürrischen Debatte.
„Der Krieg! Wer führt denn den Krieg? Wir etwa? Wieso lassen wir uns eigentlich von den Spitzbärten mit ihren Rüschenkrägen beständig gegen unseresgleichen aufhetzen? Ob katholisch oder evangelisch, es sind doch Bauern wie wir. Was geht es uns an, wenn so ein Spitzbart

meint, er müsse mit irgendwelchen Edelleuten ein Scharmützel ausfechten! Wir haben die Zeche zu zahlen, egal wie es ausgeht. Und die hochmögenden Herrschaften haben ihren Gewinn daran. Nein, man sollte sich ihnen verweigern. Wie es seinerzeit der Pfeiferhans aus Niklashausen getan hat..."

„...oder vor hundert Jahren unsere Vorfahren im großen Bauernkrieg. Damals ist es ja schon gelungen, Rothenburg in die Knie zu zwingen. Die tapferen Brettheimer Bauern, Florian Geyer und auch der Pfarrer von Neusitz. Sie alle waren dabei."

„Selbst der Pfarrer?!" Die Bauern in der Schänke staunten nicht schlecht, als der alte Wirt Heinrich diesen Hinweis gegeben hatte.

„Ja, selbst der Pfarrer von Neusitz", nickte er bedächtig. Als ob er die Spannung in der Schankstube damit erhöhen wollte, fuhr er in seiner Rede jedoch nicht fort.

„Und dann? Jetzt sag schon", drängelte einer daraufhin wunschgemäß. „Was war dann?

Was haben sie mit dem Pfarrer gemacht? Oder hast du das vergessen? Der Bauernkrieg ist ja leider verloren gegangen."

„Wenn auch nur knapp. Aber dafür ist die Rache der Sieger dann umso schrecklicher ausgefallen..."

„Was mit dem Pfarrer geschehen ist, wollten wir wissen", rief ein anderer dem Wirt voller Ungeduld entgegen. „Jetzt sag schon endlich!"

„Hmm..." Heinrich nickte bedächtig mit dem Kopf, bevor er seinen Blick langsam über die Runde der Bauern wandern ließ. „Sie haben ihn gefangen genommen und ihm als Ketzer, wie sie ihn genannt haben, ein glühendes Eisenkreuz auf die Stirn gedrückt. Dann haben sie ihn gerädert!"

„Scheußlich!" Der ehemalige Landsknecht Balthasar schüttelte sich angewidert. „Das ist die schlimmste Todesart, die man sich vorstellen kann. Erst die Folter, dann brechen sie ihm alle Knochen an den Armen und den Beinen, um ihn aufs Rad zu flechten. Und danach kommt der Henker und schlägt ihm mit einem weiteren Wagenrad auch die übrigen Knochen im Leib zu Mat..."

„Hör auf! Es reicht! Mir ist schon ganz übel. Außerdem wissen wir selbst, wie das vonstatten geht", fuhr ihm sein Nachbar scharf dazwischen. „Die armen Leute. Und was ist aus den anderen geworden?"

„Nun ja", der Wirt zuckte mit den Schultern. „Einige wenige sind ungeschoren davongekommen, manche wurden ausgepeitscht und dann davongejagt, wieder andere haben sie ersäuft. Die sogenannten Rädelsführer sind verbrannt worden, ihre Asche hat man dann in den Fluss gestreut. So, wie sie es schon beim Pfeiferhans getan haben."

Kopfschüttelnd starrten die Bauern in ihre hölzernen Trinkbecher. „Und alles wegen der Religion! Es ist immer wieder die Religion!", murmelte einer mit düsterer Miene.

„Aber damals ging es doch nicht nur gegen die Kirche und die Bischöfe, sondern auch gegen den Adel und sogar gegen den König!"

„Zunächst einmal ging es um das wahre Evangelium", widersprach der Erste. „Um das, was in der Bibel geschrieben steht. Worauf sich unsere Ahnen berufen haben, als man ihnen die althergebrachten Rechte beschnitten hat. Und das war der Grund, weshalb man die Anführer schließlich verbrannt hat. Weil sie sich auf die alten Rechte und auf die heilige Schrift bezogen haben. Die aber scheint nur den Herren zu gehören. Nicht den Bauern und Knechten. Wir Bauern haben nur Opfer zu bringen. Wir können als Landsknechte für die großen Herren in den Krieg ziehen und für deren Reichtum unser Leben lassen. Ja, dafür sind wir ihnen recht."

Nachdenkliche Stille folgte diesen anklagenden Sätzen. Der Mann hatte ja recht: wen kümmerte in diesen Zeiten schon das Schicksal eines einfachen Bauern. Wen von den hohen Herrschaften hatte es jemals gekümmert. Doch was sollte man tun? Das Leben musste weitergehen. Denn es nützte keinem, in Verzweiflung und Trauer zu verharren. Man durfte sich den Glauben an eine bessere Zukunft nicht nehmen lassen. Denn sonst wäre selbst die Zukunft schon Vergangenheit.

Die Befürchtung des Rates der Stadt Rothenburg, dass womöglich bald schon das Gebiet der Landwehr von neuen Kriegsereignissen berührt werden könnte, war nicht von der Hand zu weisen. Denn die neusten Meldungen, die im Rathaus eingetroffen waren besagten, dass Axel Oxenstierna, der Nachfolger des gefallenen Schwedenkönigs, sich mit seiner Hauptstreitmacht in der Nähe von Hall befand. Dort hatte er seine Truppen und die der anderen Verbündeten weit über das Land verteilt. Eine Maßnahme, die er der Not gehorchend hatte ergreifen müssen. Denn anders gab es keine Möglichkeit, diese mehrere Tausend Männer umfassende Streitmacht zu versorgen. Die schon seit Jahren schwer in Mitleidenschaft gezogenen Dörfer und Bauernhöfe waren einfach nicht mehr in der Lage, die immensen, von den Soldaten geforderten Abgaben herbeizuschaffen. Gleichzeitig verhandelte Oxenstierna mit beständig wachsendem Zorn mit den widerspenstigen Reichsstädten im Hinblick auf eine Fortsetzung des protestantischen Bündnisses. In ultimativer Form verlangte er jetzt, nachdem mehrere Wochen ergebnislos verstrichen waren, eine bessere Versorgung seiner Armee. Wenn es nicht bald geschähe, dann bliebe keine andere Wahl mehr, als seinen Leuten gezielte Plünderungen zu gestatten, hatte er den erschrockenen Abgesandten der Städte voller Wut entgegengeschleudert, als sich auch im März noch keine neue Übereinkunft abzeichnete. Was es aber bedeute, wenn die Soldaten und vor allem die Landsknechte aber erst einmal von der Leine gelassen wären, das könne sich ein jeder selbst ausmalen. Kein noch so mächtiger Heerführer der Welt könne dann mehr eingreifen, wenn sich eine außer Rand und Band geratene Soldateska an den Städten schadlos halte, die ihnen die geforderte Unterstützung verweigerten. Viele seiner Landsknechte hätten sich inzwischen längst die Frage gestellt, für wen sie eigentlich ihr Leben aufs Spiel setzten. Was waren das für seltsame Glaubensbrüder, denen man nicht als Retter und Beschützer willkommen sei. Während die Städter hinter ihren Mauern ein bequemes Leben führten, schleppten sich ihre Beschützer mit knurrenden Mägen und angeschlagener Gesundheit durch den Matsch dieser feuchtkalten Jahreszeit. Sie würden sich nicht mehr lange in Geduld üben. So viel stand für Oxenstierna fest.

Gott sei Dank war wenigstens die Pest schon längst wieder von Rothenburg gewichen. Aus den zunächst geplanten wenigen Wochen, die Roswitha auf ihrer Flucht vor dem schwarzen Tod in der Neusitzer Schänke zu verbringen gedacht hatte, waren inzwischen mehrere Monate geworden. Es war eine mit Arbeit ausgefüllte Zeit. Im Grunde genommen eine schöne Zeit. Von morgens früh bis spät in den Abend hinein hatte es für Roswitha genügend Möglichkeiten gegeben, sich überall nützlich zu machen. Ja, beinahe schon unentbehrlich zu sein. Doch im Laufe dieser Zeit war die alte Magd, die doch auf Leben und Tod an der Cholera oder einer ähnlich schlimmen Krankheit darniedergelegen hatte, auf wundersame Weise doch wieder genesen. Eines Tages war sie so weit hergestellt, dass sie sich in der Lage sah, nun auch ihre alte Arbeit wieder aufzunehmen. Damit war kein Platz für Roswitha mehr in der Schenke. So sehr der Wirt dies auch bedauerte und so gerne er die fleißige Roswitha auch bei sich behalten hätte: er könne es seiner langjährigen Magd nicht antun, sie nach so vielen Jahren treuer Pflichterfüllung nun einfach gegen eine jüngere und kräftigere Hilfskraft auszutauschen. Für eine weitere Magd sei die Schenke jedoch einfach zu klein. Nun denn, so war es eben. Was hätte es gebracht, mit dem Schicksal zu hadern. Sie würde also wieder nach Rothenburg ziehen.

Vielleicht würde sie dort wieder Arbeit finden, nachdem die Pest überstanden war. Womöglich sogar ein weiteres Mal in der Rossmühle?

Doch kaum war Roswitha in der Stadt eingetroffen, erhielt sie die traurige Mitteilung, dass der alte Müller gestorben war.

Überdies war der Betrieb in der Rossmühle nun, so wie es der Alte vorausgesagt hatte, tatsächlich eingestellt worden. Die anderen Mühlen im Taubertal unten waren inzwischen wieder so weit hergestellt, dass man auf den mühseligen Betrieb oben in der Stadt verzichten konnte. Wohin aber dann?

Vielleicht würde sie im Pfarrhaus Aufnahme finden. Der Pfarrer der großen Jakobskirche galt, wie Roswitha wusste, als ein großzügiger Mann mit einem warmen Herzen. Also würde sie sich dorthin wenden und ihm ihre Dienste als Magd oder Küchenhilfe anbieten. Egal, welche Arbeit es sein mochte: Hauptsache, sie konnte für einige Zeit hier in Rothenburg Aufnahme finden. Bis im Verlauf der kommenden Wochen oder Monate Klarheit darüber herrschte, wie sich die Kriegslage weiterentwickeln würde. Bis dahin erschien es ihr am sinnvollsten, sich im Schutz der Mauern einer großen Stadt zu wissen. Selbst wenn die Reichsstadt Rothenburg, wie sich ja mittlerweile längst erwiesen hatte, einem größeren Ansturm auf Dauer nicht standhalten konnte, war man hier immer noch sicherer vor den Überfällen einzelner Landsknechtehaufen, als irgendwo sonst in den nahezu schutzlosen Dörfern der Umgebung. Selbst innerhalb der Landhege. Also würde sie den Pfarrer um Aufnahme bitten. Wohl wissend, dass erst kürzlich der Lichtmesstag angebrochen war. Insofern durfte sie sich nicht allzu viel Hoffnung machen – und dennoch war ihre Enttäuschung groß, als ihr der Pfarrer mit knappen und überdies recht barschen

Worten auseinandersetzte, er könne im Augenblick keine weitere Magd bei sich gebrauchen. Immerhin hatte er ihr zum Schluss dann doch noch den Rat gegeben, sie möge ihr Glück einmal beim Stadtphysicus Dr. Weinlin versuchen. Gut möglich, dass der Arzt für eine Hilfskraft dankbar sei.

Denn seit den Tagen der kürzlich überstandenen Pest klafften auch in seinem Haushalt große Lücken. Seltsamerweise hatte sich an Lichtmess nämlich kein einziger Knecht und keine Magd dazu bereitgefunden, eine der angebotenen Tätigkeiten im Haus des Arztes zu übernehmen. Noch nicht einmal gegen das Versprechen, am Ende dieses Dienstjahres eine zusätzliche Entlohnung in Form einer Kupfermünze zu erhalten. Viel zu ausgeprägt war die bei den Leuten vorherrschende Furcht, sich beim Stadtphysicus womöglich mit einer dieser schrecklichen und todbringenden Krankheiten anzustecken, mit denen der Doktor Weinlin ja zwangsläufig als einer der ersten in Berührung kam. Sie wussten nur allzu gut, dass die Kunst des Arztes in der Pest ihren Meister fand, genauso wie er im Falle von Aussatz, bei der Ruhr oder der Cholera ziemlich hilflos die Krankheit zwar erkennen, aber nicht heilen konnte. Wer von ihnen wollte also ein solches Wagnis freiwillig auf sich nehmen? Kein Mensch. Denn schließlich gab es in den Rothenburger Bürgerhäusern noch andere Stellen. Selbst wenn dort die Entlohnung etwas spärlicher ausfallen mochte, man begab sich mit dem Dienstantritt zumindest nicht in Lebensgefahr.

Insofern brauchte sich Roswitha gar nicht sonderlich zu wundern, dass sie von Dr. Josaphat Weinlin geradezu mit offenen Armen empfangen wurde. Auf der Stelle konnte sie die Arbeit beginnen. Und in seiner grenzenlosen Freude, wider alles Erwarten doch noch eine Hilfskraft gefunden zu haben, versprach er ihr feierlich, sie sogar auf unbestimmte Zeit beschäftigen zu wollen. Also weit über Lichtmess hinaus, falls sie länger würde bleiben wollen.

Der Stadtphysicus schien überglücklich, denn vor einigen Monaten war auch seine eigene Frau an der Pest verstorben. Selbst ihr hatte er nicht helfen können, als der schwarze Tod sein Unwesen in der Stadt getrieben hatte. Im Haushalt des Arztes waren durch den Tod seiner Frau schmerzhafte Lücken gerissen worden. Der arme Mann stand mittlerweile völlig alleine in der Welt, denn auch seine beiden Kinder waren im Verlauf der letzten beiden Jahre nacheinander gestorben. Vom Leben schwer gezeichnet ging Weinlin dennoch weiterhin klaglos seiner schweren Arbeit nach. Lediglich am Abend fand er manchmal Entspannung, wenn er an der Orgel der Jakobskirche den Gottesdienst begleitete. Denn Weinlin war nicht nur ein angesehener Arzt, sondern galt in Rothenburg auch als beinahe genialer Musiker. Sogar schon die eine oder andere Orgel hatte er gebaut. Kleine Wunderwerke der Handwerkskunst. Die Orgel, es handelte sich um die einzige Ablenkung, die ihm verblieben war, um sich über den Verlust seiner Lieben wenigstens einigermaßen hinwegzutrösten.

Kaum hatte Roswitha ihre Arbeit beim Stadtphysicus aufgenommen und sich den ersten Überblick über ihre Verpflichtungen verschafft, da hatte sie vorsichtig damit begonnen, sich nach dem Verbleib von Christoph zu erkundigen. Denn von ihrem so liebgewonnenen Gefährten aus den vergangenen Tagen ihrer gemeinsamen Flucht, war bislang nirgendwo das Geringste zu hören und zu sehen. Merkwürdig. So groß war die Stadt doch schließlich nicht, dass man sich nicht irgendwann einmal über den Weg hätte laufen können. Ja, laufen müssen. Inzwischen begann sie sich ernste Sorgen um Christoph zu machen. Selbst wenn sie Christophs Herz durch ihren überstürzten Aufbruch aus Rothenburg im Spätjahr 1631 verloren hatte, in ihrem eigenen Herzen war für Christoph immer ein Platz geblieben. Diese Zeit und die gemeinsam mit ihm überstandenen Gefahren waren viel zu prägend gewesen, als dass sie Christoph jemals würde vergessen können. Und auch nicht vergessen wollen. Aber wieso war nichts von ihm zu sehen? Ebenso wenig von seiner Gefährtin Catharina. Deren bloße Namenserwähnung eigentlich schon genügte, um in Roswitha bittere Gefühle zu wecken, aber um solche Empfindlichkeiten war es ihr momentan nicht zu tun. Wo steckten die beiden nur? Es würde bei der Pest doch nicht etwa auch Christoph... Nein! Bitte nicht. Noch nicht einmal den Gedanken daran durfte sie in ihren Kopf lassen.

Und so waren einige weitere Tage verstrichen. Von Christoph war noch immer nichts zu sehen gewesen. Schließlich hatte sich Roswitha ein Herz gefasst und sich direkt bei dem Arzt erkundigt, ob sich wohl auch Christoph unter seinen Patienten befunden hatte. Ein Junge von mittlerweile 15 Jahren, der womöglich etwas älter wirkte. In der Bronnenmühle unten bei der Brücke habe er als Knecht gearbeitet und seine gleichaltrige Gefährtin höre auf den Namen Catharina. Vielleicht könne er sich an die beiden erinnern, hoffentlich aber nicht.

Christoph! Es schien Roswitha, als sei der Boden unter ihren Füßen ins Schwanken geraten, als die Antwort des Stadtphysicus wie durch einen dichten Nebel in ihr Bewusstsein drang. Denn aufgrund ihrer genauen Beschreibung des Jungen und seiner Freundin, hatte sich der Arzt rasch an die beiden erinnert. Ja, genau. Am selben Tag seien sie an der Pest gestorben. Christoph wohl keine Stunde nach dem Mädchen. Zwei Namen habe er beständig gemurmelt, während er seine letzten Atemzüge seines Lebens tat. „Catharina". „Roswitha". Diese beiden Namen. Roswitha schloss aufstöhnend die Augen. Also doch! Jetzt erst ging Weinlin ein Licht auf, als er bemerkte, wie aschfahl die Miene seines Gegenübers schlagartig geworden war. „Roswitha! Warst also du es, deren Namen er bis zum Schluss im Wechsel mit dem anderen Frauennamen immer auf seinen Lippen geführt hat?" Weinlin erhielt am heutigen Tag keine Antwort mehr von seiner Dienstmagd. Mit letzter Kraft schleppte sich Roswitha aus dem Zimmer. Die ganze Nacht über hockte sie starr auf ihrem Lager, in ihrem unsagbaren Schmerz noch nicht einmal zu Tränen fähig. Tränen, die ihr vielleicht Erleichterung verschafft hätten. Doch es gab keine Erleichterung. Christoph war tot. Ein weiteres Opfer der Pest, das in Rothenburg bald schon für immer vergessen sein würde. Nicht so in Roswithas Herzen. Sie würde immer einen Platz für ihn bewahren. Christoph. Neben ihrem Bruder Matthias der einzige Mensch, dem sie sich nach dem gewaltsamen Tod ihrer Eltern noch nahe fühlte. Jetzt aber war Christoph tot. Und Matthias? Noch immer verschwunden! Ihre Hoffnung, Matthias schon bald wieder zu finden, war längst verstoben. Kein Wunder: mehr als zweieinhalb Jahre waren seit dem Überfall vergangen. Sie war allein. Bis auf die Großeltern in Aufkirchen. Doch mit denen hatte sie ja bekanntlich niemals eine Beziehung aufbauen können. Und dennoch: es waren die einzigen Menschen auf der Welt, bei denen sie noch von ihrer Familie sprechen konnte. Wenngleich auch nur im weitesten Sinn des Wortes.

Am folgenden Abend hatte Roswitha den Doktor Weinlin in die Jakobskirche begleiten dürfen, wo der Arzt traurige Klänge auf der Orgel angestimmt hatte. Zu ihrer Trauer und ihrem Schmerz passende Melodien. Tröstliche Töne, die ihr tatsächlich aus dem beinahe starren Zustand der Ausweglosigkeit halfen, der sie mit einer eisigen Kälte umklammerte. Mitten im Orgelspiel war der Drang wieder in ihr wach geworden. Beinahe körperlich sah sie ihn vor sich stehen. Mit seinen rotblonden Haaren. Den blauen Augen und dem fröhlichen, spitzbübischen Lächeln, das sie immer so gerne an ihm gemocht hatte. Matthias. Es war der Drang, einfach alles stehen und liegen zu lassen und die Suche nach ihrem Bruder wieder aufzunehmen.

Denn immerhin gab es da ja diesen Schwur. Den Schwur, nicht ruhen zu wollen, bis es ihr gelungen war, Matthias wieder in die Arme zu schließen. Wie lange die Suche auch dauern mochte.

Plötzlich also waren die Lebensgeister in Roswitha wieder erwacht. Trotz allem Kummer. Und Gott sei Dank bewahrte sie das ebenfalls wieder aufgeflackerte Bewusstsein vor einer überstürzten Handlung. Nein, sie würde sich nicht blindlings auf und davon machen. Das brachte keinerlei Nutzen. Sie würde hier in Rothenburg bleiben. So lange, bis sich sichere Klarheit über die nächsten Entwicklungen einstellte. Dann würde sie ihre Entscheidung zum Aufbruch treffen. Eine überlegte Entscheidung. Erst dann, wenn es wirklich Sinn machte. Egal wie lange es auch dauern mochte, bis es so weit war. Ihr eigentliches Ziel würde sie dennoch niemals aus den Augen verlieren. Dieses einzige Ziel in ihrem Leben hieß Matthias wiederzufinden.

Und sie würde ihn wiederfinden.

Matthias!

\*

1634

Es waren sensationelle Neuigkeiten, die sich wie ein Lauffeuer in ganz Rothenburg verbreiteten. Am 25. Februar war der zuvor als Oberkommandierender der kaiserlich-katholischen Armee abgesetzte Wallenstein in der Stadt Eger ermordet worden! Kaiser Ferdinand II. persönlich solle hinter dem Attentat stecken, hieß es gleichzeitig überall. Eine schiere Ungeheuerlichkeit, dieses Gerücht. Und dennoch sprach manches für den Wahrheitsgehalt dieser Behauptung. Denn der vorsichtige Taktiker Albrecht von Wallenstein sei dem misstrauischen Kaiser schon längst einerseits zu unbeweglich gewesen und andererseits zu mächtig geworden. Außerdem habe man den Verdacht gehegt, in den zwischen Wallenstein und dem Lager der Protestanten tatsächlich geführten Geheimverhandlungen seien verräterische Pläne geschmiedet worden.

Jetzt also war Wallenstein tot! Ausgerechnet der Mann, mit dem es der protestantischen Seite tatsächlich hätte gelingen können, einen dauerhaften Frieden in die Wege zu leiten. Doch davon war jetzt keine Rede mehr. Denn ausgerechnet niemand anderer als König Ferdinand III., der Sohn des Kaisers, übernahm nun den Oberbefehl über die Armeen des katholischen Lagers. Ein übler Kriegshetzer. Ein jähzorniger, durch und durch hasserfüllter Mann, der nur ein einziges Ziel verfolgte: die totale Niederlage der Protestanten. Am liebsten hätte er alle Evangelischen eigenhändig vom Leben zum Tode befördert, hieß es von ihm.

Also brauchte man sich keinerlei Hoffnungen mehr auf das rasche Zustandekommen eines Friedensvertrags zu machen. Die Entscheidung würde auf dem Schlachtfeld fallen. Das war seit Wallensteins Tod wahrscheinlicher denn je. Es würde zu einem fürchterlichen Zusammentreffen kommen. Mit größter Wahrscheinlichkeit im Laufe dieses Jahres. Denn auch die Protestanten hatten wieder zu einer Einheit zusammengefunden, nachdem endlich der Schockzustand überwunden war, in den sie nach dem Tod des Schwedenkönigs Gustav Adolf gefallen waren. Unter der Führung des schwedischen Reichsverwesers Axel Oxenstierna hatten sie sich in der Freien Reichsstadt Heilbronn zum gleichnamigen Heilbronner Bund zusammengeschlossen. Zu einem neuen und machtvollen Bündnis, das vor allem von Franken, Schwaben, Württemberg und dem Rheinland gebildet wurde. Mehrere zehntausend Männer standen nun wieder unter Waffen, und irgendwo in Franken oder Württemberg dürfte die große Schlacht geschlagen werden. Eine Überzeugung, die zusätzliche Nahrung durch die Tatsache erhielt, dass mittlerweile der Herzog Bernhard von Sachsen-Weimar als Verwalter der ehemals katholischen Landesteile von Franken fungierte. Bei Herzog Bernhard handelte es sich um einen Mann, der mit eisernem Besen zu kehren pflegte und jeden Widerspruch der ihm nun ausgelieferten Katholiken mit brutaler Gewalt sofort unterdrückte. Es war ihm um keinerlei Ausgleich mit seinen neuen Untertanen zu tun. Entweder protestantisch, oder das Leben! Nach diesem Grundsatz regierte er das unterworfene Land, das früher unter dem Regiment der längst außer Landes geflohenen Bischöfe von Würzburg und Bamberg gestanden hatte.

Ein fanatischer Verfechter seines Glaubens, ein blindwütiger Eiferer, ganz ähnlich dem Charakter seines hauptsächlichen Gegenspielers, des neuen katholischen Oberbefehlshabers, König Ferdinand von Habsburg. In absehbarer Zeit würden die beiden unversöhnlichen Blöcke aufeinanderprallen. Und dann: wehe den Besiegten!

Kurz nach Ostern des Jahres 1634 wurde Roswitha, die sich um die Mittagszeit gerade in der Küche des Arzthauses aufhielt, zufällig Zeugin eines Gesprächs. Sie hatte keineswegs die Absicht gehegt, zu lauschen, aber die Unterhaltung der beiden Männer, es handelte sich um ihren Dienstherren, den Stadtphysicus Weinlin und einen seiner engsten Bekannten, den Pfarrer der Jakobskirche, war recht laut vonstatten gegangen. Kein Wunder, denn bei beiden überwog der Zorn über die von König Gustav Adolfs Nachfolger Axel Oxenstierna angeordneten Maßnahmen in Bezug auf die Finanzierung seines unmittelbar bevorstehenden Kriegszuges. Im Stile einer ernsten Drohung hatte Oxenstierna den murrenden Protestanten endlich zugesichert, künftig jedwede Plünderung seiner Landsknechte in den evangelischen Landstrichen zwar zu verbieten, doch im Gegenzug dafür hatte er einen doppelten Zehnten als zusätzliche Abgabe erhoben. Die Unruhe, die sich im Anschluss an diese in den Augen der Bürger und Bauern geradezu unverschämt wirkenden Forderung überall im Land ausbreitete, hatte von ihm erst nach massiver Unterstützung durch die Herren und Grafen von Hohenlohe erstickt werden können. Meist erst nach der Anwendung von brutaler Gewalt, in dem man am einen oder anderen Bauern ein grässliches Exempel statuiert hatte, das der Arme mit seinem Leben bezahlen musste.

„Da verspricht er einerseits hoch und heilig ein Ende aller Plünderungen – und was machen zur selben Zeit die Leute des Herzogs von Sachsen-Weimar? Also unsere eigenen Leute? Sie verwüsten mitten in Franken ganze Dörfer. Lauter Dörfer, die doch unter der Obhut der Protestanten stehen. Es ist entsetzlich!"

„In der Tat", pflichtete Weinlin dem Pfarrer bei. „Vor allem, wie sie sich am Ostersamstag in Aufkirchen aufgeführt haben müssen. Heute habe ich von diesem Inferno gehört. Sie müssen fürchterlich gewütet haben. Die gesamte ehemalige Stadt soll zerstört worden sein!"

Roswitha meinte, ihr Herzschlag müsse aussetzen, als der Name des Ortes gefallen war. Aufkirchen! Der Wohnort ihrer Großeltern! Die einzigen Menschen, mit denen sie noch familiäre Bande verknüpften! Verknüpft hatten... Wie aus weiter Ferne drangen die weiteren Worte der beiden Männer an ihre Ohren.

„Ja, davon habe ich auch hören müssen", bestätigte die Stimme des Pfarrers. „Offenbar ist es so, dass alle Häuser bis hoch zur Kirche und zum Rathaus in Brand gesetzt worden sind. Und die meisten Bewohner dieser Häuser sind elendiglich darin verbrannt. Es sind keine Menschen mehr, die so etwas tun!"

„Umso schlimmer, dass es dann auch noch unsere eigenen Leute sind, die diese Grausamkeiten begangen haben!"

Es musste ein furchtbares Gemetzel stattgefunden haben. Ausgerechnet eine schwedische Reiterabteilung aus der

Streitmacht des Herzogs von Sachsen-Weimar war wie aus heiterem Himmel über das kleine Aufkirchen hergefallen. Zunächst waren sie in die Kirche eingedrungen, hatten den sich heftig wehrenden Pfarrer mit brutalen Hieben mit dem Gewehrkolben zu Boden gestreckt, dann die gesamte Inneneinrichtung der Kirche verwüstet, das Pfarrhaus geplündert, die Weinvorräte aus dem Keller geschleppt und sich gewaltig betrunken. Gesoffen bis zur Besinnungslosigkeit. Immer wieder hätten sie dabei gegrölt „Lasset uns essen und trinken, denn morgen sind wir tot!" Danach waren sie endgültig außer Rand und Band geraten: Haustür für Haustür in dem ehemaligen Städtchen wurde eingetreten, der Hausrat einfach auf die Gassen geworfen und diejenigen Bewohner, die sich getraut hatten, den Schweden mit Mistgabeln bewaffnet entgegenzutreten, hatten sie einfach kurzerhand erschossen. Selbst der bärenstarke Schmied von Aufkirchen war den Mordgesellen zum Opfer gefallen. Ein überaus tapferer Mann, der sich verzweifelt zur Wehr setzte, aber auf Dauer gegen die Übermacht der Angreifer nicht bestehen konnte. Irgendein betrunkener Landsknecht hatte ihm seine Lanze tief in den Rücken gestoßen. Aufstöhnend war der Schmied in sich zusammengesunken und unter Qualen verblutet. Keiner kam ihm zu Hilfe. Eine entsetzliche Situation. Voller Angst hatten sich die meisten Einwohner in den Scheunen versteckt – und das bedeutete nun ihr sicheres Verderben. „Einfach angezündet haben sie die Scheunen, nachdem sie zuvor die Tore fest verschlossen haben. Unter dem Gelächter der Landsknechte sind die armen Menschen dann bei lebendigem Leib elendiglich verbrannt. Sie sind keinen Deut besser als all die anderen Berserker. Sie haben genauso gehaust, wie vor einigen Jahren die Kroaten. Es sind dieselben Schlächter. Hüben wie drüben!"

Insgesamt 70 Häuser waren der Feuersbrunst zum Opfer gefallen und bis auf die Grundmauern niedergebrannt. Sogar die Kirche, das Pfarrhaus und auch das Rathaus der ehemaligen Freien Reichsstadt hatten sie nicht verschont. Blinde Zerstörungswut. Nichts war ihnen heilig.

Es gab keinerlei Zweifel: Auch Roswithas Großeltern mussten in den Flammen umgekommen sein. Denn der Hof der Himmeleins befand sich unterhalb des Rathauses, also in genau jenem Bereich, in dem nach übereinstimmenden Berichten kein Stein mehr auf dem anderen stand.

Mit dieser Tatsache wurde ihr mit einem eisigen Schrecken bewusst, dass sie ganz alleine auf der Welt stand. Mutterseelenallein. Die Eltern waren tot, die Großeltern waren ebenfalls ums Leben gekommen. Niemand war mehr da. Nur noch Matthias! Wenn er überhaupt noch am Leben war. Matthias! Wenigstens Matthias...

Von Schmerz und Panik überwältigt, ließ sie einfach alle Arbeit stehen und liegen. Ohne dass sie sich ihrer Handlungen bewusst war, stürmte sie aus dem Haus, durch die Gassen, die verwunderten Blicke der Leute ignorierend, an dem verblüfften Torwächter vorbei, aus der Stadt. Einfach weg. Fort von hier.

Es dauerte geraume Zeit, bis sie allmählich wieder zu einem klaren Gedanken fand. Keuchend und erschöpft war Roswitha stehen geblieben. Hastig rang sie um Atem, während ihr Herz im Brustkorb wild pochte. Wo war sie nur? Langsam blickte sie sich um. Ach! Dort hinten, das waren doch die Türme von Rothenburg. Du meine Güte! So weit war sie also gerannt. Eine derartig große Strecke, ohne dass es in ihr Bewusstsein gedrungen war. In blinder Hast war sie einfach davongelaufen. Irritiert suchte das immer noch schwer atmende Mädchen nach einer weiteren Landmarke, um sich orientieren zu können. Dort drüben, auf der linken Seite, es müsste die östliche Richtung sein, das dürfte die Frankenhöhe sein. Und das Dorf in ihrem Rücken, das war dann Gebsattel. Irgendwie war sie an Gebsattel vorbeigestürmt. Oder etwa mitten durch das Dorf? Ohne das Geringste dabei wahrgenommen zu haben? Möglich. Aber weshalb hatte sie diese Richtung denn eingeschlagen? Nach Süden. Seltsam.

Plötzlich aber begriff Roswitha. Denn wenn sie diesen Weg weiter unter ihre Füße nahm, dann würde sie schließlich direkt nach Oestheim gelangen. Oestheim! Ganz unbewusst hatte sie sich dieses Ziel gesucht. Unbewusst? Nein, eigentlich konnte das kein Zufall sein. Eher ein innerer Drang, mit dem es sie dorthin zog. Nach Oestheim. In den einzigen Ort überhaupt, in dem noch Verwandte von ihr lebten. Die einzigen Menschen, die ihr noch geblieben waren. Falls sie noch lebten! Die Familie des Tagelöhners Georg Jeremias Ehnes und seiner Frau Ursula Barbara.

Roswitha hatte diesen Patenonkel nur zweimal in ihrem Leben gesehen, wie hätte es auch anders sein sollen? Die Entfernung nach Gerolfingen war viel zu groß, als dass man sich öfter besuchen konnte. Aber sie würden Roswitha aufnehmen, so knapp es für sie selbst zum Leben reichte.

Also müsste wohl die Freude über das unverhoffte Glück überwiegen, endlich wieder ihr Patenkind in die Arme schließen zu dürfen. Ein Mädchen, das die schlimmsten Strapazen und Gefahren überwunden hatte.

Dennoch konnte sich Roswitha nicht genug über ihre unbedachte Handlungsweise verwundern. Wie hatte es nur geschehen können, dass sie Rothenburg so überstürzt verlassen hatte. Egal was auch passiert war, es rechtfertigte diese an Wahnsinn grenzende Flucht auf keinen Fall. Dr. Weinlin, der Stadtphysicus, würde keinerlei Verständnis für diese Art und Weise zeigen. Und auf gar keinen Fall würde er die treulose Dienstmagd mehr weiterbeschäftigen. Sie tat gut daran, wenigstens jetzt die entsprechende Vorsicht walten zu lassen. Denn bis Oestheim war es noch eine ordentliche Wegstrecke. Und nach Oestheim würde sie auf alle Fälle gehen. Der Drang, ihre einzigen noch verbliebenen Verwandten zu sehen, war stärker als jede Vernunft. Sie musste es auf alle Fälle tun. Voller Inbrunst sog sie die warme Mittagsluft in ihre Lungen und schritt mit weit ausholenden Schritten voran.

Kurz vor Oestheim begegnete sie einem sonderbaren Paar. Schon von Weitem hatte Roswitha die beiden schwarzgekleideten, hinkenden Frauen bemerkt. Sie wollten offenbar zum Wald, der nur einen Steinwurf weit vom Weg entfernt war. Vorsichtshalber blieb sie stehen. Abwarten. Wie konnte sie wissen, was die beiden seltsamen Fußgängerinnen im Schilde führten. In diesen Zeiten konnte man nicht vorsichtig genug sein. Durchaus möglich, dass sie in Wahrheit gar nicht hinkten. Oft genug war von solchen Zwischenfällen berichtet worden, bei denen dreiste Gauner eine Behinderung nur vorgetäuscht hatten um dann mit Knüppeln bewaffnet, ihre völlig überraschten Opfer einfach niederzuschlagen und auszurauben. Sie musste sich in Acht nehmen.

Aufmerksam musterte Roswitha die langsam näher kommenden Frauen. Eine ältere Frau mit grauen Haaren und eine wesentlich jüngere. Die beiden waren nur noch einige Schritte entfernt, als die Ältere in eine Tasche ihres schmutzigen, zerrissenen Rockes griff und mit zitternden Händen schließlich ein nicht minder schmutziges, zusammengefaltetes Stück Papier herausfingerte. „Um Gottes Gnade, eine milde Gabe", krächzte sie dazu in einem flehentlichen Tonfall.

Es waren Bettlerinnen! Und das Papier, das ihr die Frau da vor die Augen hielt, das war ein Bettelbrief. Ja, sie hatte solche Briefe dann und wann schon einmal gesehen. Und jedes Mal hatte Roswitha lachen müssen: ein Bettelbrief. Was sollte ein solches Papier schon nützen, wenn doch niemand lesen und schreiben konnte. Da mochte wer weiß was draufstehen, die Leute konnten es bestenfalls glauben, dass es damit seine Ordnung hatte. Dennoch waren diese Bettelbriefe in den vergangenen

Monaten häufiger ausgestellt worden, wie man hörte. Obwohl die Bettelei eigentlich bei Strafe verboten war. Doch die Kriegsumstände hatten es mit sich gebracht, dass sich dieses Bettlerunwesen wieder ausbreitete im Land. Um die städtischen Almosenkassen zu entlasten, war man auch in Rothenburg der Not gehorchend dazu übergegangen, zähneknirschend lieber die Bettelei mittels einem solchen Bettelpatent zu dulden, als trotz der leeren Kassen dafür Sorge tragen zu müssen, dass keiner der mittellosen Menschen an Hunger starb.

„Aber ich habe doch selber nichts", zuckte Roswitha bedauernd mit den Achseln.

„Sie hat doch selber nichts", kam es wie ein Echo heiser aus der Kehle der Alten zurück. Begleitet wurde sie dabei von einem blödsinnigen Kichern der jüngeren Frau. Der jüngeren! Roswitha stutzte. Sie kannte die beiden. Vor langer Zeit, vor unendlich langer Zeit, so schien es ihr nun, in einem anderen, glücklicheren Leben, war sie den beiden schon ein- oder zweimal in Rothenburg begegnet. Klar, das waren Mutter und Tochter. Mägde, denen es der Bauer gestattet hatte, sie ausnahmsweise mit dem Fuhrwerk nach Rothenburg zu begleiten. In der Rossmühle waren sie miteinander ins Gespräch gekommen. Es waren nette Unterhaltungen geworden, denn die beiden stammten aus Oestheim. Voller Freude hatte Roswitha daraufhin erwähnt, dass auch ihr Patenonkel in Oestheim wohnte. Und aus diesem Grund erkannte sie die junge, verwahrloste Frau – ebenso wie deren Mutter. Mit der jungen, wie hieß sie noch, ja richtig, Katharina, hatte sie sich besonders rasch verstanden. Als wären sie Freundinnen, die sich schon lange nicht mehr gesehen hätten, so waren diese Gespräche verlaufen. Doch wie abgerissen sahen sie aus. Und wie seltsam schaute die junge Frau nur drein.

„Katharina!" Anstelle einer Antwort verzog die Frau nur kurz die Miene zu einem blöden Grinsen. Keinerlei Überraschung, dass da jemand ihren Namen kannte. Keinerlei wechselseitiges Erkennen, das in ihren Augen aufflackerte. Womöglich täuschte sie sich also? Nein. Unmöglich. Denn die Mutter kannte Roswitha doch auch. Was also war nur mit Katharina passiert?

Sie versuchte es ein weiteres Mal. Jetzt mit einem sanfteren Tonfall. „Katharina. Kennst du mich noch?"

Doch die erhoffte Reaktion blieb aus. Wieder huschte dieses stumpfe Grinsen über ihr Gesicht, dann begann Katharina mit tonloser Stimme, wieder und wieder dieselben Worte zu murmeln: „Um Gottes Gnade, eine milde Gabe."

„Gib dir keine Mühe!" Zumindest die Mutter schien sich jetzt dunkel an Roswitha zu erinnern. „Sie kann dich nicht hören. Du dringst nicht zu ihr durch."

Wenig später hatte sie Roswitha mit kurzen Worten über die Leidensgeschichte ihrer Tochter in Kenntnis gesetzt. Die auch ihre eigene war. Das Schicksal hatte die beiden im vergangenen Jahr schwer getroffen. Erst war der Mann der Alten, ein rothenburgischer Untertan, bei Waldarbeiten von einem umstürzenden Baum erschlagen worden, dann hatte sie der Bauer nicht mehr gebrauchen können, bei dem sie seit Jahren ihrer Arbeit nachgegangen waren. Kein Wunder, denn Soldaten hatten aus bloßer Zerstörungslust den Hof in Brand gesteckt und selbst dem Bauern war nicht viel mehr geblieben, als das nackte Leben. So hatten sich die Frauen eben nun mit Gelegenheitsarbeiten mehr schlecht als recht durchs Leben geschlagen. Immerhin zum Leben hatte es mit knapper Not gereicht. Zu mehr aber auch nicht. Doch einigermaßen hatten sie für sich sorgen können. Bis es dann geschehen war. Bis die Soldaten gekommen waren. Ein marodierendes Lumpenpack, von dem das wehrlose Dorf Oestheim auf das Grausamste heimgesucht worden war. Mit ähnlicher Brutalität wie im Fall von Aufkirchen waren diese Kerle vorgegangen und hatten nicht nur die gesamten Vorräte der Bauern einfach geplündert, sondern auch zahlreiche

Frauen und Mädchen geschändet. Nur wenigen Frauen aus dem Dorf war es gelungen, gerade noch rechtzeitig vor dem Herannahen der Lumpenbande in den Wald zu fliehen oder sich in einem Versteck in den Schuppen in Sicherheit zu bringen. Viele von ihnen waren dennoch entdeckt worden – so auch die Alte und ihre Tochter Katharina. Bis zum hintersten Winkel des Heubodens der halb zerfallenen Scheune am Taglöhnerhäuschen waren ihnen die Landsknechte nachgestiegen. Dort oben war es dann zu einem erbitterten Handgemenge zwischen den Frauen und den Eindringlingen gekommen. Doch irgendwann hatte plötzlich der morsche Holzboden des Heuschobers nachgegeben und die ineinander verkeilten Menschen waren mehrere Meter in die Tiefe gestürzt. Dabei hatten sich die Frauen üble Beinbrüche zugezogen und lange war es äußerst fraglich gewesen, ob sie angesichts der offenen Bruchwunden, die sich rasch entzündet hatten, überhaupt mit dem Leben davonkommen würden. Das Wunder war eingetreten. Und dennoch: besonders Katharinas Bein war übel zugerichtet. Sie würde nie mehr richtig laufen können, von einer normalen Arbeit ganz zu schweigen. So war sie für den Rest ihres noch jungen Lebens seitdem auf die Barmherzigkeit der Dorfgemeinschaft angewiesen. Der Dorfgemeinschaft! Es gab keine Dorfgemeinschaft mehr. Denn Oestheim selbst war schwer in Mitleidenschaft gezogen worden. Andererseits konnte man die beiden auch nicht einfach verhungern lassen. Und so waren sie mit Billigung des Rates der Stadt Rothenburg schließlich mit dem vorhin gezeigten Bettelbrief ausgestattet worden. Eine Maßnahme, die ihnen mehr schlecht als recht das Überleben sicherte. Ein Leben, das eher ein Dahinvegetieren am Rande der Gesellschaft war. Und damit war aus der einst so fröhlichen und lebenslustigen Katharina ein stumpfsinniges, humpelndes Wrack geworden, aus dem im Verlauf dieser elenden Zeit ganz offensichtlich jeglicher Lebensmut entwichen war.

„Um Gottes Gnade, eine milde Gabe", meldete sich die krächzende Stimme ein weiteres Mal.

Ein bitterer Kloß drückte auf Roswithas Magen, als sie die beiden Frauen so dermaßen armselig und erniedrigt vor sich stehen sah. Die Mutter mit dem dreckigen Bettelbrief in den zitternden Händen, die einstmals hübsche Tochter, aus deren Mund jetzt schleimiger Sabber auf die Erde tropfte. Fürchterlich! Um wie viel besser hatte es, von diesem Blickwinkel aus betrachtet, das Leben dagegen mit ihr gemeint.

Verzweifelt kramte sie in ihrer Schürzentasche, doch was konnte sie den beiden schon geben. In ihrer Not ertastete Roswitha den steinharten, schimmligen Brotkanten, den sie gestern in die Tasche gesteckt hatte, um ihn irgendwann an die Ziege zu verfüttern. Doch dann hatte sie das Brot während ihrer überhasteten Flucht einfach vergessen. Bis jetzt. Sie zog den Brotkanten aus der Tasche und streckte ihn der Alten entgegen. Eine geradezu peinliche Situation. „Das ist alles, was ich habe. Ihr könnt es gerne..."

Weiter kam sie nicht. Blitzschnell hatte die Junge den schimmeligen Brotkanten ergriffen und ihn sich in den Mund gesteckt, was ein sofortiges zorniges Gezeter ihrer Mutter nach sich zog. In Windeseile war ein erbitterter Streit um das armselige Stück Brot entbrannt. Mit wilden Flüchen stürzte sich die Mutter auf ihre Tochter. Sie stürzten zu Boden, wo sie sich direkt vor Roswithas Füßen im Dreck der Straße wälzten und den Kampf mit zäher Verbissenheit fortsetzten.

Nur fort von hier! Nichts wie weg von diesem erbärmlichen Anblick. Vielleicht war es doch kein so guter Gedanke gewesen, sich nach Oestheim zu begeben. Hoffentlich waren die Verwandten und ihr kleines Gehöft bei dem geschilderten Überfall einigermaßen unversehrt davongekommen. Eine durchaus begründete Hoffnung, denn was scherte einen plündernden Landsknecht die elende Hütte einer alten Tagelöhnerfamilie, wenn nebendran ein großer Bauernhof lockte. Also rasch weiter. Endlich eintreffen. Eine knappe halbe Stunde noch bis sie das Dorf, dessen Kirchturmspitze bereits in der Ferne zu erkennen war, endlich erreicht hätte.

Doch in Oestheim wartete die nächste Enttäuschung auf Roswitha. Mehr als eine Enttäuschung: es war ein Schock. Denn kaum war sie in dem Dorf angelangt, das sich unübersehbar in einem erbärmlichen Zustand befand, da war das Gefühl bereits geradezu mit Händen zu greifen gewesen: dieses Gefühl, den Leuten hier nicht willkommen zu sein. Die abweisende Körperhaltung, als sie dem einen ihren Gruß entbot. So wie es sich für einen Neuankömmling doch ziemte. Dann das seltsam irritierte Stirnrunzeln, als sie sich nach dem Anwesen erkundigte. Nach dem Ehnes-Hof.

Von einem Hof konnte freilich beim besten Willen keine Rede sein. Das Anwesen eines zinspflichtigen Kuhbauern sah für gewöhnlich zwar bescheiden, aber dennoch wesentlich anders aus. Eine armselige Hütte. Viel mehr war es nicht. Keinerlei Grund die Tür zu allem Überfluss auch noch mit einem Holzriegel zu versperren. Da war doch von vornherein nichts zu holen! Dann plötzlich dieser fremde Mann, der in der Türöffnung auftauchte und sie abweisend musterte. Ihre Frage nach dem Patenonkel. Welcher Ehnes?

Was für eine sonderbare Gegenfrage! Der Ehnes Georg natürlich. Und seine Frau Ursula. Wo er denn wohl stecke?

„Der... wer?"

„Na der Ehnes Georg eben, der Besitzer dieses Hofes." Ganz allmählich wurde es Roswitha zu bunt.

„Ein Ehnes wohnt hier nicht." Der abweisende Mann schüttelte gelangweilt seinen Kopf. „Die sind schon gestorben. Mehr weiß ich nicht!"

Damit wandte er sich um und schien im Begriff, sich wieder in die Hütte zurückzuziehen. Roswitha gelang es gerade noch, den Mann am Ärmel zu packen.

„Aber das kann doch gar nicht sein. Sie müssen hier wohnen!"

Es war unschwer zu erkennen, wie Ärger in dem Mann aufstieg. „Lass sofort meinen Ärmel los", knurrte er böse. „Und wenn ich sage da wohnt kein Ehnes, dann wohnt hier auch kein Ehnes. Selbst wenn das halbe Dorf so heißt, hier in diesem Haus, da wohnt kein einziger Ehnes mehr. Sie sind alle längst gestorben."

„Aber woran denn nur?" Dumpfe Verzweiflung legte sich über Roswithas Gemüt.

„... an dieser Seuche da im vergangenen Jahr. Die Ruhr, die Cholera, was weiß denn ich..."

Völlig mitleidslos zuckte der Mann mit den Schultern. „Das ist in diesen harten Zeiten ja wahrlich nichts Ungewöhnliches."

Roswitha war es, als schwanke der Boden unter ihren Füßen. Das durfte doch nicht wahr sein! „Aber das Haus... Es hat meinem Patenonkel gehört!"

„Dann bist du also eine Nichte von diesem Ehnes? Oder behauptest du das nur!" Der Mann bedachte sie mit einem misstrauischen Blick.

„Ich behaupte gar nichts. Ich bin es! Der Georg Ehnes ist mein Onkel!"

„Soso!" Wieder dieser sonderbare Blick. „Und jetzt meinst du also, du könntest kommen und sagen, es sei dein Haus und ich solle verschwinden?"

Aha. Darum ging es also!

„Da hast du Pech, das lass dir gleich von vornherein gesagt sein. Der Hof gehört jetzt der Rothenburger Armenpflege. Denn allein das Begräbnis der beiden Alten hat mehr gekostet, als an Kleidern und Besitz vorhanden war. Deshalb hast du keinerlei Rechte mehr an diesem Hof."

Rechte! Besitz! Als wenn es ihr darum zu tun wäre! Was nützte denn der ganze Besitz, wenn man auf der ganzen Welt keinen Menschen mehr hatte, der für einen da war? Besitz! Nur mit äußerster Mühe gelang es der willensstarken

Roswitha, sich noch einmal zusammenzureißen. Sie durfte sich jetzt auf gar keinen Fall gehen lassen! So hart es auch sein mochte. Denn keinesfalls wollte sie dasselbe Schicksal erleiden, wie die arme Katharina. Sie musste es einfach schaffen, ihre Sinne beisammen zu halten.

„Aber das Haus. Es wird gleich dunkel werden draußen. Darf ich also wenigstens übernachten heute?" Um eine erste Nacht nachzufragen, das genügte im Augenblick. Morgen würde sie dann weitersehen. Vielleicht würde man ihr sogar gestatten für einige Tage dazubleiben. Bis sie sich darüber im Klaren geworden war, wohin sie danach gehen würde. Um Matthias zu suchen. Egal wo. Egal wie schwierig und gefährlich es auch sein mochte. Jetzt gab es kein Halten mehr. Sie würde die Suche unverzüglich wieder aufnehmen. Keine Gefahr konnte sie davon abhalten. Denn was hatte sie noch zu verlieren? Nichts mehr! Dieses armselige Leben! War es ein Verlust, wenn ein solches Leben zu Ende ging? Nein. Und deshalb gab es nur ein einziges Ziel in ihrem Leben: Matthias. Nur wenn es ihr gelang, ihn endlich doch noch zu finden, ihren letzten Angehörigen, dann gab das Leben noch einen Sinn.

„Übernachten?! Hier drin? Bei uns?" Der Mann verzog missmutig sein Gesicht. „Als wenn wir nicht schon genug wären, da drinnen in dieser verlausten Hütte. Als wenn wir gerade noch auf dich gewartet hätten!"

Doch Roswitha ließ sich nicht beirren. Immerhin handelte es sich um eine Behausung, die einst ihr Onkel mit seinen eigenen Händen gebaut hatte. Da würde sie doch zumindest eine Nacht verbringen können. Ohne sich um die verdutzte Miene des Mannes zu scheren, schob sich Roswitha einfach an ihm vorbei in das modrige Dunkel der schwer in Mitleidenschaft gezogenen Hütte. Ganz offenkundig war das Strohdach schon vor längerer Zeit undicht geworden und anscheinend stand keinem der Sinn danach, die schadhafte Stelle auszubessern. Und dann war da noch der faulige Gestank, der einen Brechreiz in ihrer Kehle erzeugte. Nur mit Mühe schaffte sie es, die würgende Übelkeit hinunterzuschlucken.

„Was willst du hier?" Überrascht drehte sich Roswitha um und erkannte im Halbdunkel schemenhaft die mürrische Miene einer älteren Frau.

„Ich möchte hier die Nacht verbringen. Denn das ist ein Haus, das meine Verwandten gebaut haben."

„Das hat dir doch schon der Nichtsnutz da draußen erklärt, dass diese Leute schon längst gestorben sind. Wir haben keinen Platz für andere. Wir sind doch schon sechs Leute. Der Kerl da draußen, ich und vier Kinder. Das reicht wahrlich. Du hast kein Recht, hier zu bleiben."

„Aber..." Allmählich fühlte sich Roswitha mit ihrer Kraft am Ende. „Wohin soll ich denn dann? Es wird dunkel und ich kenne doch sonst niemand hier. Bitte lass mich für diese eine Nacht hierbleiben. Nur für diese eine Nacht."

War es dem bittern Tonfall in ihrer Stimme zuzuschreiben oder dem hoffnungslosen Ausdruck in ihren von Trauer und Müdigkeit rotgeränderten Augen? Egal. Die andere schien plötzlich so etwas wie Mitleid mit dem verzweifelten Mädchen zu verspüren. „Nut gut, meinetwegen. Dann bleibe in Dreiteufelsnamen eben hier. Aber nur für diese eine Nacht!", brummelte sie unwirsch. „Aber eines möchte ich dir gleich noch sagen: zu essen haben wir nichts für dich. Es reicht noch nicht einmal richtig, um den Kindern das Maul zu stopfen, damit sie in der Nacht nicht schreien. Also: von mir aus. Aber nur diese eine Nacht."

„Danke." Todmüde zog sich Roswitha in die Ecke der feuchten Hütte zurück. Und dennoch dauerte es eine Ewigkeit, bis sie endlich in den Schlaf fand. Die immer wieder erschrocken gackernden Hühner, wenn sich der knurrende Straßenköter ihnen näherte, das jämmerliche Geschrei der hungrigen Kinder, die laut schimpfende Stimme des Mannes, die mit derselben Lautstärke zurückkeifende Frau. Dazu der beißende Qualm, der von dem qualmenden Ofen aufstieg und sich in alle Poren setzte. Nun gut, einerseits überdeckte er wenigstens den Gestank in der Hütte, doch andererseits kratzte es furchtbar in der Kehle. Immer wieder wurde Roswitha deshalb von wahren Hustenattacken überfallen, in die sich ärgerliche Kommentare des finsteren Hausbewohners mischten. Dennoch musste sie irgendwann eingeschlafen sein.

Es war ein merkwürdiger Traum. Ein Traum, den sie geradezu körperlich verspüren konnte. Eigenartig. Der leichte Druck. Das Gefühl, als würden Hände über ihren Körper tasten, streicheln. Wieder und wieder, über die sonderbarsten Stellen... Die sonderbarsten...! Mit einem erstickten Aufschrei fuhr sie hoch. Das durfte nicht wahr sein! Doch sofort legte sich eine schwielige Hand auf ihren Mund. Der Mann!

Impulsiv versuchte sie, die Hand von ihrem Mund zu ziehen, doch der Mann drückte nur noch fester und packte sie gleichzeitig mit der anderen Hand eisenhart am Hals. Und drückte zu. Ein schreckliches Gefühl. Das Gefühl, gleich ersticken zu müssen. Dann dieses heisere Flüstern an ihrem Ohr. „Kein Ton! Keinen einzigen Ton will ich hören!" Mehr nicht.

Brutal zog er sie an sich, die eine Hand jetzt fest gegen ihre Kehle gedrückt. Sie hatte keine Chance zur Gegenwehr. Nicht die geringste. Schreckenstarr lag sie auf dem feuchten Lehmboden. Spürte, wie der Mann ihr die Kleider vom Körper wischte. Wie irgendein Kleidungsstück zerriss. Wie er brutal in sie eindrang. Der unsagbare Schmerz, als er sie rücksichtslos missbrauchte. Und dann wieder von ihr abließ. „Keinen Ton, zu niemanden. Sonst... Du weißt ja selbst: auf eine Seele mehr oder weniger kommt es heutzutage nicht an." Mehr sagte er nicht.

Unfähig, sich zu rühren, blieb Roswitha auf dem kalten Boden liegen. Sie spürte die Kälte nicht. Genauso wenig, wie sie die Tränen bemerkte, die ohne Unterlass aus ihren Augen rannen. Ein stummes Gefühl der Verzweiflung hatte sie in seine lähmende Umarmung genommen. Einer Ohnmacht gleich lag sie einfach nur da. Kaum begann der neue Morgen zu grauen, da erhielt sie einen groben Tritt gegen den Brustkorb. Der darauf folgende Schmerz, der sich durch den ganzen Oberkörper zog, löste die Erstarrung bei dem Mädchen. Erschrocken wandte sie den Kopf und erkannte in der sich auflösenden Dunkelheit das finstere Gesicht ihres Peinigers. Mit einem durchdringenden Blick starrte er in ihre Augen. Warnend hob der Mann den Zeigefinger. Eine eindeutige Geste, die seine nächtliche Drohung auf das Nachdrücklichste unterstrich.

Er sagte kein einziges Wort. Weshalb auch. Längst war alles gesagt. Und auch geschehen.

Mühsam rappelte sie sich auf. Ein fahles Licht drang durch die schadhafte Tür. Nichts wie fort von hier. Von plötzlicher Panik ergriffen, stürzte Roswitha ins Freie und streifte dabei einen Teller mit Emmerbrei vom Ofen, dessen Inhalt sich auf dem Boden ergoss. Das ärgerliche Zetern der Frau war das Letzte, was Roswitha aus der Hütte wahrnahm.

Nur fort von hier. Weg. Sich nicht umschauen. Weg. Weit weg. Vergessen. Alles nur vergessen.

\*

Ziellos durchstreifte sie die Gegend. Bemerkte nicht die merkwürdigen Blicke der Bauern, denen sie dann und wann begegnete. Hörte nicht die spöttischen Bemerkungen der Kutscher auf ihren Fuhrwerken. Und auch nicht die ärgerlichen Flüche, wenn sie nicht sofort den Weg freigab, nachdem der Warnruf der Fuhrknechte ertönt war. So war es auch jetzt gewesen.

„Ich habe dich gegrüßt!", dröhnte da mit einem Mal eine vorwurfsvolle Stimme direkt in ihr Ohr.

Überrascht fuhr sie aus ihren leeren Gedanken hoch und erblickte ein Fuhrwerk neben sich, dessen Kutscher sie mit einem missbilligenden Ausdruck musterte. „Bist wohl eine von den höheren Herrschaften, dass du meinst auf einen höflichen Gruß keine Antwort geben zu müssen!"

„Ich?" Irritiert blinzelte Roswitha hoch. „Ich habe nichts gehört..."

„Nichts gehört! Du scheinst mir taub zu sein... Na ja", vorwurfsvoll kniff er die Augenbrauen zusammen. „Stumm bist du also auf alle Fälle nicht. Ich habe Grüß Gott gesagt, aber keine Antwort bekommen, wie es die Höflichkeit doch eigentlich erfordert. Welche Laus ist dir also über die Leber gelaufen?"

Doch wieder blieb die Gefragte stumm.

Ein ärgerlicher Laut drang über seine Lippen, während der Mann die seltsame Gestalt mit allen Anzeichen der Missbilligung eingehend musterte. Irgendwie schien sie wirr im Kopf zu sein oder sie litt womöglich sogar unter einer ansteckenden Krankheit. Den hochroten Wangen des Mädchens und der schweißnassen Stirn über den fiebrig glänzenden Augen nach zu urteilen, dürfte er mit dieser Vermutung nicht ganz falsch liegen... In plötzlichem Erschrecken über seine eigene Schlussfolgerung griff der Fuhrmann zur Peitsche und ließ sie kräftig auf die Hinterhand seines schmerzhaft aufwiehernden Pferdes knallen, das mit den Vorderläufen in die Höhe stieg. Ein weiteres Mal hieb der Kutscher die Peitsche mit aller Kraft auf den Pferderücken. „Los jetzt, du alte Schindmähre. Weg von hier, bevor ich mir die Krätze und noch Schlimmeres hole. Auf geht's!" Ein dritter Peitschenknall ertönte, dann stob das Fuhrwerk in wilder schlingernder Fahrt davon. Bald schon war nur noch die Staubwolke am Horizont zu erkennen, die es nach sich zog.

Der kurze Wortwechsel war nur bis an die Randzonen von Roswithas Bewusstsein gedrungen. Nach wie vor befand sie sich in einem unwirklichen Dämmerzustand. Die Last des in der vergangenen Nacht erlittenen Alptraums drückte zentnerschwer auf ihre Seele.

Erinnerungen, gute wie schlechte, jagten pausenlos durch ihren Kopf, ohne dass sich dadurch ein Sinn ergeben hätte. Christoph, Matthias, die Großeltern, die Eltern. Gerolfingen. Aufkirchen. Oestheim. Rothenburg. Tilly und Wallenstein. Gustav Adolf. Alle tot. Dem ewig währenden Krieg mit einem sinnlosen Tod zum Opfer gefallen. So viel Leid. So unsagbares Elend. Warum nur? Weshalb? Wie konnten sie nur den Namen des Herrn beständig auf den Lippen führen, während sie mordend und brandschatzend durch die Lande zogen.

Wie alt war sie im vergangenen Herbst geworden? Gerade einmal sechzehn Jahre war sie auf dieser Welt und hatte dabei schon mehr Leid, Hunger, Krankheit und Gewalt überstehen müssen, als andere in ihrem ganzen Leben. Leben! Bitter lachte sie in sich hinein. Was für ein Leben!

Die Rose von Franken. Es war eine unendlich lange Zeit vergangen, als der arme Christoph sie einmal so genannt hatte. Die Rose von Franken! Pah! Eine Rose, die schneller verwelkt war, als sich eine Eisblume auf einer heißen Ofenplatte auflöst. Verwelkt. Erloschen. Genauso wie die Kraft nun aus ihrem Körper wich.

Es war zu viel gewesen. Viel zu viel. Es reichte nun. Für alle Zeiten.

Wie in Trance war Roswitha weitergelaufen. Von der Umgebung nahm sie nicht das Geringste wahr. Weiter. Den einen Hang hoch, den nächsten wieder herunter. An keinem Fleck verharren. Laufen. Egal wohin. Es gab kein Ziel mehr.

Längst war der Weg selbst zum Ziel geworden.

Irgendwann an diesem Tag hatte sie die Hochebene hinter sich gelassen und war nun über eine steil abfallende Steige ins Tal gelangt. Immer häufiger geriet sie zwischen den tiefen Fahrrinnen des miserabel hergerichteten Weges ins Straucheln. Kraftlos taumelte sie weiter. Nicht stehen bleiben. Lange konnte es angesichts ihres Zustandes freilich nicht mehr dauern, bis sie stürzen würde. Fallen und liegen bleiben. Einfach liegen bleiben. Allmählich schien auch der letzte Rest an Kraft aus ihrem geschwächten Körper zu weichen.

Kein Wunder, angesichts der weiten Strecke, die sie inzwischen zurückgelegt hatte, seit sie am Morgen in wilder Hast die finstere Hütte in Oestheim verlassen hatte. Ohne etwas zu Trinken, ohne die geringste Nahrungsaufnahme. Doch selbst wenn sie einen Gedanken an Essen verschwendet hätte, wo hätte sie sich dieses Essen besorgen sollen? Jetzt führte die Straße über eine Brücke. Auch diese befand sich in einem äußerst schlechten Zustand. Überall hatte sich schmutzig braunes Wasser in den Pfützen gesammelt, vor allem an den Stellen, wo die Pflastersteine fehlten. Egal.

Weiter. Das an dieser Stelle besonders enge und bedrohlich wirkende Tal schnell hinter sich lassen. Wohin jetzt? Etwa den steilen Hang hinauf? Fieberhaft jagten die Gedanken durch ihren Kopf. Wie eine finstere Drohkulisse ragten hoch über Roswitha die Mauern und Türme von Rothenburg in den Himmel. Die nächste Brücke. Oben die dunklen Türme. Unten die langen Schatten der Bäume. Nur eine kurze Unachtsamkeit und wieder geriet sie ins Straucheln. Im letzten Moment gelang es ihr, sich festzuhalten. Es war die steinerne Einfassung der Brücke, die ihr den nötigen Halt verschaffte. Erschöpft stützte sie sich gegen die Mauer, während sie keuchend um Atem rang. Es dauerte geraume Zeit bis sich der Herzschlag einigermaßen verlangsamte. Sie stutzte mit einem Mal. Was war das für ein Geräusch? Die ganze Zeit über war es schon da gewesen. Es klang so friedlich in ihre Ohren. So bekannt. Beruhigend. Das ewige Murmeln der Wellen... Der Wellen! Genau! Tief durchatmend blinzelte sie in das blauschwarze Wasser des kleinen Flusses hinunter, in dessen Fluten sich das Sonnenlicht brach und dabei in tausend kleine Funken zu zersplittern schien. Ein genauso unwirklicher wie bezaubernder Anblick. Sie befand sich auf der großen Doppelbrücke, die an dieser Stelle über die Tauber führte. Mehr und mehr strömte nun die Erinnerung zurück. Die Tauber. Das Wasser... Wie oft war sie an glücklicheren Tagen schon über diese Brücke gegangen. Hatte manchmal sogar auf dem Kutschbock eines Fuhrwerks darüberfahren dürfen. In glücklicheren Tagen! Unwillig stieß sie Luft durch die Nase. Was sollte das schon bedeuten. Auch damals war sie schon als Heimatlose umhergeirrt. Die Vollwaise – auf der genauso verzweifelten wie sinnlosen Suche nach ihrem Bruder.

Wie naiv sie doch zu dieser Zeit noch gewesen war. Hatte noch fest auf die Zukunft vertraut. Eine gute Zukunft. Doch diese Zukunft war längst Vergangenheit. Hatte sich einfach aufgelöst in den Schrecken der Gegenwart. Ein hilfloses Zittern schüttelte ihren schwachen Körper, als plötzlich die Erinnerung über sie kam. Die Katastrophe der gestrigen Nacht. Es war schauderhaft!

Womöglich war sie schwanger geworden! Würde zu allem Überfluss auch noch ein Kind gebären! Ein wahrhaft entsetzlicher Gedanke. Hörte es denn niemals auf? War es denn nie zu Ende? Doch! Jetzt!

Sie würde ins Wasser gehen. Es war der einzige Ausweg. Ein einziger Sprung – und allem Leid war ein Ende gesetzt. Endlich Ruhe. Mit einem einzigen Sprung.

Ein Sprung? Seltsam: wie konnte man sich vor einem Sprung nur fürchten? Wenn sie doch ohnehin damit freiwillig aus dem Leben schied. Aber nicht mit einem Sprung. Nein. Sie machte kehrt, verließ an der Böschung den Weg und ging dann mit vorsichtigen Schritten langsam zur Tauber herunter. Ins Wasser. Ja, es war besser so. Die angenehme Kühle des kalten Wassers umspülte ihre Füße. Ihre Waden. Die Oberschenkel. Immer kälter wurde es jetzt. Eisig kalt. Sie schreckte zurück, als das Wasser bis zu den Hüften drang. Nein, nicht erschrecken. Die Augen schließen. Langsam weiter. Die eisige Kälte zulassen.

Begrüßen. Die Hand des Todes ergreifen... Lautlos war das Wasser über ihrem Kopf zusammengeschlagen. Ein seltsames Gefühl. Der merkwürdige Drang nach oben, den sie jetzt empfand. Luft holen. Atmen. Nein, sie musste es aushalten. Herunterschlucken. Nicht den Mund öffnen. Sich beherrschen. Dem Drang nicht nachgeben. Gleich würde es vorbei sein. Ihr Herzschlag beschleunigte sich. Trotz der eisigen Kälte des Wassers strömte das Blut heiß durch ihren Körper. Immer heißer. Immer wilder. Der Herzschlag. Das gleißend helle Licht hinter den geschlossenen Lidern. Gleich würde sie ihren Frieden haben. Endgültig Ruhe und Frieden. Eine unwirkliche Leichtigkeit ließ sie durch das Wasser schweben. Unerträglich hell war jetzt das Leuchten. Gleich würde das Licht mitten in ihrem Kopf explodieren. Ein schmerzhaftes Reißen an der Kopfhaut. War es der Teufel, der sie so brutal an den Haaren zog und ihre arme Seele mit sich in die Hölle schleifte? War sie schon tot oder noch am Leben? Konnte man ein Reißen an den Haaren auch dann noch spüren, wenn man tot war? Konnten Tote Schmerz empfinden?

Nein! Sie kämpfte einen verzweifelten Kampf, doch die andere war stärker. So wild Roswitha auch um sich schlug, biss und spuckte, es gelang ihr nicht, die Hände abzuschütteln, die sich jetzt kraftvoll um ihren Oberkörper schlangen. Begleitet von einem mühevollen Stöhnen und unter heftigen Flüchen gelang es der Frau, die sich später als Magd der benachbarten Steinmühle erweisen sollte, Roswitha aus dem eiskalten Wasser der Tauber zu ziehen. Und ihr damit das Leben zu retten.

„Bist du denn von Sinnen!", schleuderte sie dem Mädchen entgegen, kaum dass sie sich einigermaßen von der Anstrengung erholt hatte. Auch Roswitha war mit ihrer Kraft am Ende. Klatschnass und zitternd lag sie am Rand der Böschung, unfähig, sich noch einmal zu einer Gegenwehr aufzuraffen. Sie war gerettet worden. Gegen ihren Willen gerettet. Sie hatte keine Kraft mehr, es noch einmal zu versuchen. „Ja bist du vollkommen übergeschnappt", fauchte die ebenfalls klatschnasse Magd wutentbrannt zu der Jammergestalt hinunter. „So etwas macht man nicht. Das Leben, das dir von unserem Herrgott geschenkt ist, wirft man nicht so einfach fort. Schon gar nicht in deinem Alter!" Sie streckte Roswitha die Hand entgegen und befahl ihr mit strenger Stimme sie zu ergreifen und mitzukommen in die benachbarte Mühle.

Doch so sehr die Kälte ihren frierenden Körper auch durchschüttelte, erst musste sich Roswitha offenbaren und ihrer Retterin das Herz ausschütten. Weshalb auch immer das geschah, es drängte sie einfach, das zu tun. „Nein, lass mich! Ich will es dir erst erklären." Es war ein seltsamer Drang, dem sie dabei Folge zu leisten hatte. Auch viel später konnte sie sich keinen Reim darauf machen, weshalb es ihr damals so wichtig gewesen war, der Magd erst einmal die Lage zu schildern, in der sie sich befand.

„Nun gut." Die Frau hatte schnell begriffen und besaß außerdem eine mitfühlende Seele. „Dann erzähle halt. Aber beeile dich, bevor wir hier festfrieren oder uns den Tod durch eine Lungenentzündung holen. Das ist noch unangenehmer als ins Wasser zu gehen. Das kann ich dir sagen", meinte sie augenzwinkernd. Es tat Roswitha gut, dieses warme Lächeln zu erkennen, das ausschließlich ihr galt. Wann hatte sich zuletzt ein Mensch so um sie gekümmert? „Jetzt komm aber und lehne dich ganz eng an meinen Körper. So können wir uns wenigstens gegenseitig ein bisschen wärmen. Und dann erzähle endlich, was dich zu dieser Wahnsinnstat verleitet hat."

Erstaunlich schnell war Roswitha mit ihrer Geschichte zu Ende gekommen. Die warmherzige Frau schien sichtlich gerührt. Es dauerte zwei Atemzüge, dann schob die Magd Roswitha auf Armlänge von sich und klatschte unternehmungslustig in die Hände.

Sie fixierte das Mädchen mit einem entschlossenen Blick. „Also gut, drei Dinge möchte ich dir jetzt sagen: erstens heiße ich Barbara, zweitens kommst du mit mir in die Mühle. Dort kann ich dich unterbringen. Sie können gerade jede helfende Hand gebrauchen. Und drittens wirst du so etwas nie wieder machen. Verstehst du? Nie wieder! Versprochen?!"

Roswitha nickte verlegen.

„Schön." Die Magd Barbara streckte die Hand aus. „Dann komm jetzt..."

Mitten im Satz wurde sie von einem lauten Hornsignal unterbrochen. Es musste der Turmwächter der Spitalbastei sein, der das Signal geblasen hatte. Ein durchdringender langer Ton. Alarm!

„Schon wieder!", stöhnte die Magd gequält. „Also, schnell jetzt. Wer weiß, um wen es sich handelt. Freund oder Feind. Selbst die kann man ja kaum noch voneinander unterscheiden."

Während sich die beiden Frauen rasch in die leidliche Sicherheit der nur wenige Schritte von der Brücke entfernten Steinmühle zurückzogen, die mit einem großen Tor und einer Umfassungsmauer bewehrt war, schallten von allen Ecken und Enden der Stadt laute Rufe, Flüche und hastige Aufforderungen bis ins Tal herunter. Bald schon war klar, wem das beunruhigende Hornsignal gegolten hatte. Am Horizont war ein starker Trupp von Reitern aufgetaucht. Allein diese Beobachtung hatte den Turmwächter veranlasst, Alarm zu geben. Man konnte in diesen Zeiten nie wissen. So war es ihm von seinem Vorgesetzten dringend eingeschärft worden. Lieber einmal zu oft Alarm zu geben, als das entscheidende eine Mal zu wenig.

Es handelte sich um schwedische Reiter. Aufatmend verfielen die Rothenburger in eine langsamere Gangart. Schweden. Also das eigene Lager. Das konnte nichts Schlechtes bedeuten. Zumindest kämen sie nicht in feindlicher Absicht. So viel stand fest. Und sicherlich würden sie nicht lange vor Rothenburg lagern. Wenn überhaupt. In Gottes Namen würde man sie sogar mit Proviant versorgen. Hauptsache sie rückten dann schnell wieder ab. Denn ob Freund oder Feind: die Kriegsleute waren nirgendwo willkommen. Zu viel hatte man mit ihnen schon erleben müssen.

Es war der 7. April 1634 und es handelte sich tatsächlich um einen Trupp aus der Armee des schwedischen Oberbefehlshabers Oxenstierna. Schon kurze Zeit nach dem Alarmsignal waren sie vor dem fest verriegelten Spitaltor angekommen und begehrten lautstark Einlass in die Stadt. Merkwürdig, einerseits war an ihren Fahnen und Zeichen abzulesen, dass sie dem Protestantischen Bündnis unter Oxenstierna angehörten, aber Schweden waren es dennoch keine. Ihre seltsamen Uniformen und ihre noch eigenartigere Sprache ließen die Rothenburger voller Schrecken an Verrat denken. Was, wenn sie einer Täuschung aufgesessen waren und die feindlichen Soldaten viel zu nahe an die Stadt hatten herankommen lassen, nur weil diese die Wimpel der Protestanten mit sich führten. Und dann noch diese riesige Zahl an Leuten. Zunächst hatte es ja nur nach gut hundert Mann ausgesehen, doch inzwischen waren sie in der Stärke von zwei Regimentern auf der Ebene vor der Stadtmauer erschienen. Gut und gerne tausend Mann hatten sich dort angesammelt. Wenn nicht noch zwei- oder dreihundert mehr. Man konnte sie nicht mehr zählen, so viele waren es jetzt bereits. „Schotten! Das sind Schotten!", rief der hastig herbeigeeilte Waffenmeister der Rothenburger und es war seinem Tonfall anzuhören, dass ihm bei dieser Erkenntnis ein wahrer Mühlstein vom Herzen fiel. Schotten! Nun gut. Dann waren es wirklich Teile der protestantischen Streitmacht, die sich nun in mehreren Reihen hintereinander aufbauten und voller Ungeduld darauf warteten, wann endlich ihrem Begehren nach Einlass entsprochen werde.

Erleichtert atmeten auch die übrigen Einwohner der Stadt auf und sandten dankbare Stoßgebete zum Himmel.

Dem Herrgott sei Lob und Dank. Nichts Schlimmeres hätte der nach wie vor übel darnieder liegenden Stadt widerfahren können, als einen neuerlichen Eroberungsversuch abwehren zu müssen. Womöglich über Wochen hinaus belagert zu werden. Mit welchen Vorräten hätte dies gelingen sollen? Der Winter war doch gerade erst zu Ende gegangen, in den meisten Kornspeichern herrschte gähnende Leere. Schon lange hatten es die Bürger nicht mehr geschafft, die vom Rat der Stadt eigentlich geforderten zwei Jahresrationen in ihren Häusern zu lagern. Alle Vorräte waren längst als Kontributionszahlungen von den verschiedensten Besatzern beschlagnahmt und weggeführt worden.

So gesehen war der Jubel zwar berechtigt gewesen, mit dem sich die Leute von ihren zwischenzeitlichen Sorgen befreit hatten, doch schon bald wandelte sich die Euphorie der ersten Erkenntnis in sorgenvolle Skepsis, der schlagartig die erschrockene Ernüchterung folgte. Mit Fug und Recht, so hatte der schottische Hauptmann mit ziemlich barschen Worten von seinem Herold ausrichten lassen, verlange man die sofortige Öffnung der Stadt und die anschließende Versorgung seiner Männer. So, wie dies unter guten Verbündeten üblich sei. Vom verstorbenen schwedischen König Gustav Adolf war ein solcher Pakt mit der Reichsstadt Rothenburg bekanntlich vor nicht allzu langer Zeit besiegelt worden.

Schweren Herzens hatte der Bürgermeister sich in das Unvermeidliche geschickt und die Anweisung für eine Öffnung des Tors gegeben.

Kaum dass die Mannschaft des Spitaltores daraufhin also die Riegel an den schweren Eichenportalen zurückgeschoben hatte und die Tore langsam aufschwangen, da ergossen sich Hunderte und Aberhunderte von Soldaten in die Stadt. Mit grimmigen Mienen und finsteren Gesichtern strömten sie wie eine brachiale Flutwelle durch die Gassen, polterten grußlos in die Häuser hinein, wo sie einfach mitnahmen, was ihnen gerade ins Auge fiel. Und wehe, einer der verärgerten Hausbewohner wagte es, sich ihnen in den Weg zu stellen und die geraubten Gegenstände als sein Eigentum verteidigen zu wollen! Er wurde rücksichtslos zu Boden geschlagen.

Nicht nur den einfachen Rothenburger Bürgern erging es an diesem Tag übel, auch dem vollständig im Rathaus zur Begrüßung der schottischen Offiziere versammelten Rat der Stadt, mit dem Bürgermeister an der Spitze, verschlug es zur selben Zeit den Atem. Es war kaum zu fassen, was die angeblich befreundete Truppe in ultimativer Befehlsform von der Stadt verlangte. Allein schon die Tatsache, dass die beiden Regimenter rücksichtslos Unterkünfte für Offiziere und Soldaten requirierten und dabei betonten, sie wollten sich nun in Rothenburg über die nächsten Tage, wenn nicht sogar Wochen von den Strapazen des Krieges und der nasskalten Witterung erholen, sorgte für weiteres Entsetzen. Denn natürlich war man im Rat von Rothenburg aus guten Gründen eigentlich davon ausgegangen, dass die Schotten rasch weiterziehen würden, sobald man sie mit dem verlangten Proviant, Schießpulver und Stoffen versorgt hätte, so gut dies der schwer angeschlagenen Stadt eben möglich war. Auf alle Fälle hatte man sich nach Kräften ins Zeug legen wollen, um dem üblen Spuk nach drei, höchstens vier Tagen, ein baldiges Ende zu bereiten. Eine Zeitspanne, die zur Not noch als einigermaßen erträglich erschien. Doch die in einem schroffen Befehlston erteilten Anweisungen der Schotten sorgten im Ratssaal für blankes Entsetzen. In ultimativer Form war von den Schotten angeordnet worden, dass jedes Haus in Rothenburg sofort für die Aufnahme von vier bis acht Soldaten zur Verfügung zu stehen habe.

Der Bürgermeister hatte einen letzten verzweifelten Anlauf gemacht und auf eine schriftliche Übereinkunft verwiesen, nach der es der Stadt erlaubt war, eine längere Besatzung in ihren Mauern abzulehnen. Doch sein Vorstoß war wirkungslos verpufft. Nur schallendes Hohngelächter hatte sich über ihn ergossen, als er die Urkunde präsentierte, auf deren Inhalt er sich berief. „Gib her!" Der schottische Hauptmann hatte ihm das Dokument einfach aus der Hand gerissen und seinen Dolmetscher dann mit knappen Worten übersetzen lassen, dass dieses Schriftstück in seinen Augen noch nicht einmal das Papier wert sei, auf dem die Versprechungen besiegelt worden waren. Mehr noch: wie zur Bekräftigung seines Standpunktes hatte der brutale Mensch die Urkunde einfach zerrissen. Eine geradezu barbarische Vorgehensweise unter Bündnispartnern, die von seinen Offizieren jedoch zu allem Überfluss mit brüllendem Gelächter quittiert worden war.

„Ein Freund hat einem Freund zu helfen. Wer das nicht tut, hat sein Leben verwirkt. Die Einquartierungen haben stattzufinden. Auf der Stelle!", bedeutete der Dolmetscher dem fassungslosen Bürgermeister und den nicht minder konsternierten Ratsherren, die eine solch ungeheuerliche Behandlung durch einen angeblich befreundeten Feldhauptmann niemals für möglich gehalten hätten.

Die Zahl der aufzunehmenden Soldaten richte sich nach der Größe des jeweiligen Hauses. Falls jedoch der Platz von den jeweiligen Soldaten als nicht ausreichend erachtet würde, dann hätten die Bewohner ihre Häuser auf der Stelle zu verlassen. So mutig sie auch versuchten, die Anordnungen wenigstens abzumildern, es gelang ihnen nicht. Schon wieder befand sich die Stadt damit im Besatzungszustand.

Denn was sich in den folgenden Wochen in Rothenburg abspielte, kam einer Belagerung von innen gleich. Grölende Soldaten lagen in den Häusern und schlugen im Vollrausch selbst wertvolles Mobiliar einfach kurz und klein. Ohne Rücksicht auf Verluste. Üble Prügeleien, wüste Gelage und zu allem Übel kam es auch immer wieder zu Vergewaltigungen. In keinerlei Hinsicht führten sich die Schotten anders auf, als vor wenigen Jahren die

Landsknechte des fürchterlichen Tilly, die ja immerhin als Eroberer und nicht als angebliche Bundesgenossen hierher gekommen waren. Freunde! Selbst das bitterste Lachen blieb den Rothenburgern im Hals stecken, wenn sie sich angesichts dieser Umtriebe die Tatsache vor Augen hielten, dass es sich bei den beiden schottischen Regimentern doch eigentlich um Verbündete handelte. Von wegen! Wann endlich hatte der Herrgott ein Einsehen mit der schwer geplagten Stadt und befreite sie von diesen üblen Plagegeistern?

In unschöner Regelmäßigkeit gerieten die ungehobelten Kerle am späteren Abend außer Rand und Band, wenn sie sich wieder einmal nach Kräften über den Inhalt eines großen Weinfasses hermachten. Kaum war der erste Durst gestillt, wobei der Wein bereits literweise in die jeweilige Kehle geflossen war, da holten manche von ihnen eine Art überdimensionierter Schäferpfeifen hervor, die von den Übersetzern Dudelsack genannt wurden. In den engen Kellergewölben verursachten diese Instrumente einen infernalischen Lärm, der einem beinahe den Kopf zerspringen ließ. Doch den Schotten schien die dröhnende Lautstärke nicht das Geringste auszumachen, eher das Gegenteil war der Fall. Je lauter die Instrumente aufjaulten, hundertfach vom Echo an den Kellerwänden zurück in den Raum geworfen, desto mehr gerieten sie in Ekstase. Bis sie zur späteren Stunde dann endlich in ihrem Rausch mehr oder minder besinnungslos einfach zu Boden stürzten, wo sie bis zum Morgen regungslos liegen blieben. Im Grunde genommen war es ein Vorzug, den das hemmungslose Treiben mit sich brachte, denn zumindest der Rest der Nacht verlief nun in relativer Ruhe. Die Soldaten hatten sich schlichtweg bewusstlos gesoffen. Was für eine fürchterliche Heimsuchung, die man wehrlos über sich ergehen zu lassen hatte!

Ihren Tross, der erst einen Tag nach den Reitern angekommen war und der wie üblich aus vielen Dutzend

Wagen und Karren bestand, hatten sie achtlos vor der Stadtmauer stehen lassen und der Obhut der Rothenburger Torwächter überlassen. Was zur wenig erfreulichen Folge hatte, dass sich nun selbst die Karrenknechte, Hufschmiede und Marketender in den Straßen von Rothenburg tummelten, wo sie nach Gutdünken ihre derben Späße trieben. Natürlich nahm dabei keiner von ihnen irgendwelche Rücksichten auf die verängstigten Einwohner. Ja, selbst ihre Notdurft verrichteten die gewaltig betrunkenen Männer und die nicht minder torkelnden Frauen in aller Öffentlichkeit und völlig ungeniert direkt vor den Haustüren, was von den Umstehenden mit brüllendem Gelächter honoriert wurde.

Ganz im Gegensatz zu allen früheren Belagerungen konnten in diesen Tagen all jene von Glück sagen, deren Domizil sich nicht innerhalb der Stadtmauern von Rothenburg befand. Denn die ansonsten immer als erstes heimgesuchten Mühlen und Gehöfte im Umkreis der Stadt waren diesmal unversehrt davongekommen. Die ganze Konzentration der Schotten hatte einzig und allein der imposanten Reichsstadt mit ihren festen Steinhäusern gegolten. Mit einer lausigen Unterkunft in einer einfachen Mühle hatte keiner der Soldaten vorlieb nehmen wollen. Und so waren die Mühlen also zumindest von einer Besatzung verschont geblieben. Allerdings hatten die Müller auf strenge Weisung der städtischen Boten hin eine ungeheure Menge an Vorräten in die Stadt zu liefern. Doch so schwer man von diesen Forderungen auch bedrückt wurde, immerhin war man dafür an einer Einquartierung und Schlimmerem vorbeigekommen.

Auch Roswitha konnte von Glück sagen, dass sie in der Steinmühle eine Unterkunft gefunden hatte. Dank Barbara, der Magd, die sie nicht nur aus dem Wasser gezogen und ihr damit das Leben gerettet hatte, sondern sie auch noch ohne lange zu fackeln mit in die Steinmühle genommen hatte.

Hier gebe es immer Arbeit genug für ein zwar ziemlich schmächtiges, aber dennoch fleißiges Mädchen, wie sie Roswitha mit ihrem in vielen Jahren geschulten Blick treffsicher einschätzte. Den Müllersleuten war Roswitha tatsächlich hochwillkommen gewesen, denn in diesen Zeiten, konnte man jede helfende Hand nur allzu gut gebrauchen. Und so fand Roswitha in diesen Frühlingstagen des Jahres 1634 also Aufnahme in der Mühle im Taubergrund. Nach wie vor befand sie sich in einem eigenartigen Schwebezustand zwischen Ohnmacht und Trauer. Ein Zustand, der sie weder einen klaren Gedanken formen ließ, noch den anderen Knechten und Mägden ein Gespräch mit ihr ermöglichte. Die ihr zugewiesene Arbeit konnte sie zwar verrichten und auf eine Frage dementsprechend reagieren, doch zu weiteren Empfindungen und Äußerungen war sie nicht imstande. Noch nicht einmal dieser Tatsache war sie sich allerdings bewusst. Viel zu schwer drückte der Alptraum der vergangenen Tage auf ihre Seele. „Glaube mir, die Zeit heilt alle Wunden", wieder und wieder versuchte die teilnahmsvolle Barbara sie mit dieser Erkenntnis zu trösten, wenn sie den hoffnungslosen dumpfen Blick bemerkte, mit dem Roswitha ihrer Arbeit nachging. „Warte nur", flüsterte die Magd am Abend leise, während sie dem Mädchen dabei sanft über die Haare strich, „auch wenn du mich jetzt noch nicht richtig verstehen kannst: es wird schon so kommen, wie ich dir sage. Irgendwann wirst du vergessen haben. Und vor allen Dingen: alles wird gut. Du hast dein Leben noch vor dir. Es wird sich schon alles zum Guten wenden. Glaube mir nur..."

Und so vergingen die Tage, die vom ersten Licht der Morgendämmerung bis weit nach Sonnenuntergang ausgefüllt waren mit harter Arbeit. Unablässig klapperte das Mühlrad, die Mahlwerke standen nicht mehr still. Kein Wunder, denn die Abgesandten der Stadt verlangten immerzu nach weiteren und noch größeren Mehllieferungen für die Versorgung der einquartierten Soldaten. Es kostete nicht nur den Müller seine letzten Kraftreserven. Natürlich war auch das Gesinde pausenlos an der Arbeit. Und kaum war nach Einbruch der Dunkelheit endlich der Abendbrei ausgelöffelt, fielen die Knechte und Mägde auch schon todmüde auf ihre Strohlager. Keinem stand der Sinn mehr nach Gesprächen, ja, es reichte oft noch nicht einmal mehr zum Abendgebet. Und erst recht nicht, um trüben Gedanken nachzuhängen. Schlafen. Nur noch schlafen. Die Nacht war kurz genug. Denn beim ersten Hahnenschrei ging es schon wieder weiter. Gähnend und verschlafen krochen die müden Leute von ihrem Lager, löffelten stumm den schwarzen Brei aus der Gesindeschüssel und dann ging es schon weiter mit der Arbeit. Tagein – tagaus. Es blieb wirklich keine Zeit den Gedanken nachzuhängen. Ganz allmählich schien es Barbara, dass sie mit ihrer Hoffnung tatsächlich recht zu behalten schien: Die Zeit heilt alle Wunden. Irgendwie war bei ihrem Sorgenkind Roswitha eine leichte Veränderung vonstatten gegangen. Ab und zu gelang es dem Mädchen jetzt einen Halbsatz zu formulieren. Auch ihr Gang schien aufrechter als es noch vor zwei Wochen der Fall gewesen war. Doch! Sie würde es schaffen. Denn trotz aller alptraumhaften Erlebnisse besaß dieses Mädchen nach wie vor einen starken Willen. Er würde ihr helfen, irgendwann die lähmende Niedergeschlagenheit aus ihrer Seele zu vertreiben. Die Erinnerung an die fürchterliche Nacht in Oestheim würde verblassen. Und Barbara würde ihr dabei helfen.

\*

Der 1. Mai 1634. Ein Feiertag. Ein richtiger Freudentag! Die Menschen liefen aufgeregt zusammen. Befanden sich in einer geradezu ausgelassenen Stimmung. Denn am gestrigen Abend war eine hoffnungsvolle Nachricht im Rothenburger Rathaus eingetroffen. Der junge Markgraf

Friedrich würde heute, an seinem 18. Geburtstag, die Regentschaft über sein Land und sein Erbe antreten. Der Markgrafschaft Brandenburg-Ansbach. Endlich war er volljährig. Endlich konnte er sich seinem jubelnden Volk als würdiger Nachfolger seines verstorbenen Vaters präsentieren, des Markgrafen Joachim Ernst, der als wahrer Verteidiger des protestantischen Glaubens schon zur Legende geworden war.

Alles schien sich zum Guten zu wenden! Wenn auch die Skeptiker sofort den Einwand vorbrachten, zum wievielten Mal in diesem Krieg man so etwas behaupte, die Zeichen standen gut. Denn auch die Truppen schienen sich aufgrund dieses Ereignisses neu zu sammeln. Schon vorgestern war ein Botschafter in die Stadt gepresch und hatte dem Hauptmann der Schotten offenbar einen Befehl überbracht. Zunächst war nicht das Geringste über den Inhalt dieses Schreibens durchgesickert, doch allem Anschein nach war es die Anordnung zum baldigen Aufbruch gewesen. Aufgrund der Regierungsübernahme des Markgrafen machte diese begründete Vermutung durchaus Sinn. Die Schotten würden demnächst also abziehen. Ein wahrer Segen für die geschundene Stadt.

Sie würden sich also in Kürze mit den anderen Einheiten der Protestanten zusammenschließen und eine neue Offensive beginnen. Die Jahreszeit war ideal gewählt und der Name des jungen Markgrafen an ihrer Spitze würde sie zusätzlich beflügeln.

Von der Markgrafschaft Brandenburg-Ansbach würde also nunmehr der alles entscheidende Schritt ausgehen.

In allen Dörfern und Städten des protestantischen Bündnisses fanden sich die Menschen aufgrund dieser frohen Kunde zu fröhlichen Feiern zusammen. Auch in der großen Scheune der Steinmühle herrschte heute eine ausgelassene Stimmung. Die Arbeit ließ man ruhen. Am heutigen Tag wollten sie nur genießen. Endlich eine gute Nachricht. Was sie an Speisen heranschleppen konnten, wurden zubereitet. Es wäre wenig gewesen, wenn da nicht einer, unter Freudenrufen der Tänzer, einen Hasen angeschleppt hätte. Worauf der nächste ein Huhn daherbrachte. Und ein dritter hatte es tatsächlich geschafft, sechs Tauben bei den Beschlagnahmungen zu verstecken. Umso besser! Heute würde man genießen. Sich die fröhlichen Klänge der Musik um die Ohren streichen lassen und tanzen. Um diesen Freudentag komplett zu machen, hatte sich endlich ein strahlend blauer Frühlingshimmel eingestellt, der das Land mit einer angenehmen Wärme erfüllte.

Das Leben konnte schön sein.

Roswitha schüttelte unwillkürlich ihren Kopf, als sich dieser Gedanke ganz leise in ihre Wahrnehmung geschlichen hatte. Es kam einem Wunder gleich, was sie hier in diesem geradezu magischen Augenblick im Innenhof der Steinmühle erlebte. Mit sich selbst erlebte. Ja, es war so, wie der Gedanke besagte. Das Leben war schön! Es war... es war eine Lust zu Leben.

Nie hätte sie es vor Kurzem noch für möglich gehalten, jemals wieder so empfinden zu können. Empfinden zu dürfen.

Ob es wohl recht war von ihr, sich einfach von den Gefühlen treiben zu lassen? Wo doch ihr Bruder nach wie vor verschwunden war. Noch immer hatte sie ihr Versprechen nicht eingelöst und Matthias gefunden.

Ach was! Mit einer ärgerlichen Handbewegung wischte sich Roswitha über die Augen. Auch sie hatte doch ein Recht darauf, ein bisschen Freude zu genießen. Wie all die anderen Menschen auch. Es war gut so!

Die plötzlich neu erwachte Lebenslust! Wie schön. Verstohlen kniff sich Roswitha in den linken Unterarm, um sich zu vergewissern, dass sie nicht nur träumte. War es nicht doch nur ein Traum? Konnte es wahr sein? Nach all diesen schlimmen Tagen, Wochen und Monaten, die sie selbst und auch die vielen anderen hier nur mit Mühe und letztendlich auch mit einer ordentlichen Portion

Glück lebend überstanden hatten. Wer hätte es noch vor wenigen Wochen überhaupt für möglich gehalten, dass sich das Blatt noch einmal wenden könnte.

Dass sie jemals wieder eine solche Feier veranstalten würden, wie diese hier. So wenig Wein auch die von den Landsknechten heimgesuchten Keller noch hergeben mochten. Einerlei. Die überwiegende Mehrzahl der Leute in der Steinmühle ließ sich einfach anstecken von der Magie dieses unbeschwerten Tages. Und mitreißen.

Nicht alle freilich. Denn einige wenige hockten mit sonderbar düsteren Mienen in den Ecken und schienen dem fröhlichen Trubel anscheinend nichts abgewinnen zu können. „Was sind das denn für Leute?", erkundigte sich Roswitha bei einem der Mahlknechte und deutete zur Ecke hinüber, während sie fragend ihre Stirne runzelte.

„Die? Ach komm. Lass sie am besten einfach dort sitzen und kümmere dich nicht um sie. Das sind unsere ewigen Übelkrähen und Trauerklöße. Da ist jedes aufmunternde Wort zu viel", winkte der Knecht gelangweilt ab. „Aus einem verklemmten Arsch kann halt einfach kein fröhlicher Furz entweichen. So ist es eben!", setzte er mit breitem Grinsen noch hinzu.

In gespieltem Tadel hob Roswitha den Zeigefinger ihrer rechten Hand. „So etwas darf man doch nicht sagen. Was sind das denn für Aussprüche! Ziemt sich das für einen halbwegs erwachsenen Knecht in einer angesehenen Mühle?"

Doch der Knecht ließ sich von der freundlichen Zurechtweisung nicht im Mindesten beeindrucken. „Das ziemt sich wohl. Denn auch andere haben das schon oft genug gesagt. Sogar unser großer Reformator Martin Luther. Persönlich. Ja so ist das, ob du es glaubst oder nicht."

„Glaube ich nicht – aber einerlei", winkte Roswitha lachend ab und gab dem Knecht mit einem kurzen Kopfnicken zu verstehen, dass er seine Aufmerksamkeit auf die gegenüberliegende Seite richten solle. „Da schau rüber, da steht die Marie. Das ist doch soviel ich weiß, deine

Freundin. Es wird Zeit, dass du zu ihr hinübergehst und sie zum Tanz aufforderst. So vorwurfsvoll, wie die mich gerade angeschaut hat... nicht dass sie sonst noch auf völlig falsche Gedanken kommt. Los, mach schon!" Sie gab dem Knecht einen leichten Klaps auf den Rücken und winkte der misstrauischen Marie freundlich entgegen. „Jetzt geh schon. Einen Tanz möchte ich sehen. Aber von euch beiden. Nicht, dass du unterwegs gleich wieder am nächsten Rock hängen bleibst!"

Was war das? Jemand hatte ihr von hinten auf die Schulter getippt. Neugierig wandte Roswitha sich um und blickte in die freundlichen Gesichtszüge der Magd Barbara. Ihrer Lebensretterin. Barbara nickte zufrieden. „Na siehst du, was habe ich dir vor einigen Wochen gesagt? Das Leben ist schön. Trotz allem, was wir zu leiden hatten. Nach dem Regen kommt immer wieder auch Sonnenschein. Du hast es mir damals nicht glauben wollen, stimmt es – oder habe ich recht?"

Schamröte überzog in Windeseile Roswithas Miene, während sie rasch den Kopf senkte, um ihre Verlegenheit vor der anderen zu verbergen.

„Du brauchst dich deswegen doch nicht zu schämen. Es ist wie es ist. Aber merke es dir für alle Zeiten, falls du – was unser Herrgott verhüten möge – jemals wieder in eine solche Situation kommen solltest: es gibt immer einen Ausweg. Es ist nie zu spät. Das Leben geht weiter. Immerzu. Hast du mich verstanden?"

Roswitha nickte stumm.

„Dann ist es ja gut. Denk mal darüber nach, was wäre, wenn ich dich nicht im letzten Augenblick aus dem Wasser gezogen hätte. Dann lägest du jetzt einige Fuß tief unter der Erde und hättest diesen wunderschönen Tag nicht mehr genießen können. Das wäre doch schade gewesen, oder?"

Wieder nickte das Mädchen wortlos, während eine Woge der Dankbarkeit in ihr aufstieg. Sie hatte ja so recht. Barbara, die einfache, Magd aus der Steinmühle, ein grundehrliches und immerzu bescheidendes Menschenkind. Es waren eben immer die einfachen Menschen, von denen die größte Herzlichkeit auf dieser Welt ausging.

„Und noch etwas", wurde sie von Barbara aus ihren Gedanken zurückgeholt. „Du hast Glück gehabt. Ein Glück, das du allerdings wirklich und wahrhaftig verdient hast..."

Irritiert sah Roswitha auf und bedachte ihr Gegenüber mit einem fragenden Blick. Was meinte sie wohl damit?

„Na, denk doch mal, was letzten Endes der Auslöser dafür war, dass du ins Wasser gehen wolltest. Im Grunde genommen war es doch die Angst, zu allem Unglück auch noch schwanger geworden zu sein. Doch dieser Kelch ist Gott sei Dank an dir, oder vielmehr an uns, vorübergegangen. Du bist nicht schwanger geworden. Zum guten Glück nicht. Gestern hast du ja deine Tage bekommen. Damit ist auch diese Angst von uns gewichen. Und das alleine ist Grund genug, um heute zu tanzen und zu feiern, so lange die Musik aufspielt und solange du Lust und Laune hast, fröhlich zu sein. Wer weiß, was uns die Zukunft bringen wird. Lass uns die Gegenwart genießen. Wir haben es uns weiß Gott verdient!"

Mit einem energischen Griff packte sie die verdutzte Roswitha am Arm und bugsierte sie mitten unter die ausgelassenen Tänzer. Barbara stieß einen fröhlichen Jubellaut aus, dann ergriff sie auch Roswithas andere Hand und drehte sich mit ihr lachend im Kreis. Weiter und weiter ging es. Erst mit Barbara, dann mit den Rossknechten, mit den Bauernjungen, den Tagelöhnern, dem ganzen fröhlichen Volk. Bis tief in die sternenklare Nacht hinein.

Todmüde aber erfüllt mit einem neuen Lebensmut sank Roswitha nach dem Ende der Feier auf ihr Strohlager. Dankbar faltete sie die Hände: „Es war der schönste Tag in meinem Leben! Danke lieber Herrgott, dass du mich gerettet hast." Im nächsten Moment war sie schon in einen friedlichen tiefen Schlaf gefallen. Sie konnte es dringend gebrauchen. Denn allzu lange würde die Ruhe nicht währen. Denn bald schon würde der Morgen dämmern. Ein neuer Tag würde anbrechen, wieder mit Arbeit ausgefüllt vom ersten Sonnenstrahl bis zum letzten Licht des Abends. Ein Tag, wie alle anderen zuvor. Aber seit dem heutigen Tag wusste sie, warum es sich lohnte, am Leben geblieben zu sein. Das Leben war zu Roswitha zurückgekommen.

Zusammen mit dem warmen Frühlingslicht war neue Zuversicht in die Herzen der Menschen geströmt. Dazu gesellte sich die erleichternde Beobachtung, dass sich die Schotten tatsächlich zum Abzug rüsteten. Wie sie ihre Wagen beluden, Uniformen, Waffen und Tornister ausbesserten, die Pferde neu beschlagen ließen, alles deutete auf einen in Kürze bevorstehenden Aufbruch der unbeliebten Gäste hin.

Am 7. Mai 1634 war es dann endlich so weit: die Schotten verließen die aufatmende Stadt. Irgendwo auf ihrem Marsch in Richtung Dinkelsbühl würden sie sich mit den Truppen des jungen Markgrafen vereinigen und gemeinsam eine Streitmacht bilden, die zur Aufgabe hatte, die kaiserliche Armee so rasch wie möglich zum Kampf zu stellen.

Sie waren weg! Endlich! So schlimm die Schotten auch in den besetzten Häusern gewütet hatten, sie waren fort. Mit aller Kraft konnte man sich nun daranmachen, die Folgen der Einquartierung zu beseitigen. Dankgottesdienste wurden abgehalten, verbunden mit flehentlichen Gebeten der Kirchgänger, der Herrgott möge Rothenburg so schnell nicht wieder in die Hände von vermeintlichen Freunden fallen lassen. Überall, sogar außerhalb der Gotteshäuser, erklang jetzt das schöne Kirchenlied von Michael Praetorius, das sie natürlich in seiner protestantischen Fassung sangen. „Es ist ein Ros entsprungen, aus einer Wurzel zart, wie uns die Alten sungen, aus Jesse kam die Art und hat ein Röslein bracht mitten im kalten Winter, wohl zu der halben Nacht!" Nach dieser auch im übertragenen Sinne wahrhaft kalten Zeit war es genau das

Lied, das neue Zuversicht in den Herzen der Menschen aufkeimen ließ.

Unversehens war ein riesiger Jubel in der Kirche ausgebrochen, kaum dass der letzte Ton verklungen war. Für alle Zeiten würden sie künftig fest zusammenstehen und keinem mehr so rasch die Tore der Stadt öffnen. Selbst einem angeblichen Verbündeten nicht.

Zwar wolle man, so verkündete es der Bürgermeister im Anschluss an den Gottesdienst in einer feierlichen Rede, weiterhin vertraglich treu auf der Seite des Heilbronner Bundes bleiben. Aber in militärischer Hinsicht würde man künftig Vorsicht walten lassen. Zunächst würde man genau erkunden, welche Anforderungen die jeweiligen Hauptleute an die Freie Reichsstadt zu richten gedachten. Und ob sie sich zu einer Garantie bereitfänden, um die Stadt vor außer Rand und Band geratenen Soldaten zu schützen. Wenn nicht, dann wollte man künftig die Stadttore verschlossen halten. Sei es Freund oder Feind, der da draußen stehe. Es galt in diesen Zeiten mehr denn je, endlich das Wohl der Stadt ganz genau im Auge zu behalten. Denn Rothenburg würde auf Jahre hinaus mit den Folgen dieses Krieges zu kämpfen haben. Und der Krieg war noch lange nicht zu Ende.

Schon Anfang August wurde dieses feierliche Versprechen einer ernsten Bewährungsprobe unterzogen. Denn unter dem Kommando der kaiserlichen Obristen Giacomo Graf Strozzi und Johann von Werth war ein großes Truppenkontingent direkt auf Rothenburg zugerückt. Und wie nicht anders zu erwarten, forderten sie im Namen des Kaisers die sofortige Öffnung und Übergabe der Stadt.

Doch der Bürgermeister hatte dem Unterhändler, der als besonders fanatisch geltenden Heerführern mit knappen Worten den Beschluss seines Rates mitteilen lassen, dass man keinesfalls daran denke, die Stadt zu übergeben. Weder zu übergeben, noch irgendwelche andere Forderungen im Hinblick auf Proviant und Frondienst zu erfüllen. Eine durchaus mutige Verweigerungshaltung. Denn dass sich weder Strozzi noch Werth damit einfach abfinden würden, davon durfte die Stadt nicht ausgehen. Und genau so kam es dann auch: in wütenden Attacken hatten die Kaiserlichen versucht, die Stadt mit einem raschen Sturmangriff zu nehmen. Doch dank der nicht minder blitzschnell erfolgten, geradezu todesmutigen Ausbrüche der Rothenburger Reiterei war der Angriff erfolgreich zurückgeschlagen worden. Die Kaiserlichen hatten mehrere Dutzend Tote zurücklassen müssen, die Zahl ihrer Verwundeten ging in die Hunderte.

Tatsächlich. Sie ließen ihre toten Kameraden einfach vor den Mauern der Stadt liegen, während sie sich unter dem Jubelgeheul der Rothenburger davonmachten wie geprügelte Hunde. Auf eine längere Belagerung waren sie nicht vorbereitet gewesen und es entsprach auch nicht ihrem Auftrag. Somit also zogen sie weiter. Die Tauber abwärts. Auf Creglingen zu.

Während man in Rothenburg also voller Erleichterung durchatmen konnte, schien sich jetzt die geballte Wut der gedemütigten Streitmacht auf Creglingen zu richten. Die armen Creglinger! Es blieb in Rothenburg nur die Hoffnung, dass es nicht allzu schlimm kommen würde, dort unten im Taubertal. Vielleicht kam den bedrängten Creglingern die Tatsache zu Hilfe, dass sich in einem ihrer Gotteshäuser, der Herrgottskirche, eine heilige Stätte befand. Eigentlich müsste die wundersame Legende zumindest den kaiserlichen Obristen bekannt sein. Und wenn sie ihren Glauben nicht nur auf den Lippen führten, dann würden sie es allein aus diesem Grund nicht wagen, in Creglingen ein Blutbad anzurichten.

Nicht im Umkreis dieses Heiligtums!

Vor langer Zeit, die alten Überlieferungen sprachen sogar ganz genau vom 10. August des Jahres 1384, habe ein Bauer beim Pflügen am Herrgottsbach in der feuchten Ackererde eine vollkommen unversehrte Hostie gefunden. Der Leib Christi, der dort womöglich über Jahrhunderte hinweg überdauert habe. Unversehrt, wie sie nicht müde wurden zu betonen. Jesus selbst sei also in das Tal gekommen, jubelten die Menschen, als die Kunde von diesem Wunder zu ihnen drang. Ein himmlisches Wunder, das sich an einem heiligen Tag ereignet hatte, am Todestag des heiligen Laurentius, dem Schutzpatron aller Hirten und ihrer Herden. Zudem der Tag des Sieges, den der heilige Kaiser Otto der Große vor unvordenklichen Zeiten auf dem Lechfeld über die Ungarn errungen hatte. Es war ein Zeichen des Himmels in dieses Tal gekommen. An der Stelle des wundersamen Fundes ließen die Grafen Konrad und Gottfried von Hohenlohe die Herrgottskirche erbauen. Vor hundert Jahren war sie mit einem besonders kostbaren Altar aus reinem Lindenholz versehen worden, eine Arbeit des Meisters Tilman Riemenschneider. Seit den Zeiten der Reformation freilich, Creglingen zählte bekanntlich längst zum Besitz der evangelischen Markgrafen von Ansbach, habe man den ehrwürdigen Altar hinter einem rohen Bretterverschlag versteckt, um ihn so vor der drohenden Zerstörung zu bewahren. Denn es handelte sich um ein wahrhaftiges Meisterwerk, an das auch keiner der Creglinger Protestanten Hand anlegen mochte. Alljährlich am Tag Mariä Himmelfahrt erstrahlte nämlich das Antlitz der Muttergottes in einem wundersamen Licht. Nur an diesem einen Tag.

Bald schon würde es wieder so weit sein, am 15. August 1634, evangelischer Zeitrechnung natürlich, also in genau acht Tagen. Insofern hatte selbst der Creglinger Pfarrer gleich nach Bekanntwerden der Bedrohung, die sich auf die Stadt zuwälzte, mit einem zuversichtlichen Tonfall in seiner Stimme kategorisch ausgeschlossen, dass der Stadt und ihren Bürgern von den katholischen Landsknechten des Gegners irgendwelcher Schaden drohen könne. Eine Meinung, die von den Creglingern natürlich nur allzu willfährig und gleichermaßen hoffnungsvoll verbreitet wurde. Weitere Zuversicht durfte man aus der Tatsache schöpfen, dass sich auch Graf Johann Georg, der Onkel des Markgrafen Friedrich von Brandenburg-Ansbach, mit einer stark bewaffneten Begleitmannschaft in der Stadt aufhielt. Männer, die sich zur Wehr zu setzen wussten.

Oder war es eher ein Nachteil, einen engen Verwandten des Markgrafen in Creglingen zu wissen? Womöglich wurde der berüchtigte Werth, der längst schon darauf sann, die vor Rothenburg erlittene Scharte so rasch wie möglich auszumerzen, von der Anwesenheit des Ansbachers sogar noch zusätzlich angelockt. Nicht nur, um reiche Beute zu machen, sondern seinen Zorn auch an einem prominenten Familienmitglied des Kriegsgegners auszulassen. Mitsamt der Stadt, die ihn beherbergte.

Am Ende war es so gekommen, wie man es im Grunde genommen hatte befürchten müssen: Creglingen war im Handstreich genommen und schwer geplündert worden. Hatte nicht der Krieg seine eigenen Gesetze? Sie hätten es wissen müssen und niemals auf Moral und Anstand vertrauen dürfen! Nicht nach einem mittlerweile 16 Jahre währenden Krieg.

Sogar den Grafen Johann Georg von Brandenburg-Ansbach, samt seinen angeblich so mutigen und stark bewaffneten Männern, hatten sie gefangen nehmen können. Was nützte freilich eine massive Bewaffnung, wenn der Gegner dermaßen in der Überzahl war? Vom Onkel des jungen Markgrafen würde es ein fettes Lösegeld geben, versprach Johann Werth seinen jubelnden Soldaten.

Der arme Markgraf. Kaum war er an die Regierung gekommen, schon musste er die erste Niederlage einstecken. Selbst wenn es sich nur um seinen Onkel handelte, es war ein Faustpfand in der Hand seiner erbitterten Gegner.

Und ein nicht zu unterschätzendes erstes Warnsignal noch dazu. Werths Truppen hatten nicht nur in Creglingen, sondern auch weiter tauberabwärts bis zur hohenlohischen Residenz Weikersheim übel gehaust. Wohin sie ihren Fuß auch setzten, überall hinterließen sie eine Spur von Gewalt und Zerstörung.

Mit voller Absicht hatte Werth seinen Männern nämlich diese furchtbaren Plünderungen und Brandschatzungen gestattet. Die Taktik, das protestantische Hinterland in Franken sozusagen als verbrannte Erde zu hinterlassen, schien ihm das beste Mittel, um den Gegner dauerhaft zu schwächen. Kein Nachschub konnte von hier aus mehr geliefert werden. Angesichts der unmittelbar bevorstehenden Entscheidungsschlacht würden weder der Markgraf noch der junge Herzog von Württemberg und schon gar nicht die Schweden auf weitere Unterstützung hoffen können. Der erste Schritt zum Untergang der Protestanten war gemacht.

Wie gnadenlos Werth und seine entfesselten Männer zur Tat schritten, belegte der Bericht von einer unglaublichen Freveltat, die sich in jenen Tagen in der Herrgottskirche ereignet hatte, und die nun in Windeseile im ganzen Land ihre Runde machte. Zahlreiche Flüchtlinge hatten sich an diesen heiligen Ort zurückgezogen, um in der vermeintlichen Sicherheit der Kirche so lange auszuharren, bis sich die Lage beruhigt hatte. „Was haben wir armen Menschen denn nur verbrochen, dass uns der Herrgott so furchtbar straft?", hatte irgendwann eine der Frauen leidvoll geäußert und war daraufhin vom Pfarrer mit offenbar recht scharfen Worten harsch zurechtgewiesen worden: „Es ist unsere eigene Schuld. Erinnere dich an das Buch Mose. Da sprach der Herr: „Recke deine Hand über Ägyptenland, dass Heuschrecken über Ägyptenland kommen und alles auffressen, was im Lande wächst, alles, was der Hagel übrig gelassen hat." Die Frau hatte sich nicht so rasch einschüchtern lassen. „Was um alles in der

Welt sollen wir denn gesündigt haben, dass wir jetzt derart büßen müssen? Wir sind hier im Taubertal! Nicht in Ägypten!"

Die mutige Gegenrede hatte ihre Wirkung auf den Pfarrer nicht verfehlt. Lange habe er regungslos auf das Kreuz mit dem Corpus Christi gestarrt, bis er mit einer immer lauter werdenden, sich am Ende beinahe überschlagenden Stimme die Bibelzitate gerufen habe: „Der Prophet Joel sagt: Höret dies, ihr Ältesten und merket auf alle Einwohner im Lande, ob solches geschehen sei zu euren Zeiten oder zu eurer Väter Zeiten. Saget euren Kindern davon und lasset es eure Kinder ihren Kindern sagen und diese Kinder ihren Nachkommen. Was die Raupen lassen, das fressen die Heuschrecken. Und was die Heuschrecken lassen, das fressen die Käfer. Und was die Käfer lassen, das frisst das Geschmeiß." Dann sei er in sich zusammengesackt, habe den Kopf mit seinen Händen bedeckt und geschluchzt. „Ich weiß es nicht. Ich weiß es wirklich nicht. Herr, weshalb hast du uns nur verlassen? Hilf uns armen Sündern, Herr!"

Genau in diesem Augenblick sei ein betrunkener Landsknecht zum Kirchenportal hereingepoltert, offenbar auf der Suche nach fetter Beute. Blitzschnell habe er nach dem goldenen Messkelch auf dem Altarstein gegriffen, doch genauso rasch habe der Pfarrer mit seinen beiden Händen den Kelch umklammert.

„Gib ihn sofort her, sonst Gnade dir Gott!", hatte der Landsknecht wütend gerufen, doch der Pfarrer setzte sich trotz dieser Drohung weiterhin verbissen zur Wehr.

Darauf habe der Soldat sein Schwert gezogen und dem Geistlichen mit einem einzigen fürchterlichen Hieb den Schädel gespalten. Dann habe er den Kelch an sich genommen und sei in aller Seelenruhe verschwunden.

Die Kirche entweiht. Den Pfarrer ermordet. Die Endzeit war angebrochen. Wie anders sollten sich die entsetzten Beobachter das eben Gesehene erklären?

Nur wenige Tage nach dieser unglaublichen Freveltat hatten hohe Herrschaften in Creglingen eine kurze Rast eingelegt. Es wäre die letzte Rast, bevor sie dann Rothenburg, das Ziel ihrer Reise, erreicht hätten. Voller Abscheu nahmen die beiden Männer die Spuren der Zerstörungen in Augenschein, die Werths Soldaten kurz zuvor angerichtet hatten. Bei den Reisenden, die von einer kleinen bewaffneten Eskorte beschützt wurden, handelte es sich um niemand anderen, als um Johann Bezold, den Altbürgermeister von Rothenburg, der von seinem Freund Johann Metzler, dem Verwalter des Klostervermögens, begleitet wurde. Bezold hatte auf der Stelle seine Kur im Schlangenbad Schwalbach unterbrochen, nachdem er Kenntnis vom Beginn der Kampfhandlungen in Mittelfranken erhalten hatte. Unverzüglich waren die beiden aus dem Taunus nach Rothenburg zurückgeeilt, um ihrer Stadt in dieser Lage beizustehen. Aus diesem Grund war nur eine ganz kurze Rast vorgesehen, als sie am späten Vormittag beim Wirtshaus von Paulus Holzhäuser eintrafen, um sich rasch zu erfrischen und ihre müden Pferde mit neuem Futter zu versorgen. Es mochte gerade einmal eine halbe Stunde vergangen sein, da ertönte bereits das Signal zum Aufbruch. Weder Bezold noch Metzler hielt es angesichts all der Zerstörungen noch länger in Creglingen. Die Sorge um das Wohlergehen ihrer Vaterstadt Rothenburg lastete schwer auf ihren Gemütern. Nur weiter jetzt. So schnell wie möglich. Gerade eben hatte ihr Zug die Stadt tauberaufwärts, also in Richtung Osten verlassen, da erhob sich unmittelbar vor dem Tor plötzlich ein lautes Geschrei. Waffengeklirr. Drohungen, Flüche, Verwünschungen, Schüsse. Ja, Schüsse! Von seinem Beobachtungsposten auf der Stadtmauer konnte der Creglinger Torwächter zu seinem übergroßen Schrecken jetzt erkennen, dass Bezolds Zug aus dem Hinterhalt heraus überfallen worden war. Eindeutig handelte es sich dabei um kaiserliche Soldaten. Um Gottes Willen! Schon wieder

Werth und seine Mordgesellen! In wilder Hast verbarrikadierten sie die Tore ihrer Stadt. Denn es gab nicht die geringste Möglichkeit, den Überfallenen zu Hilfe zu kommen. Seit dem blitzschnellen Angriff vor einer Woche war Creglingen praktisch wehrlos, noch nicht einmal ein einziger geharnischter Reiter befand sich mehr unter ihnen.

„Da!" Der Torwächter hatte einen der in Richtung Tauber fliehenden Männer erkannt. Es war Johann Bezold. In wilder Hast versuchte er sich irgendwo dort in Sicherheit zu bringen, während sein Gefährte Metzler hinauf in die Weinberge stürmte.

„Oh Gott!" Mit schreckensbleicher Miene schilderte der zur Tatenlosigkeit verdammte Torwächter, wie die beiden Männer jetzt von ihren Verfolgern eingeholt worden waren. Schlagartig zerriss ein Pistolenknall die Luft. Wem hatte der Schuss gegolten? „Es ist Metzler! Sie haben ihn direkt in den Bauch geschossen. Er ist umgefallen. Dort liegt er, in seinem Blut. Regungslos... Er ist tot!"

„Und Bezold? Wo ist Bezold?" Voller Bangen warteten die Leute auf Antwort. Vielleicht war es Bezold doch noch gelungen, sich aus den Händen seiner Verfolger zu befreien? Vielleicht hatte er den Moment nutzen können, als der Pistolenschuss gefallen war.

Doch die Hoffnung hatte getrogen. „Bezold. Er ist niedergeschlagen worden. Nein! Schlimmer noch: niedergestochen. Sie haben ihn niedergestochen. Auch er ist tot!"

Während die Creglinger voller Entsetzen die Hände vor ihre Gesichter schlugen, erhob sich draußen auf dem Kampfplatz ein wildes Triumphgeheul. Bis auf das Hemd hatten die Mordgesellen die Körper ihrer Opfer entkleidet, ihre Hände mit Stricken zusammengebunden und die Leichen einfach hinter ihren Pferden hergeschleift. Irgendwann schienen die Landsknechte dann endlich genug von dem schaurigen Schauspiel zu haben und ließen die toten Körper einfach liegen, während sie mit lauten Freudenrufen davongaloppierten. Wieder zurück in Richtung

Weikersheim, wo sie anscheinend immer noch ihr Lager aufgeschlagen hatten.

Erst Stunden später trauten sich die Creglinger aus der Stadt heraus, um die übel zugerichteten Leichen zu bergen. Unfassbar, wie der ehemalige Bürgermeister der Freien Reichsstadt Rothenburg da vor ihnen mitten im Straßendreck lag! In der Herrgottskirche wurden die Opfer schließlich aufgebahrt, während gleichzeitig zwei Boten nach Rothenburg abgeschickt wurden, um dort die schreckliche Neuigkeit zu vermelden.

Erst zwei Tage nach dem Mord an ihrem ehemaligen Bürgermeister gelang es der aus Rothenburg entsandten Delegation, nach Creglingen durchzukommen. Als dermaßen unsicher erwies sich die Lage an der Tauber, wo im Gefolge der Kriegsleute zahlreiche plündernde Horden ihr Unwesen trieben, dass noch nicht einmal ein von stark bewaffneten Stadtsoldaten geschützter Zug so ohne Weiteres bis nach Creglingen gelangen konnte. Altbürgermeister Georg Nusch persönlich stand an der Spitze des Trauerzuges. Er hatte es sich trotz aller Warnungen nicht nehmen lassen wollen, die Leiche von Bezold, einen seiner engsten Weggefährten, persönlich zu übernehmen. Und an der Verhandlung über die Umstände der Ermordung seines Freundes teilzunehmen. Mit wachsendem Unmut hatte Georg Nusch den Bericht von Leonhard Gundermann, der Metzlers Diener gewesen war, sowie die Erklärungen von Bezolds Pferdeknecht Kaspar Hehr entgegengenommen. Wie die beiden selbst nur mit knapper Not davongekommen waren. „Weil ihr feige davongesprungen seid, anstatt euren Herren zu Hilfe zu kommen", rief Nusch voller Ärger in den Ratssaal.

Doch wenig später hatte er sich zähneknirschend davon überzeugen lassen müssen, dass von Anfang an nicht die geringste Möglichkeit bestanden hatte, Bezold und Metzler zu retten. Ganz eindeutig hatten es die Landsknechte auf das Leben der beiden Männer abgesehen – und natürlich auch auf die Kleidung und die Waffen der Herren. Letztendlich hatte es sich um Werths Vergeltung für die kürzlich erlittene Schmach von Rothenburg gehandelt. Eine andere Erklärung konnte es gar nicht geben.

Am Tag nach der Verhandlung im Creglinger Rathaus wurden die beiden Leichen dann auf einen mit schwarzen Tüchern verhängten Karren geladen und im Trauerzug nach Rothenburg geleitet. Auf Kosten des Rates der Stadt Rothenburg wurden sie in Anwesenheit einer riesigen Trauergemeinde begraben.

Doch für eine länger andauernde Trauer blieb den Rothenburgern keine Zeit, denn mittlerweile überstürzten sich die Ereignisse. Die Entscheidungsschlacht stand endgültig bevor – Gott sei Dank weit südlich von Rothenburg. Es war die Gegend um die evangelische Reichsstadt Nördlingen, in der schon in den nächsten Tagen zwei riesige Armeen aufeinanderprallen würden. Ein symbolträchtiger Ort, denn unweit von dieser Stelle befand sich das ehemalige Kloster Auhausen an der Wörnitz. Der Ort also, wo einst vom Vater des jungen Markgrafen die Protestantische Union gegründet worden war. Als Symbol der Hoffnung für alle Protestanten. Kein Wunder, dass die katholischen Gegner geradezu darauf brannten, den verhassten Protestanten gerade hier die entscheidende Niederlage zu bereiten!

In Kürze also wären die Würfel endgültig gefallen. Doch genauso, wie die Entscheidung nach einem derart langen Krieg von nahezu allen herbeigesehnt worden war, breitete sich im selben Maße jetzt Angst über das Land. „Gnade uns Gott, wenn die Kaiserlichen siegen sollten!"

Nördlingen. Allein der Gedanke an die alles entscheidende Schlacht jagte nicht nur Roswitha eisige Schauder über den Rücken.

Schon auf ihrem Zug in den Süden, in Richtung auf Nördlingen, waren die Landsknechte beider Lager in einen regelrechten Blutrausch gefallen und zerstörten zahlreiche Dörfer im Wörnitztal, die doch gerade eben mit viel Mühe wieder notdürftig aufgebaut worden waren. Als sei dies nicht genug, waren sie dann auch noch über die Stadt Wassertrüdingen hergefallen, von der nach dem Durchzug der Kriegsknechte nur noch verkohlte Trümmer anklagend in den Himmel ragten. So unfassbar all diese Verwüstungen für die betroffenen Menschen auch sein mochten, es handelte sich dennoch nur um die letzten Vorboten eines fürchterlichen Gewitters, das sich demnächst über dem Land entladen würde. Egal, welche Seite den Sieg erringen würde. Das furchtbare Resultat ihres Wütens blieb immerzu dasselbe.

Der 6. September 1634. Die Schlacht bei Nördlingen. Der Tag der Entscheidung.
Denn die Reichsstadt Nördlingen galt nicht nur wegen ihrer symbolträchtigen Nähe zu Auhausen, sondern vor allem auch in strategischer Hinsicht, als ein immens wichtiger Ort, den es von den Protestanten mit allen Mitteln zu halten galt. Ein Heer unter dem Befehl des Herzogs Bernhard von Sachsen-Weimar und dem General Gustav Graf Horn sollte Nördlingen schützen. Vornehmlich aus schwedischen Kontingenten und aus Sachsen setzte sich die insgesamt 25.000 Mann starke Truppe zusammen, darunter befanden sich 9.000 Reiter und 54 Kanonen. Doch die Gegenseite war stärker. Deutlich stärker. Denn unter den Fahnen von Kaiser Ferdinand II., sowie dem Oberbefehl seines Sohnes König Ferdinand III. versammelten sich 33.000 Mann, darunter 13.000 Reiter. Zahlreiche für ihre Reit- und Fechtkünste bekannte Spanier vervollständigten die Schlagkraft dieser Armee, die zwar nur über 32 Kanonen verfügte, diesen Mangel jedoch vor allen Dingen durch die ausgezeichneten Späherdienste ihrer kroatischen Kundschafter mehr als wettzumachen verstand. Tatsächlich hatten die Kroaten schon frühzeitig bemerkt, dass die

Protestanten für die Nacht vom 5. auf den 6. September einen Überraschungsangriff planten. Es war die einzige Möglichkeit für die zahlenmäßig weit unterlegene Seite. Doch aufgrund der über die Kroaten erfolgten Vorwarnung lief der Überrumpelungsversuch ins Leere. Die katholische Stellung konnte gehalten werden und so kam es am nächsten Morgen zu einer mit erbitterter Härte geführten Schlacht in einem hügeligen Gelände südwestlich von Nördlingen. Die Schlacht endete mit der Niederlage der Protestanten, die in einem einzigen Blutbad untergingen. Nur wenigen gelang es, sich durch eine überstürzte Flucht ihrer drohenden Gefangennahme zu entziehen. Am Ende wurden 17.000 Tote und Verwundete auf Seiten der Protestanten gezählt, 400 von ihnen waren gefangen genommen worden. In den Reihen der Kaiserlichen waren 3.500 Tote und Verwundete zu beklagen.

Es gab nicht das Geringste daran zu deuteln: die vereinigten Truppen der Protestanten hatten eine vernichtende Niederlage erlitten. Die Schweden waren ein für alle Mal aus Süddeutschland verdrängt. Doch nicht nur die Schweden, sondern auch alle anderen Verbündeten waren geschlagen worden. Der blutjunge Markgraf Georg Friedrich von Ansbach-Brandenburg, gerade einmal seit vier Monaten hatte er an der Spitze seines Landes und seine Heeres gestanden, war im Kugelhagel gestorben. Die Hoffnung von ganz Franken. Wehr- und schutzlos sah sich das Land den Siegern ausgeliefert. Es war mehr als nur eine Schlacht, die man verloren hatte. Es war der entscheidende Wendepunkt des Krieges – die Machtverhältnisse hatten sich schlagartig und mit brutaler Konsequenz zugunsten des Kaisers und seiner katholischen Fürsten verschoben.

Besonders schlimm traf es dabei auch das Herzogtum Württemberg, dessen 21-jähriger Regent, Herzog Eberhard III., in der Stunde der Niederlage mit knapper Not gerade noch vom Schlachtfeld hatte fliehen können. Hals über Kopf war er anschließend in das Exil nach Straßburg gegangen, während sein Land den Kaiserlichen preisgegeben war. Vor allem auf der Schwäbischen Alb wüteten die Sieger grausam.

※

Das fahlgelbe Leuchten des Mondes tauchte das Schlachtfeld von Nördlingen in ein gespenstisches Licht. Wie ein Leichentuch bedeckte der erste Raureif dieses Jahres die schreckliche Szenerie.

Es war bitterkalt. Roswitha, die von einem unerklärlichen Drang getrieben, ihre Arbeit in der Steinmühle einfach aufgegeben hatte und den Kriegsleuten von Rothenburg bis hierher gefolgt war, traute sich nun endlich aus ihrem sicheren Waldversteck. Schritt für Schritt näherte sie sich vorsichtig dem Ort des grausamen Geschehens. Zitterte sie vor Kälte oder war es der Anblick der toten und zerfetzten Körper, deren Gliedmaßen grässlich verstümmelt auf dem Boden verstreut lagen? So viele tote Leiber, die doch noch vor wenigen Stunden lebendige Menschen gewesen waren. Oft war nicht einmal mehr zu unterscheiden, ob es sich um die Überreste von toten Menschen oder von Tieren handelte. Es war grauenvoll.

So musste die Apokalypse aussehen.

Mit klopfendem Herzen zwang sie sich, die entstellten Gesichter der Toten in näheren Augenschein zu nehmen. Denn es schien durchaus wahrscheinlich, dass sich auch Matthias unter den Opfern befand. Ein Umstand, den der Herrgott verhüten möge! Aber sie durfte sich keinen falschen Hoffnungen hingeben. Andererseits: falls er nach all den Jahren noch am Leben war, dann musste er sich hier auf dem Schlachtfeld oder in dessen näheren Umkreis aufhalten. Mit viel Glück könnte er vielleicht mit dem Leben oder einer weniger schweren Verwundung davongekommen sein. Wenn sie ihn nicht als menschliches

Kanonenfutter in die vordersten Reihen gesteckt hatten. Denn in diesem Fall bestand keinerlei Hoffnung mehr für ihn. In der ersten Kampflinie hatte es keine Überlebenden gegeben. Weder bei den Protestanten noch aufseiten der kaiserlichen Armee. Noch nicht einmal bei den Siegern also, in deren Reihen sie Matthias nach wie vor vermuten musste.

Immer wieder drang ein qualvolles Stöhnen an ihr Ohr. Langgezogene Klagelaute, die sich erstickend über das Schlachtfeld breiteten. Denn nicht alle der am Boden liegenden Soldaten waren tot. Noch hatten es die Ärmsten nicht geschafft, von einem gnädigen Ende aus ihrer Pein befreit zu werden. Aus den weit aufgerissenen Mündern in den blutverkrusteten Gesichtern dampfte der Atem. Plötzlich ertönte ein jämmerlicher Schmerzensschrei, gefolgt von einer hohen anklagenden Fistelstimme: „Wehe uns. Wehe diesem Land. Wehe unseren Familien. Gott sei unseren Seelen gnädig!" Roswitha entdeckte den Soldaten, zu dem die Stimme gehörte. Ein Mann, der um die vierzig Jahre alt sein mochte, wenn man sein Alter angesichts der schmerzverzerrten Züge des Sterbenden überhaupt schätzen konnte. Ein Bein war ihm abgeschossen worden, doch trotz des Blutverlustes lebte er immer noch, was vermutlich auf den blutdurchtränkten Jackenärmel zurückzuführen war, mit dem er offenbar verzweifelt versucht hatte, die furchtbare Verletzung notdürftig abzubinden und die Blutung zum Stillstand zu bringen. Ein hoffnungsloses Unterfangen, denn längst sickerte wieder frisches Blut durch den Verband. Dem Mann war nicht mehr zu helfen. Viel zu viel Blut war schon aus seinem Körper geströmt. So schrecklich diese Erkenntnis auch sein mochte, ein rascher Tod bedeutete eine Gnade für den Armen. Denn spätestens der Wundbrand würde ihn sonst umbringen. Ein qualvolles Ende, das ihm zum Glück erspart bleiben würde. Zum Glück! Welch eigenartiger Gedanke in diesem Zusammenhang! Und dennoch war es so. Auf fürchterliche Art und Weise präsentierte sich hier unmittelbar vor ihren Füßen das Wesen des Krieges.

„Gott! Wer redet denn hier von Gott?", keuchte es erschöpft aus einer anderen Kehle. „Gott hat sich von uns abgewandt!"

Der Mann bäumte sich mit einem langgezogenen Klagelaut noch einmal auf, dann fiel er kraftlos zurück auf den Boden. Eine krampfhafte Zuckung durchlief seinen Körper, ein kurzes Stöhnen drang aus dem weit geöffneten Mund, gerade so, als ob seine Seele in diesem letzten Augenblick seines Lebens die irdische Hülle verließ, dann war es vorbei. Der Landsknecht war gestorben. In einer grotesk gekrümmten Stellung lag der tote Körper nun da – geradezu gespenstisch beleuchtet von dem unwirklichen Licht des Mondes. Eines von zahlreichen Opfern, die es in den nächsten Stunden noch geben würde. Denn weit und breit war niemand, der die Verwundeten geborgen oder sich irgendwie um sie gekümmert hätte. Wer in dieser eiskalten Nacht nicht verblutete, der würde langsam erfrieren.

Ein leises Wimmern kam von dort drüben herüber. Das konnte nicht sein. Sie musste sich verhört haben. Denn was hatte eine Kinderstimme auf einem Schlachtfeld zu suchen? Langsam stieg Roswitha über die toten Leiber der Gefallenen zu der Stelle, wo sie meinte, die Kinderstimme vernommen zu haben. Trotz der würgenden Übelkeit, die ihr bei manchem Anblick beinahe den Atem raubte, schaffte sie es, sich bis zu dem von zahlreichen Kugeln regelrecht durchsiebten Leib eines Soldaten vorzuarbeiten, dessen Mantel nur noch als blutiger Fetzen zu erkennen war. Und genau dort, unter dem Fetzen, bewegte sich etwas.

Vorsichtig kniete sie sich nieder und hob den Stoff mit spitzen Fingern an.

Ein Bub! Angsterfüllt starrte er in ihre Augen. Wie sah der Junge nur aus?! Mit seinem blutverschmierten Gesicht, den rotgeränderten Augen, aus denen längst alle Tränen geflossen schienen, die dreckige Kleidung, die zerschundenen nackten Füße.

„Komm her?" Sie zog den Buben, der zunächst erschrocken zurückgewichen war, einfach an sich und drückte ihn mit seiner eiskalten Wange fest an ihren Oberkörper.

„Du musst keine Angst vor mir haben", flüsterte sie leise, während sie mit der linken Hand fürsorglich über sein verfilztes blondes Haar streichelte, um ihn wenigstens etwas zu beruhigen. Der ausgezehrte Knabe konnte noch keine zehn Jahre alt sein. „Was tust du denn nur hier?", stellte ihm Roswitha nach einiger Zeit dann ihre Frage.

Wenig später wusste sie Bescheid. Der Junge hieß Sebastian und diente seit einem guten Jahr schon den Landsknechten als eine Art Dienstbote für alle Fälle. Hauptsächlich zum Essenholen bei den Marketenderinnen hatten sie ihn eingesetzt. Auch für das Herbeischleppen von Branntwein war er zuständig. Was den Herrschaften eben so beliebte. Unter welchen Umständen er zu den Soldaten geraten war, darüber mochte Sebastian jedoch keine Auskunft geben. Er sagte nur so viel, dass er schon weit herumgekommen sei mit den protestantischen Landsknechten, von Sachsen bis herunter in diese Gegend und sich dabei längst an den Ablauf des Kriegslebens gewöhnt habe. Im Gefolge der Marketender sei er dann zwangsläufig hier in die Ausläufer des Gemetzels geraten.

„Und das da", ein trauriges Schluchzen schüttelte den kleinen Körper, „das da war mein Beschützer", deutete er auf den übel zugerichteten Landsknecht unter dessen Mantel er sich vorhin verkrochen hatte. „Jetzt ist er tot. Jetzt habe ich gar niemanden mehr."

Roswitha drückte den traurigen Buben noch enger an sich und summte dann leise eine unbestimmte Melodie. In der Hoffnung, es möge den armen Sebastian erreichen und ihn beruhigen. Eine verzweifelte Hoffnung, aber was blieb ihr schon anderes zu tun. Tatsächlich schien es ihr nach einer Weile, als habe die Anspannung in seinem Körper etwas nachgelassen.

Unvermittelt hob Sebastian nun den Kopf und mustert sie aus seinen leer geweinten Augen: „Wieso lässt der liebe Gott das alles zu?"

Roswitha zuckte unglücklich mit den Achseln. „Ich weiß nicht", murmelte sie leise.

„Gott hat doch alle lieb, hat der Pfarrer früher zu uns gesagt. Was lässt er dann mit uns geschehen?"

Welche Antwort konnte es darauf geben? Roswitha blieb stumm.

„Sie sagen, sie machen es im Namen Gottes! Wie kann das sein?"

Wieder hob sie nur hilflos die Schultern, während der kleine Sebastian sie mit diesem unglücklichen Blick anstarrte. Mit diesem unendlich traurigen Ausdruck in seinen Augen.

„Vielleicht gibt es also gar keinen Gott. Denn wenn es einen gäbe, würde er das doch nicht zulassen."

„Darf man nicht sagen!"

„Es ist aber so!", beharrte Sebastian trotzig auf seinem Standpunkt.

„Die Pfarrer sagen, die Menschen hätten gesündigt. Deshalb werden sie von Gott gestraft..."

„... wann soll ich das getan haben? Ich habe nichts Böses getan. Und trotzdem sind mein Vater und meine Mutter tot. Genauso wie meine Geschwister gestorben sind und jetzt... jetzt auch noch mein Freund hier..." Mehr und mehr schien sich der Junge wieder in seiner Trauer zu verlieren. Es war nur allzu verständlich. Doch wie konnte sie ihn nur davor bewahren, dass die Trauer über ihm zusammenschlagen würde und ihn in diesem Strudel von Depression und Einsamkeit untergehen ließe?

„Wie hieß er, dein Freund?" Roswitha vermied es, den entstellten Leichnam, dem die Frage galt, auch nur mit einem Blick zu streifen.

„Er heißt Urban. Er ist mein einziger Freund." Lange Zeit fiel kein Wort mehr zwischen den beiden. Sie saßen einfach nur schweigend da und richteten ihre Blicke hoch zum Himmel. Wie zauberhaft die Sterne in dieser kalten klaren Nacht am Firmament doch funkelten. So entrückt allem irdischen Leid. So friedlich...

Ob Matthias tatsächlich noch am Leben war? Oder ob sich sein toter Körper nicht irgendwo unter der unüberschaubaren Anzahl der anderen Opfer befand? Genauso grässlich zugerichtet, wie die anderen auch.

Roswitha fröstelte. Jetzt spürte sie, wie sich die Kälte allmählich durch all ihre Gliedmaßen zog. Sie würden sich den Tod holen, wenn sie hier weiterhin einfach sitzen blieben. Den Tod holen! Das Mädchen lachte bitter in sich hinein. Welch sonderbare Formulierung im Anblick des Grauens rings um sie.

Und es gab noch einen weiteren Grund, nicht länger hier an dieser Stelle zu bleiben. Soeben hatte Roswitha gemeint, ein verdächtiges Rascheln gehört zu haben. Eine schleichende Bewegung. Sie verstärkte kurz den Druck ihrer Hand auf Sebastians Schulter, um ihn damit einigermaßen sanft aus seiner traurigen Erstarrung zu holen. „Komm Sebastian. Es hilft alles nichts. Wir müssen weiter. Bevor die Plünderer kommen. Ich höre sie schon heranschleichen. Hast du es auch gehört? Dieses Geräusch?" In der Tat schien es so, als habe sich das Rascheln zu einem Kreis formiert, der sich nun ganz allmählich um sie herum zuzog. Selbst wenn es nur ihre überreizten Sinne waren, die ihr diese Bewegung vorgegaukelt hatten, sie mussten sich dennoch beeilen. Denn die Plünderer würden sich tatsächlich demnächst einstellen. Das war so sicher wie das Amen in der Kirche.

„Komm jetzt, Sebastian. Wir müssen wirklich schnell weg von hier. Diese Plünderer, die schrecken vor nichts zurück." Doch der Bub schüttelte nur heftig seinen Kopf: „Ich kann nicht. Ich muss da bleiben!"

„Sebastian! Das geht nicht!"

„Doch. Ich muss. Der Urban hier... ich kann ihn doch nicht einfach hier liegen lassen."

„Er ist doch tot. Du kannst ihm nicht mehr helfen."

„Er war der einzige Mensch, der sich um mich gekümmert hat."

„Das weiß ich ja, aber das nützt doch nichts mehr. Komm jetzt", drängelte Roswitha, die gerade wieder, ganz deutlich diesmal, ein Geräusch bemerkt hatte. „Du bringst dich sonst nur selber in Gefahr."

„Ich bleibe hier. Ich muss ihn bewachen!"

„Aber Sebastian." Sie versuchte es ein letztes Mal. „Das gibt doch keinen Sinn mehr."

„Doch. Ich muss verhindern, dass die wilden Tiere über ihn herfallen. Ich bleibe bei ihm!" Sein Tonfall war eindeutig. Er würde sich durch kein Argument, durch keine noch so eindringliche Bitte überzeugen lassen. Er würde hier bleiben und seinen toten Freund bewachen. Roswitha zerriss es beinahe das Herz. Denn für den kleinen Sebastian würde es kein gutes Ende nehmen.

Da! Sie fuhr erschrocken zusammen, denn jetzt hatte sie es ganz deutlich gehört. Es war wie das Knacken eines Astes gewesen. Vielleicht eine am Boden liegende Muskete, auf die jemand versehentlich seinen Fuß gestellt hatte, sodass die Waffe zerbrochen war. Oder etwas Ähnliches. Ängstlich blickte sich Roswitha um. Im fahlen Mondlicht meinte sie, eine schemenhafte Bewegung wahrzunehmen. Als habe sich ein Mensch ganz plötzlich geduckt. „Rasch jetzt. Sie kommen uns näher. Wir müssen fort."

„Ich bleibe!" Es war also nichts zu machen. Leider!

Roswitha drückte einen hastigen Kuss auf die verfilzten Haare des Jungen. „Lebe wohl, Sebastian." Es blieb ihr nichts anderes übrig. Tränen rannen über ihre Wangen, als sie sich erhob. „Pass gut auf dich auf!" Dann eilte sie davon, so rasch, wie es die Situation ermöglichte.

Wehe den Besiegten!

Es war ein völlig unmögliches Unterfangen, auf dem Schlachtfeld, auf dem so viele Tote lagen, ausgerechnet Matthias finden zu wollen. Ein Vorhaben, von vornherein zum Scheitern verurteilt. Allein der schreckliche Zustand, in dem sich viele der toten Landsknechte befanden! Es würde zudem viel zu lange dauern und es war auch viel zu gefährlich. Die Plünderer, das übrige Gesindel, die Aasgeier des Krieges, die an solchen Orten lauerten und die mit wahrhaft tödlicher Sicherheit in Bälde ausbrechenden Seuchen. So sehr ihr der Gedanke auch widerstrebte, es blieb Roswitha nichts anderes übrig, als sich einzugestehen, dass diese Suche keinerlei Sinn machte. Aber was dann? Wohin sollte sie nur gehen?

Im weiten Umkreis war das Land und seine Dörfer zerstört. Selbst das nun völlig schutzlose Nördlingen war in die Hände der Kaiserlichen gefallen, die in der alten Reichsstadt grausam hausten. Also womöglich zurück nach Gerolfingen? Was sollte sie dort tun? Wem wäre sie dort willkommen? Die Menschen hatten mit sich und ihrem Los genug zu schaffen. Außerdem war es gerade hier am Hesselberg besonders gefährlich, denn die Truppen bevorzugten diese Handelswege für ihre Durchzüge. Demnächst würden sie wieder über das Land walzen, dieses Mal nach Norden, auf die nun schutzlos vor ihnen liegenden Gebiete des protestantischen Franken zu. Des ehemals protestantischen Franken vielmehr.

Dinkelsbühl, Feuchtwangen, Leutershausen, Ansbach, Rothenburg. Überall dort würden sie schrecklich hausen. Von den Dörfern, die sie auf ihrem Marsch passierten, gar nicht erst zu reden. Insofern war es nicht nur unmöglich, sondern geradezu lebensgefährlich, jetzt nach Gerolfingen gehen zu wollen. Aufkirchen? Das kam genauso wenig in Frage. Als wenn sie einen direkt daneben liegenden Ort verschonen würden. Ruffenhofen? Dasselbe! Wohin dann?

Nun ja – vielleicht Weiltingen? Es wäre zumindest noch dieselbe Gegend, in der sie sich folglich einigermaßen zurechtfinden konnte. Gut, dann eben Weiltingen. Die kleine württembergische Residenz an der Wörnitz. Es war nur ein unbestimmtes Gefühl, das sie aus irgendeinem Grund nach Weiltingen zu leiten schien.

Sie würde die direkte Richtung nach Norden nehmen. Also sich mitten durch den Oettinger Forst schlagen. So nahezu unwegsam sich dieses große Waldgebiet auch präsentierte, so mühsam es war, sich dort durch das dichte Unterholz zu kämpfen, so unschätzbar war der Vorteil, dass auch keine Truppen durchziehen konnten. Von dieser Seite hatte Roswitha also nichts zu befürchten. Eher schon von vereinzelten Räuberbanden, desertierten Soldaten oder plündernden Landsknechten, die sich aus denselben Gründen ebenfalls durch den Forst stahlen. Und dazu natürlich die zahlreichen wilden Tiere, eine Gefahr, die sie auf keinen Fall außer Acht lassen durfte. So unzureichend sie in Form eines dicken knotigen Gehstocks auch bewehrt war, Roswitha würde sich zu wehren wissen. Und dennoch galt es, beständig auf der Hut zu sein!

Wovon sollte sie sich ernähren? Seit Tagen hatte sie nichts mehr zu sich genommen. Und so blieb keine andere Möglichkeit, als Beeren zu pflücken. In der Hoffnung, es möchten keine Giftigen dabei sein. Doch satt machte das auf Dauer nicht. Immer drängender meldete sich ihr Magen. Wurzeln vielleicht? Aber welche? Sie hatte es in ihrer Kindheit zwar aus den Erzählungen der Alten gehört, dass manche Wurzeln sich zum Essen eigneten. Aber welche Wurzeln? Und welche mussten zuvor gekocht werden? Was noch? Bucheckern schien es in diesem Jahr nicht zu geben. Durch den späten Frost, der sich um Mitte Mai noch überraschend eingestellt hatte, gab es heuer keine Bucheckern. Würmer vielleicht. Die waren in dem lockeren Waldboden leicht zu finden. Man musste nur mit der Hand die Erde um eine Faustbreite beiseite schieben und schon ringelte sich der eine oder andere Regenwurm verzweifelt nach unten. Würmer! Wie ekelhaft. Auf keinen

Fall würde sie sich dazu versteigen... Doch der Hunger war stärker. Angewidert ergriff sie das sich windende blassrötliche Gewürm mit den Spitzen von Daumen und Zeigefinger. Nein. Es ging nicht. Noch nicht... Nur nicht an den Magen denken. Einfach rasch weiterhasten und den Hunger vergessen.

Aber lange konnte es nicht gut gehen. Nun denn! Sie schloss die Augen, legte den Kopf in den Nacken, öffnete die Lippen und... biss kräftig zu, bevor das Gefühl auf ihrer Zunge ein unerträgliches Stadium erreichen konnte. Noch ein zweiter tapferer Biss. Ekelhaft! Schlucken jetzt. Schnell herunterschlucken. Na bitte. Es ging doch.

Entsetzlich. Allein der Gedanke daran. Würgende Übelkeit stieg in ihr auf und Roswitha erbrach sich auf der Stelle.

Sie würde es kein weiteres Mal versuchen. Auf gar keinen Fall. Lieber würde sie sterben.

Allmählich war das Knurren in ihrem Magen bohrenden Bauchschmerzen gewichen. Schwindelgefühle gesellten sich dazu. Schweißausbrüche. Sie würde nicht mehr lange weiterlaufen können. Sie brauchte dringend eine Erholungspause.

Erschöpft lehnte sich Roswitha mit dem Rücken an einen Baumstamm. Nicht daran denken. Die Augen schließen und sich konzentrieren. Sie war so schwach. So müde. So erschöpft. Die Beine gaben nach und langsam, ganz langsam ließ sie sich auf den Boden gleiten. Es war ein seltsamer Dämmerzustand, in dem sie sich befand. Am besten, alles vergessen. Die Welt um sich herum versinken lassen. Schlafen. Eine wohlige Ruhe breitete sich in ihr aus. Nein! Nicht! Sie musste das Bewusstsein behalten. Unbedingt wach bleiben. Denn sonst... Es wäre das Ende.

Seltsamerweise war es ausgerechnet dieser fiebrige Hungerzustand, der ihr nun weiterhalf. Dieser teilweise schwebende Zustand in dem sie sich befand und der ihre

Wahrnehmung stark eintrübte. Ein wahres Glück in dieser Lage. Und mit einem Mal war es gar nicht mehr schwierig, den Wurm zu verschlingen. Ausgraben. Augen schließen. Zweimal zubeißen und rasch hinunterschlucken. Nichts denken. Eine Beere hinterher. Gar nichts denken. Es ging doch! Und noch ein Mal und ein weiteres Mal!

Erschöpft und erleichtert atmete sie durch. Einen Moment noch die Augen geschlossen halten. Tiefe Atemzüge nehmen. Einmal, zweimal, ein Dutzend Mal. Es tat gut, nun plötzlich wieder etwas zu spüren. Wie die frische Herbstluft langsam in ihre Lungen strömte. Wie ein klein wenig neue Kraft in ihren Körper zurückgekommen war. Trotz der gewaltig schmerzenden Knochen. Trotz der Blasen an den Füßen. Kein Wunder, die Fußlappen waren längst durchgescheuert. Wieder einmal würde sie mit einem abgerissenen Ärmelstück neue Fußlappen wickeln. Dann aber – dann würde es weitergehen.

Plötzlich war da dieses Knacken im Unterholz. Erschrocken fuhr Roswitha zusammen. Noch einmal dasselbe Geräusch. War es ein Tier oder wurde sie von einem Menschen verfolgt? Nur ruhig bleiben! Sich den Anschein geben, nichts gehört zu haben. Die Nerven behalten, die doch auf das Äußerste angespannt waren. Schweißtropfen perlten von ihrer Stirn. Die Angst. Nackte Angst kroch in ihr hoch. Und dennoch: sie durfte sich nichts anmerken lassen. Sonst hatte sie von vornherein verloren. Das Geräusch schien noch näher herangekommen zu sein. Ruhig bleiben! Das war wichtig, um zumindest den Überraschungseffekt zu nutzen. Was es auch war, was sich ihr da näherte. Die Überraschung wäre auf ihrer Seite. Jetzt nur nicht mehr zu lange zögern. Auf drei! Eins – zwei – und drei! Drei!! Blitzschnell wirbelte Roswitha herum, während sie ein markerschütterndes Geheul aus ihrer Kehle stieß und dem Verfolger drohend ihren dicken Gehstock entgegen schwang. Alles innerhalb eines einzigen Wimpernschlags! Der Mann stöhnte erschrocken auf und fuhr wie vom Blitz getroffen in sich zusammen. Ein kahlköpfiger alter Mann, dessen Kleidung in Fetzen vom Leib hing. Wenn man die zusammengeflickten Felle und Stoffstücke, die seinen Körper nur notdürftig umhüllten, überhaupt als Kleidung bezeichnen durfte. Der zerlumpte Alte fiel direkt vor Roswitha auf die Knie. Zitternd hob er die Hände und schickte einen flehenden Blick aus seinen wässrigen grauen Augen zu ihr hoch. „Tu mir nichts. Bitte tu mir nichts..."

Seltsam! Irgendwie, so schien es ihr, irgendwie kam ihr der Mann bekannt vor. Auch wenn von seinem Gesicht durch den wuchernden schmutzig-grauen Bart nicht viel zu erkennen war. Aber dennoch... „Wer bist du? Und was hast du hier zu suchen. Weshalb schleichst du heimlich hinter mir her?", ließ sie eine strenge Wortkaskade auf den Alten niederprasseln.

„Das tue ich doch gar nicht", antwortete der Mann mit einer weinerlichen Stimme.

„Was tust du dann?" Roswitha schien es nach wie vor geboten, eine besondere Schärfe im Ton beizubehalten, um dem anderen damit sicherheitshalber von vornherein zu zeigen, wie entschlossen sie sich im Zweifelsfall zur Wehr setzen würde. Falls er doch noch auf dumme Gedanken kam. Doch ihre Sorge war überflüssig.

„Ich bin aus meinem Dorf geflohen. Sie haben es vollständig ausgeplündert. Wer sich ihnen in den Weg gestellt hat, den haben sie einfach umgeschossen. Und so bin ich mit knapper Not hierher in den Wald entkommen. Hier fühle ich mich einigermaßen sicher."

„Aber weshalb schleichst du mir hinterher wie ein Räuber?", wiederholte Roswitha noch einmal ihre vorherige Frage.

„Es war nicht meine Absicht. Ich wollte damit nur sichergehen, dass mir keine Gefahr droht. Und vielleicht hättest du ja sogar etwas zu essen?"

„Etwas zu essen!" Sie konnte ein bitteres Lachen nicht unterdrücken. „Nein, das habe ich weiß Gott auch nicht." Im selben Moment dämmerte ihr die Erkenntnis. „Sag einmal. Ich kenne dich doch. Du bist doch aus... ja: du bist aus Weiltingen, nicht wahr?"

Der Mann stöhnte unglücklich auf. „Ja, genau. Aus Weiltingen...." Eine Hustenattacke schüttelte den ausgemergelten Körper des Alten, den sie auf gut und gerne fünfzig Lebensjahre schätzte. Es war offensichtlich, dass sich der Mann in einem Zustand totaler Erschöpfung befand. Keuchend rang er um Atem.

Endlich war der Husten verschwunden. Er hob den Kopf und zuckte in einer hoffnungslosen Geste mit den Schultern. Ein bitteres Lächeln umspielte seine Mundwinkel. „Weiltingen. Ja, daher bin ich. Beziehungsweise aus dem, was sie noch von Weiltingen übrig gelassen haben mögen..."

Weiltingen! Nicht auch noch dieser Ort, von dem sie sich doch versprochen hatte, zumindest einige Tage dort verbringen zu können. Bis sich die Lage einigermaßen geklärt hatte.

Sie hätte es sich eigentlich denken können. Denn natürlich hatte es Weiltingen schon deshalb besonders hart getroffen, weil es sich bei diesem Ort bekanntlich um die ehemalige Residenz des Julius Friedrich von Württemberg handelte, des ehemaligen Vormundes für den noch minderjährigen Herzog Eberhard von Württemberg. Ausgerechnet des Mannes also, der kürzlich als einer der Anführer der Protestanten gegen die kaiserliche Armee ins Feld gezogen war und bei Nördlingen diese vernichtende Niederlage erlitten hatte. Kein Wunder, dass die Sieger ihr Mütchen in dieser stolzen Landresidenz in ganz besonderem Maße gekühlt hatten.

„Weiltingen ist zerstört. Die Menschen, die Häuser, das Schloss, die Vorräte, das Vieh, die Familien. Tot, geplündert, verwüstet, vernichtet. Während unser ach so großer Kriegsherr, der Herzog Bernhard von Sachsen, wie man hört, sein Heil auf dem Pferderücken gesucht hat und Hals über Kopf geflohen ist! Ganz genauso hat er es gemacht, wie unser ach so tapferer junger Herzog von Württemberg. Geflohen ist er. Ab ins Exil. Doch uns... uns haben sie einfach preisgegeben. Wohin hätten wir uns denn mit unseren Familien auch flüchten sollen?"

Der Alte konnte die Tränen nicht länger zurückhalten. Und er schämte sich seiner Tränen nicht. Weshalb auch?

Mit stockender Stimme erzählte er nun vom genauen Gang der Ereignisse. Es schien ihm gut zu tun, endlich darüber sprechen zu können.

Ein Haufen von kaiserlichen Landsknechten war, als Dank für die in Nördlingen gezeigte Tapferkeit mit der ausdrücklichen Erlaubnis ihres Obristen zur Plünderung versehen, gegen Weiltingen vorgerückt, wo sie sich im Schloss besonders reiche Beute versprachen. Der Sturmlauf gegen das Schloss hatte nicht lange gedauert, denn die spärliche Besatzung, die von einem blutjungen Fähnrich kommandiert wurde, war schnell überwältigt gewesen. Und dennoch hatten am Ende 14 Menschen ihr Leben lassen müssen. In ihrer Not hatten sich der alte Bauer Kilian von Wörnitzhofen, der Schlossmüller und die Frau des Schultheißen im Backofen versteckt, wo sie jedoch von den Kroaten entdeckt, herausgezogen und erschlagen worden waren wie räudige Hunde.

Viele der fliehenden Bauern waren von der Schlossmauer herunter in die Wörnitz geworfen worden, wo sie hilflos ertranken.

Mit knapper Not war jedoch dem Pfarrer die Flucht geglückt. Kurz vor seinem mutigen Sprung über die Mauer hatte er den Weiltingern noch einen letzten Abschiedsgruß zugerufen: „Lebt wohl, Gott sei mit Euch. Nun müsst ihr doch alle wieder katholisch werden!"

Der Alte schüttelte betrübt den Kopf. „Ich hoffe nur er ist durchgekommen. Man kann es ihm nicht verdenken, dass er am Ende geflohen ist, denn im Gegensatz zu unserem weltlichen Herrn hat er immerhin als einer der wenigen bis zum Schluss bei uns ausgeharrt. Möge unser Herrgott eines Tages seiner und unserer Seele gnädig sein – falls es überhaupt einen Herrgott gibt..."

Wenig später hatten sich die Wege Roswithas und des Alten schon wieder getrennt. Es hätte keinen Sinn gemacht, länger mit dem sichtlich angeschlagenen Mann zusammenzubleiben. Er würde in seinem schlechten Zustand keinesfalls eine größere Wegstrecke mehr zurücklegen können. Wohin sich aber nun Roswitha selbst wenden sollte, nachdem es in Weiltingen wie gehört keine Unterschlupfmöglichkeit für sie geben würde, das war dem Mädchen freilich alles andere als klar. Ziellos irrte sie in diesen Tagen durch die Gegend, als sie den Oettinger Forst hinter sich gelassen hatte. Immer auf der Hut vor plötzlich auftauchenden Landsknechten und froh, wenigstens ab und zu eine Scheune zu finden, in der sie unbehelligt die Nacht verbringen konnte.

In einer dieser Scheunen, die zu einer Schenke gehörte, war Roswitha zufällig auf einen Jungen getroffen. Martin hieß er. Bei dem schüchternen sechszehnjährigen Burschen handelte es sich ebenfalls um einen umherirrenden Flüchtling, der sie in verblüffender Art und Weise an ihren früheren Begleiter Christoph aus Feuchtwangen erinnerte, den sie niemals im Leben vergessen würde. Selbst wenn nun schon beinahe ein Jahr vergangen war, seit ihr geliebter Christoph an der Pest gestorben war.

Auch Martins Familie war in diesem Krieg infolge von Infektionen und Seuchen umgekommen. Martin selbst war ein Jahr jünger als Roswitha und stammte aus einem Dorf im Württembergischen. Irgendwo auf der östlichen Alb war es gelegen, sofern es überhaupt noch existierte. Trotz allen Elends, das der Junge in seinem kurzen Leben schon hatte verkraften müssen, war Martin dennoch ein aufgeschlossener Kerl geblieben. Zum guten Glück – auch für Roswitha. Denn das eine oder andere aufmunternde Gespräch konnte in diesen leidvollen Zeiten nun wirklich nicht schaden.

So hatten die beiden, die sich von Anfang an sympathisch waren beschlossen, gemeinsam weiter durch das Land zu ziehen. Wohin auch immer der Weg sie führen würde. Freilich hatte Roswitha auch noch deutlich betont, dass es ihr nach wie vor darum ging, ihren Bruder zu finden. Eine Hoffnung, die sie niemals begraben würde.

Worin Martin ihr nachdrücklich beipflichtete. „Du hast recht. Man darf die Hoffnung nicht aufgeben. Niemals", hatte er sich zustimmend geäußert. Ein wahrhaft erstaunlicher Junge.

*

„Wohl war, jetzt machen sie endgültig reinen Tisch." Der Fuhrmann aus Rothenburg, mit dem sie gemeinsam am Tisch der Schopflocher Schänke saßen, nickte mit düsterer Miene, als ob er seine Rede damit noch unterstreichen müsse. Der Mann hatte Roswitha und Martin zum Dank für ihre Hilfe beim Entladen seines Fuhrwerks auf einen Becher Wein in die Schänke eingeladen. Eine überaus großzügige Geste. „Doch was solls denn schon? Ob ich mein Geld für euch ausgebe, nachdem ihr mir doch immerhin hilfreich zur Seite gestanden seid oder ob ich von irgendwelchen Landsknechten überfallen und beraubt werde. Das Geld ist weg, so oder so. Da gebe ich es dann doch lieber für euch aus, als für die Katholischen!"

Es war ein langer Abend in der Schänke geworden. Denn der Mann hatte viel zu erzählen. Ganz offensichtlich war es ihm auch darum gegangen, sich all seine Erlebnisse endlich einmal von der Seele zu reden. Und so war Roswitha bald schon über die Zustände, wie sie momentan in und um Rothenburg herrschten, bestens im Bilde.

Unmittelbar nach ihrem Sieg von Nördlingen waren die Kaiserlichen wieder in Rothenburg eingefallen. „Sie schienen es wirklich eilig damit zu haben, nach ihrem Sieg Rothenburg sofort zu besetzen. Und welche Gegenwehr hätte die Stadt noch leisten können? Es ist ihnen nichts anderes übrig geblieben, als gleich die Tore zu öffnen und damit wenigstens auf eine gewisse Milde hoffen zu dürfen." Denn Rothenburg befand sich seit der Niederlage von Nördlingen ohnehin im Schockzustand. Gleichzeitig mit der Meldung über den triumphalen Sieg der Kaiserlichen war nämlich auch die Nachricht eingetroffen, dass Konrad von Rinkenberg, der schwedische Rittmeister und Sohn Rothenburgs schon in einem der ersten Scharmützel unmittelbar vor der großen Schlacht von Nördlingen den Tod gefunden hatte. Jener Rinkenberg, der vergeblich versucht hatte, im Jahr 1631 die Stadt vor Tilly zu beschützen. Jetzt also waren sie beide tot. Tilly und Rinkenberg. Und die Rothenburger traf es gleich doppelt hart, denn gleich danach hatten sie einen weiteren Schlag des Schicksals zu verdauen: kurz nach dem Eintreffen dieser betrüblichen Kunde waren auch Rinkenbergs Frau und seine beiden Töchter aus schierem Kummer über seinen Tod gestorben. Die altehrwürdige Familie Rinkenberg in Rothenburg hatte somit von einem Tag auf den anderen aufgehört zu existieren. Gott sei ihren armen Seelen gnädig!

Auch die Stadt selbst hatte es noch einmal ganz hart getroffen. Schon wieder waren von den Besatzern Strafsteuern erhoben worden. Wiederum eine sagenhafte Summe, die sich auf 30.000 Gulden belief. Nun war die Stadt ruiniert. Endgültig.

Doch die Demütigungen gingen noch weiter: die gesamte Bürgerschaft, alle Räte und die Pfarrer hatten gemeinsam vor dem kaiserlichen Kommissar zu erscheinen und auf sein Kommando hin vor ihm auf die Knie fallen müssen. Donnernd ließ der Fuhrknecht seine Faust auf die Tischplatte krachen: „Und was das doch für ein Lump ist, der gnädige Herr kaiserliche Kommissar. Wolfstein heißt er, Herr von Wolfstein, einer von uns war er früher, nein, nein", wehrte er das erstaunte Gemurmel seiner Zuhörer grimmig lächelnd ab. „Er war kein Knecht. Bewahre! Er hat sich immer schon als ein vornehmer Herr gegeben. Aber dennoch war er einer von uns. Ein Protestant nämlich. Aber dann hat er gerade noch rechtzeitig Lunte gerochen und rasch die Seiten gewechselt. Jetzt gibt er sich als gläubiger Katholike aus. Ein fürchterlicher Wendehals. Das sind ja bekanntlich immer die Schlimmsten, die ihre Überzeugung wechseln wie andere ein nasses Hemd. Dieser Wolfstein also, der gibt nun den Ton an in der Stadt Rothenburg. Und als unser Rechtskundiger, der Doktor Georg Christoph Walter bei der großen Huldigung nicht auf die Knie hat fallen wollen, aus guten Gründen nicht, da hat er es ihm in aller Strenge noch einmal befohlen. Jeder, ausnahmslos jeder ist ganz bewusst auf die Knie gezwungen worden. Danach hat er einen langen Brief vom Kaiser persönlich vorgelesen. Darin war zu hören, dass die ganze Reichsstadt Rothenburg, deren höchste und von Gott selbst eingesetzte Obrigkeit doch der Kaiser darstelle, sich an dieser Obrigkeit versündigt habe, dass sie also treulos und meineidig geworden sei. Damit habe er, der Kaiser, nun alles Recht, die Stadt und ihre Bürger hart zu bestrafen. Er habe sie aber in seiner grenzenlosen Güte doch noch einmal begnadigen wollen. Daraufhin ist ein Eid verlesen worden, den alle, der Bürgermeister, der Rat, die Geistlichen und die gesamte Bürgerschaft haben schwören müssen. Für alle Zeiten hätten sie dem Kaiser treu und gehorsam zu sein. Und den Pfarrern ist befohlen worden, dass sie das alte Lutherlied „Erhalt uns Herr bei deinem Wort" nicht mehr singen dürfen. Nie mehr. Das alles mag sich ja trotz dieser öffentlichen Demütigungen sehr gnädig anhören, dass aber daneben schon wieder diese ungeheuren Strafsteuern verlangt worden sind, das erwähnen die großen Sieger natürlich nirgendwo. Beständig führen sie nur das Wort von der großen Gnade im Mund, mit der die Besiegten vom Kaiser behandelt worden seien. Gnade vor Recht sozusagen. Pah!" Der Mann spuckte verächtlich auf den Boden der Schänke. „Von wegen Gnade. Das letzte Hemd ziehen sie den Menschen vom Leib. Das Schicksal ihrer Untertanen ist ihnen gänzlich einerlei. So ist es."

„Und nun sorgen sie dafür, dass das Land für alle Zeiten unter ihrer Kontrolle bleibt. Gnade denen, die anders denken – und anders beten!", warf ein anderer aus der Runde dazwischen.

„So ist es", nickte der Fuhrmann grimmig. „Denkt nur einmal an den Fürstbischof von Würzburg und Bamberg, diesen Franz von Hatzfeld. Man hört, dass er schon demnächst wieder aus seinem Exil am Rhein zurückkehren und dann auch wieder die Herrschaft über Franken übernehmen wird. Seine Brüder Melchior und Hermann von Hatzfeld dürfen mit ausdrücklicher Erlaubnis des Kaisers inzwischen schon die Herrschaft Haltenbergstetten verwalten. Bald schon werden sie diese Herrschaft ganz als Lehen erhalten. Sie werden sogar in den Grafenstand erhoben, wird gemunkelt, und spätestens dann sind sie die neuen starken Männer im Land um Rothenburg. Dann haben nur noch die Katholischen das Sagen!"

Doch was sollte man tun. Aller Grimm half nicht im Geringsten weiter. Die Sache der Protestanten, so schien es, war auf alle Zeiten verloren. Und wer es wagte, sich lauthals gegen die Katholiken aufzulehnen, der riskierte sein Leben.

Plötzlich ertönte ein Donnerschlag. Mit lautem Krachen flog die Tür der Schänke auf und ein Haufen betrunkener Landsknechte stürmte herein. Ohne jegliche Vorwarnung stürzten sie sich auf die erschrockenen Gäste.

„Und du", deutete einer mit einem lüsternen Blick direkt auf Roswitha. „Du kommst jetzt sofort zu mir. Und dann gehst du mit mir mit. Ohne jede Widerrede. Verstanden?"

Roswitha schüttelte entsetzt den Kopf. „Niemals!"

Blanke Wut blitzte in den Augen des Landsknechts auf. „Du sollst mitkommen, habe ich dir befohlen!" Bereits im nächsten Moment würde er sich auf das Mädchen stürzen. Und jede Gegenwehr schien sinnlos. Eine fürchterliche Situation.

Mit einem wütenden Aufschrei war Martin plötzlich in die Höhe gefahren und hatte den Landsknecht damit zunächst von seinem Vorhaben abgebracht. Zornig wirbelte der Mann herum und ballte die Hände zu Fäusten, als sich Martin schon mit der vollen Wucht seines Körpers gegen den Eindringling warf.

Beide stürzten hart zu Boden.

Ein Pistolenschuss zerriss die Luft. Ein schmerzerfüllter Aufschrei, Martin ließ von seinem Gegenspieler ab und presste die Hände auf den Bauch. Einer der anderen Landsknechte hatte einfach seine Pistole gezogen und sofort abgedrückt. Mitten in die Kämpfenden hinein. Er schien dermaßen betrunken, dass es ihm anscheinend völlig einerlei war, ob er damit seinen Kameraden oder Martin getroffen hätte. Hauptsache, er hatte geschossen! In einem dicken Strom schoss das Blut durch Martins Hände, der leise stöhnend am Boden lag, auf dem sich bereits eine große Lache gebildet hatte. Ein letzter Blick aus seinen brechenden Augen, die vergeblich nach Roswitha suchten, ein letztes Zucken seines Körpers, dann war Martin tot.

„Du elender Mörder!"

„Ihr Schweine!"

In rasender Wut waren die Gäste der Schänke angesichts dieser brutaler Gewalttat hochgefahren und stürzten sich in einen genauso verzweifelten wie hoffnungslosen Kampf mit den übermächtigen Landsknechten. Doch das war ihnen egal. Der Zorn steckte schon seit Jahren tief in ihnen. Jetzt musste er heraus. Selbst wenn es sie das Leben kostete!

Der tief erschütterten Roswitha war es glücklicherweise dennoch gelungen, die Nerven zu behalten. Wie auch immer sie das geschafft hatte. Mitten in dem erbitterten Getümmel schob sie sich unbemerkt von den verbissen kämpfenden Männer zur Tür hinaus und floh. So schnell und so weit sie ihre Füße tragen konnten. Nur fort von hier. Weg.

Tagelang streifte sie wieder durch die Wälder, zunächst geradezu panisch darauf bedacht, alle Begegnungen mit Menschen zu meiden.

Im Nachhinein erschien es ihr selbst wie ein Rausch, der sie immer weitergetrieben hatte. Ohne dass sie imstande gewesen wäre, sich über ihre Lage und die Aussichtslosigkeit ihres Tuns bewusst zu werden.

Irgendwann war sie ins Straucheln geraten und hart auf den Boden geprallt. Ein stechender Schmerz durchzuckte ihren Knöchel. Ein Schmerz, der auch nach einem halben Tag, den sie völlig erschöpft, im Schutze eines dichten Dornbusches am Waldsaum zugebracht hatte, nicht weichen mochte. Wehe ihr, wenn bei dem Sturz womöglich der Knöchel gebrochen war. Dann wäre es aus. Vorbei. Das Ende ihres langen Weges.

Stöhnend erwachte sie aus ihrem Halbschlaf und setzte sich mühsam auf. Zu allem Überfluss hatte sie sich bei dem Sturz auch noch am ganzen Körper schmerzhafte Prellungen zugezogen.

Vorsichtig betastete sie den Knöchel. Nein, zum guten Glück schien er nicht gebrochen, sie war vermutlich nur umgeknickt.

Mutlos ließ sie ihren Blick über die weite Wiesenlandschaft zu ihren Füßen schweifen. Irgendwo dort hätte sie Matthias längst finden müssen! Aber es war ihr nicht gelungen. Nicht in Rothenburg, nicht in Magdeburg, nicht in Leutershausen, nicht in Feuchtwangen oder Ansbach: nirgendwo. Und sie würde ihn auch nicht mehr in diesem Dorf im Talgrund dort unten finden können. Ein Dorf, das erstaunlicherweise einen ziemlich unversehrten Eindruck machte. Zumindest von Weitem schien es so. In dieses Dorf würde sie sich nun schleppen. Vielleicht gab es dort einen Schuppen, in dem sie sich ausruhen durfte. Vielleicht fand sich sogar ein Bauernhaus, bei dem sie ihren ärgsten Hunger stillen durfte. Und dann... dann würde sie den Tatsachen endlich ins Auge sehen müssen. Sie würde die Suche nach Matthias aufgeben. Ihr Bruder war für immer verloren. Man durfte sich nichts vormachen. Es war so.

\*

In all dem Unglück war ihr dennoch insofern Glück beschieden, dass sich dort unten im Dorf Kaierberg tatsächlich schon im ersten Bauernhaus eine mitfühlende Seele fand. Selbstverständlich würde sie einen Tag oder auch länger bleiben dürfen, hatte ihr die Bauersfrau gleich zu Beginn versprochen, nachdem Roswitha voller Bangen an die Tür des Hauses geklopft hatte. Bei so viel Leid, das in der Welt herrschte, da mussten doch zumindest die kleinen Leute irgendwie zusammenhalten.

Rasch hatte Roswitha Vertrauen zu der netten Frau gefasst und ihr mit kurzen Worten berichtet, welcher Drang sie nun schon seit Jahren durch die Lande trieb.

Ja die Soldaten. Landsknechte beider Seiten. Immer wieder hörte oder sah man, wie sich einer, der es bei den rohen Gesellen nicht länger ausgehalten hatte, hier herumtrieb. Aus guten Gründen versteckten sie sich am Tag und krochen erst nach Anbruch der Dämmerung vorsichtig wieder aus ihren Verstecken. Denn wehe ihnen, wenn eines der Kommandos, das gegen gutes Geld auf der Jagd nach diesen sogenannten Deserteuren war, sie entdeckte.

Roswitha stutze. „Versprengte Soldaten?"

„Ja. Es kommen immer wieder welche. Irgendwie schaffen sie es, ihr Geheimnis weiterzugeben. Von Mann zu Mann."

„Welches Geheimnis?"

„Na ja, sie müssen schließlich wissen, wo sie sich vor ihren Häschern verstecken können. Wenn sie nicht ziemlich genau darüber im Bilde sind, wohin sie gehen können und wer ihnen ein Versteck bieten kann, dann sind sie von vornherein verloren."

Aha! „Und du... ihr habt so ein Versteck?"

Die Frau musterte Roswitha mit einem prüfenden Blick. Sie schien sich überzeugt zu haben, dass ihr von dem Mädchen keinerlei Verrat drohte. „Ja, so ist es. Da gibt es unweit vom Dorf ein Erdloch, in dem haben wir schon viele für ein oder zwei Tage verstecken können. Und wer es nicht kennt, der könnte beinahe daneben stehen, ohne es zu entdecken."

Es war nur so ein Gefühl. Nur so daher gesagt. Was konnte es auch schaden.

„Ich suche einen rotblonden Burschen..."

Die Frau stellte eine gleichmütige Miene zur Schau. Gleichzeitig aber, so meinte es Roswitha bemerkt zu haben, zuckte es leicht um ihre Mundwinkel. Ach was! Es konnte sich nur um eine Einbildung handeln. Und dennoch...

„Er hat blaue Augen und er ist jetzt 15 Jahre alt. Ziemlich auf den Tag genau übrigens..."

Nein, sie hatte sich nicht getäuscht. Die Frau schien wirklich überrascht.

„Rotblond... blaue Augen... Hmm... Und das Alter... 15 sagst du? Das könnte passen, auch wenn er schon älter aussieht. Aber das ist ja kein Wunder in diesen Zeiten..."

Roswitha lief es gleichzeitig heiß und kalt den Rücken hinunter. „Sagt nur, ihr habt dort jemanden versteckt! Er heißt Matthias! Hat er seinen Namen genannt? Habt ihr etwa meinen Matthias dort versteckt?" Mit sich überschlagender Stimme hatte Roswitha ihre Frage in den Raum geworfen. Das war ja...

„Leise!" Die Frau führte rasch den Zeigefinger an die Lippen. „Sei leise, sonst verrätst du alles. Ich fürchte, ich muss dir noch etwas sagen..." Roswitha, die den Drang verspürte, sofort aufzuspringen und zu dem Erdloch zu laufen, wo immer es auch verborgen lag, kämpfte die Unruhe tapfer herunter. „Sag es."

„Ich fürchte, er hat nicht mehr lange zu leben. Er ist schon seit zwei Tagen da und hustet sich die Seele aus dem Leib. Er scheint einfach nicht mehr weiter zu können..."

Umso schneller musste sie zu ihm. Wenn es doch Matthias war?

„Wo ist dieses Erdloch? Ich muss sofort zu ihm!"

„In deinem Zustand!" Vielsagend deutete die Bauersfrau auf Roswithas verletztes Bein. „Egal", sie machte eine wegwerfende Handbewegung. „Wenn es so ist, wie du vermutest, dann müssen wir eben das Risiko der Entdeckung auf uns nehmen. Es ist vielleicht die letzte Gelegenheit, die ihm noch bleibt. Vielleicht findet er dann in das Leben zurück, wenn es wirklich der ist, den du zu finden hoffst. So unwahrscheinlich, wie das natürlich ist. Das weißt du hoffentlich selber!" Roswitha nickte hastig. Welches Angebot war es denn, das ihr die Frau machen wollte.

„Komm mit", winkte diese das Mädchen hinter sich her zum Stall. „Denn wenn er es tatsächlich ist, dann müssen wir ihn zu uns nehmen, damit du ihn gesund pflegen kannst. Das Versteck ist damit zwar entdeckt und künftig wertlos, aber immerhin haben wir dann ein Leben gerettet. Das ist den Versuch alle Mal wert."

Wenig später hatte sie ein Pferd vor einen kleinen zweirädrigen Karren gespannt. „Hüh!" Ruckelnd setzte sich das Gefährt auf dieses Kommando hin in Bewegung.

Es mochte keine fünf Minuten gedauert haben, Roswitha erschien es wie eine Ewigkeit, bis sie die Stelle des Verstecks offenbar erreicht hatten. Irritiert sah sie sich um. Da war nichts. Weit und breit war da nichts.

„Wo soll denn..."

„Keine Sorge", lächelte die Frau. „Schließlich ist es ja ein Versteck. Es wäre ja schlimm, wenn man es auf den ersten Blick gleich finden könnte. Am besten, du rufst einmal seinen Namen, damit wir ihn nicht allzu sehr erschrecken."

Eine gute Idee – auch wenn ihr das Herz vor Aufregung bis zum Hals pochte. Sie schluckte trocken. Zitternd legte sie die Hände an den Mund: „Matthias..." Keine Antwort. Noch einmal. „Matthias!"

Angestrengt lauschte sie in die Stille hinein, die nur vom Schnauben des Pferdes kurz durchbrochen wurde. Nichts!

„Noch einmal", fordert die Frau sie auf. „Lauter."

Es war ihm doch nicht etwa... Er war doch nicht... ausgerechnet jetzt!

„Matthias!" Die ganze Verzweiflung schwang in ihrer Stimme mit. „Matthias!"

Wieder nichts. Roswitha fühlte, wie ihre Knie weich wurden. Nichts. Gar nichts. Wieder nichts. Wieder eine Hoffnung, die schlagartig zerplatzt war. Oder...? Sie stutzte. War das ein schwacher Ruf gewesen? Oder ein ersticktes Husten? „Gott sei Dank!" Die Frau atmete erleichtert auf. „Er lebt also doch noch!"

„Matthias!" Mit einem lauten Aufschrei ließ sich Roswitha neben der Frau auf die Knie fallen. Außer dichtem Gestrüpp konnte sie zunächst nichts erkennen. Doch schnell waren die nur lose über eine Vertiefung gebreiteten dornigen Zweige entfernt und ein rotblonder Haarschopf kam zum Vorschein. Ein mit Schmutz überzogener rotblonder Schopf, ein blutverkrustetes Gesicht. Ein Blinzeln. Blaue Augen! Tatsächlich. Blaue Augen! Aber das Gesicht. Vor Dreck und Blut kaum zu erkennen. Höchstens schemenhaft. Aber nach all den Jahren. Vielleicht umgekehrt? „Matthias?", flüsterte sie mit rauer Stimme. „Bist du mein Matthias?" Der würgende Kloß im Hals schnitt ihr in die Kehle und machte das Sprechen schwer. „Matthias. Wenn du es bist... Erkennst du mich? Ich bin es doch, deine Schwester Roswitha..."

„Roswitha...", ein kraftloses Lächeln huschte über das entkräftete Antlitz. „Meine... meine Roswitha... schön... es ist so schön..." Es waren seine letzten Worte an diesem Tag. Matthias war in eine tiefe Ohnmacht gefallen.

Aber er lebte. Und er würde überleben. So krank und angeschlagen wie er war. Womöglich für immer gezeichnet. Jedoch am Leben. Er würde viel Geduld und Fürsorge benötigen, um wieder einigermaßen gesund zu werden. „Wenn es denn überhaupt gelingt", hatte einer der Alten gemeint, die im Dorf ab und zu als Bader fungierten und die von der Bäuerin heimlich an das Krankenlager gebeten worden waren.
„Ich habe jede Zeit der Welt! Immerhin habe ich beinahe vier Jahre gebraucht, um ihn wiederzufinden. Da werde ich also auch jetzt nicht so schnell die Geduld verlieren", hatte ihm Roswitha mit fester Stimme zu verstehen gegeben.
„Nun denn." Lange Zeit hatte er während seiner Untersuchung dennoch voller Zweifel seinen Kopf gewiegt. Dann war der Bader zu seinem Fazit gekommen. „Es wird nicht einfach werden. Aber es ist möglich. Mit Gottes Hilfe und mit deiner Fürsorge wirst du es schon schaffen."

In der Tat vergingen viele Wochen, bis es mit Matthias dank der fürsorglichen Pflege seiner Schwester zumindest einigermaßen wieder aufwärts ging. Zum ersten Mal hatte er es am heutigen Morgen geschafft, sich ohne fremde Hilfe von seinem Lager zu erheben. Mit unsicheren Schritten war er langsam vor die Hütte getreten, in der er die vergangenen Wochen zugebracht hatte. Er hatte es geschafft! Sie beide hatten es geschafft. Tränen der Rührung rannen aus Roswithas Augen, als sie ihren Bruder so an der Türschwelle stehen sah. Er würde leben. Zwar würde Matthias sein linkes Bein nie mehr vollständig beugen können, sodass er wohl immer hinken würde und aufgrund der schlimmen Lungenentzündung, an der er beinahe gestorben wäre, würde sein Körper niemals voll belastbar sein, aber das alles spielte nur eine untergeordnete Rolle. Es war nur wichtig, dass er am Leben geblieben war. Nichts anderes zählte. Als recht geschickter Geselle, der er schon immer gewesen war, würde er sich durchs Leben schlagen können, ohne auf Almosen angewiesen zu sein.

Von nun an erholte sich Matthias erstaunlich rasch. Als strömte durch die frische Luft und das Sonnenlicht, das er nun endlich draußen vor der Hütte genießen konnte, neue Kraft durch seine Adern. Und so durfte die glückselige Roswitha voller Dankbarkeit beobachten, wie sich auch der Lebensmut bei ihrem Bruder zurückgemeldet hatte.

Allmählich konnte sie es mit aller behutsamen Vorsicht wagen, sich nach den Erlebnissen zu erkundigen, die Matthias in den zurückliegenden Jahren hatte durchstehen müssen. Jetzt endlich war er bereit darüber zu sprechen, nachdem er bislang jegliche Frage schon im Ansatz erstickt hatte.

Jetzt aber musste es offenbar heraus. Musste gesagt werden. Nur so konnte er auf Dauer den Schockzustand überwinden, in dem er sich über Jahre hinweg befunden hatte.

Was war in den ersten Tagen und Wochen nach dem dreisten Überfall in der Nähe von Dinkelsbühl geschehen? Was hatten die Landsknechte mit seiner Verschleppung bezweckt? Langsam und stockend begann Matthias mit seiner Erzählung. Kostete es ihn zu Beginn noch eine gewaltige Überwindung, die so lange tief in die hintersten Winkeln seiner Seele verdrängten Erinnerungen hervorzuholen, sprudelten die Geschichten anschließend umso lebhafter aus ihm heraus. Es war tatsächlich so gekommen, wie es Johann Schmieder, der Dinkelsbühler Kaufmann vermutet hatte. Den Landsknechten war es darum gegangen, Matthias gegen klingende Münze an irgendwelche Kriegswerber zu verkaufen. Schon drei Tage später hatten sie in einer Dorfschänke ihr Ziel erreicht: dort hatte sich ein Presskommando eingefunden, dem ein so junger Bursche wie Matthias hochwillkommen war. Nach kurzem Feilschen war man sich handelseinig geworden und Matthias hatte einen Eid auf die kaiserliche Fahne schwören müssen. Natürlich war das eine verbotene Handlung, denn allen in der Schänke war klar, dass Matthias nicht freiwillig zu den Soldaten gekommen war, doch das spielte für die rohen Gesellen nicht die mindeste Rolle. Auch ihnen war es um nichts anderes, als um die Belohnung zu tun, die ihnen für jeden Kopf zustand, den sie dem Heer des Kaisers zuführten. Ob verboten oder nicht, wehe wenn er sie verraten würde, hatten ihm die Soldaten des Kommandos für diesen Fall die allerschlimmsten Prügel angedroht. So war Matthias, wie so viele andere junge Burschen auch, also zu einem wilden Haufen Landsknechte gesteckt worden. Kerle, denen völlig einerlei war, auf welcher Seite sich die Gerechtigkeit befinden mochte, für die sie doch vorgaben, zu kämpfen. Die einzige Gerechtigkeit, die diese Unmenschen kannten, war Plündern, Fressen, Saufen, Hurerei und dazu natürlich auch Geld, das jedoch locker durch ihre Hände floss.

„Ich war ihr Besitz. Ich habe ihnen gehört, Roswitha! Stell dir das einmal vor!" Allein der von einer maßlosen Traurigkeit erfüllte Blick ihres Bruder brach Roswitha beinahe das Herz. „Sie haben mich besessen, so wie man ein Stück Vieh besitzt. Ein Schwein, eine Kuh oder ein Schaf. Und sie haben mich auch als nichts anderes betrachtet als eben wie ein Stück Vieh. Wenn ich dann irgendwie zugrunde gegangen wäre, hätte es keinen von denen gejuckt! Höchstens wegen der Münze, die sie für mich einmal bezahlt haben!" Es hatte Matthias ganz offenkundig eine gewaltige Mühsal bereitet, diese Tatsache auszusprechen.

Die Tatsache, dass er jahrelang ein Dasein als Sklave hatte fristen müssen. Aber nun war es endlich heraus und das war gut so. Es dauerte allerdings geraume Zeit, bis er sich nun wieder in der Lage sah, seiner Schwester den weiteren Gang der Ereignisse zu schildern.

Zwei von den rohen Gesellen hatten sich irgendwann zusammengetan und mitten im Kampfgetümmel die Soldkasse der Truppe gestohlen. Matthias war gezwungen worden ihnen dabei zu helfen, die schwere eisenbeschlagene Holzkiste fortzuschleppen, nachdem sie die beiden Bewacher rücksichtslos niedergeschlagen hatten. Finstere Drohungen hatten ihn genötigt, sich nie weiter als zehn Schritte von ihnen zu entfernen. Zu verschüchtert, zu jung und unerfahren war er gewesen, um das Wagnis einer Flucht auf sich zu nehmen. Einige Tage später hatten sie die Kriegskasse dann zu einem Versteck im Wald gebracht. Und dort vergraben.

Nicht lange danach waren die beiden bei einer Wirtshaus-Rauferei ums Leben gekommen. Absichtlich waren sie von einem Dritten, den Matthias bis da hin nicht gekannt hatte, in diese wilde Schlägerei verstrickt worden, an der sich am Ende ein gutes Dutzend Männer übel in den Haaren lag. Erst später hatte Matthias begriffen, weshalb der Mann nicht nur die Rauferei inszeniert hatte, sondern auch beide Männer mit ganz gezielten Schlägen getötet hatte. Angeblich um die anderen aus ihrer Lebensgefahr zu retten, in Wirklichkeit jedoch hatte er irgendwie Wind von der gestohlenen Regimentskasse bekommen. Wo sie vergraben war, das war ihm freilich nicht bekannt und so wurde Matthias nun zu seiner Geisel. Denn einzig Matthias war es ja, der um die genau Lage des Verstecks wusste.

„Es war ihm nur klar, dass die Kasse vor einiger Zeit im Wald vergraben worden war, mehr nicht. Doch so ein Wald ist groß", lächelte Matthias listig. „Und mein Wissen darum war natürlich einerseits meine Lebensversicherung, andererseits war ich damit nun in seiner Gewalt. Viel länger übrigens, als ich das jemals gedacht hätte. Doch der Verlauf des Krieges hat zunächst alle Pläne über den Haufen geworfen. Immer weiter sind wir nach Norden gerückt, während das Versteck doch im Süden lag. Ganz in der Nähe von Ansbach übrigens. Es hat deshalb unendlich lange gedauert, bis wir wieder in diese Gegend gekommen sind. Und dann, bei Nördlingen, da sind wir schon vor der eigentlichen großen Schlacht in ein Geplänkel geraten. Der Kerl hat ein Hieb erwischt und daran ist er vermutlich gestorben. Mich hat es zwar auch ganz ordentlich gepackt, doch dennoch ist es mir gelungen, mich davonzumachen. Ich war endlich wieder frei! Und glaube mir", Matthias bedachte seine Schwester mit einem durchdringenden Blick, „ich wäre lieber gestorben, als dass ich noch einmal zu den Soldaten gegangen wäre. Lieber hätte ich mich umgebracht."

Voller Erschöpfung ließ er sich auf sein Lager sinken und war kurz danach in einen tiefen langen Schlaf gefallen.

Es dauerte einen ganzen Tag, bis Matthias anscheinend wieder bereit war, seine Geschichte zu Ende zu erzählen. Roswitha konnte es kaum noch erwarten. Denn da war ja noch die Frage, nach dem genauen Versteck der Kiste. Die ganze Nacht über hatte sie es nicht ruhen lassen. Ganz in der Nähe von Ansbach, so hatte sich Matthias doch ausgedrückt.

Ein amüsiertes Grinsen legte sich über die Gesichtszüge ihres Bruders. „Weißt du, wie groß dieses Land ist? Wie viele Wälder, Äcker und Wiesen es rund um Ansbach gibt? Kannst du dich denn an die genaue Lage eines Waldes erinnern, wenn du niemals zuvor in dieser Gegend gewesen bist? Und dann erst wieder Jahre danach? Nein, ich kann mir beim besten Willen nicht vorstellen, den Ort wieder zu finden. Es ist viele Jahre her, die Büsche und Bäume sind größer geworden und ich... ich war damals doch noch so jung... Jetzt schau nicht so enttäuscht drein deswegen", er knuffte Roswitha am Oberarm. „Und außerdem glaube ich, dass die armseligen Gesellen doch noch den einen oder anderen Mitwisser hatten, ohne das selbst zu merken. Wahrscheinlich ist die Kiste längst ausgegraben worden. Nun gut, wir können es dennoch versuchen. Das kann aber lange dauern und wenn es ganz dumm läuft, dann finden wir die Stelle tatsächlich wieder, aber die Kiste ist weg. Andererseits, wenn wir Glück haben, dann werden wir sie vielleicht finden. Sogar noch in diesem Leben", fügte er lächelnd hinzu.

Roswitha hatte verstanden, worauf ihr Bruder mit diesen Worten eigentlich hinaus wollte. „Du hast ja recht. Das Leben ist uns neu geschenkt worden, das ist das Wichtigste. Es ist das größte Glück, das wir erfahren durften, dass wir uns wieder gefunden haben. Das ist unser größter Schatz. Größer als alle Münzschätze dieser Welt!"

*

1635
In diesem Jahr war neue Hoffnung bei den Kriegsparteien gekeimt. In Prag, der Stadt, in der mit dem berüchtigten Fenstersturz vor 17 Jahren dieser unselige Krieg begonnen hatte, sollte ein feierlicher Pakt geschlossen werden, der dem Schlachten ein Ende setzte. Der sogenannte Prager Frieden vom 30. Mai 1635. Die unterlegenen protestantischen Fürsten und Reichsstädte hatten dabei starke Zugeständnisse an die kaiserliche Seite machen müssen. Es war ihnen nichts anderes übrig geblieben. Gemeinsam wollte man nun gegen die Feinde des Reiches vorgehen – ob protestantisch oder katholisch. Doch der Krieg als solcher war damit wider Erwarten noch lange nicht beendet worden, sondern in Wahrheit lediglich in eine neue Phase getreten. Noch einmal 13 Jahre sollte es dauern, bis der Frieden dann endlich zustande kam.

Davon freilich konnten die Menschen in diesem Frühjahr noch nicht das Geringste ahnen. Es war wohl besser so für sie. Aufgrund der so überraschend neu aufgekeimten Friedenshoffnungen waren die wenigen Menschen, die in diesem jahrelangen Grauen mit dem Leben davongekommen waren, nun doch wieder in ihre schwer zerstörten Dörfer zurückgekehrt. So auch Roswitha und ihr Bruder Matthias, die es mit einem seltsamen Drang zurück nach Gerolfingen in ihr Heimatdorf gezogen hatte. Immer noch ragten an manchen Stellen des Dorfes verkohlte Balken anklagend zum Himmel. Es würde ein hartes Stück Arbeit werden, aber sie würden es zuversichtlich angehen. Egal was die hohen Herrschaften im fernen Prag auch tatsächlich zustande brachten. Das Leben musste schließlich weitergehen!

„Vielleicht haben sie ja aus diesen Gräueln endlich etwas gelernt", sinnierte Matthias nachdenklich.

„Was sollte das denn sein?", gab Roswitha skeptisch zurück.

„Dass der Krieg nichts anderes bringt als Tod und Zerstörung. In einem solchen Krieg kann es keine Sieger mehr geben. Sondern nur noch Besiegte. Das Land, die Menschen und die Menschlichkeit. Wenn sie das begriffen hätten, dass sie anders miteinander umgehen müssen, über alle Standesunterschiede, Sprachen und Glaubensbekenntnisse hinweg, dann hätten wir tatsächlich einen Sieg errungen. Einen Sieg über die Unmenschlichkeit."

Als hätte Matthias mit seinem hoffnungsvollen Bekenntnis das lange erwartete Stichwort gegeben, brach in diesem Moment ein Sonnenstrahl durch die Wolkendecke und überzog das geschundene Land vor ihren Augen mit einem goldenen Schimmer. In kräftigem Rot erstrahlten die zarten Blüten der schlanken Mohnblumen vor den Trümmern ihrer elterlichen Hütte und kontrastierten mit den grünen Blättern der zierlichen Pflanzen zu einer magischen, fast unwirklich scheinenden Farbenpracht inmitten all der dunklen Zerstörung. Mit einem Schlag schienen die düsteren Schatten über dem Land wie weggeblasen.

Ein Jubelschrei entrang unwillkürlich Roswithas Kehle, während sie aufsprang und mit weit ausgestrecktem Arm eine ausladende Bewegung beschrieb.

„Der alte Gott lebt noch!" Tränen traten in ihre Augen und rannen in dicken Tropfen über ihre Wangen, ohne dass Roswitha Anstalten machte, sie wegzuwischen. Denn es waren Tränen der Rührung. Tränen der aufkeimenden Hoffnung und der wie mit einem Schlag neu erwachten Zuversicht. So, wie die Wolken am Himmel jetzt immer rascher zerstoben um den Platz frei zu machen für die hellen Sonnenstrahlen des endlich erwachten Frühjahrs, so würden auch die Schatten der Vergangenheit weichen und dem Land endlich Ruhe und den so lange ersehnten Frieden bringen. Frieden!

Allein das Wort ließ eine wohlige Gänsehaut über Roswithas Rücken laufen. Denn noch nie während ihres gesamten Lebens hatte Frieden geherrscht. Selbst in ihre frühesten Erinnerungen mischten sich Bilder von Krieg, Leid und Zerstörung. Frieden! Konnte es tatsächlich wahr sein? Oder war es nur der naive Wunschtraum eines jungen Menschen. Ein Traum, der bald zerplatzen würde. Morgen schon. Übermorgen. In der nächsten Woche. Im kommenden Monat. Nein! Energisch schüttelte sie ihren Kopf und ballte die Hände zu Fäusten. Dieses Mal nicht! Als bedürfe es nur dieser einen Geste, wischte sie sich mit der rechten Hand über die Stirn, wie um damit die widerstreitenden Gedanken endgültig zu vertreiben. Seit dem heutigen Tag wollte sie nur noch einen einzigen Gedanken leben: der Hoffnung nach Frieden und einer glücklichen Zukunft.

Das war besser als Geld. Besser als der Schatz, den sie ohnehin niemals finden würden. Doch was machte das schon. Sie waren jung und voller Tatendrang. Sie würden es schaffen. Und ihre Zukunft nicht auf dem Blutsold der Soldaten bauen. Sondern mit ihrer Hände Arbeit und mithilfe des Guldens vom Dinkelsbühler Kaufmann, den sie noch immer bei sich trug. „Ein Leben im Frieden", hatte auch Matthias lächelnd gemeint, „das ist viel mehr wert als alles Gold dieser Welt."

Und lange genug hatten sie es ja herbeigesehnt. Ein Geschenk des Himmels. An ihnen war es nun, dieses Geschenk aufzugreifen und zu nutzen.

So hart sich die Herausforderungen auch stellen würden.

„Die Zukunft liegt vor uns. Alles wird gut."

Matthias hob den Kopf und blickte seiner Schwester mit einem forschenden Blick direkt in die Augen. „Glaubst du wirklich? Das wäre zu schön. Meinst du, es könnte also tatsächlich wahr werden?"

„Es wird wahr werden. Glaube mir. So wahr, wie ich dich endlich wiedergefunden habe!"

*

## Nachtrag

Nur zögerlich strömte das Leben nach Franken zurück. Und eben nicht in jenem Jahr 1635, nicht durch den nur sogenannten „Prager Frieden". Sondern erst nahezu zwanzig Jahre später! Lange nach dem Westfälischen Frieden, dem offiziellen Ende des Kriegs im Jahr 1648. In vielen Fällen handelte es sich bei den neuen Bewohnern von Franken um Glaubensflüchtlinge aus Südtirol, aus Ober- und Niederösterreich, die dort wegen ihres protestantischen Bekenntnisses vertrieben worden waren. In den entvölkerten Dörfern rund um den Hesselberg und in den ausgezehrten fränkischen Reichsstädten fanden sie eine neue Heimat. Es sollte freilich noch Jahrzehnte dauern, bis das Leben wieder in einen einigermaßen normalen Gang kam – immer wieder empfindlich gestört von neuen Truppenaufmärschen wie dem pfälzischen Erbfolgekrieg, dann dem Spanischen und leider vielen anderen Kriegen und Scharmützeln mehr. Richtig erholt haben sich die einst so bedeutenden Reichsstädte wie Dinkelsbühl und Rothenburg jedoch niemals mehr. Was übrigens auch einer der mitentscheidenden Gründe dafür war, weshalb diese Städte samt dem respektablen Rothenburger Staatsgebiet in den Jahren zwischen 1802 und 1810 auf Geheiß Napoleons an die neuentstandenen Königreiche Bayern und (zu kleineren Teilen) Württemberg gekommen sind, ohne sich gegen diesen Akt der Willkür noch in einer wahrnehmbaren Form zur Wehr setzen zu können. Die Kraft zum Widerstand war ihnen in den Schicksalsjahren Frankens längst genommen worden.

Wie ganz zu Beginn dieses Buches erwähnt, sind auch meine eigenen Vorfahren einst durch den Dreißigjährigen Krieg nach Franken gekommen.

Dort sind sie auf Menschen getroffen, wie Roswitha Himmelein. Mit ihnen haben sie neue Familien gegründet. Aber das ist beinahe schon wieder eine eigene Geschichte.

Gunter Haug
So war die Zeit –
Lebensgeschichten aus
den Aufbaujahren

Mit diesem Buch findet die Trilogie, die mit dem Bestseller Niemands Tochter begann und die dann Zehntausende von begeisterten Leserinnen und Lesern zum ebenso erfolgreichen Titel Niemands Mutter weiterführte, ihren Schlusspunkt.

Zwei tatsächliche Lebenswege werden hier beschrieben. Es sind die Jugendjahre von Gretel Staudacher aus Rothenburg ob der Tauber und Walter Langheinrich aus Creglingen. Obwohl sie sich nie kennengelernt haben, sind sie doch Kinder derselben Zeit. Am 31. März 1945, dem 13. Geburtstag von Gretel Staudacher, wurde die Stadt Rothenburg zur Hälfte zerstört. Das Donnergrollen der explodierenden Bomben und Granaten war bis nach Creglingen zu hören. Im Mai war dann der Krieg zu Ende, im selben Monat wurde Walter Langheinrich 12 Jahre alt. Es schien undenkbar, dass es für junge Leute aus bescheidenen Verhältnissen noch eine Zukunft in Franken geben könnte. Deshalb packten auch Gretel und Walter ihren Koffer und nahmen das Leben selbst in die Hand. Es war der Beginn eines langen Weges, der Gretel nach Stuttgart und Walter sogar bis nach Indochina führen sollte.

Format: 13 x 21 cm, 400 Seiten, Hardcover, € 19,90
ISBN 978-3-927374-70-6
Verlag ROTABENE! Rothenburg ob der Tauber
Erlbacher Straße 102-104

*Ein Buch so unvergesslich wie
Anna Wimschneiders* Herbstmilch

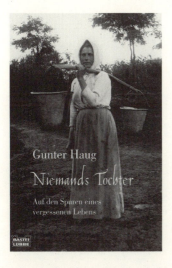

Gunter Haug
NIEMANDS TOCHTER
Auf den Spuren
eines vergessenen Lebens
Biografie
464 Seiten
ISBN 978-3-404-61542-1

Als Stiefkind wächst sie auf einem Bauernhof auf. Sie erlebt zwei Kriege und bringt neun Kinder zur Welt: Maria Staudacher, geboren 1903 als Tochter einer Magd, die sie nicht großziehen darf, und eines Jungbauern, dessen Vater die Heirat verbietet. Gunter Haug rekonstruiert das Schicksal seiner Großmutter – das mutige Leben einer einfachen Frau hinter den Fassaden romantisch verklärter fränkischer Städtchen.

Bastei Lübbe Taschenbuch

*»Eine bewegende Lebensgeschichte.«*
RHEIN-NECKAR-ZEITUNG

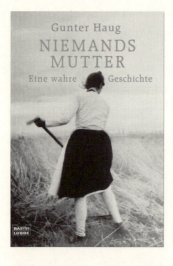

Gunter Haug
NIEMANDS MUTTER
Eine wahre Geschichte
Biografie
464 Seiten
ISBN 978-3-404-61600-8

Herbst des Jahres 1889: Die kleine Anna ist erst sieben Jahre alt, als ihre Mutter stirbt. Den Vater kennt sie nicht. In der Nähe von Rothenburg ob der Tauber wächst sie bei ihrer Patentante in ärmlichsten Verhältnissen auf – immer auf der Suche nach der Mutterliebe, die ihr aber niemand ersetzen kann. *Niemands Mutter* erzählt die Geschichte eines Lebens zwischen Liebe und Enttäuschung, Zutrauen und Entfremdung. Ein zutiefst anrührendes Buch, in dem Gunter Haug die Geschichte seiner Urgroßmutter Anna Reingruber schildert. Ein Leben voller Entbehrungen und Sehnsucht – gemeistert mit bewundernswerter Kraft und Stärke.

Bastei Lübbe Taschenbuch

*Nach »Niemands Tochter« und »Niemands Mutter« nun die ergreifende Geschichte eines strikten Nazi-Gegners*

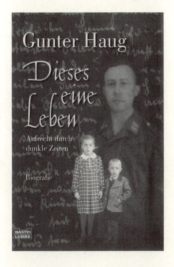

Gunter Haug
DIESES EINE LEBEN
Aufrecht durch
dunkle Zeiten
Biografie
480 Seiten
ISBN 978-3-404-61637-4

Im Alter von nur 36 Jahren kommt August Voll im Wehrmachtslazarett ums Leben – angeblich durch Selbstmord. Doch bei Gunter Haugs Recherchen entsteht ein ganz anderes Bild. Volls Biografie ist ein Beispiel für ein mutiges Leben im vergangenen Jahrhundert – detailreich und einfühlsam rekonstruiert von Bestsellerautor Gunter Haug.

*»Bei der Lektüre ging mir bedrückend nahe, wie schrecklich viele Parallelen es zwischen der Nazibewegung und der neoliberalen Bewegung und der in ihrem Geist geprägten Realität von heute gibt.«*

Albrecht Müller (Planungschef im Bundeskanzleramt unter Brandt und Schmidt, Autor der Bücher »Machtwahn« und »Die Reformlüge«)

Bastei Lübbe Taschenbuch

*Wie einzelne Menschen den Lauf der
Geschichte veränderten*

S. Fischer-Fabian
SIE VERÄNDERTEN DIE WELT
Lebensbilder
aus der deutschen Geschichte
352 Seiten
ISBN 978-3-404-64209-0

»Sie veränderten die Welt.« Dieses Motto verbindet die Lebensbilder, in denen S. Fischer-Fabian große historische Persönlichkeiten porträtiert, ohne die unsere Welt heute anders aussähe: Albert Einstein, Johannes Gutenberg, Otto von Bismarck, Karl Marx, Nicolaus Copernicus, Martin Luther, Robert Koch. In seiner unvergleichlichen Art nähert sich Fischer-Fabian diesen und anderen großen Männern und schildert eindringlich, wie sie die Herausforderung ihres Lebens bewältigt haben.

Souverän und anschaulich, respektvoll und kritisch zugleich zieht uns Fischer-Fabian mit diesem Buch in seinen Bann.

Bastei Lübbe Taschenbuch

*Mit Mut, Charme, Geist und Hingabe
prägten und bereicherten sie unsere Welt*

S. Fischer-Fabian
SIE VERWANDELTEN
DIE WELT
Lebensbilder
berühmter deutscher Frauen
Geschichte
288 Seiten
ISBN 978-3-404-64233-5

Ob Königin Luise von Preußen oder Clara Schumann, ob Käthe Kollwitz oder Marlene Dietrich – mit großem Einfühlungsvermögen nähert sich S. Fischer-Fabian diesen und anderen berühmten Persönlichkeiten und zeichnet mit deren Lebensbildern ein Stück bewegte und bewegende Geschichte nach.

*»Fischer-Fabians Art, Geschichte zu bieten, ist popularisierte Wissenschaft im besten Sinne des Worte«*

Golo Mann

Bastei Lübbe Taschenbuch

*Irrige Überlieferungen von der Siegfried-Sage über Luthers Thesenanschlag bis zu den Hitler-Tagebüchern*

Bernd Ingmar Gutberlet
DIE 50 POPULÄRSTEN
IRRTÜMER DER
DEUTSCHEN GESCHICHTE
224 Seiten, mit Abb.
ISBN 978-3-404-64211-3

Historische Wahrheit ist ein Trugbild, Geschichte immer auch Dichtung und Deutung. Gutberlet geht fünfzig Irrtümern und Legenden vornehmlich aus der deutschen Geschichte auf den Grund: Gab es überhaupt je Karl den Großen? Gab es ein »Recht der ersten Nacht«? Hat Graf Zeppelin wirklich das erste Luftschiff gebaut? Wo in Europa wurde zuerst Kaffee geschlürft? Wer wollte die deutsche Einheit verhindern?

Ein Potpourri aus 2000 Jahren Geschichte verspricht Erkenntnisgewinn mit Unterhaltungswert.

Bastei Lübbe Taschenbuch

*Wer sich nicht blamieren möchte,
braucht dieses Buch*

Bernd Ingmar Gutberlet
DIE 50 GRÖSSTEN
LÜGEN UND LEGENDEN
DER WELTGESCHICHTE
Sachbuch
272 Seiten
ISBN 978-3-404-64237-3

Von der biblischen Sintflut bis in die jüngste Vergangenheit geht Bestseller-Autor Bernd Ingmar Gutberlet fünfzig ausgewählten Lügen und Legenden auf den Grund, die sich bis heute hartnäckig in der öffentlichen Meinung halten. Überprüfen Sie sich selbst:

Was wissen Sie wirklich über Atlantis und Kleopatra, über die Konstantinische Schenkung und die Entdeckung Amerikas?

Und was ist dran an den Gerüchten über die Hollywood-Inszenierung der ersten Mondlandung?

*»Pointiert vorgetragene, vielseitige Sammlung mit Erkenntnisgewinn und großem Unterhaltungswert«* LITERATURE.DE

Bastei Lübbe Taschenbuch

# WWW.LESEJURY.DE

# WERDEN SIE LESEJURYMITGLIED!

**Lesen** Sie unter www.lesejury.de die exklusiven Leseproben ausgewählter Taschenbücher

**Bewerten** Sie die Bücher anhand der Leseproben

**Gewinnen** Sie tolle Überraschungen